HARDPRESS.NET
HOME OF HARD-TO-FIND BOOKS

Traicté De La Discipline & Police Chrestienne
by Jean Morély

Address:
HardPress
8345 NW 66TH ST #2561
MIAMI FL 33166-2626
USA
Email: info@hardpress.net

TRAICTÉ

De la discipline & police Chrestienne.

QVOD TIBI
FIERI NON
VIS, ALTERI
NE FECERIS.

A LYON,

PAR IAN DE TOVRNES,

M. D. LXII.

1562a

A M. Pierre Viret ſon treshonoré Pere en noſtre Seigneur, Iean Morely grace & ſalut par Ieſus Chriſt.

I aucune ſocieté & aſſemblee d'hommes ne peut eſtre conſeruee ſans quelque forme de gouuernement & ſans police: par ce qu'elle ſeule la maintient en repos domeſtique, & l'aſſeure des ennemis externes, à beaucoup moindre raiſon l'Egliſe de noſtre Seigneur, qui eſt ſon Royaume eternel, pourroit ſubſiſter ſans ſon ordre & propre conſtitution. Car combien que Dieu face tout en nous, & que le Seigneur Ieſus Chriſt gouuerne ſon Egliſe par vne vertu incomprehenſible du ſainct Eſprit, eternel conducteur, & Docteur d'icelle, ſi eſt-ce qu'il luy a pleu de tant nous honorer, qu'il s'eſt voulu ſeruir du miniſtere des hommes pour auancer le bien d'icelle, & la conſeruer. A ceſte fin dés qu'il luy a pleu recueillir à ſoy vne Egliſe & congregation d'hommes, qui le cognuſſent, & adoraſſent, & ſur leſquels il deſployaſt les threſors de ſa miſericorde, il a deſlors inſtitué vne diſcipline externe, comme pour vn ſigne & teſmoignage de ſon action interieure: pour eſprouuer mieux noſtre obeiſſance, & nous aſſeurer qu'il a continuellement l'œil de ſa prouidence pour veiller ſur noſtre ſalut, & pour exercer ſa domination, & iugemens en l'Egliſe: laquelle police pour ceſte cauſe nous pouuons appeller ſon ſceptre Or comme le Royaume de noſtre Seigneur Ieſus Chriſt ſurpaſſe en dignité, en vertu, & magnificence tous autres terriens & caducques: pareillement la conſtitution de ce regne ſurpaſſe en ſapience toutes choſes inuentees par les hommes, pour rendre vne Republique paiſible, vertueuſe, & heureuſe à iamais: & eſt ſi parfaicte que le Seigneur Dieu l'ayant vne fois ordonnee en ſon Egliſe ancienne

A ij   d'Iſraël

d'Ifraël, depuis quand il l'a voulu reparer en magnificence &
gloire plus grande, il n'a voulu changer ceste mesme forme externe de son gouuernement premier. Car icelle estant peruertie par
les Scribes, Pharisiens, & Sadduceens, il a recerché les premiers
fondemens de son Eglise, et l'a restituee par son Fils Iesus Christ
nostre Roy & Legislateur, & par le ministere de ses saincts
Apostres, suyuant son premier pourtrait & desseing : ce que
Dieu aydant nous demonstrerons clairement. Partant celuy me
semble estre grandement abusé, qui pense que ceste police & ordre du gouuernement de l'Eglise du Seigneur est chose indifferente, & qu'il se doit changer à tous propos, selon que changent les
personnes, & autres circonstances des lieux, & des temps. Car
si les voyes & conseils du Seigneur sont aussi differés des nostres,
quelle est la distance des cieux à la terre : aussi nous faut-il confesser, qu'il n'y a ordre ne meilleur, ne plus certain, ne plus honorable, ne plus à nostre contentement, ne plus necessaire à l'Eglise du
Seigneur, que celuy qu'il a vne fois establi. Et si la felicité d'vne
Republique depend de sa propre constitution, si les mœurs d'vn
chacun sont tels quelles sont les coustumes & constitutions des
Republiques, il est manifeste que ceste Loy du Seigneur estãt parfaicte, entiere, & propre pour conuertir nos ames, elle ne doit
estre changee, ne deguisee. Car à qui ce tiltre excellent d'estre Legislateur pourroit-il estre donné & communiqué, qu'à l'iniure
& opprobre de nostre Seigneur Iesus Christ? Et mesmement de
ceste faute il s'ensuyuroit vn inconuenient, que l'vnion qui est de
toutes les Eglises en vn corps & vne Ame, ne se demonstreroit,
à raison de la varieté des constitutions & polices des Eglises :
par ce qu'elles seroyẽt bigarrees de plusieurs couleurs, et densem-
brees en schismes & seditions intestines : les vnes se renommans
d'Apollo, les autres de Paul, les autres de Cephas. Et aduiendroit que comme aucuns legerement receueroyent vne constitution, ainsi s'en ennuyans ils la reietteroyent impudemment, &
requerroyent celle qui leur viendroit mieux à propos ou pour
leur auarice, ou ambition, ou pour se veautrer plus à leur aise,
& seurement en leur ordure, troublans leurs Eglises, voire toutes, par menees & noualités. Ce que lon a ià par trop experi-
menté, combien c'est chose perilleuse pour les Eglises : & celuy
craindra dauantage, qui considerera à part luy les mœurs de ce
royau

royaume. Dauantage qui fera discours en soymesme de la police presente de ces Eglises, il aura graces à Dieu dequoy se contenter pour maintenant, dequoy louër Dieu, & luy en rendre graces. Mais qu'il iette les yeux de son Esprit sur les siecles à venir, esquels la predication de l'Euangile estant authorisee par le Prince, & finalement commandee, les Magistrats inferieurs soyent contraints bon gré mal gré faire profession de la vraye religion, qui n'apperçoit qu'alors il faudroit changer ceste discipline presente? Car d'exclure iceux du gouuernement de l'Eglise, & le maintenir en souueraineté aux Pasteurs & consistoires contre leur volonté, qui ne void vn mespris & horrible dissipation de toute la discipline? Or les appeller en la mesme societé, quelle apparence y a-il, de commettre l'Eglise à gouuerner à ceux qui seroyent le plus souuent prophanes, & contempteurs de Dieu, & de son Eglise? Et à qui le mesme inconuenient ne doit-il estre suspect, qui est mesmement aduenu par plusieurs fois aux Eglises les mieux reformees, à l'obeïssance de l'Euangile, ainsi que le Magistrat a esté peruerti? Finalemēt si c'estoit chose vraye que cest ordre est politique, & se doit accommoder aux circonstances, qui doit faire doute quelle doit estre en general la cōstitution de l'Eglise Gallicaine, par les subtils moyens de ces pacificateurs, qui meslent les tenebres auec la lumiere, & le ciel auec les enfers? Ce poinct doncques nous soit resolu, que comme le Seigneur Iesus est nostre Roy eternel & Legislateur vnique, les loix d'iceluy sont eternelles, & appartiennent à tous aages, & tous hommes. Au contraire si on m'allegue l'authorité des autres Eglises, le gouuernement desquelles est aucunement different de ceste discipline, que nous disons estre expresse en l'escriture, ou ensuyuie d'icelle, outre que ie puis alleguer les mesmes inconueniens, qui les ont tant de fois trauaillees, & presque ruïnees, ie respon que le gouuernement qui a esté receu en ces Eglises n'est ordinaire, mais extraordinaire, necessairement establi en la premiere institution des Eglises pour leur infirmité: lequel mesme on change iournellement, & lequel nos bons Peres en nostre Seigneur n'ont approuué pour tousiours: mais mis en auant sous protestation de le changer, quand l'vtilité des Eglises le requerroit, & qu'on leur en monstreroit vn meilleur. A quoy ils font iournellemens ouuerture, & inuitent vn chacun, pourueu que ce soit

A 3   sans

sans trouble & confusion. Surquoy si on replique si ie suis tant
presomptueux de moy, & si tant peu i ay d'estime des graces excellentes, que Dieu a departies à tant de ses fideles seruiteurs, que
ie soye vn seul de tous les hommes qui aye considéré & entendu
ces choses: ie supplie le lecteur Chrestien n'apporter au iugement
de ceste matiere aucun preiudice de la dignité, ou indignité des
personnes: mais poiser la seule verité de Dieu, & penser qu'elle
passe en maiesté & en force tous les merites de tous les hommes
qui sont, & qui ont esté: & confesse franchement auoir beaucoup apprins, & auoir eu facile ouuerture en cecy par la conference & deuis d'excellens personnages en pieté, sçauoir, & iugement. Entre lesquels vous, mon treshonoré Pere en nostre Seigneur, estes le principal: auec lequel ayant quelque fois deuisé de
ce subiect, vostre authorité ne m'a serui d'vn petit aiguillon, de
mettre en auant le traicté que i'en auois escrit. Lequel mesmement ie my alors entre vos mains: à ce qu'il fust examiné par
vous en toutes ses parties, & qu'aucune chose ne m'eschappast
par legereté & imprudence, qui peust troubler l'Eglise du Seigneur. Ce que toutesfois pour vos autres occupations, & departement soudain ne m'aduint comme ie l'auois souhaitté. Car il
ne vous fut possible de le veoir tout à faict. Ce qui fut cause de re-
tarder l'edition du liure: ie desirant suppleer ce qui me defailloit
par vostre absence, par le iugement d'autres fideles seruiteurs du
Seigneur: à ce que ie fusse par leur sçauoir & iugement mieux
enseigné, ou mieux confermé par leur authorité. Aucuns desquels m'ayans exhorté à mettre ce traicté en lumiere, tant plus
volontiers y ay-ie consenti, que la saison me sembloit plus commode & oportune. Car s'il y a chose en la constitution des Eglises qui soit moins parfaicte, & d'ou la consequence soit perilleuse pour l'aduenir, il n'est expedient à icelles, qu'elle prenne racine, & se conferme par le temps. Aussi que ceste occasion me
sembloit estre diuinement offerte pour auancer vne chose tant
vtile et necessaire aux Eglises auec plus grade authorité. Car l'aduis que i'ay declairé en ce traicté, qui me semble deuoir estre suyui en cecy, est, que les Pasteurs & senieurs deputés par les Eglises conferassent diligemment de cest affaire, selon que la grauité
d'iceluy, & la consequence le meritent: duquel estans d'accord
& resolus entre eux, ils rapportassent puis apres le tout, & leur
aduis

aduis aux Eglises : à ce que l'affaire estant derechef au long &
meurement examiné en toute liberté, auec prieres, iœsnes, &
exhortations, elles recognussent la voix du Seigneur Iesus Christ,
& s'affubiectissent aux loix & ordonnances de leur Roy, &
Legislateur : Esperant que so ceste voye estoit suyuie, comme la
vertu de l'Esprit de Dieu se demonstra admirable en l'vnion des
Eglises de Ierusalem, Antioche, Cilice, & Pisidie, lesquelles
estoyent en schismes & murmure touchant l'obseruation de la
Loy, & s'appaiserent toutesfois recognoissantes la parole de
Dieu par la voix de Pierre, Iacques, Barnabas, & Paul: pareillement que les Eglises estans instruictes de la parole de Dieu par
quiconques Dieu leur susciteroit, & estans conduites par le conseil de tels personnages, se soumettroyent de leur bon gré au ioug
tant gracieux du Seigneur, & diroyent toutes d'vn consentement : Seigneur, ou irions-nous ailleurs ? tu as les paroles de la
vie eternelle. Car le mesme Esprit de Dieu qui a enseigné ancien-
nements les Eglises, & touché les cœurs d'vn chacun, œuure encores aussi puissamment : il a preparé les cœurs, voire des plus
grans, & de ceux desquels on l'eust le moins esperé, à son obeissance: & sa puissance qui emplit toutes choses, vnit admirable-
ment toutes les Eglises en vn cœur & vn' Ame. Partant ayant
entendu que de toutes parts Pasteurs & Anciens deputés par
les Eglises se deuoyent assembler, pour pourueoir aux affaires
d'icelles, ie n'ay voulu defaillir à ceste oportunité que i' auois tant
souhaittee. Auquel synode ayant esté aduerti que vous deuiez
trouuer, ie vous ay ennoyé ce liure, à ce que poursuyuiez la lecture que vous auez encommencee, & soyez autheur au synode
d'entendre à cest affaire par grande maturité de iugement : veu
qu'il est question de la conseruation de la doctrine, du salut, &
perpetuité de l'Eglise de Dieu, de l'honnesteté & sanctification
de nostre vie. De ma part comme mon intention a esté de mettre en auant ce que i'ay pensé appartenir à la gloire de Dieu,
à la dignité, repos & vtilité des Eglises, semblablement si
ie suis mieux enseigné par la parole de Dieu, non seulement
ie me submet au iugement & correction des Eglises, & de ce
synode : mais d'vn chacun qui faire le voudra, de quelque affection, & passion qu'il soit mené. De deux choses vous aduer-
tiray-ie que le commencement de ce traicté a esté par moy ac-
comm

commodé, & adapté pour estre presenté à vn Prince : pour lequel induire à ceste meditation auec plus grande vtilité, i ay vn peu recerché de loing, & deduit plus amplement ce qui attouche l'office & deuoir d'iceux, tant pour la restauration de la doctrine, que pour l'institution de la polce de l'Eglise. Ce neãtmoins, à fin qu'autre authorité ne valust en ceste cause q̃ de la seule parole de Dieu, & que ne lustre, ne splendeur esblouist le iugement des hommes : à ce aussi que ce mien desseing ne soit empesché par menee aucune : i ay reserué ces tiltres d'honneur en saison plus commode. Le second poinct duquel ie desire que soyez aduerti, est, par ce que ceste puissance Ecclesiastique & administration ciuile sont comme les deux brachs de l'Eglise, ordonnés par Dieu pour la conseruation & gouuernement d'icelle, ie me suis efforcé de les conioindre ensemble en ceste meditation, lequel traicte de la Republique, pour mes domestiques occupations, & le peu de santé que i'ay eu il y a si long temps, ay esté contraint de remettre à vne autre fois : Cependant le Lecteur Chrestien ne s'indignera si quelque matiere semble estre retranchee au vif, & reiettée à cest autre liure. lequel tant plus volontiers ie poursuyuray, que ie verray ce traicté auoir esté plus benignement receu. Auquel s'il semble qu'il y aye beaucoup de sable sans chaux, le Lecteur excusera l'indisposition de L'autheur : laquelle ayãt faict beaucoup d'interualles, ce n'est de merueille, si le fil de l'oraison semble estre mal vni. Car à la verité il est plus facile de faire vne œuure nouuelle, que de la reprendre & ourdir à tant de fois : & comme ainsi soit que les affections des esprits suyuent les dispositions & temperatures des corps, il ne se peut faire qu'il n'y aye des langueurs, degoustemens, & inflammations en noz esprits non moindres qu'en noz corps. Or ie prie Dieu qui vous a doué mon honoré pere en nostre Seigneur, de tant de graces singulieres pour l'edification & instruction de son Eglise, vouloir benir vostre labeur. & faire tellement profiter sa semence en vostre ministere, que vous alliez & que vostre fruict demeure à perpetuité.

De Lyon, ce iour
de Pasques
1562.

De la difcipline & police Chreftienne,

*

PREMIER LIVRE.

Que les Princes font ordonnés de Dieu pour inftituer fon vray feruice, &
pour le maintenir : Exemples de ceux qui s'y font employés fide-
lemens. CHAPITRE I.

OMME ainfi foit que l'homme ait
efté creé à la femblance de Dieu en
iuftice, innocence, fapience, & autres vertus, & que le fouuerain bien
eft Dieu, il s'enfuit que l'homme
eft creé pour auoir part & iouïffance de Dieu, qui eft ce bien fouuerain. Or les Republiques eftans
focietés des hommes legitimemet
affemblees pour le bien & conferuation d'iceux, nous deuons inferer que les Republiques ont efté affemblees & or-
donneés de Dieu pour conduire l'homme à luy. D'auantage
puis que l'homme eft creé pour le fouuerain bien, lequel ne
peut eftre qu'vnique, eternel, & toufiours femblable à foy,
nous deuons conclure qu'il rend ceux, à qui il eft communiqué, feuls bons & à iamais heureux. Ce que ne fe pouuant
parfaire en cefte vie, par ce que pour noftre peché elle eft
fubiette à infinis maux, (chofe contraire à bien & felicité)
& que noftre aage auffi fe paffe comme vn fonge, il s'enfuit

Ephef. 4
Coloff. 3

a qu'il

qu'il y a vne autre vie, en laquelle nous iouïrons eternellement de ce bien souuerain. En ceste vie doncques comme
voyagers, & pelerins nous nous acheminons en la voye de
ceste felicité : laquelle non seulement nous contemplons de
loing, mais nous iouïssons du bien d'icelle, estans conduits
par l'Esprit du Seigneur, soustenus & soulagés par la puissance de sa dextre. Mais la principale iouïssance & fruition que
nous en auōs pour le present, est cognoistre Dieu, & le contempler par foy comme il s'est manifesté à nous, (car autrement nous ne pourrions) le seruir, adorer, & inuoquer, comme nous sommes enseignés par sa parole, qu'il
luy est agreable, & qu'il le nous commande. La fin donc
de la societé humaine a esté à ceste cause que les vns apprins-
sent des autres à congnoistre Dieu, & le seruir : & que les
hommes peussent pour allegeance de leurs miseres communes, commodement viure, se soulageans mutuellement.
Laquelle societé ne pouuant subsister sans chef, le magistrat a esté ordonné pour entretenir icelle en la crainte de
Dieu, la conseruer en concorde & vnion, exterminer tout
ce qui s'introduit au contraire de la fin, pour laquelle l'homme a esté creé, & la societé assemblee. A ceste cause le prophete Isaie parlant du renouuellement & reparation du
genre humain (ce qui se fait par la vertu de l'Euangile) appelle les Rois nourrissiers de l'Eglise : Et dit qu'à ceste fin
Esaie 49 Dieu les a suscités:Est-ce peu de chose(dit le Seigneur,) que
tu me sois seruiteur pour susciter les lignees de Iacob, & restaurer les choses desolees d'Israël? Et pour mieux monstrer
le soing & diligence dont ils doiuent vser, pour maintenir le
seruice de Dieu en la pureté d'icelui, & le restituer estant
icelui depraué, le Prophete les accompare à des sentinelles
& guettes establies tant pour receuoir les annonciateurs de
l'Euangile,& les maintenir, que pour veiller,que ne dedans,
ne dehors Satan ne puisse faire aucune entreprinse sur l'Egli-
Esaie 52 se qui est la Ierusalem celeste. Les guettes (dit Isaie) esleue-
ront leurs voix, & crieront ensemble d'une voix : car ils verront œil à œil quand le Seigneur reduira Sion. Dequoy il
Ierem.23 asseure son Eglise pour l'aduenir : I'ordonneray (dit il) des
bergers

bergers deſſus eux,qui les repaiſſent,à fin qu'ils ne craignent
plus,& ne s'eſpouantét plus , & que aucun ne periſſe d'entre
eux. En ce donc conſiſte le vray eſtat & office des Princes,
en ce ils doiuent cercher leur gloire & louange. Et s'enſuit
que c'eſt vne fauſe perſuaſion qu'on met en la teſte des Princes , que le monde eſt creé pour eux. Comme auſſi que la
vraye occupation des Princes eſt en delices & voluptés , en
pompes & oſtentation de richeſſes,en vne puiſſance barba-
re , & Cyclopique pour meurtrir & s'aſſubiettir le genre humain. Car ces fins rendent à la deſtruction des ſocietés humaines,pour leſquelles conſeruer en bonne paix & bonnes
mœurs, ils ont eſté ordonnés de Dieu. Mais ceſte doit eſtre
leur fin, de tenir leurs peuples en vraye pieté & religion,
veiller que ne ſectes , ne hereſies ne les deſtournent du vray
& vnique ſeruice de Dieu , les tenir vnis enſemble ſous leur
obeiſſance, procurer leur bien & commodités de ceſte vie,
les entretenir en force,& vertu militaire pour defendre leur
liberté , & ſecourir leurs voiſins oppreſſés par iniure d'au-
trui. Ce que les anciens Rois de France conſiderans treſſa-
gement, ne ſe ſont voulu faire pourtraire en haut appareil
d'armes(cóbien qu'à bon droict ils pouuoyent vſurper ceſte
louange ſur tous les Princes de la Chreſtienté) mais en ha-
bit de paix tenás leurs ſceptres , ſeans en leur tribunal comme adminiſtrans iuſtice, & vacans au repos & concorde de
leurs ſubiets. Quelle honte dóc doiuét receuoir & de Dieu
& de tout le genre humain , ceux qui ont oſté du poing des
Princes leur principal ſceptre cóme vne choſe ou mal-ſeáte,
ou eſtát hors de leur charge,pour y mettre les armes,ſecóde,
& la moindre part de leur office? Car d'entreprendre la conſeruation ou reſtitution de la religion , voire s'en oſer plaindre , eſtoit par cy deuant matiere d'interdict , & crime pour
eſtre mis & abandonné en proye à tous les autres Princes
de la terre : Allegants iceux pour fonder leur tyrannie , les
exemples d'Oſa Leuite , de Saül & d'Ozia Rois de Iuda.
A qui (diſent-ils) il print treſmal d'auoir entreprins plus que
leur charge. Mais nous auons cy deſſus demonſtré que Dieu
a eſtabli les Princes pour veiller ſur la conſeruation de ſon
ſeruice, & pour procurer & auancer la reſtitution d'iceluy

1. Samuel 13
2. Samuel 6
2. Chrpn.26

a 2   au

au salut de leurs subiets. Et en vn mot, on cognoit combien
est friuole ceste allegation, qu'il y a grand difference de procurer la restauration du seruice de Dieu , & d'entreprendre
le ministere du seruice. Moyse a esté ordonné de Dieu pour
conducteur & pasteur de l'Eglise d'iceluy: mais Aaron, & ses
enfans pour le ministere de la sacrificature. Dauid mettant
ordre en la lignee de Leui pour l'office des Sacrificateurs,
tant s'en faut qu'il ait prouoqué contre soy la iustice de Dieu,
qu'il en a receu grand' louange. Qui a onques vituperé Ezechias, de ce qu'il a rompu les Idoles , & mis tous en cendre
iusques au serpent d'airain , qui estoit toutesfois delaissé en
Israel en perpetuelle memoire,& tesmoignage du Christ? Et
quelle chose a plus recommandé le bon Roy Iosias deuant Dieu
& les hommes,que pour auoir restauré la Loy du Seigneur,
repurgé le Temple , & le peuple , & faict de bonnes ordonnances pour le bien public,& l'ordre externe ? Que diray-ie
de Constantin, de Martian, de Theodose,& Charles le grád,
lesquels entre tant de hauts faicts de leurs vertus militaires,
n'ont laissé plus grand' louange, que de s'estre efforcés d'appaiser les troubles qu'ils voyoyent estre en la religion Chrestienne,& auoir presidé aux conciles,pour contenir vn chacun en modestie, & se dóner mieux garde qu'il n'y eust contention , ne debats entre les Euesques, qui empeschast le
cours de la parole de Dieu , & l'vnion de l'Eglise ? Ce qui
est tellement de la volonté de Dieu,qu'il commande expressement que le Roy ait sa Loy continuellement deuant les
yeux : comme s'il luy en donnoit specialement garde pour
maintenir icelle en son entier. Pour celà il defend d'elire en
Roy aucun Prince estranger, & que le Roy ne face son estat
de grand nombre de cheuaux,ne d'armes , & qu'il ne s'abandonne à delices & plaisirs, de peur (dit-il) qu'il ne destourne
son cœur : Aussi qu'il n'amassera pour soy grands thresors:
mais quand il sera assis dessus le throne de son regne , lors il
escrira pour soy l'exemplaire de ceste secóde loy en vn liure,
de par les Sacrificateurs Leuites. Or il l'aura auec soy , & le
lira tous les iours de sa vie, à fin qu'il apprenne à craindre le
Seigneur son Dieu, & qu'il garde toutes les paroles de ceste
Loy, & ces ordonnances pour les faire : à fin qu'il n'esleue
point

Exo. 4 & 7
Exode 28
1. Chron. 24

2. Rois 18

Iean 3

2. Rois 23

Deute. 17

point son cœur sur ses freres, & qu'il ne se destourne point
de ce cõmandement n'à dextre n'à senestre : mais qu'il pro-
longe ses iours en son regne, luy, & ses fils au milieu d'Israel.
Lequel commandement, bien qu'il soit en apparence escrit
pour le salut des Princes, & de leurs maisons, si appartient-il
principalement à la conseruation de la parole de Dieu, & au
salut des peuples, à ce qu'eux ayans la Loy de Dieu en singuliere recommandation, ils l'auancent de toutes leurs forces
enuers les peuples que Dieu leur a assubiettis à cest effect.
Ce que Moyse remonstre à tout le peuple de Dieu, disant,
Maintenant que requiert le Seigneur ton Dieu de toy, sinon   *Matth. 6.*
que tu gardes ses cõmandemes, & l'alliace qu'il a faicte auec
tes peres, & que tu viues ? Car à quelle fin, ie vous prie, seroit
donnee aux Princes ceste grad' puissance de par Dieu, sinon
pour l'employer à la gloire d'iceluy, au salut de leurs subiets ?

Autres exemples des Princes, qui ont restabli l'Euangile en sa pureté.
Ce qu'ils se doiuent proposer, iusques où s'estend leur office: confuta-
tion de quelques arguments contraires.   CHAP. II.

C'E s t donc à bon droit que Constantin se vante
au vitupere & opprobre du Concile de Tyr, d'a-
uoir eu principal soing de cest affaire: luy escriuant
ainsi: qu'il recognoit, que la prosperité de son estat
& maiesté de son Empire, se doiuent attribuer à Dieu, & à
la religion qu'il a maintenue, & qu'il accroist à sa puissance.
Mais vous (escrit-il) Euesques, qui vous parez & ornez des
sacrés mysteres de Dieu, vous, di-ie, ne faites chose aucune
que pour mettre entre vous, dissensions & haines: &, pour le
tout dire en brief, vous portez tellement, qu'il semble que
vueilliez perdre le genre humain. De faict, combien a-il
prins de peine par l'espace de vingtcinq à vingtsix ans pour
oster de l'Eglise toutes sectes & heresies ? Quelz fraiz a-il
faicts pour assembler les conciles de toutes les nations de
son Empire, voire de tout le monde ? Quel soing a-il eu
d'accorder les Euesques par-ensemble, à ce que, toute ran-
cune effacee, ils pensassent viuement aux affaires de la religion ? Qu'a-il obmis pour estendre au long & au large la
predication de l'Euangile ? Lequel sainct desir a esté si ar-

a 3   dent

dent en ce bon Prince , qu'il la voire transporté hors les limites de sa charge : ne trouuant ce Prince autre moyen
pour lors plus expedient. Car par ce qu'il n'auoit rien
gaigné par tant de Conciles, ne par tous remedes qu'il auoit
peu excogiter , il entreprint la cognoissance souueraine
des côtrouerses & dissensions de la doctrine : ne se voulant
plus fier mesmement à tous les Euesques ensemble. Lequel
zele a faict pareillement passer à Theodoze le grand les
fins & bornes de sa vocation. Car, comme Eusebe escrit
auoir ouï dire à Constantin , ils pensoyent estre ordonnés
de Dieu pour Euesques communs de tout leur Empire.
Vous estes(disoit Constantin)ordonnés Euesques par Dieu
pour les choses qui sont à faire en l'Eglise : mais moy ie suis
ordonné Euesque par Dieu , pour celles qui sont hors vostre administration. Partant, disoit-il au Concile de Nicee,
qui s'efforcera audacieusement pour telles pestes , ceste audace sera incontinent reprimee par l'execution du ministre
de Dieu : c'est à dire , par moy. Lequel tant sainct office le
Prince qui mesprise, & n'en tient compte, que doit-il attendre à l'aduenir, que malediction pour benediction, ignominie pour gloire, à sçauoir infelicité en son gouuernemét,&
ruïne de luy & de sa maison ? A quoy tous ceux que Dieu
a suscités pour cest effect , doiuent soigneusement penser,
& considerer par qui , & à quelle fin ils sont esleués en ces
thrones : & obseruer les saisons des temps,& occasions que
Dieu leur presente pour le restablissemét de la Religion,&
penser à bon escient que leur gouuernemét n'est point sans
rendre compte lors qu'il plaira à Dieu les reuoquer. Parquoy puis que nous auons côuaincu que c'est à la gloire de
Dieu , & salut des hommes , qu'ils doiuent rapporter ceste
si grande puissance , c'est bien raison qu'ils luy en rendent
l'hommage & recognoissance iouxte l'exhortation du Prophete : Entendez maintenant vous Rois , Soyez instruits
vous qui iugez la terre : seruez au Seigneur en crainte , &
vous esiouïssez auec tremblement: faites hommage au Fils,
de peur qu'il ne se courrouce , & que vous ne perissiez en
vos entreprinses. Nous voyons de quelle vertu & efficace
le Seigneur restablit son Royaume , & comme iournellement

ment & grands & petis viennét à grands flottes s'affubiettir à iceluy, & l'adorer en son Eglise : à qui, ie vous prie, sera-il loisible d'estre oiseux ? Le Seigneur chasse ses ouuriers en sa vigne, il haste sa maison en toute diligence : ceux que Dieu a ordonnés pour auoir l'œil sur l'œuure, seront-ils excusables, si cependant ils s'adonnent à toutes delices & voluptés, ou suyuent leurs autres cupidités ? Laquelle lascheté quand seroit tolerable en aucun Prince, si seroit-elle insupportable és maiestés de ce royaume, que Dieu a preparées de long temps pour cest effect, qu'il a nommément establies à ceste fin en ceste puissance si grande, leur ostant de deuant elles tous empeschemens, & excuses à l'aduenir : sans lesquelles ia soit que comme miraculeusement il a planté par cy deuant les fondemés de son Royaume, malgré ses ennemis, semblablement il puisse paracheuer son œuure, & le rendre parfaict par sa puissance : toutesfois il luy a pleu de leur faire tant de graces de leur communiquer ce grãd honneur. Parquoy d'autant que leur salut, gloire, & honneur leur sont en recommandation, elles doiuent aduiser de ne s'en declairer indignes, à ce qu'il n'aduienne qu'elles ne seruent pour l'aduenir d'exemple de malediction, en lieu d'honneur & gloire dont le Seigneur leur presente la couronne. Or le but, où on doit tendre, est, que toutes superstitions, & plantes que Dieu n'a point plantees, soyét arrachees, & la parole d'iceluy establie si puissammét, que, comme Dauid proteste, aucune chose ne puisse esbranler les fondemens de la sainéte cité de Dieu. Ce que ie sçay n'estre ouurage d'vn an ne de deux : mais si faut-il qu'vn architecte d'vn si excellent ouurage, se propose toute perfection : & que comme Dieu a monstré à Moyse en esprit le modele du Tabernacle & de tout son equipage, ou, pour mieux dire, la parfaicte structure de son Eglise, pareillement que l'architecte du Sainct Temple de Dieu se propose ce qui est parfaict & accompli de tous poincts. Car c'est chose toute commune, que ce que lon fait par exemple & imitation, est tousiours moindre que la verité mesme, & que n'est la chose que lon veut pourtraire. Partant les Princes ne se doiuent dés maintenant proposer quelque condition mediocre de l'estat de

Matth.15

Psal.46

Exode.25
Hebr.9

l'Eglife : mais plus toſt ils doiuent employer ceſte grande
puiſſance que Dieu leur a miſe entre les mains, auec vne vertu, zele, prudence, vigilance, & dexterité finguliere, à ce que
la Ieruſalem de Dieu ne ſoit ſeulement cité munie, bien policee, & paiſible durāt leurs iours : mais auſſi qu'elle proſpere
eternellemēt. Autrement ils baſtiront cōme poures meſna-
giers, cloiſon à cloiſon, choſe lourde, incommode, & de nulle
duree. Mais on alleguera que la crainte de tumulte & fedi-
tiō les induit à delayer, & proceder ainſi par le menu. Ce que
qu'eſt-ce autre choſe que ſe deffier de la puiſſance de Dieu, &
douter de ſa prouidence ? Qu'ils oyēt la parole du Seigneur,
qui eſt adreſſee expreſſemēt à chacū Prince ſous la perſonne
de Ioſué : Perſonne ne pourra reſiſter deuāt vous tant que vi-
urez. Car cōme i'ay eſté auec Moyſe, auſſi ſeray-ie auec vous :
ie ne vous abandonneray point. Seulement confortez vous,
& ſoyez vaillants tant que faire ſe pourra : à fin que vous gar-
diez, & faciez ſelon toute la Loy : vous ne declinerez point
d'icelle n'à dextre n'à ſeneſtre. Laquelle confiance du ſecours de Dieu n'eſt ſeulement neceſſaire aux Princes, mais
auſſi vne vigilance à faire leur deuoir quand l'occaſion s'off-
fre. Car, comme il eſt eſcrit, Malheur ſur celuy, qui fait la
beſongne du Seigneur laſchement. Et celuy veritablement
me ſemble grandement abuſé, qui penſe tenir vn Royaume
paiſible en accordant à vn chacun ce qu'il demande. Car
ceſte voix du Prophete Elie appartient grandement au repos & tranquillité des Royaumes : Iuſques à quand cloche-
rez-vous des deux coſtés ? Si le Seigneur eſt Dieu, ſuyuez
le : Ou ſi c'eſt Baal, ſuyuez-le. Iamais on n'accordera Dieu
auec le Diable. Et de quel front, ie vous prie, les Princes
departiront-ils leurs ſubiets entre Dieu, & le diable ? Mais on
me reſpondra que la nation des gens craignans Dieu eſt encores par trop foible. A la mienne volonté que le Seigneur
euſt ouuert les yeux des Princes, comme à la priere d'Eliſee
les yeux du ſeruiteur d'iceluy furent ouuerts : à fin qu'ils entendiſſent que la cōſpiration des gens de bien eſt vne force
admirable : & qu'il y a ſans comparaiſon plus grande puiſſance pour nous, que contre nous : à ce qu'ils ſe vouluſſent
faire chefs d'vne ſi bonne cauſe, cōme eſt leur deuoir. Car à
la verité

Pſal. 122

Ioſué 1

Ecc. 48

2. Rois 18

2. Rois 6

la verité nous n'auons esté foibles qu'en ceste partie. Et est chose tressagement consideree par Aristote, que la vertu estant fournie de ce qu'il lui faut, fait vn effort admirable. Toutesfois si ne suis-ie celui qui conseille qu'vn Prince couppe l'vn de ses bras par l'autre, ne qui trouue bon qu'en matiere de religion on vse de violence. Car on a assez esprouué en la vraye Religion, que le cœur de l'homme craignant Dieu, ne peut estre forcé par toutes les morts qu'on sçauroit excogiter : & en la faulse, l'experience de beaucoup de nations nous sert d'exemple, que les peuples, lesquels il semble que de leur bon gré se fussent assés bien rengés à la parole de Dieu, si on y eust procedé par bon moyen, se sont obstinés en leurs superstitions, comme en despit de la contrainte, dont on a voulu vser en leur endroit. Mais ie desireroye qu'on entendist qu'il n'y a meilleur moyen pour planter la verité de Dieu, que la publique predication, & establissement d'icelle sous la puissance & authorité des Princes. Par laquelle toutes les tenebres & brouillars d'erreurs & superstitions s'esuanouyront, ceste lumiere de la verité & soleil eternel estant leué. Ce qui se feroit toutesfois sans trouble aucun : attendu que presque toute la noblesse est gaignee à nostre Seigneur, & la partie la plus honorable des villes & du peuple : consideré aussi la puissance & redoutement de la maiesté Royale. Dauantage i'ay esperance de monstrer cy apres tels moyens pour attirer les ignorans à l'obeissance de l'Euangile, qu'il n'y auroit aucun, si meschant seroit, qui ne feist semblant de se renger à l'obeissance de Dieu. Ie finiray donc ceste partie, ayant remonstré que s'il n'y a chose qui rende vn Royaume plus paisible, puissant, & redouté que quand il est vni ensemble par bonnes & egales ordonnances, conioint en assemblees vtiles à la Republique : à plus forte raison il n'y a chose qui le rende plus tranquille ne plus vigoureux, que s'il est vni en la vraye Religion, estant lié & composé en vn corps de par Dieu leur conseruateur. Par ce moyen les Princes estans chefs d'vne si louable & bonne entreprinse, il n'y a doute qu'ils ne soyent benis de Dieu en tous leurs affaires, & que le Royaume ne prospere grandement sous leurs gouuernemens.

b   Que

Que outre la pure doctrine de l'Euangile, la discipline doit estre resti-
tuee pour la conseruation d'icelle, & le salut des hômes : Et qu'aux
Princes appartient ceste conseruation, & de l'ordre qu'ils y doi-
uent garder.

CHAP. III.

ET bien que veritablement ce soit vn bien inestimable de iouïr de la pure doctrine celeste, si est-ce
que en ceste nostre misere & infirmité ce n'est
le tout. Ains d'autant que le bien est plus grand,
la crainte de le perdre en doit estre plus grande. Principalement que comme l'vn prouient de la bonté inestimable de Dieu & de sa misericorde enuers nous, l'autre
vient de son courroux, & rigueur de sa iustice. Et chacun
peut estre tesmoin de soy-mesme, combien nous auons de
peine d'assubiettir nostre volonté à l'obeissance de Dieu, de
desraciner de nos cœurs les meschantes affections qui re-
bourgeonnent continuellement de ceste vieille souche de
peché. Et n'y a rien en quoy l'homme soit moins constant,
qu'à se contenir au vray seruice de Dieu. Car si du temps
mesmes des Apostres le Diable a suscité vne infinité d'heresies pour obscurcir la gloire de nostre Seigneur Iesus
Christ : comme par Simon le magicien, par Nicolas, qu'on
dit estre l'vn des sept diacres, par Hymenee, Philete, Mean-
dre, Ebion, Cerdon, & assez d'autres, lesquels d'vne impudence diabolique se sont opposés aux Apostres : que pouuons-nous attêdre en ceste deprauation cômune, veu que la
plus dangereuse heresie qui ait onques esté, est desia renou-
uelee? Laquelle crainte des maux aduenir nous doit rendre
d'autant plus aduisés, que nous auons à faire à vn peuple, lequel bien que de sa nature soit enclin à Religion, si est-ce
qu'il est par trop aisé à persuader, & estre destourné. Dauantage, il y a vne infinité de personnes, qui philosophent
sur l'Euangile & parole du Seigneur : lesquelles ne veulent
non plus croire d'icelle, que leur fantasie & discours le com-
portent, & les persuadent. Or comme il est aduenu de tout
temps, & quel est le prouerbe commun, il n'y a si sot maistre
qui ne trouue de plus sots escholiers. Outre lesquelles raisons qu'est-il a esperer de tant d'ennemis mortels de la verité
de Dieu ? De ceux qui l'ont persecutee, & persecutent encores d'vne malice, & cruauté diabolique ? De ceux qui
ont

Act. 8
Act. 6
Apoc. 2
1. Ioan. 2

ont vefcu à leur aife des fuperftitions, & ont efté engraiffés d'icelles comme porceaux à l'auge ? Des contempteurs de Dieu, Athees, & Epicuriens, defquels il y a vn nombre infini ? D'vn tas de Herodiens, lefquels n'ayans aucune religion, s'accommodent à la volonté des plus grans ? D'vn fi grand nombre de Libertins, qui en apparence diront bien quelque mot de Dieu à la trauerfe, mais, pour dire vray, n'ont autre dieu que leur ventre & leur chair ? lefquels bien qu'ils foyent bandés les vns contre les autres, fi font-ils ennemis de l'Euangile, par lefquels le Diable affaut l'Eglife comme de toutes fes machines & canons. Partant il eft apparent que ce n'eft le tout d'auoir la predication de l'Euangile : mais qu'il eft requis d'y adioindre vne telle difcipline, qui la maintienne & conferue : par la maiefté de laquelle, vn chacun foit induit de s'y affubiettir, laquelle attire telles gens pour quelque efgard d'honneur & commodité, & les retienne par vn bon ordre iufte, fainct, & egal : ou pour crainte de deshonneur, & infamie. Or le foing du reftabliffement de cefte fainte difcipline appartient en premier lieu aux Princes. Car fi, cóme nous auons demonftré, la reftitution & cóferuation de la parole de Dieu appartient aux Rois & Magiftrats, à plus forte raifon cefte difcipline appartient à leur charge, veu que fans icelle la doctrine ne peut fufciter. Et doiuent iceux penfer qu'ils ne font feulement ordonnés à celle fin que fous leur gouuernement l'Eglife de noftre Seigneur floriffe en bonne doctrine & difcipline, mais auffi qu'ils doiuent auoir efgard à la profperité, & munir tellement l'Eglife de noftre Seigneur par bonnes & faintes ordonnances, qu'elle foit affeuree pour toute Eternité, entant qu'en eux-eft. Car comme vne riuiere, qui ha fon cours perpetuel, eft toufiours vne mefme riuiere, bien que les eauës courent toufiours, & fe pouffent continuellement : & comme par leuees on la retient dans fon lict & canal, à ce qu'elle ne fe puiffe defborder : ainfi eft-il des Eglifes : lefquelles pour changer de perfonnes, comme par cours humain nous fuccedons les vns aux autres, fi elles tiennent le mefme cours de la predication de la parole, font toufiours mefmes Eglifes : & ne doit le Prince

auoir foing feulement des vagues & flots qui paffent deuant fes yeux : mais des inondations qui font à craindre à
·Pfal.102 l'aduenir. A fin , dit le Pfalme, qu'on raconte en Sion le
nom du Seigneur , & fa louange en Ierufalem , quand les
peuples feront affemblés en vn, & les Royaumes pour feruir au Seigneur : Les enfans de tes feruiteurs y habiteront,
& leur femence fera ftable deuant toy.   Ce que toutesfois
ne faut eftendre iufques là, comme fi leur office eftoit de
prefcrire ce qui eft à tenir en la Religion , & ce qui eft à reietter : mais que apres eftre refolus de la pure doctrine , par
le moyen que Dieu a ordonné, lequel nous deduirons, leur
office eft adonc de conferuer icelle, à l'exemple du bon Roy
2.Rois 22 Iofias : Lequel demande l'aduis des Prophetes, & affemble
l'Eglife.   Ce faict il renouuelle l'alliance entre Dieu & toute
l'Eglife.   Car les Rois font membres de l'Eglife, non pas
Rois d'icelle. Et bien que les perfonnes leurs foyent fub-
iettes, fi ne dominent-ils pas fur les Ames , ains feruent à
Dieu au miniftere & feruice du falut d'icelles pour auoir
l'œil & fuperintendance.   Et à cefte fin Dieu les a tant
honnorés qu'il les a faicts nouriffiers & tuteurs de fon Eglife.

Que par faute de cefte confideration la doctrine s'eft perdue es
Royaumes d'Ifrael.   CHAP.   IIII.

ET neantmoins qui fera difcours de tous les meilleurs Princes tant de Iuda, que des Chreftiens,
combien en trouuera-on qui y ayent penfé à bon
Pfal.14 efcient ? Dauid fe plaint que de fon temps il n'y
auoit ne foy ne crainte de Dieu en Ifrael. Et toutesfois nous
ne lifons point qu'il ait faict ordonnances pour confermer
dauantage & armer celles de Dieu cotre l'impieté dont il fe
plaignoit, & contre les fuperftitions qui commençoyent dés
lors à corrompre le pur feruice de Dieu.   Auffi confiderons
3.Rois 11 ce qui en eft aduenu. Salomon fon fils fans difficulté ne con
tredit du peuple , qui ait merité l'efcrire , ouurit en Ifrael la
porte à l'Idolatrie : qui fe multiplia depuis tellemét, que dix
des lignees, de douze qu'elles eftoyent, apres auoir reietté le
3.Rois 12 ioug de Roboam leur Roy, feuolterent mal-heureufement contre le Seigneur leur Dieu.   Lequel crime d'ond
                                                              dirons

dirons-nous eftre aduenu, que par faulte de difcipline &
bonne police ? Et toutesfois fi eft-il fi lourd, qu'il comprend
feul & furpaffe toutes les vengeances que l'ire de Dieu euft
peu defployer. Car y a-il peine au monde plus grande, que
d'auoir Dieu pour ennemy, de renoncer à la vie eternelle, &
commettre pour quoy la doctrine, qui nous eft dõnee pour
falut, foit à noftre plus grande condamnation ? En quoy par
ce que les Princes auoyent efté par trop negligens, le Seigneur a executé la rigueur de fa iuftice fus eux premierement, puis fur tout le peuple : & à bon droict. Car fi le peuple, qui delaiffe le Seigneur fon Dieu, merite eftre liuré à
la puiffance de fes ennemis, & tomber en malediction : de
quelle peine eft digne le Prince, qui par fa negligence laiffe
le peuple fe defbaucher en impieté, ou qui mefmes l'induit
par fon exemple? Et fi le mauuais feruiteur fçachãt le grand
defir de fon maiftre de faire proufiter le fien, qui enfouit fon   *Matt.*
talent en terre, s'adonnant à fes plaifirs & voluptés, eft ietté
en tenebres, penfons-nous que les Princes que Dieu efleue
en telle maiefté, à fin qu'auec plus grande authorité ils gouuernent fon Eglife, & la conferuent en toute pureté, ne pen
fans rien moins qu'à la charge de leur vocation, & fe preci-
pitans où leurs plaifirs & concupifcences les pouffent, puiffent euiter le iugement du Dieu viuant? Toutesfois ces peines horribles, qu'ont porté ces dix lignees, n'ont de rien
ferui aux deux qui reftoyent à Dieu comme fon propre heritage. Car elles ont bien fuiuy la volonté des bons Princes
en apparence : mais au dedans il n'y a eu religion qu'en bien
peu. Laquelle hypocrifie ia foit qu'elle ne foit en la puiffance des Princes de pouuoir reformer : fi eft-ce que les meilleurs Princes, qui ayent efté, n'en font innocés deuant Dieu
entant que ne fe fouciãs de la difcipline, ils ont laiffé perdre
la doctrine. Car Afa, Amafias, Iofaphat, Ioathan, & Ezechias
(fleur de tous les Rois de Iuda) s'ils ne pouuoyent du tout
efteindre & eftouffer, au moins ne deuoyent-ils pas retenir
l'impieté de leurs peuples qu'elle ne fe defbordaft à l'aduenir ? Ie ne fay doute qu'ils n'ayent aigrement puni les fuperftitions & idolatries de leur temps. Et l'Efcriture rend tefmoignage à aucũ d'eux, qu'ils ont reftitué le feruice de Dieu,

qui eſtoit corrõpu par le paſſé, & prophané : qu'ils ont auſſi
repurgé le Temple de toutes idoles, qu'ils les ont mis en cen
dre: mais comme ainſi ſoit que le cœur de l'homme ſoit vne
8 forge d'Idoles, la principale prophanation eſtoit la plus
grand' part du peuple, & les hauts lieux & autels eſtoyent au
cœur des hommes de Iuda. Parquoy ils deuoyent par bonnes ordonnances retenir les bons à l'aduenir à la crainte de
Dieu, & brider de ſorte l'impieté des hypocrites, que leur
hypocriſie ne ſe peuſt laſcher à ſuperſtition. De laquelle inconſideration voici auſſi ce qui en eſt incontinent enſuiuy:
Le peuple pour n'eſtre inſtruict en la loy de Dieu par la nonchalance & impieté des ſacrificateurs, qui n'auoyent retenu
d'icelle que ce qui eſtoit à leur auantage, comme les offrandes, ſacrifices, vœus, decimes, & primices, ne prenoit autre
inſtruction que par les yeux, en s'amuſant au dehors, & à l'eſ-
corce des ceremonies, cõme ſi toute leur religion ne conſi-
ſtoit qu'en ceſte externe obſeruation d'icelles. Dont s'en
enſuiuit incontinent vne telle ignorãce, que la Loy de Dieu
& toute memoire d'icelle ſe perdit en Iſrael, & Iuda. Et ne
s'en trouuoit exemplaire quelconque, voire entre les ſacrificateurs meſmes. C'eſt donc à bon droict que le Seigneur reproche à ſon peuple, qu'il eſt plus meſchant que nul autre
peuple de la terre, veu qu'il n'y auoit aucun qui ne retint ſes
idoles qu'il s'eſtoit forgés, encores qu'en icelles il n'euſt onques trouué ſecours ne allegeance aucune en ſes afflictions.
2 Lequel mal-heur le bon Roy Ioſias recognoit combien il
eſt grand, il en pleure amerement, en ſigne de ſa grande douleur il deſchire ſes veſtemens, il aſſemble tout Iuda, & luy re-
monſtre ſon impieté, il fait lire le liure que Dieu reſtitue à
ſon peuple, & remet hors les tenebres, en la preſence de
tout le peuple, il abolit toutes ſuperſtitions, il reſtitue le vray
vſage de paſque & des ſacrifices, il renouuelle l'alliance auec
le Seigneur ſon Dieu : mais que profite-il par celà? Pour autant qu'il n'adiouſte telle police & diſcipline, par laquelle ſa
poſterité, & le peuple ne ſe puiſſent deſtourner de ceſte
alliance qu'il auoit iuree, ſes propres fils, & tout le peuple ſe
reuolterent du ſeruice de leur Dieu incontinent apres. Laquelle rebellion Dieu ne laiſſa longuement impunie. Car
les

les trois fils de Iosias moururent en miserable captiuité:Ioa-
chaz estant prisonnier en Egypte, & Ioachin en Babylone: *2. Rois 22*
mesmement les yeux furent creués à Zedechias,qui estoit le *& 25*
troisieme : Ioacin aussi fils de Ioacin mourut prisonnier en
Babylone. Quant au peuple, le Seigneur effaça presque la *2. Chron.36*
memoire d'iceluy,de dessous le ciel.Car d'vn nombre infini *2. Rois 24*
qu'il estoit, il fut reduit à enuiron 12000 tout au plus, en
comprenant ceux que Nabuchodonosor auoit transportés *Iere.52*
la premiere foy. Laquelle miserable seruitude deuoit bien
reueiller les Princes pour restablir tellemēt la parole du Seigneur par bonne & saincte police, & de s'assubiettir de telle
sorte à l'obseruation d'icelle, que ores qu'ils voulussent ils
ne s'en peussent destourner, & que leur posterité n'eust ne le
vouloir, ne le pouuoir de se reuolter, ne de renuerser la religion. Lequel exemple bien qu'il doiue abondamment
suffire, si est-ce que par ce que les Princes & Magistrats ont
continuellemēt failli en ceste part, ie passeray outre tant par
ce que ces exemples nous descouurent les ruses dont Satan
a de tout temps corrompu & profané la verité de Dieu,que
aussi si le zele de la gloire d'iceluy, ne peut reueiller ceste
negligence des Princes,pour le moins les peines griéues
& presentes, qui leur pendent sur la teste,leur rompent
leur somne trop profond. Ce poure & miserable peuple
estant à la parfin restitué au lieu des ses ancestres septante
ans apres, il deuient plus sage domté, ayant apprins par son
mal-heur, & par celui de ses peres,il commença lors à auoir
la Loy de Dieu en plus grande recommandation. Les sacrificateurs la lisoyent, exposoyent, ouuroyent la bouche à *Neh.8 & 9*
vn chacun pour l'instruction du peuple : mais Satan chan- *Esd.9. et 10*
geant de ruse, & de sa maniere accoustumee d'induire le
peuple en manifeste idolatrie,commença peu à peu a corrompre le sens de la vraye intelligence de la parole de Dieu:
tant que l'opinion commune du seruice de Dieu, des ceremonies,& des œuures se trouua du tout côtraire à la doctrine des Prophetes: & en feit-on vne Philosophie prophane.
Laquelle a esté depuis departie en plusieurs sectes & religions, (ainsi que lon parle maintenant en la papauté.) C'est
à sçauoir des Pharisiens, Esseniens, Sadduceens : depuis fi-
                              b 4   nale

nalement sont venus les Herodiés. Dequoy est aduenu que la doctrine de la foy estant enseuelie, voire subiecte à opprobre & contumelie, l'authorité de ces nouueaux iustificateurs creust soudain en vne puissance, authorité, & opulence admirable. Car ils vsurperent la puissance de l'Eglise. Ce faict alors tenans le peuple comme sous le pied, chargerent les poures Ames d'vne infinité d'ordonnances & traditions, comme si la Loy de Dieu n'estoit assez suffisante à salut. Laquelle tyrannie a duré iusques à l'aduenement de nostre Seigneur Iesus Christ parfait accomplissement & vray restaurateur de la Loy. Apres la passion duquel est ensuiuie la finale destruction de toute leur police & superstitieux sacrifices auec leur ruïne si horrible, que les maux precedés soufferts sous Antiochus, les Syriens, Egyptiens, & Romains, semblent estre legers. Car leurs ennemis mesmes en ont eu compassion. Voilà le poure & continuel gouuernement de l'Eglise de nostre Seigneur sous les Rois de Iuda, & sous les grãs sacrificateurs. Lequel, ou bons ou mauuais qu'ayẽt esté, n'ont de rien esté plus auisés des beaux exẽples de leurs predecesseurs. Ce que i'ay d'autant plus volõtiers voulu proposer & pourtraire comme en vn tableau, à ce que on se persuade que si on ne restitue à l'Eglise sa vraye & pure discipline, les Princes s'attendent que la doctrine de l'Euangile ne sera de plus longue duree, & que ces exemples les asseurent que la mesme vengeance de Dieu tombera soudain sur leurs maisons & gouuernemens.

Matth. 23
Act. 12

Que par faute de discipline la doctrine s'est perdue en la Chrestienté.   CHAP.   V.

ET par ce que les exemples domestiques & moins esloignés de nous par antiquité, nous esmeuuent dauantage que les anciens, qui semblent à beaucoup de gens estre recerchés trop auant, & nous toucher de trop loing. ie m'approcheray, & monstreray comment par faute de discipline, la doctrine s'est depuis perdue en l'Eglise de Dieu. Ce n'a esté sans esprit de Prophetie que sainct Iean tesmoigne que dés son temps il y auoit des antechrists, qui nioyent Iesus Christ estre venu en chair. Et sainct

2. Thess. 2

Paul

Paul nous aduertit aufsi diuinement, que defia le fils de perdition œuuroit le myftere d'iniquité. Car Satan s'efforçoit defia deflors de corrompre la doctrine de noftre falut, comme aufsi il fait fans cefle. Si eft-ce que la pureté d'icelle a retenti clairement en l'Eglife de noftre Seigneur enuiron deux cens ans. Depuis lequel temps Satan voyant que ne par perfecutiõs qu'il auoit fufcitées cruelles & horribles par tout l'vniuers, ne par herefies il ne pouuoit venir à bout de fes atteintes, il reprent fon ancien & dernier confeil qui luy eftoit fi heureufement fuccedé : qui eft de corrompre & miner fecretement, & peu à peu la pureté de la doctrine en relafchant le lien de la difcipline : ce qu'il a fait, voire par la fimplicité des plus gens de bien, lefquels fe font par trop pleus en quelques gentiles inuentions, eftans par trop fans fouci de l'aduenir, & ne penfans rien moins qu'à ce qui deuoit enfuiure des chofes qu'ils inuentoyent d'vn bon zele, (comme ie confefle) mais par trop indifcret. De faict les anciens Peres recommandans fans fin & mefure le martyre & confefsion du feruice de Dieu, & de fon Chrift, donnerent occafion par fuccefsion de temps à la pofterité d'en faire vn merite & fatisfaction : comme aufsi eft aduenu depuis des œuures,& de la difcipline des mœurs,laquelle iceux referrans le plus qu'il leur eftoit pofsible, pour fe feruir d'icelle comme d'vne bride pour tenir les fideles en la crainte de Dieu, & faincteté de vie, le fiecle fuyuant là peu à peu finalement beaucoup deprauee, la faifant par trop feuere: & ce fans grand iugement. Ce qui eft procedé iufques là, que les aages fubfequens en ont faict vne fatisfaction pour le peché. Laquelle mefme faute eft entreuenue és autres parties de la difcipline. Car ces bons Peres voulans que le tout (comme il leur fembloit)fut conduit plus meurement, tirerent à la parfin à eux & à leur clergé, toute la iurifdiction & authorité de l'Eglife, fous couleur de vouloir prealablement mieux digerer, & efclaircir les affaires de l'Eglife, & auec plus grande authorité. Ce que comme doit feruir à l'Eglife de Dieu d'vn exemple perpetuel de fe contenter de la faincteté que Dieu nous commande, fans en vouloir inuenter de nous mefmes, & ne cercher meilleur ordre que

c   celuy

celuy que Iesus Chrift nous a ordonné, il nous doit fur
tout feruir d'aiguillon pour recercher és Efcritures quel eft
ceft ordre & difcipline que Iesus Chrift a inftituee, & que
les Apoftres & leurs fuccelseurs ont enfuyuie : par le moyen
de laquelle la doctrine demeure en fa pureté, toutes fectes
& herefies, auec les autheurs d'icelles foyent condamnees &
exilees de la Ierufalem celefte. Car fi toft apres la mort des
Apoftres, la doctrine a commencé à perdre fon luftre
& naïue couleur, eftant deftituee de la difcipline, que
deuons-nous craindre pour l'aduenir ? Car le diable ne
dort iamais : ains eftant chaffé par vn cofté, il fait fon effort
plus grand par vn autre, duquel nous doutons le moins:
Matth. 12 voire mefmement il prend (dit noftre Redempteur) fept
autres diables pire que foy.   Moyfe auoit ordonné le vray
feruice de Dieu au peuple d'Ifraël, il auoit inftitué vne bonne difcipline & ordre excellent : mais il n'eft guieres loing
de ce peuple, qu'iceluy fe reuolte mal-heureufement en
Exod. 32 toute Idolatrie, & fait effort à Aaron. Confiderons auffi
ce qui eft aduenu à l'Eglife Chreftienne depuis ceft aage
d'or : la difcipline ayant perdu fon luftre & couleur naturelle
pour les raifons fufdites. Sur ce point le Seigneur fufcita
Conftantin Prince d'vne magnanimité fi gráde, que luy feul
s'oppofa à tout le monde pour la foy en Iesus Chrift, n'eftant
appuyé fur grandes forces humaines, mais fur la puiffance
de Dieu : iceluy receut en temps fort opportun cefte poure
Eglife defrompuë & caffée par la violence des grandes &
longues perfecutions, ayant vn zele incroyable, & defir
d'employer toute fa puiffance à remettre icelle en eftat pai-
fible & honnorable. Lequel fi euft efté fidelement con-
feillé, il euft peu reftituer à l'Eglife fa naturelle vigueur, &
la remettre en fa premiere pureté. De faict il auoit alentour
de foy ordinairement des principaux pafteurs, au confeil
defquels il recouroit à tous propos: il auoit Eufebe Euefque
de Cefaree excellent perfonnage en finguliere reputation,
comme auffi Euftache Euefque d'Antioche : il embraffoit à
tous propos le bon pere & martyr Pafnutius, tout borgne
& boyteux qu'il eftoit : il affembla vne grande multitude de
conciles, efquels ne s'eft trouué aucun cheminant plus ron-
dement

dement que luy. Mais l'ambition & auarice ayant defia faict quelque ouuerture en l'Eglise, les Euesques pour la plufpart ne luy tenoyent presque autres propos que de leurs piques, & querelles, des fins & eftendues de leurs Euefchés, &, à ce que nous pouuons comprendre des hiftoires, vne grande partie ne le prefchoit de rien plus fouuent que des biens & reuenus des Eglifes, defquels les Euefques ordinairement commençoyent à s'attribuer la principale adminiftration. Quant aux querelles, il ne les peut onques appoincter, non plus que le different qui eftoit en la religion, quelque deuoir qu'il en ait faict. Mais quant à aſſouuir l'ambition de beaucoup, il leur bailla (comme on dit) les ciſeaux & le drap: car il leur meit la bride ſur le col, pour difpofer à leur volonté de la diſcipline, & de tout l'ordre Eccleſiaſtique. Alors les Euefques, qui n'auoyent guieres eu auparauant plus de puiſſance en l'Eglife, que le Senieur & Preſtre, ains vn ſeul nom & titre dauantage, c'eſt à dire, qu'il eftoit le premier Preſtre, comme dit ſainct Ambroiſe, s'eſleuerent non ſeulement par deſſus les autres Paſteurs, mais tout à vn coup par deſſus l'Eglife du Seigneur, les bons inaduertamment ſe laiſſans mener par la couſtume, comme par les ondes de l'ambition commune. Dauantage ils departirent les prouinces entre eux, comme ſatrapies eccleſiaſtiques: ordonnans des Archeueſques pour auoir la ſuperintendance ſur les Euefques & Eglifes: par deſſus leſquels encore erigerent-ils les Patriarches comme Princes des Eglifes, des Euefques & Archeueſques. Touchant les biens Eccleſiaſtiques, il en donna tant & en tant de lieux, qu'ils pouuoyent ſuffire pour raſſaſier voire les plus auares. En quoy le bon Prince me ſemble digne de grande commiſeration, en ce principalement que penſant baftir ſur le fondement du Seigneur or, argent, pierres precieuſes, il y a bafti de la paille, du bois, & du chaume: leſquelles matieres depuis eftans reduites à neant par le feu de l'Efprit du Seigneur, tout ce qui a efté bafti ſur le vray fondement des Apoftres, eſt ruïné miſerablement en oppreſſant l'Eglife du Seigneur. Car deſlors ceste tour de Babel, & ordre hierarchique de l'Eglife militante, qu'ils appellent, fut encommencee: laquelle Dieu a

c 2   perm

permis quils esleuassent iusques au ciel, à fin quil la fou-
droyast de plus horrible ruïne.   De laquelle les enfans de
Dieu se resiouïssent, & le louent d'en estre deliurés. En quoy
les Princes ont vn miroir excellent de leur office & deuoir,
pour veiller si soigneusement, que par leur negligence ils
ne laissent entrer les erreurs & superstitions en la maison
du Seigneur, & par leur trop grande simplicité ils ne se laissent abuser en receuät les ennemis de Dieu & de son Eglise,
reuestus de la couleur & pretexte de pieté. Lesquels depuis
gaignent de leur costé par menees, & desbauchent les citoyens de la Ierusalem celeste, en faisant apres ouuerture
tout à leur plaisir aux ennemis profes & manifestes.   Non
pas que ie vueille dire que ce soit aux Princes de reuoquer à
leur cognoissance tout le faict de la religion, & se faire su-
perarbitres pour ordonner de la doctrine celeste à leurs fan-
tasies, (ce que mesmes ne leur deuroit estre permis és affaires politiques) ne pour entreprendre vne puissance desordonnee : mais quils doiuent interposer leur puissance &
authorité où ils voyent quil en est besoing, remparer si diligemment les bresches de la discipline de l'Eglise, que
Psal.122 la cité de Dieu soit ville bien munie, & policee, que le
Diable ne puisse esmouuoir sedition dedans, ne liurer
assaut par dehors, ne vser de surprinses: en remettant toutesfois le iugement de toutes choses entre les mains de l'Eglise
de Dieu pour les considerer selon la parole d'iceluy, à fin
qu'eux puis apres puissent executer vertueusemét ce quicel
le aura recognu estre de la volonté de Dieu, & aura ordóné.
Ce que nous declairerons cy apres comme il doit estre faict.
Mais reuenons à Constantin : l'inaduertance duquel a faict
ceste ouuerture à la plus grande part des maux qui sont ensuyuis. Car non seulement vne partie des vieilles sectes &
heresies recommencerent incontinent apres luy à prendre
leur premiere force, & plus grand accroissement, mais aussi
cause des nouueaux maux prindrent leur fondement sur
ceste sienne peu aduisee & mal preuoyante simplicité : tellement que ce n'est sans raison que le diable(si nous croyons
à ce qui en est escrit)se vanta d'auoir alors semé du venin en
l'Eglise. Car veritablement toute ceste hierarchie se lança si
                                                            haut

haut de prim-sault, que depuis elle s'est peu esleuer si or-
gueilleusement, qu'elle a oppressé l'Eglise du Seigneur d'vne
horrible seruitude: & est aduenu depuis par traict de temps,
que où les Apostres auoyêt estimé estre chose hôteuse pour
eux, de laisser la parole du Seigneur pour seruir aux tables
des fideles: eux au contraire delaisserent la predication de la
parole non seulement pour seruir à la table, & à l'autel (comme ils appellent) mais pour se faire seruir, & pour se re-
paistre grassement. Dauantage, bien que ce bon Empereur
eust vn merueilleux desir d'auancer par tout la cognoissance de Dieu, si faillit-il au moyen. Car où peu à peu, où par
sainctes ordonnances il eust peu gaigner les peuples au Seigneur, pour les retenir en l'obeissance de Dieu par bône discipline, & bon ordre, iceluy au côtraire vsant de Loy violê-
te & souueraine puissance, condâna les Têples, & les seit fermer: il côtraignit vn chacun de faire profession de la religion
Chrestiêne. En quoy au lieu d'vne infinité de Chrestiés, qu'il
pensoit faire, il feit vne infinité d'hypocrites. Lesquels pre-
mieremêt dessous l'Empire de Constâce son fils, qui s'estoit
destourné de la verité, & estoit deuenu Arian, se côformans
à la volonté d'iceluy, pour la plus part suyuirent son erreur,
comme il aduient tousiours: & depuis sous Iulian retournerent à leur vomissement, & se profanerent & souillerent
apertement auec les idoles qu'ils auoyent tousiours retenus
en leur cœur. Depuis ce temps là, bien que sous les bons
Empereurs le peuple feist quelque semblant de religion
Chrestienne, si y en auoit-il bien peu. Car par faute de bon
ordre la religion fut mesleés auec les idolatries precedentes,
& la commune apporta en son esprit dans le Temple du
Seigneur la conception de ses idoles · imaginât Iesus Christ
comme l'vn de leurs Heroës & demi-dieux : à laquelle corruption tous les maux qui se sont ensuyuis se doiuêt rapporter, Dieu foudroyant tellement auec toute l'impetuosité
de son ire : que ie pense estre tout clair qu'il faut que le
Princes ne rendent pas seulement compte de ce qui se fait
en leur gouuernement : mais des maux qui s'ensuyuent puis
apres, ou de ce qu'ils tolerent sans consideration de la consequence, ou de ce qu'ils ordonnent imprudemment, quel-

c 5 que

que bon zele & affection qu'ils ayent. Ce que les peines, par lesquelles le Seigneur a demonstré sa iustice, tesmoignent clairement. Car Dieu retira à soy toute la belle & noble lignee de ce bon Empereur par accidens terribles, & depuis suscita des nations barbares & cruelles : lesquelles les vnes apres les autres continuellemēt par l'espace de pres de quatre cens ans, ont rasé & exterminé toute la face de la terre. Laquelle execution de la iustice de Dieu les Princes se doiuent en premier lieu proposer : & penser que comme Dieu est immuable, pareillement la saincte volonté & iustice d'iceluy est immuable. Partant ils doiuent craindre ses menaces, estans faicts sages & aduisés de tant de grands & illustres exemples, pour mieux pouruoir à l'ordre & discipline de l'Eglise. Car de delayer & remettre cest affaire en temps plus commode, c'est grande simplicité : par ce que les choses. qui sont ia establies, ne se peuuent apres que mal-aisément renuerser : exceptees les bōnes & sainctes, que le mōde corrompt & depraue tousiours. Ie ne say doute que Theodose le grand n'ait bien apperceu les signes manifestes de la corruption tant en la doctrine, qu'en la discipline, & que volontiers il n'y eust remedié : mais ie vous prie, outre les guerres qu'il auoit de tous costés contre les barbares, qui s'espandoyent comme torrens par tout son Empire, outre les infideles qu'il taschoit renger à l'Eglise de Dieu, eust-il fait sagement selon le iugement & sagesse humaine, d'entreprendre la guerre cōtre tout cest ordre Hierarchique, & monarchie Ecclesiastique, desia si bien fondee par vne longue possession ? Principalement que les suppôts d'icelle s'essayoyent desia & commēçoyent à forger & branler la foudre de leurs interdicts & anathemes? Ie ne doute non plus de Martian, de Leon, de Zenon, & de Maurice, cōtre lequel Boniface Euesque Romain pour confermer sa tyrannie suscita & soustint la rebellion de Phocas vn des capitaines d'iceluy, par ce qu'il maintenoit l'Euesque de Constantinoble alencontre de luy. Quant à Charles le grand, tant s'en faut qu'il y ait voulu attenter aucune chose, que voyant l'ambition & auarice des Euesques Romains, il s'est efforcé de s'en seruir, & pour recognoissance de quelques titres mal-fondés, & quelques bagatelles

2.Samuel 15

gatelles femblables, il les a voulu affouuir leur ambition & a-
uarice iufques mefme à affubiettir à iceux l'Eglife Gallicane,
& leur donner, à ce qu'on dit, vne bonne portion de l'Italie.
Les Empereurs Alemans Ottons, Henris, & Federics, quelque bonne volonté qu'ils euffent, vindrent trop tard pour
renuerfer vne puiffance non fondee feulement en richeffes
& domination temporelle, mais fur les confciences des poures ignorans. Par laquelle ils ont tellemēt rengés les Empereurs à leur obeïffance, en leur fufcitant alencontre voire
leurs propres parens & domeftiques, qu'ils ont efté grandement accreus par l'effort & refiftance d'iceux. Alors com-
mencerēt-ils à foudroyer & lancer leurs interdicts auec toute fureur & violence. Alors Alexandre troifieme, comme
victorieux de tout le monde en la perfonne de l'Empereur
Federic Barberouffe, meit le pied fur le col du fainct Empire, le foullant en terre d'vn orgueil diabolique. En la poffef-
fion de laquelle tyrannie ce fiege abominable, ceft homme
de peché, & fils de perdition a demeuré du depuis, iufques à
ce qu'il a pleu au Dieu trefbon & trefpuiffant dans le temps
determiné par fa prouidēce, le manifefter & defconfire par
l'Efprit de fa bouche, & l'abolir par la clairté de fa venue.

2. Theff. 2

*Qu'il ne faut delaiffer cefte reformation, du commandement de Dieu, de
la facilité de l'executer : & ce qui feroit à efperer des reformations
modernes.* CHAP. VI.

E pendāt donc que le Seigneur, befongne fi puiffamment, & que l'occafion s'offre, l'office des Princes eft de y entendre, & pouruoir, à ce que la doctrine & difcipline ne fe puiffent corrompre, comme par le paffé, enclorre icelles fi feurement dans vne
bonne & fainte police, qu'elles foyent conferuees à la pofterité : & iuger ainfi par les exemples fufdits, qu'ils ne peuuent euiter la fureur de Dieu, s'ils defaillent prefentement
à leur deuoir : & que la caufe de la profanation de la parole,
qui s'enfuyuroit, & l'impieté des hommes, qui font nais &
naiftront, leur fera imputée. Car à cefte condition, & pour
cefte caufe Dieu leur a communiqué fa gloire & fa puiffance. Partant ils n'imiteront l'hypocrifie de Iehu, lequel eftant
faict Roy & couronné de Dieu pour abolir les veaux d'or de

2. Rois 1:0

C 4 Ierob

Ieroboam,&les superstitions,il extermina bien les sacrificateurs : mais il retint l'idolatrie, & se contenta d'asseurer sa
couronne, ainsi comme il luy sembloit. Ce que toutesfois
fut la cause de la ruïne de sa maison.Or puis qu'il est manifeste que Dieu veut reparer son Temple demoli, à plus grand'
gloire que iamais : que les Princes oyent ce que le Seigneur
Hagg. 1 Dieu leur dit par Haggee : Vous dites ainsi, Le temps n'est
pas encores venu pour edifier la maison du Seigneur: Auez
vous donc le têps pour habiter en voz maisons lambrissees,
& ma maison sera deserte ? A ceste cause les cieux vous ont
esté serrés , & la terre a esté close : & i'ay appelé la seicheres-
se sur tout le païs haut & plat , sur tous les fruicts de la terre,
sur les hommes , & sur les bestes , & sur tout le labeur des
mains. Lesquelles maledictions les Princes qui veulent euiter, & iouïr en repos & felicité eux & leurs hoirs des benefices de Dieu,qu'ils mettêt viuement la main au bastimêt de
l'Eglise du Seigneur , & ne procrastinent en perdant ceste
occasion presente. Car icelle perduë ce seroit pour neant
qu'on la voudroit reprendre cy apres, veu que iamais elle
ne se recouure,& que les hommes se contentent des choses
si elles sont pour leur temps mediocrement bonnes. Car
rien ne nous semble mauuais que ce qui nous est contraire,
& ne se peut defendre : & comme si le monde deuoit defi-
ner auec nous, nous n'auons esgard à la posterité, ne au têps
aduenir. Ce qui est toutesfois bien loing de ce que le Seigneur en la personne d'Abraham, commande à tous , mais
principalement à ceux, à qui il a donné plus de puissance &
Genese 18 authorité:Celeray-ie à Abrahã ce que ie fay, veu que de luy
doit venir vn peuple grãd, & qu'en luy seront benites toutes
les nations de la terre ? Car ie sçay qu'il commandera à ses
enfans & à sa maison apres soy,qu'ils gardent la voye du Seigneur pour faire iustice & iugemêt:à fin que le Seigneur luy
face venir tout ce qu'il luy a dict. Par ce moyen les Princes
voulans regner sous l'Empire de Iesus Christ ils asseure-
ront eux & leurs maisons à tousiours. Car puis que le
regne de nostre Seigneur Iesus est eternel , les princes ne
sçauroyêt mieux fonder leurs couronnes,que sur iceluy.Au-
trement ils doiuent craindre pareille vengeance à celle que
Dieu

Dieu print des Princes du peuple d'Ifrael : lefquels il feit tous pendre, pour ce qu'ils auoyent laiffé idolatrer le peuple. Mais laiffans cefte crainte feruile, ils doiuent embraffer viuement & de grand cœur la caufe de noftre Seigneur en la vertu d'iceluy, & fe tenir continuellement & vigilamment en la fentinelle, en laquelle Dieu les a pofés fur fon Eglife : ayans les yeux de leurs efprits ouuerts fur la conferuation de la doctrine, & de la difcipline de l'Eglife : à ce qu'ils fe puiffent vanter deuant Dieu comme le Prophete : O Seigneur, ie fuis la guette continuellement par iour, & me tiens fur mes gardes toutes les nuicts. Car veritablement cefte parole du Seigneur, qui eft adreffee à Cyrus Roy des Perfes, appartiét à tous Princes, & fe la doiuent appliquer : Pour l'amour de mon feruiteur Iacob, & d'Ifrael mon eleu, ie t'ay nommé par ton nom, & t'ay appelé, combien que tu ne m'euffes point cogneu : ie t'ay armé, encores que tu ne fceuffes point qui i'eftoye, à fin que ceux qui font vers le foleil leuant, & qui font vers Occident cognoiffent qu'il n'y a rien fans moy. En quoy les Princes que Dieu nous a fufcités en ce poinct, ont vn fort bon compte. Car comme ainfi foit que les fondemens de l'Eglife foyent bien & heureufement plantés, & le baftiment de la doctrine foit defia tout efleué en fa perfection, il ne refte qu'à iouïr du labeur, & trauail des feruiteurs du Seigneur, & en receuoir l'hôneur, en y adiouftant les ornemens & enrichiffures de la difcipline : chofe de nul labeur, d'autant qu'elle eft certaine & fans contradiction : & neantmoins leur tournera à vn grand honneur, entant que la louäge de la perpetuité de ceft excellét baftiment, & de l'auoir parfaict, fert à eux, & que la necefsité en eft aufsi plus grande. Car veritablement nous fommes de beaucoup inferieurs en cefte partie à l'Eglife qui a flory au temps le plus pur, & a prefque duré depuis la refurrection du Seigneur en fa pureté enuiron deux cens ans. Car ie peux veritablement dire qu'il n'y a auiourd'huy difcipline en vfage en toutes les Eglifes, qui nous puiffent promettre longue iouïffance de cefte pure doctrine de l'Euangile. Et pouuons voir clairement, que fi Dieu n'y pouruoit miraculeufement, ou par la puiffance ordinaire & moyen des

d Princes

Princes en reformant leurs cœurs, nous sommes pour retomber en brief au premier abysme dont il nous a deliurés, ou en vne horrible impieté. Duquel desordre ie trouue plusieurs raisons. L'vne, que les ministres & pasteurs que Dieu a ordonnés par-cy deuant pour le restablissement de son Eglise, estans troublés de tous costés en leur edification, se sont contentés pour alors de la pureté de la doctrine de l'Euangile, & de la discipline, telle que les mœurs & le temps pouuoyēt porter. Laquelle veritablemēt pour ceste premiere enfance de l'Eglise a esté assés bonne, & suit d'assés pres celle que Dieu a establie par sa parole, & que les Apostres nous ont laissee : mais pour vne diuturnité, il n'y a aucune asseurāce. En secōd lieu aucūs des Princes considerās que si pour le present nous auons ministres d'une singuliere pieté, prudēce, & sçauoir, nous ne nous pouuons promettre pour l'aduenir de semblables : & craignans (à ce qu'ils disent) qu'ils entreprennēt cy apres pareille authorité qu'ont faict anciennement les Euesques sur l'Eglise, & que les Eglises retombent en la premiere tyrannie, (Chose grandement à craindre, & d'autant plus que ne sont tyrannies politiques, par ce que ceste-cy est la perdition des ames, où l'autre n'est que des corps & des biens.) Ces Princes, di-ie, ont eux mesmes vsurpé ceste domination : & ont mieux aymé faire le mal, q̃ de le craindre, & prēdre ce siege q̃ de le laisser vuide, en dāger qu'vn'autre s'y mist à l'oppression de l'Eglise : s'attribuās à eux vne puissance desmesuree d'ordōner ministres, les deposer, excōmunier de la saincte Cene, restituer & absoudre, iuger de la doctrine, prescrire ce que l'on doit prescher de certains articles. Laquelle tyrannie est desia pour maintenant intolerable à l'Eglise de nostre Seigneur. De laquelle bien que nous n'ayons à craindre grādes superstitions, si nous en faut il attendre vne confusion horrible, vn atheisme profes, & tenebres en la doctrine aussi espesses qu'en la papauté : comme aussi vne punition & iugement de Dieu egal à tous ces maux. Il y a vne autre maniere de reformation, ou plustost deformation, de l'ordre & discipline, que nostre Seigneur Iesus Christ a institué en son Eglise : C'est, qu'en verité l'Euangile en quelques contrees est presché tellemēt quellement :

mais

mais la face de l'Eglise Papistique y est demouree : les mesmes Euesques apres quelque legere declaration de foy sont remis sur le col de l'Eglise auec tous leurs reuenus, ostentations de richesses, & la plus grande part de leurs ceremonies : les presentations, droicts de patronnage, ornemens, chandelles, chanteries de prestres, mais en langue vulgaire, obseruation d'vne grande partie des iours y sont restés. Parquoy l'instrument de la papauté estant retenu, le peuple n'estant instruit, mais amusé par diuerses ceremonies, qui n'apperçoit qu'il n'y a fermeté quelconque en la religion ? Aussi auons-nous veu qu'où vne telle calamité a lieu, il n'y a religion qu'en bien peu, ne discipline qu'en beaucoup moindre nombre : & qu'à la plus petite esmotion qui suruienne, tout cest ordre hierarchique ne fait que ietter bas le masque de l'Euangile, dont il s'estoit desguisé. Au reste il ne se trouue en rien dissemblable à soy, & de ce qu'il auoit auparauät esté : le poure peuple suyuant son exemple, partie pour euiter la persecution, partie qu'il ne sçait plus où il en est. Mais ie met fin à ce propos : lequel toutefois ne se peut assés remonstrer odieusement. Car puis qui nostre Seigneur Iesus *Matth.18.* a conioint la discipline auec la parole, nous ne les pouuons separer qu'à la ruïne de l'Eglise. Laquelle defraudans de l'vne, nous defraudons de toutes les deux ensemble. Car côme la paille ayant ses poinctes & aiguillons defend le grain des oiseaux, & des iniures du temps, pareillement la discipline defend & conserue la doctrine contre toutes heresies & impietés qui s'esleuent alencontre de la parole.

Qu'il faut reprendre ceste discipline de la parole de Dieu, telle que Iesus Christ & ses Apostres nous l'ont laissee. CHAP. VII.

LAQVELLE discipline si n'estoit expresse en l'Escriture saincte, si elle n'estoit claire, si elle n'auoit esté inuiolablement gardee és principaux poincts pres de deux cens ans, lors qu'il n'y auoit ne plus grande cognoissance de Dieu, ne moins d'ambition, on en pourroit faire grande difficulté, à raison de la varieté des humeurs des hommes : entre lesquels le plus souuent il y a autant d'opinions qu'il y a de testes. Et quand l'ambition se

1. Cor. 1 &
3. & 4
Gala. 4

Isaïe 7

Luc 16

Matt. 19.

1. Cor. 11

Iean 5
Rom. 15

Matth. 17

Iean. 14

fourreroit, il seroit à craindre qu'il n'aduinst ce que S. Paul dit estre aduenu aux Eglises des Corinthiens, & Galates, que beaucoup ne voulussent auoir gloire, d'auoir ordonné leurs Eglises à leur appetit. Mais nous sommes enseignés par la parole de Dieu de recourir en toutes difficultés à la Loy & aux Prophetes, & que qui ne fera point ainsi, l'estoille du matin ne luira point sur luy. Car quelle simplicité seroit-ce prier Dieu, vouloir garder son Eglise, & refuser ce pendât le seul moyen qu'il a ordonné pour la conseruation d'icelle? Que nous peut-il estre respondu autre chose, que ce que en l'Euangile Abrahã respond au mauuais riche, Ils ont Moyse & les Prophetes? Là nostre Seigneur Iesus nous remonstre qu'il nous faut recourir quand il est question de restablir les ordonnances de Dieu. Car estant interrogué des Scribes & Pharisiés du libelle de repudiation, il les ramene à la premiere institution du sainct mariage. Ce que fait sainct Paul en toutes les ordonnances du Seigneur: mais specialement voulant restituer le pur vsage de la saincte Cene, corrompu desia par les Corinthiens, il recite bien au long l'ordonnance d'icelle: I'ay, dit-il, receu du Seigneur ce que ie vous ay enseigné. Que s'il est vray ce que l'on dit communement, qu'il appartient à celuy de restituer & interpreter la loy qui l'a donnee, deuons-nous moins deferer d'honneur à nostre Seigneur Iesus Christ, qu'il soit le restaurateur de la discipline de son Eglise, & interprete de ce que nous allegons estre difficile, veu que luy mesme l'a donnee pour iamais, & commandee? Et si on espluche curieusemêt les loix ciuiles pour en tirer le sens & intêtion du legislateur, de quelle diligence deuons-nous vaquer aux lettres sacrees, pour tirer d'icelles la volonté de nostre souuerain Roy & legislateur? Principalement qu'il nous commande expressement d'esplucher & examiner les Escritures? Et que S. Paul nous asseure que toutes choses, qui ont esté escrites, sont escrites pour nostre doctrine. Côme aussi Dieu Pere eternel de nostre sauueur, nous destournant de nostre sens & intelligence nous commande de nous tenir à ce nostre Prophete & docteur: Cestuy, dit il, est mon Fils bien-aimé, auquel i'ay prins mon bon plaisir: escoutez le. Lequel s'il n'estoit eternellement
assis

aßis à la dextre de Dieu pour interceder pour nous, c'eſt à dire pour ſon propre corps, s'il ne nous auoit aſſeurés qu'il enuoyeroit le ſainct Eſprit pour nous conduire en toute verité, il y pourroit auoir lieu de quelque doute. Mais comme ainſi ſoit que nous ſoyons aſſeurés de la preſence d'iceluy au milieu de nous, quelle deſfiance deuons-nous auoir, que le prians, & deſirans mettre le ioug de ſa diſcipline ſur noſtre col, il n'accompliſſe ce qu'il nous a promis, & ne beniſſe noſtre effort & entrepriſe? Car, comme dit noſtre Sauueur, Non pas tous ceux qui me diront, Seigneur, Seigneur, entreront au Royaume des cieux, mais qui fait la volonté de mon Pere. Ce que côme ainſi ſoit, qui y pourra entrer, s'oppoſant impudemment au Royaume d'iceluy, & reſiſtant à ſa volonté & ordonnances eternelles? Et enuoyant ſes diſciples, il ne veut qu'ils preſchent ſeulement vne partie de ce qu'il leur a enſeigné: Enſeignez les, dit-il, de garder toutes les choſes que ie vous ay apprins. Autrement n'eſt-ce pas comme ſi nous rebellions de Ieſus Chriſt, & diſions, Nous ne voulons point que ceſtui-cy regne ſur nous? Car de prendre des commandemens du Seigneur ſeulement ce que bon nous ſemble, & reietter ce qui nous deſplaiſt, n'eſt-ce pas plus toſt regner, que ſe aſſubiectir au regne du Seigneur Ieſus? Or, ie vous prie, puis que la volonté du Seigneur eſt toute manifeſte, puis que nous auons les exemples de tant de ſiecles de l'Egliſe ancienne, qui a deu eſtre ſupporté ſe voulant faire contreroulleur & correcteur de ceſte ſaincte ordonnance? ce qui eſt ſi apparent, que ie ne doy adiouſter autre choſe, pour remonſtrer ceſte faute. Parquoy ie repeteray ſeulement, que puis que Dieu a parlé à nous en ſa ſapience eternelle, puis qu'il voit & deſcouure par ſa prouidence tous les ſiecles aduenir, & qu'il eſt noſtre Roy regnant eternellement en la maiſon de Dauid ſon pere, laquelle eſt l'Egliſe d'iceluy, puiſque nous ne ſçaurions mieux faire que de nous tenir à ce qu'il nous enſeigne, & cômande: aux paroles & ordonnance duquel il ne nous faut rien adiouſter, de peur, dit Salomon, qu'il ne nous reprêne, & que ne ſoyons trouués menteurs, qu'il ne faut diminuer aucune choſe de ce qu'il a ordonné. Car Ieſus Chriſt eſt le

Iean 14

Matt. 28

Matth. 7

Matt. 28

Luc. 22

Luc. 1
Matt. 1

d 3   Pro

Deute.18 Prophete que Dieu deuoit fusciter : Vous l'oires(dit Moyse) & aduiendra que toute personne, qui n'aura point escouté ce Prophete là, perira du peuple.   Or escouter, n'est prester les aureilles : mais garder & obseruer ce que nous oyons luy estre agreable, & qu'il nous commande. Si l'y auoit quelque obscurité en l'intelligence de son commandement, si quelque difficulté pour le mettre en effect, ce ne seroit point *Iaq.1.* tant nostre cause, que la sienne propre.   Parquoy de nostre part il le nous faudroit ardemment prier d'ouurir nos entendemens, & nous donner la grace du S. Esprit : quoy fai-*Iean 14* sans, esperer qu'il donneroit gloire à son sainct nom. Car si en particulier Dieu nous exauce, en ce que nous demâdons au nom de son Fils pour nos commodités & des nostres: s'il *Matt.18* est au milieu de deux ou de trois, qui soyent assemblés en son nom, qui fera doute qu'il ne soit au milieu de son Eglise, pour l'exaucer de chose, qui est au salut & conseruation d'icelle, veu que celà redonde à la gloire & honneur du sacré nom de sa maiesté? Si le Seigneur Iesus apres sa resurrection a daigné se manifester à deux de ses disciples, deuisans de sa *Luc 24* mort & passion,& leur a exposé les Escritures,commençant par Moyse,quelle doute deuons-nous faire que l'Eglise l'in-uoquant,& requerant la conduite du S. Esprit, qui est la vie *Matt.28* d'icelle, sa verité, & prudence, il ne soit au milieu de nous en sa vertu diuine ? Car il y a bien grande difference des loix des Princes, lesquelles ne durent qu'vn certain temps, & sont limitées aux circonstances, mesmement sont comme mortes sans Magistrat,& des loix de Dieu,lesquelles s'esten-dent aussi loing que sa prouidence: c'est à dire,à iamais : car il est present par son S. Esprit pour les interpreter,renouuel-ler plus estroictement, & pour nous induire à l'obseruation d'icelles.

Confutation de quelques argumens contraires. CHAP. VIII.

MAIS que peut-on alleguer du contraire ? Que la discipline, que Iesus Christ nous a commandee, est chose impossible ? I'ay demonstré combien de siecles l'Eglise a esté gouuernée par icelle, & en-tretenuë en toute crainte de Dieu & felicité. Et Irenee escrit enui

enuiron l'an CCL. qu'elle estoit telle de son temps, qu'elle
auoit esté du temps des Apostres. Dauantage il ne nous
faudroit point ietter les yeux sur nostre impuissance, & foi-
blesse, quand il est question d'obeïr au commandement de
Dieu : mais sur la puissance de celuy qui nous commande,
enuers lequel aucune chose n'est impossible. Or Iesus Christ
nous asseure de tout le contraire : Venez à moy (dit-il) vous *Matt. 11.*
tous qui trauaillez, & estes chargés, & ie vous soulageray:
Prenez mon ioug sur vous, & apprenez de moy, & vous
trouuerez repos à vos ames. Car mon ioug est aisé, & mon
fardeau est leger. Laquelle discipline quand elle ne seroit si
expresse, ne confermee par tant d'exemples, ne si aisee &
facile à mettre en execution, si aimeroye-ie mieux defaillir
sous la charge du Seigneur, en m'efforçant de faire sa volonté, que de me foruoyer hors d'icelle, pour tracasser çà & là à
l'appetit du iugement humain : esperant de mon obeïssance
pareil soulagement que eut Elie defaillant par les deserts. *1. Rois 19*
Ou au côtraire que deurions-nous attendre de nostre desobeïssance, sinon l'ire de Dieu, veu que si expressémét il nous *Deute. 5*
defend de nous destourner de ses commandemens ne à *Ios. 1*
dextre ne à senestre ? Mais le temps, (dira-on) & nos mœurs
sont bien differens de la simplicité de la primitiue Eglise. Ce
que ie ne debatray autrement : ains allegueray que la parole *Isaïe 40*
de Dieu demeure eternellement. Or, ie vous prie, quand
nous aurons le tout bien consideré, en quoy trouuera ion
l'Eglise moderne inferieure de la primitiue ? Duquel mot
(primitiue) ie ne feray difficulté d'vser, signifiant le premier
aage de l'Eglise, depuis que Dieu a renouuellé son alliáce enuoyant sa sapience eternelle au monde pour accomplir les
promesses faictes aux Patriarches & Prophetes. Mais ie repren mon propos : En quoy, di-ie, l'Eglise moderne est-elle
inferieure à la primitiue ? En quoy ie n'exclu la presence du
Seigneur Iesus en la chair. Car il est pareillement auec son
Eglise present en sa diuinité : par laquelle il luy communique
en grande efficace la vertu de sa chair & son sang. Lequel si
nous ne voyons ne sentons de nos sens charnels, nous le
contemplons par les yeux de nostre Foy. Ie n'exclu pareillement les Apostres, lesquels sont aussi nostres, enuoyés
d 4   à nous

à nous pour annoncer l'Euangile, comme à ceux de ce
temps là: car ils nous enseignent, & le sainct Esprit nous
instruit par vne vertu admirable par leur doctrine, comme
il instruisoit anciennement l'Eglise, & sommes confermés
encores auiourd'huy par les miracles qu'ils ont faicts au
nom du Seigneur Iesus. En quoy donc, di-ie, serons-nous
trouués inferieurs? en la doctrine? Graces à nostre Seigneur,
qui a rempli si grand nombre de ses seruiteurs d'vne lumiere admirable, iamais icelle ne fut plus claire, ne plus familiere en son vray & naturel sens. Si nous ne sommes à comparer en charité, crainte de Dieu, saincteté & innocence
(comme à la verité aussi ne sommes-nous) tant moins sommes-nous excusables deuant la maiesté du Seigneur. Parquoy puis que nostre misere & infirmité n'allege point nostre peché, mais qu'elle l'aggraue dauantage, la discipline
doit estre tant plus estroicte, à ce que nous soyons esmeuz
les vns par la bonne conuersation des autres, & que tous en
general & en particulier hayons & condamnions les vices en l'Eglise.   Neantmoins c'est chose toute notoire,
que vices plus enormes ne regnent plus communement
en ce nostre monde, qu'ils regnoyent de ce temps là. Si les
mœurs des Chrestiens estoyent mieux ordonnés que les
nostres, c'est par ce qu'ils nous auançoyent de beaucoup en
discipline. Reprenez donc l'ancienne discipline, & vous re-
stituerez les mœurs anciennes. Mais ce gouuernement De-
mocratique (diront-ils) est plein de confusion: & est iugé
des anciens estre le pire des bons gouuernemens, seulement
estre le meilleur des vicieux.   Or ià soit que d'vne seule parole ie puisse respondre à telle obiection: O homme, qui
es-tu qui resistes à Dieu? Toutefois ie passeray outre, &
nieray vn tel gouuernemēt que nostre Seigneur Iesus a institué, estre vne democratie, & estat populaire. Car vn tel estat
a deux marques, qui demonstrent sa corruption: L'vne, que
le peuple se met par dessus les loix, & fait à sa fantasie force
decrets les vns sur les autres: L'autre, qu'il n'y a conseil public
qui le conduise: ains seulement certains flateurs populaires,
qui tiennent la main les vns aux autres, & complottent entre eux, ce qu'ils veulēt estre passë & approuué par le peuple.
                                                    Or en

Rom. 9

Or en l'Eglise de noſtre Seigneur la diſcipline & ordonnances d'iceluy eſtans receuës, aucune choſe ſemblable n'eſt à craindre. Car il eſt le Roy, le Legiſlateur, le Prophete & ſouuerain doſteur d'icelle: les ordonnáces d'iceluy, & ſa parole auront lieu de la Loy perpetuelle & ſouueraine puiſſance à iamais, iouxte leſquelles tous vices, tous differens en la doſtrine, & autres choſes concernantes le gouuernement d'icelle ſe vuideront ſans rien adiouſter du noſtre, ne diminuer, quant à la ſubſtance & fondement. Dauantage il y auroit vn conſeil moderateur de ceſte ſainte aſſemblee, compoſé des Paſteurs & Senieurs eleus legitimement ſelon la vocation de Dieu: auſquels les affaires ſe rapporteroyent, leſquels veilleroyent diligemment ſur le troupeau du Seigneur, qui conſulteroyent prealablement entre eux pour digerer le tout à l'Egliſe, & luy eſclarcir ce qui ſeroit obſcur: outre lequel qui ſe desfieroit encores de la conſtance & iugement de l'Egliſe, elle eliroit des plus ſages, plus craignans Dieu, & mieux verſés en l'Eſcriture: leſquels apres que le conſeil des Senieurs ſeroit expoſé à l'Egliſe par la voix du Miniſtre, apres que qui auroit voulu remonſtrer, l'auroit fait en toute liberté, ils opineroyent en premier lieu, & feroyent ouuerture de conſeil, lequel ſeroit pareillement declairé à l'Egliſe: ſans toutesfois qu'il fuſt compté pour voix, ne qu'il portaſt preiudice. Ce faiſt chacun d'eux s'en retourneroit en ſon reng, & ſon lieu pour opiner auec l'Egliſe en general, comme Dieu aidant nous le declairerons. L'Egliſe donc ne ſeroit vne côfuſion ne tumulto populaire, mais vne bonne & bien policee Hieruſalem: en laquelle les plus apparens en ſageſſe, pieté, & crainte de Dieu preconſulteroyent eſtans en grand nombre, & declaireroyent leur aduis. En laquelle en ſecond lieu autre nombre des plus ſuffiſans declaireroit ſon opinion ſans preiudicier aucunement à la liberté de l'Egliſe. Car ils n'auroyent voix qu'auec l'Egliſe, parmi laquelle chacun d'eux ſe retireroit en ſon lieu. Ce qui n'eſt de petite importance. Ce ſeroit donc vne Republique ſainſte, la Hieruſalem celeſte, le Temple du Dieu viuant, le throne & ſiege de ſa maieſté. Quant au grand nombre que lon dit ne pouuoir eſtre ſans confuſion: nous

Pſal. 122
2. Cor. 6

e   demon

demonstrerons cy apres que x x x. mille se peuuent presque
aussi facilement assembler, & dire leur aduis aussi distincte-
ment, & en aussi brief temps, que pourroyent faire cinq
mille. Et ne peut-on alleguer que les personnes seroyent
trop souuent & trop longuement distraites de leurs affaires.
Dequoy s'il n'y a eu aucune plainte és Republiques, qui
plaindra quelques heures pour vaquer aux affaires de l'E-
glise de Dieu ? Et dauantage iceux digerés comme dessus, il
n'y auroit que les principaux qui se rapportassent à l'Eglise:
Et tous (i'excepte ce qui appartiendroit à la doctrine) se
pourroyent vuider en moins de deux heures. Et nadusen-
droit gueres qu'vne telle assemblee se tinst plus d'vne fois
ou deux par chaque mois. Quant au lieu, ce n'est consideration difficile : car il n'y a doute que ce ne doiue estre en vn
Temple, sinon que la multitude fust si grande, que tels lieux
n'en fussent capables : auquel cas nous remedierons cy apres.

Des reformations en la discipline qui sont auiourd'huy, & par quels
moyens celle du seigneur se mettroit en auant sans trouble.

CHAP.   12.

OR puis que ces premiers traicts de la discipline &
police de la cité de Dieu la nous figurent desia
aucunement, & nous donnent à iuger, quelle doit
estre ceste tant excellente architecture, declairons
maintenant au contraire quel est le meilleur gouuernement moderne des Eglises qu'on a mis en auant. En quoy
ie prie l'Eglise de nostre Seigneur, & vn chacun membre
d'icelle en particulier, qu'au nom de Iesus Christ on ne pense que ie die aucune chose sinon comme deuant Dieu, &
en verité. En quoy ie n'enten specifier la discipline de certaines Eglises dispersees ça & là par nations estranges, lesquelles sont ou plus ou moins parfaictes en ceste partie : ne pareillement preten-ie parler de la discipline que
nous pouuons nommer, pour parler bien doucement,
violente, dont nous auons traitté cy deuant, ne de la
Papistique desguisee & masquee de l'Euangile : esquelles il
n'y a raison ne fondement quelconque (les vices desquelles
ne se demonstrent que par trop) mais de celle qui est gouuernee par les Ministres & Consistoire, qui pourroit estre à
bon

bon droict nommee Aristocratique, par ce que elle consiste
és meilleurs personnes, & plus graues selon qu'on en peut iu
ger en apparence. Laquelle mesmes ne contente nos bons
& reuerends peres : qui se sont efforcés de l'ordonner, non
telle qu'ils ont voulu, mais quelle ils ont peu obtenir. Et
leur en est prins comme il aduient à personnes qui poursui
uent ensemble deux choses bien difficiles. Car tendans à
deux fins ils ont principalement suyui celuy de la doctrine,
qui estoit le poinct plus necessaire. Quant à la discipline,
elle leur est eschappee, & n'ont peu obtenir du-depuis que
la presente : qui a esté vtile & salutaire à l'Eglise du Seigneur
au milieu de tant de troubles & seditions que le diable a su
scitees tant apertement, que comme sous terre par ses sup-
pots, pour estouffer l'Eglise au poinct & sur l'article de sa
naissance : le Magistrat ayant les bras liés par les menees secretes des plus grans. Lequel aussi craignoit le peuple contraire animé & armé dessous main par les ennemis de verité. Mais si n'est-il question de nous arrester à ce bastiment
tumultuaire de l'Eglise du Seigneur : & encores moins de
tenir tousiours l'Eglise comme en tutelle & minorité, comme si elle estoit encores sans iugement, & ne pouuoit suffire à son gouuernement. Car, comme dit l'Apostre, le
tuteur & curateur ont seulement puissance tant que l'enfant
est en bas aage iusques au temps determiné. Toutesfois si
voyons-nous que ceste tutelle & espece de gouuernement,
bien qu'elle ne soit instituee pour tousiours, mais quasi com
me pour l'enfance des Eglises, & pour la premiere institution d'icelles, & que iournellement on l'amende par bonnes ordonnances faictes les vnes sur les autres, si est-ce que
pour l'authorité de ces excellents & saincts personnages que
Dieu a suscités, comme Apostres & tuteurs pour la restauration de l'Eglise, beaucoup ne cerchent, ne veulent receuoir rien de meilleur : pensans qu'aucune chose ne plus
saincte, ne plus parfaicte pourroit estre amenee, que celle
que tels personnages auroyent approuuee & instituee. Et
mesmement on voit iournellement aduenir, que telles gens
fondees sur ceste authorité determinent sur ceste occasion
des affaires de bien grande consequence par trop legerement.

ment. Et de ma part ie ne cercheroye rien de meilleur, & me laisseroye mener par la coustume, si ie ne cognoissoye assez la difference qu'il y a entre ce que tels personnages approuuent, & ce qu'ils ont peu obtenir de la malignité du temps. Si est-ce toutesfois que ou il y a eu quelque commencement & forme d'Eglise, bien que les Apostres eussent receu du Seigneur Iesus toute puissance d'establir les Eglises, & y ordonner les Pasteurs & anciens, si n'ont-ils voulu vser d'icelle, sinon par necessité. Mais où elles estoyer en quelque nombre, & desia multipliees, ils ont deferé ceste puissance & authorité aux Eglises, leur mettant fidelement entre les mains, ce qu'ils sçauoyent n'auoir receu de Dieu que comme vn depost : & ne les ont voulu frauder du droit qui leur appartenoit. L'Eglise des Corinthiens estoit bien infirme & entachee de grands vices, si est-ce que sainct Paul ne la mesprise point. Car ayant la puissance propre d'excommunier l'incestueux, & de commander qu'il fust reputé pour Ethnic, & euité pour tel : si est-ce qu'il admoneste l'Eglise Corinthienne de l'oster du milieu de soy, & de le retrancher de sa communion. Et depuis ayant entendu la contrition & amendement de ce poure miserable, il admoneste derechef l'Eglise de le deslier, & le receuoir en la communion du corps du Seigneur Iesus. Ie desireroye donc puisque les Eglises sont desia en aage & maturité, qu'on rejettast les premiers elemens, esquels elles auoyent esté instituees en leur enfance, & qu'on les meist comme sur leur bien & heritage. Ie recognoy de Dieu, & luy ren graces des grades benedictions donnees à grand' mesure à ses seruiteurs pour nostre salut & instruction, & leur porte l'honneur & reuerence que ie doy. Ce que tant s'en faut que me destourne de dire librement ce que ie pense appartenir au bien & salut de l'Eglise, que au contraire leur pieté, crainte de Dieu, amour de son Eglise, m'inuitent à ceste liberté, & m'ouurent la bouche. Et de vray ce n'est chose qu'aucun doiue trouuer estrange. Car si enuers les Ethniques la verité a eu plus de pouuoir qu'amitié quelconque, ne reuerence qu'ils portassent à la vertu d'aucun : à plus forte raison où il est question de la propagation & conseruation de
l'Eglise

Act. 14

2. Corin. 5
2. Corin. 2

Gal. 4
Coloss. 3

l'Eglife du Seigneur, de l'honneur, & de la gloire d'iceluy, la
verité me doit eftre en plus grand honneur, que toute l'authorité & dignité de tous les hommes enfemble. Pour le
tefmoignage de laquelle fainct Paul fe vante d'auoir reprins *Gala. 2*
Pierre en fa face. Parquoy ie penfe m'eftre permis defcrire li-
bremét, pourueu que ce foit en toute modeftie Chreftienne, & fous proteftation de vouloir apprédre & recognoiftre
ma faute où on me la monftrera. Et veritablement fi aucun
trouuoit cefte mienne liberté mauuaife, il fe feroit plus de
tort qu'à moy, veu que fainct Paul veut qu'en l'Eglife il foit *1.Cor.14*
permis à vn chacun de parler à edification, en fe fubmet-
tant aux efprits des Prophetes: & qu'il n'a trouué mauuais *Actes 1*
qu'on conferaft fa doctrine auec l'Efcriture fainate. Ie fçay
veritablement que ces bons Peres ayans vne crainte religieufe ont mieux aimé entretenir vn eftat mediocre en l'E-
glife, felon qu'il penfoyét alors que noftre rudeffe le pouuoit
porter, qu'en tendant à la perfection de la difcipline du Seigneur Iefus, fe mettre en dáger de tout gafter & ruïner, & de
veoir l'œuure du Seigneur, auquel ils ont tant trauaillé, perdu & demoli. Parquoy comme bons peres aiment mieux
auoir des enfans valetudinaires, que de n'en auoir point, auffi aiment-ils mieux auoir certaines Eglifes, auec cefte difcipline mediocre, que de n'en auoir point. Et à la verité la plus
part des Princes ayant fuiui vn confeil affés dangereux du
cómencement, le peuple à qui ces bons Peres ont eu à faire, n'eftoit capable de meilleur ordre: & eftoit beaucoup
s'ils pouuoyét fournir leur cófiftoire de quelque bon nombre de gens de bien & entendus és affaires de l'Eglife. Mais
où il eft queftion d'vne perpetuité, & d'autres circonftan-
ces, ie les fupplie au nom du Seigneur Iefus, de mettre hors
cefte peur, & comme ils font pafteurs, non de leurs propres
troupeaux, mais de ceux de Dieu, cóme ils les repaiffent de
la doctrine du Seigneur auec gráde vertu & efficace, qu'ils les *Pfal. 23*
códuifent auffi par la houlette & verge d'iceluy, qui eft la difcipline, la vertu & force de la parole. Qu'ils dient auec le *Pfal. 17*
Prophete: Ta difcipline mefme icelle m'enfeignera: & qu'ils
iettent les yeux de leur efprit fur le temps aduenir, & confi-
derent les mœurs d e ce royaume fi defefperés, qu'ils requie-

rent remedes plus exquis que les ordinaires. Car il n'y a
celuy d'entre eux qui n'ait ia esprouué par trop, que si la parole & discipline demeurent fermes en leurs Eglises, ce n'est
pour l'ordre qui y soit: ains pour la reuerence & maiesté que
25. Dieu fait reluire en eux, côme la face de Moyse deuant tout
le peuple. Aussi pour crainte que lon a du bon magistrat
lequel de pareil courage & volôté, tire le ioug du Seigneur
auec eux. Or que le magistrat, (comme subioct à mille mu-
tations qu'il est, principalement où la police est vicieuse,
comme presques par tout) vienne à estre contraire (comme
il peut estre par infinis accidens, & sur le tout en ce Royaume, où il n'y a acces à iceluy sinon par argent & faueur, les
mains duquel degouttent encores le sang des fideles) qui est
si lourd qui n'apperçoiue vne horrible dissipation, & en
80. bref temps vng degast furieux de la vigne du Seigneur, non
d'vn homme, mais d'vn diable? Lequel estant admis auec
les ministres en mesme societé du gouuernement de l'Eglise, qui ne voit à l'œil quelle doit estre ceste societé? à sçauoir Leonine, comme on s'en est desia par trop apperceu.
Car ie n'escri ces choses esmeu d'aucune affection immoderee, comme incognues: mais qu'on a ia par plusieurs fois es-
prouuees en beaucoup de contrees, & est trop notoire en
ce degast des Eglises voisines. D'autre part Dieu ayant re-
cueillis à soy ces bons peres, qui est celuy qui pense que
lon porte vne telle reuerence à leurs successeurs, n'ayans
iceux ne telle dignité, ne tel sçauoir, ne telle authorité? Quel gouuernement donc pouuons-nous iuger deuoir estre alors en l'Eglise? Car de penser que le magistrat
maintiendroit ceste discipline, ie sçay, & ay demonstré que
son office est bien d'auoir l'œil sur la reparation & conseruation d'icelle en general: mais c'est sous l'ordonnance de l'E-
glise: & pourueu qu'elle ait la puissance de restablir la parole,
& remettre la discipline en son entier: comme aussi c'est au
magistrat de veiller sur les scandales: mais c'est par le moyen
susdit: car il faut qu'il maintienne par bonne police ce que
l'Eglise aura ordonné. Dauantage il faudroit que la discipline fust telle que Dieu l'auroit commandee, non pas telle
que les hommes auroyent moderee à leur aduis. Autrement
ie ma

le magiſtrat feroit auſſi grand tort à ſa vocation, qu'à l'Egliſe
meſme, à qui il commanderoit. Car il feroit le contraire de
ce pourquoy il eſt ordonné de Dieu; declairāt qu'il voudroit
entreprēdre vne puiſſance abſoluē ſur icelle, telle que nous
ſauons du chaire cy deſſus eſtre tyrannique. Et à qui, ie vous
prie, telle reformation ne doit-elle eſtre ſuſpecte de nſenaux,
veu q̄ nous voyōs ordinairemēt ceſte premiere ſeuuir
de ſeruice à Dieu, ſe raſſeoli & refroidir de iour à autre. &
que pour l'aduenir le tout iroit de mal en pis ? Et en outre
qui ha quelque iugement, & n'apperçoit que complots ſe
froyēt aiſement en cōſeil de peu de perſonnes? & que l'ambition eſt ſur tout à craindre en repos, abondante de biens
& honneurs? Car ſi cemaudit vice d'ambition, comme fatal à l'Egliſe de Dieu, a eu lieu entre les Apoſtres, meſmes
lors q̄ par faim ils froyoyēt les eſpics entre leurs mains pour
ſe ſuſtanter, qui n'apperçoit qu'en ces mal heureuſes ruines
de la papauté, & en telle opulēce il y reſte beaucoup de telles matieres? Bref, pour prendre les choſes tous au mieux,
il y a beaucoup de defauts en ceſte reformation, qui ne nous
promettent longue iouiſſance de la pureté de la parole de
Dieu. Car de permettre à l'aduenir aux miniſtres de elire les
Conſiſtoires, & Senieurs, comme auſſi les Paſteurs, & ſe
coopter, de decerner de la doctrine en leur conſeil, de retrencher de la communion de l'Egliſe les ſcandales à leur
phautatie, bien que l'authorité du magiſtrat y entreuienne.
c'eſt choſe par trop dangereuſe, & vn pas ſi perilleux, que
l'ayans vne fois eſchappé, nous deuons donner garde d'y
heurter pour la ſeconde, ſi nous ſommes ſages Principalement que la voye du Seigneur eſt ſeure & toute plaine.
Quant au magiſtrat touchāt le gouuernemēt ordinaire &
particulier de l'Egliſe, il ne doit eſtre reputé que comme vn
membre de l'Egliſe: ſa puiſſance s'eſtēd de voiller que la doctrine & diſcipline demeurent en leur pureté & integrité,
& que les ſcandales & crimes, qui ſont de leur cognoiſſance
& iuriſdiction, ſoyent ſeurement punis. En ceſte humilité
Conſtantin a eſté entre c c c x v i i i. Eueſques, aſſis en vne
petite chaire: En ceſte humilité Theodoſe le grand' s'eſt hu
milié denant l'Egliſe de noſtre Seigneur : En ceſte humilité

Matt. 18
& 20
Matt. 12

e   4   Martian

Martian s'offre pour ministre & executeur de l'ordonnance
du Concile de Chalcedoine. Mais ie reuien à la discipline:
En general ceste discipline gouuernee par peu de personnes auroit ces deux choses de mauuais, comme en toutes
Oligarchies, que deux des principaux s'accordâs attireroyẽt
tout le reste de leur costé : & qu'elle se maintiendroit moins
en sa pureté que nulle autre, par ce que les malins s'opposeroyent à elle plus hardimẽt,&la dissiperoyent plus aisémẽt:
comme les exẽples domestiques nous pouuoyẽt assez enseigner si Dieu n'y eust pourueu. Et dauantage il ne nous
faut passer ce poinct legeremẽt,mais le considerer viuemẽt:
que si on se destourne de l'ordonnance du Seigneur, il y aura vne merueilleuse confusion en l'Eglise. Car chacun voudra faire & gouuerner icelle à sa fantasie, & aduiendront
schismes en infinité non seulement entre les prouinces,
mais mesmement entre les Eglises d'vne mesme prouince,
Les vns condamnans hardiment ce que les autres auroyent
temerairemẽt decreté. Aussi que ce sera vne chose bien difforme à veoir, que chaque Eglise soit reuestuë comme d'vn
acoustrement des couleurs des consistoires, & de liurees du
tout differẽtes des autres,comme si elles seruoyent à diuers
seigneurs, & comme s'il y auoit plusieurs Eglises, non vne
vniuerselle, comme il n'est qu'vn Dieu:ce que ne peut qu'engendrer partialités & dissensions horribles, comme nous
voyons estre aduenu en choses externes & ciuiles, nommémẽt entre les Grecs: lesquels s'esforçoyẽt de maintenir leur
espece de gouuernement,& d'y induire les autres par force.
Dequoy nous ne voyons desia que trop de commencemẽt.

1.Thes.5
Iean 14
Or le Seigneur est le Dieu de paix, & Iesus Christ la laissee
à son Eglise par don special en son testament. Il nous faut
donc soigneusement garder de la troubler : Ains plustost,
comme dit Sainct Paul, penser tous vne mesme chose, & ne
prendre conseil particulier, ne separé de l'vnion des Eglises : mais mettre peine que nous soyons tous ensemble vn,
Iean 17
comme Dieu le Pere & Iesus Christ son fils sont vn. Ce que
n'aduiendra iamais par moyen quelconque, si nous ne nous
accordons tous à l'obseruation de la discipline du Seigneur
Iesus:auquel qui sera si deshonté qui refusera obeïr, veu que
hors

hors ceste discipline, côme i'ay demõstré, il n'y aura ne fin, ne
moderation, ne mesure ? Ie ne peux obmettre en ceste partie, ce qui est aussi de grande consideration : puis qu'il est
tout notoire qu'il nous faut rendre dociles à la discipline domestique du Seigneur Iesus, par quelle authorité, & en puissance de qui ceste discipline doit estre ordõnee & proposee
pour estre gardee. Car quãt aux ministres nous auons monstré qu'ils n'ont puissance de commander ne faire loy en l'E-
glise du Seigneur. Pareillement l'office du magistrat ne s'estend de prescrire à l'Eglise ce qu'elle doit garder. Car comme il a esté dict, il n'est reputé que côme vn des membres de
l'Eglise, pour cest esgard. Ie pense donc que ce qui touche tous, doit estre entendu de tous. Parquoy que la cognoissance & iugement de telles choses doit appartenir à
l'Eglise en general. Car c'est l'espouse de Iesus Christ, c'est cel- Canti. 3
le qui le cerche, c'est celle qui recognoit la voix d'iceluy, c'est Canti. 5
le troupeau qui discerne la voix de son pasteur, qui ne suit Iean 10
point l'estranger. Ce que toutesfois ne doit estre prins en ce
sens, comme si i'estoye si lourd, que i'entendisse qu'il la falle
toute assembler en vn lieu, ou que ie pensasse qu'il se puisse
faire : mais que ie sçay que ce qui est separé par vne infinité
de lieuës, est vni par la vertu de l'Esprit de Dieu, qui emplit
le ciel & la terre, & vnit les siés en vn corps. Parquoy les ministres ayans diligemment cõsideré en vn Synode assemblé
pour ceste cause sous l'authorité du Roy, & ayãs prins aduis
en commun, ils le rapporteroyent chacun à leurs Eglises:
ayans iceux le tout bien pourpensé par ensemble ils propo-
seroyent aux Eglises particulierement le cõseil du Synode:
lequel estant souuentesfois examiné en toute liberté, les
Eglises apres auoir prié & ieusné arresteroyët ce qu'elles verroyent estre conforme à la parole du Seigneur. Ce que le
Prince confermeroit depuis par edict. Lors ie ne douteroye
que les Eglises n'en iugeassent d'vn commun accord en la
vertu de Dieu : qui presideroit au milieu d'elles. Et qu'il n'y
eust vn pareil cõsentemêt de toutes en vne bõne & saincte
opinion, qu'il se trouua du regne de Dauid pour la reduction de l'arche du Seigneur: & sous Iosias pour la restitution 1. Chron. 1
de la religion : quel, di-ie, se trouua en l'Eglise vniuerselle du 2. Rois 22
temps

temps d'Irenee Euesque de Lyon en la condamnation de
l'heresie, & deposition de Paulus Samosatenus: auquel téps
mesme à l'instance & prieres de Victor Euesque Romain,
furent tenus six côciles en vn mesme temps de tout l'Empire Romain touchant la celebration du iour de Pasques: desquels il ne se trouua que le seul concile d'Asie la mineur, qui
fust de diuerse opinion des autres cinq. La chose arrestee selon la parole de Dieu, ce seroit lors le deuoir des ministres
& magistrats (comme nous auons dict) d'astraindre diligemment & puissammét ceste discipline & ne permettre qu'elle
se relaschast ne par ambition, ne par faueur. Ains, si possible estoit, que le temps mesme, qui relasche & amollit toutes choses, n'y peust aucunement nuire. A ceste fin il faudroit que souuent ils rapportassent la discipline presente
auec l'ordonnance du Seigneur Iesus, pour considerer si les
mesures & proportions se rapporteroyent ensemble. Car si
les magistrats sont diligens à visiter les mesures & poids de
choses materielles pour les conferer auec ceux du Prince,
& d'y mettre le seau d'iceluy, de peur qu'on ne les falsifie: par
plus forte raison d'an à autre la conference & examen de la
doctrine & police Ecclesiastique se doiuét faire pour y reme
dier si besoin estoit: côme Dieu aidant nous le declairerons.
Et doiuent les magistrats seeller par bonnes loix ceste discipline, & ne permettre qu'elle vienne à se relascher en aucune
partie. Par ce moyen bien qu'entre les hommes il n'y ait
aucune fermeté, ne chose qui demeure en son vray estat
longuement, si est ce que ceste saincte doctrine armee &
defendue par bonne police & discipline, demeureroit en
l'Eglise ferme & inuiolable eternellement.

Que toutes personnes se viendront rendre à l'Eglise du Seigneur, & s'assubiettiront de leur bon gré à la discipline d'icelle.   CHA.   2

LAQVELLE discipline si elle est vne fois receue
en l'Eglise, comme nous auons entendu, qui fait
doute que ce ne fust de la bonne volôté & du bon
gré d'vn chacun? Et que ce qui est predict par le
prophete ne s'accomplisse par vne admirable vertu de Dieu?
Le

Le peuple se viendra rendre à luy de son bon gré Car les Psal. 19
bons soumettront franchement le col à ce ioug de nostre Matt. 11
Seigneur tãt honorable, tãt libre, tãt necessaire pour nous
tenir en sa crainte. Et mesmement qui seroit aucun si impudent, ie ne diray de le reietter, (car c'est chose diabolique,)
mais de s'en oser plaindre, qu'il ne declairast quant & quant
son impieté conioincte auec sa turpitude, & l'infamie de sa
meschante vie: Car à telles gens la liberté de l'Euangile, qui
est de viure selon Dieu, & les ordonnáces d'iceluy, ne se pouuoir desborder comme bestes brutes en leurs concupiscences & maudictes affectiõs, pourroyẽt bien estre veuës subiection & dure seruitude: mais aux bons se seroit vne fort douce liberté. Car celuy est Roy qui sert Dieu. Ne sçauez-vous
point, dit sainct Paul, qu'à quiconque vous-vous rendez serfs Rom. 6
pour obeïr, vous estes serfs de celuy à qui vous obeïssez, soit
de peché à mort, soit d'obeïssance à iustice? Parquoy puis
qu'il nous faut suyure l'vn de deux partis, & nous rendre à
la seruitude de Dieu, ou du diable, celuy qui se plaindroit de
la seruitude de Dieu, ne se declaireroit-il point estre serf &
esclaue du diable, & vouloir obeïr à la volonté d'iceluy? Or
l'Apostre declaire deux fins diuers de ces deux seruitudes.
que la mort est la fin de l'vne, & iustice de l'autre. Mais ie
vous prie, qui se trouuera empesché à choisir le meilleur
des deux partis, sinon celuy qui seroit desia à la subiection de
l'autre. & ne s'en pourroit destourner? Car qui seroit le vo-
leur & brigand qui oseroit secouer son col publiquemẽt, &
reietter la discipline du Seigneur veu qu'il n'y a aucun, s'il est
homme & non diable, qui ne vueille estre reputé home de
bien, & ne desire estre bien-heureux? Or le seul moyen pour
paruenir à ceste felicité, est de s'assubiettir à la volonté non
seulement de nostre tresclement & misericordieux maistre,
mais de nostre tresbening & indulgent pere. Ie sçay toutef-
tois que (comme lon dit) ie chante en vain ceste chanson à
sourdes aureilles, à sçauoir à ceux que le diable a tellement
ensorcelés qu'il les a non seulement transmuës en porceaux,
mais en loups, leopards, & monstres plus-horribles que l'A-
frique n'en nourrit. Laquelle nation de gens est vne bien petite portion du Royaume Auquel mal nous demonstrerons

f 2   assez

aſſez de moyens pour y pourueoir au bien public & le leur
particulier. Mais ce mien propos eſt principalemét de ceux
qui ont quelque crainte de Dieu, ou qui ont quelque honneſteté ciuile, & mœurs bien cõpoſés, ou leſquels le diable
n'a precipités en deſeſpoir manifeſte : auſquels ſi on y adiouſte telle police que nous deduirons au long cy apres aux liures de la Republique, Dieu aidant, à ſçauoir que les honneurs & eſtats fuſſent propoſés comme pris & loyer à la
vertu & crainte de Dieu, & qu'à iceux nommément par la
voix de Dieu & de ſon Egliſe les gens de bien y fuſſent appellés, qui ſeroit celuy lequel alegrement ne ſe vinſt renger
à l'obeïſſance & diſcipline du Seigneur, veu qu'il n'y auroit
aucun autre moyen pour paruenir à honneur, & eſtre en
eſtime, & qu'il n'y auroit acception de perſonnes ne de choſe quelconque que de la vertu, & crainte de Dieu, & de ſa
ſuffiſance pour exercer l'eſtat dont il ſeroit queſtion? Ce
qui ſe cognoiſtra encore plus fauorable par le diſcours que
nous en ferons. Et toutefois ce ſeroit ſans diminution aucune des droicts Royaux. Dauantage ſi les anciens ſe ſont
donné grãde louange d'auoir eu vn ſage & prudent Legiſlateur, & ce leur a eſté vne grande obligation de s'aſſubiettir
aux loix d'iceluy, & les garder inuiolables, comme a eſté
aux Lacedemoniens Lycurgus, aux Atheniens Solon, &
Dracon, aux Candiots Minos, aux Romains Romulus &
Numa Pompilius : en combien plus grand honneur & reuerence deuons-nous tenir la ſaincte police & diſcipline que
le Seigneur Ieſus nous a donnee pour nous conduire paiſiblement par ſa crainte, charité, ſaincteté & innocence, en
la vie eternelle? Car de comparer les Legiſlateurs il n'y a
non plus de proportion, que d'vne chetiue creature auec
ſon createur : n'entre les loix non plus de ſimilitude, que de
la lumiere auec les tenebres, & de la mort auec la vie. Il n'y a
donc doute que perſonnes qui auroyét la moindre ſcintille
d'honneſtete, ne s'esforçaſſent de ſe contenir & compoſer
leurs mœurs au moins en apparence : qu'ils ne frequentaſ-
ſent ſoigneuſemét les preſches & exertices en la parole de
Dieu : qu'ils n'euſſent icelle en recommandation & en eſtime pour la raiſon que ie vay dire. Lon dit ordinairement

ment qu'il n'y a chose si douce ne tant plaisante que liberté : & qu'elle ne se peut racheter d'aucun pris , & fust-ce de tout l'or du monde . Or par ceste discipline vne grande & tresdouce liberté seroit acquise à l'Eglise du Seigneur. Car (comme i'ay dict) la liberté n'est vne licence desbordee de faire tout ce qu'on veut , & à quoy nos concupiscences nous poussent par leur violence, ne de tumultuer & se mutiner par seditions : mais la vraye liberté temporelle est de s'assubiettir aux loix & ordonnaces , & ne souffrir que aucune se corrompe , estre participant, du gouvernement ciuil, pouuoir elire les Magistrats & officiers en la Republique,& iuger de leur administration. Toutes lesquelles choses se trouueront estre en l'Eglise du Seigneur pour son gouuernement spirituel par l'ordonnace d'iceluy. Partant qui fera doute que pour iouïr d'vne liberté si grande , vn chacun volontiers ne se vienne rendre à l'Eglise du Seigneur ? Qui ne iurera la conseruation des loix d'icelle,& leur obseruation? Qui ne les voudra sçauoir,à ce qu'il ne soit côme estranger au milieu de sa cité? Si anciennement és villes les mieux policees , par ce que de tous costés on y abordoit pour iouïr de la felicité & liberté d'icelles, loix furent faictes de ne receuoir aucun que du consentement du peuple , & auiourd'huy où il y a quelque petite constitution de liberté,à grand' peine y peut-on estre receu : qui doute que pour iouïr d'vne telle liberté Chrestienne en la sainte cité de Dieu vn chacun ne se rengeast en la Ierusalem celeste, & ne voulust son nom estre là enregistré ? Par ce moyen sans effort ne contrainte les peuples en grandes bandes & auec ioye & alegresse se viendrôt assubiettir au Seigneur ne plus ne moins que les bestes mondes & immondes se rendoyent à Noé dans l'arche, & se tenoyent serrees en delaissant toute ferocité & haine naturelle. Et nous faut pēser que Dieu mettant au cœur des Princes de receuoir ceste discipline, ce ne fust auec vertu & efficace.Ce qui est de bien grāde importance,tant pour le salut du peuple, que pour euiter tumultes & seditions,côme nous l'auons cy dessus declaré.Mais on m'alleguera au contraire,que s'il y a vne telle affluēce,qu'il y aura vne horrible confusion en ce gouuernemēt & police Eccle-

ſiaſtique, les bons eſtans meſlés auec les mauuais, les fideles
auec les hypocrites : deſquels (diront-ils) vous ne ſçauriez
compoſer vn corps vni : principalement qu'il y a ordinairement plus de mauuais que de bons : parquoy qu'il ſeroit
à craindre qu'ayans iceux la ſouueraine puiſſance, ils ne cor-
rompiſſent le tout , & ne diſſipaſſent la diſcipline. Pour à
quoy reſpondre ie demanderay ſi de tout temps hors l'E-
gliſe il n'y a pas eu plus de perſonnes vicieuſes , que de gens
de vertu. Et toutefois qui a iamais entendu qu'on ait aboli
les loix ciuiles, quelques rigoureuſes qu'elles fuſſent ? & que
par les loix ou decrets faicts par les bourgeois tout droict,
toute iuſtice , toute honneſteté ayent eſté exiles ? que l'on
ait faict de vertu vice , & de vice vertu ? Or ſi le Seigneur
a tellement tenu bridés les Ethniques par la loy de nature,
doutons-nous que ores qu'il y euſt en l'Egliſe du Seigneur
plus de mauuais que de bons , il fuſt en leur puiſſance de
deprauer & peruertir la doctrine du Seigneur, les Miniſtres
& Senieurs y veillans ſoigneuſement en leurs ſentinelles,
le Magiſtrat y tenant la main, les bons & fideles vnis par enſemble en vn meſme conſentement, & vne meſme volonté.
Et dauantage ce qui eſt principal & vnique en telle aſſemblee, Dieu preſidant en toutes les actions de ſon Egliſe par
ſa parole en la vertu de ſon ſainct Eſprit, ſa parole & ordonnances ſeroyent leuës & expoſees fidelement , les Miniſtres & Senieurs preſideroyent , qui declaireroyent leur
aduis : Vn bon nombre des plus gens de bien, & plus ſages
opineroyent le deſſus : qui ſeroit ſi impudent de s'oppoſer
temerairement contre l'expres commandement de Dieu,
contre l'autorité & conſeil de tels perſonnages? Et nous faut
aſſeurer tellement des promeſſes de Dieu, que ſa parole
auroit telle efficace, qu'elle contraindroit meſmes les fideles
de tomber ſur leurs faces, & donner gloire à Dieu. Que
celà donc ne nous deſtourne : ains pluſtoſt imitons ſainct
Iean, lequel reçoit à repentance & au Bapteſme les peagers,
gens de guerre, voire les Scribes & Phariſiens. En quoy il ſe
trouue tout eſtonné de la bonté de Dieu, qu'il s'eſcrie, Gene-
ratió de viperes, qui vous a apprins d'euiter l'ire future ? Vray
eſt que ie vous baptize d'eaue en repentance: mais celuy qui
vient

1. Cor. 14

Matth. 3

vient apres moy, est plus fort que moy, duquel ie ne suis pas
suffisant de porter les souliers: Iceluy vous baptizera au sainct
Esprit & en feu: il ha son van en sa main, et nettoyera son aire,
& assemblera son fromét au grenier: mais il bruslera la paill-
au feu qui iamais ne s'esteint. Et n'a iamais esté, & n'aduiendra
qu'en la rets du Seigneur il n'y ait de bons & mauuais pois-
sons, & qu'il n'y ait de l'iuroye meslee parmy le froment au
champ de nostre Seigneur, encores qu'il n'y ait que la quarte
part de la semence qui soit iettee en bonne terre. Laquelle
mesme yuroye il est defendu aux Ministres & à l'Eglise d'ar-
racher trop curieusement au danger & peril du froment.
Allez (dit le Seigneur à ses Apostres) & enseignez toutes
gens, les baptizans au nom du Pere, du Fils, & du sainct
Esprit. Or qu'est ce Baptizer, que de receuoir en l'Eglise &
Royaume de Dieu ? Et enuoye par tous les quarrefours &
les places pour contraindre les boiteux, malades, impotens,
perclus de leurs membres de venir en son banquet. En ce
qu'il en dechasse vn, qui n'ha sa robe nuptiale, il demonstre
apertement quel est nostre deuoir pour repurger son Eglise
des scandales publics : & en ce qu'il ne s'attache qu'en ce
qui se voit & est en lumiere, il declaire qu'il faut laisser les
fautes secretes à son iugement. Parquoy il n'y a doute qu'il
ne faille attirer à l'Eglise du Seigneur toutes sortes de gens,
& les enseigner: il sera à luy de toucher le cœur de ceux qu'il
a ordonnés à la vie eternelle. Nathanaël venoit parauanture
veoir le Seigneur autant par curiosité que de bon zele, pour
cognoistre celuy que Philippes disoit estre le Messias : mais
Iesus Christ le retint pour son disciple. Zachee estoit mené
de la mesme curiosité : mais Iesus l'appelle à soy, & fait grace
à luy & à toute sa maison. Les Samaritains s'estans espandus
hors de leur ville pour voir ce grand Prophete, receurent
les premiers publiquement sa grace & misericorde. Bref,
celuy que bonne affection & zele du Seigneur ne condui-
roit à son Eglise, le Seigneur, qui est admirable en sa vertu
& misericorde, l'attirera par le moyen de sa curiosité & de
son ambition, & le sauuera par la hart mesme & par le licol
qui l'estrangle. Pourtant il ne nous faut auoir deffiance que
l'Eglise du Seigneur ne soit bien & heureusement mainte-

Matth. 13

Matt. 28

Luc 14

Actes 13
Iean 1

Luc 19

Iean 3

nue en bonne difcipline , encores que fans grande anxieté
on reçoiue vn chacun : le Seigneur eft affez puiffant pour
maintenir tous fes domeftiques en toute modeftie fous la
verge & le fceptre de fa parole par le moyen de cefte peda-
gogie. Ce que l'experience nous demonftre , que où il y a
plus eu de paillardifes, voleries, yurõgneries, meurtres, blaf-
Rom. 5   phemes, brief , où toute iniquité a plus abondé , la mifericorde y a fuperabondé , & y a maintenant en tels endroits
plus de modeftie, crainte de Dieu , douceur & humilité. Et
Marc 5   que ceux , defquels il a pleu à Dieu de dechaffer des armees
de legions de Diables, font auiourd'huy en repos efcoutans
modeftement la parole du Seigneur. Ne nous monftrons
donc point tant timides, où il n'y a occafion : mais craignons
que Dieu ne fe courrouce contre nous pour noftre trop
grand' deffiance de fa vertu : comme fi fa puiffance ne s'eften
doit non plus loing que noftre iugement & opinion. Neantmoins fi ne fuis-ie d'aduis que fans efgard quelcõque on reçoiue chacun à la volee. Car la voix de l'Euangile eft la voix
de repentance, & amendement de vie. Laquelle volonté
il faut que ceux qui feroyent receus au corps de l'Eglife, declairent apertement. Nommément il faut que ceux qui
ont encores les mains fanglantes du fang des martyrs du
Seigneur Iefus , recognoiffent leurs cruautés , comme fait
Actes 9   fainct Paul, & en crient merci à Dieu publiquement, prians
1. Timo. 1   l'Eglife de fupplier à Dieu pour eux : & autres auffi qui ont
faict fautes notables & fcandaleufes, comme nous enfeigne
fainct Pierre. Lequel voyant que les Iuifs auoyent compon-
Actes 2   ction de cœur, d'auoir mis à mort leur Sauueur & Meffias,
& qu'ils s'offroyent à endurer toutes chofes, difans, Hommes
freres, que ferons-nous? Repentez-vous (refpond-il)& qu'vn
chacun de vous foit baptizé au nom du Seigneur Iefus en
remiffion des pechés. A quoy auffi ie penfe appartenir
ce qui eft dict , que tout le peuple venoit à Iean pour eftre
Matth. 3   baptizé, confeffant fes pechés. Or puis qu'en l'Eglife il n'y a
qu'vn baptefme, il eft neceffaire de faire cefte confeffion publique, & vfer de la confirmation du baptefme : de laquelle
nous parlerons cy apres. Laquelle recognoiffance publique de fes pechés en general, & des fcandaleux nommémẽt
ferui

feruira mieux que toutes obligations & inftrumens publics
pour tenir vn chacun puis apres en plus grande obeïffance
de Dieu. Quant à ceux que le diable tiendroit enchaînés à
fa volonté : lefquels feroyent conuaincus d'eftre retournés
à leur premier bourbier & ordures de leurs vices , l'Eglife a
fon glaiue fpirituel pour les retrencher de fon corps , & les
liurer à Satan. Dauantage le Magiftrat ne deuroit eftre
moins foigneux pour conferuer l'Eglife du Seigneur, que
Platon veut que le Magiftrat foit en fa Republique pour
bannir & faire mourir telles perfonnes defefperees , voire
par crimes defquels on ne fait communément grand' eftime , comme eftans faictes par nature en opprobre & contumelie du genre humain , qu'on n'auroit peu guerir ne
amender par remede aucun. Que fi le mal eftoit fi grand,
qu'il paffaft tous remedes ordinaires , nous deduirons au
liure de la Republique Chreftienne affez de moyens pour
amender ce mal au bien & vtilité publique. Laquelle difcipline eft telle, que ie croy qu'il n'y a auiourd'huy aucune
qu'on puiffe accōparer à icelle. Mais ne mefmemēt penfe-ie
qu'il y ayt eu fiecle depuis deux cēs ans apres la refurrection
du Seigneur, qui approche d'icelle. Ce que les effects tefmoignent nommément. Car aux fiecles precedens où la
parole de Dieu eftoit en pris & reuerence, où les ordonnances d'iceluy eftoyent gardées auec toute religion & deuotion, où les fcandales eftoyent oftés de l'Eglife, & punis fe-
uerement (bien que ce fuft auec compaffion) où l'election
fe faifoit auec prieres, ieufnes, & inuocation du nom de
Dieu , iceluy monftrant par effect & grande efficace la pre-
fence de fa maiefté, la difcipline, dy-ie, eftant du-depuis corrompue , & les Pafteurs ayans eniambé par deffus l'Eglife,
& s'eftans quelques fiecles apres faicts Seigneurs de l'Eglife,
& layās depoffedee de toute cefte puiffance, le peuple fidele cōmença à perdre courage , la doctrine vint à fe ternir &
s'obfcurcir , les herefies, qui eftoyent efteintes, fe renouuel-
lerent auec plus grande force , fans qu'on y ait iamais peu
donner ordre du-depuis , quelques Conciles qu'on ayt peu
affembler. Ains s'accroiffantes les vnes fur les autres fe font
finalement toutes defbordees en cefte fuperftition papale,

g qui

qui en est comme la cloaque commune & receptacle de
toutes. Lesquels maux ne se peuuët euiter ne aussi les biens
precedens se doiuent esperer que par ceste discipline. Car
par ce moyen vn chacun, quel qu'il soit, s'efforcera de sçauoir & entēdre les loix de la Republique Chrestienne, à ce
qu'il soit resolu en son iugemēt de tout ce qu'il opinera, & se
ra en l'Eglise:& voudra exceller par le seul moyen qu'il verra
estre en hōneur & estime:par lequel il espereroit pouuoir en
bōne cōscience aspirer & paruenir à hōneur & bon tesmoignage de l'Eglise. Car chacun Chrestien iugeroit ainsi : pui-
que Dieu luy mettroit entre ses mains la cōseruation de son
Eglise,qu'il faudroit qu'il s'y portast fidelemēt, comme ayant
à luy rendre compte de chacun suffrage & voix qu'il don-
neroit.Par ce moyen il aduiēdra que nos mœurs reiglees, &
vn chacun s'efuertuant à bien faire,ceste coustume particulie
re d'vn chacun se tournera en nature & coustume publique,
les vns imitans & suiuans l'exemple de la vertu d'autruy, qu'il
aimera & prisera, la voyant estre honnoree & reueree de
l'Eglise de Dieu.

Les maux qu'il nous faut attendre, si ceste discipline n'est receuē, &
du moyen qu'il y faudroit tenir.   CHAP. XI.

AV contraire il nous faut craindre que sans ceste
discipline nous ne iouïssions longuemēt de grand
repos. Car s'il n'y a meilleur ordre que celuy qui
a esté, qui n'aperçoit que le diable voyant les persecutions de l'Eglise estre assopies, qui apportoyent la mort
au corps , ne suscite des heresies qui l'apportent aux ames?
Ce que comme qu'il soit sur tout à craindre,d'autant deuons
nous mieux estre sur nos gardes , attendu la corruption qui
est en ce Royaume. Car si aucune autre chose n'esmeut &
n'attire les personnes à l'Eglise, que le desir de la doctrine , si
autre discipline ne les retient en vertu, que celle qui est auiourd'huy en vsage : quand verrons-nous vn troupeau &
vne Eglise ? Et si tout n'est vni en vne mesme profession de
Religion, quand serons-nous sans tumultes & seditions?
Car quelle defection & reuolte pensons-nous qui nous doiue aduenir en l'Eglise du Seigneur, quand grands & petis se
retireront d'icelle pour la moindre occasion qui soit , pour

Iean 10

se

se tourner vers la partie qu'ils verront estre en honneur & mieux appuyee en apparence, & où toutleur sera permis? Ce que celuy craindra dauantage, qui considerera le naturel du Françdis, & l'estat present du Royaume. Car nous voyons que le Magistrat n'est ordonné du Prince que par argent ou faueur, & que pour vendre en destail à son profit, ce qu'il a acheté en gros, il exerce plus auaremét l'estat qu'il ne l'a impetré. Iettez les yeux de vos esprits depuis vn bout du Royaume iusques à l'autre : discourez depuis le plus grand estat iusques au plus petit sergent : considerez toutes les cours & iurisdictions, quelles qu'elles soyent : on cognoistra que tout est plein de gens ausquels l'Esprit de Dieu n'habite point : par ce que (comme dit sainct Paul) la fin du commandement est charité de cœur pur, bonne côscience, & Foy non feinte. Non que ie vueille nier que Dieu n'ayt tousiours faict grace à quelques vns : Car quelle esperance y auroit-il d'Eglise pour l'aduenir? ains plustost ie m'assure que Dieu veut estendre sa puissance au salut de ces gens-cy. Pour laquelle raison i'insiste principalement sur le poinct de la discipline. Mais que considerans l'estat general, ce petit nombre de gens de bien n'apparoit point en si grâd' multitude des autres. Allez, ie vous prie, & attendez presentement quelque bonne reformation & discipline de telles gens, & si meilleur ordre ne les attire, faites le diable conseruateur de l'Eglise de Dieu. Celuy donc seroit-il de sain iugement, qui commettroit le troupeau du Seigneur à tels loups satellites du diable? Car quel argument faut-il dauantage de leur gouuernement futur, que celuy que nous esprouuons iournellement? Le Roy en son conseil fait de bons & sains edicts, il s'efforce de planter quelque fondement de l'Eglise, oster tous troubles & seditions tant pour le repos present du Royaume, que pour oster toutes occasions aux poures infideles de s'obstiner contre la vocation de Dieu & leur propre salut : & neantmoins qui n'apperçoit que les seditions sont esmeuës dessous l'authorité & faueur secrette des principaux d'entre eux, & qu'il n'y a que la seule crainte qui les engarde de faire pis? Et que en ce qu'ils n'y donnét ordre, ils aduouént les maux qui se font, & les approuuent de leur puissance en

g 2 con

confermant le mensonge & condamnant la verité de Dieu:
laquelle ils veoyent ne pouuoir plus opprimer par autre
moyen, que oblique & couuert? Or l'Euangile receu, & le
ministere establi, que leur apostume soit creuee par le fer de
la parole, leurs larrecins, pilleries, faueurs, multiplications &
semées des proces soyent mis en lumiere. Dieu immortel
quelles crieries, quels alarmes, quels images de calomnie,
s'esseueront pour tépester contre les ministres de l'Euangile
& gens de bien? Or que satan suscite quelque heretique, &
autre perturbateur du repos de l'Eglise (chose aisée où il n'y
a point de discipline, & sur tout en ce Royaume) doutons-
nous qu'il ne soit soustenu de telles gens, & qu'il ne soit ietté
par eux en la vigne du Seigneur, comme vn sanglier? Or ad-
ioustos à tels pilliers de l'Eglise du Seigneur, les Sadduciens
de ce royaume, & Epicuriés, qui ne veulent (disent ils) croire ce qui passe les tuilles & pignons des maisons, c'est à dire,
non plus qu'il peut tomber en leur sens naturel, & ce qu'ils
peuuent toucher au doigt. Dauantage que les Herodiens
courtisans, & autres qui s'accómodent au temps, & comme
chameleons n'ont aucune couleur propre, mais qui prennét
toutes couleurs du lieu où ils sont, excepté le blanc, qu'ils
soyent, di-ie, ioints & vnis auec telles gens contre l'Eglise,
Matth. 19
Ac̃t. 3 et 5 comme ils ont esté contre son chef Iesus Christ, assemblans
aussi ces ventres engraissés de ceste cuisine papale, desquels
quand ils seroyent deschargés des reliques qu'ils portent, le
peuple ne tiendroit non plus de cõpte que d'asnes qui portent les dieux, quand ils sont debastés, comme dit la fable:
Adioustez à ces nations de gens l'ignorance obstinee d'vne
grande partie du peuple, lequel sans discipline s'endurciroit
de plus en plus, qui n'apperçoit quelle belle reformation y
pourroit estre? Qu'vn poure ministre de la parole, ou vn cõ-
sistoire vienne à piquer au vif & corriger vertueusement, ie
ne diray les plus grands, mais le plus petit gentil-homme du
Royaume, à qui Dieu n'aura touché le cœur, ou vne personne
ne pour quelque peu qu'elle soit aisée, de quelle sorte pensons-nous que soit receuë ceste admonition, veu que telles
gens auroyent pour eux toutes les finesses & cauillations,
& toutes la puissance du Royaume? Or que de l'autre costé
il n'y

il n'y auroit ne force , ne authorité qui maintinst la caufe de
l'Euangile? Or que le peuple apperçoiue vn tel mefpris, qui
fera fi abiect qui n'ofera le femblable ? Où fera donc la difcipline , ou la verité & vertu du facré miniftere ? A quoy il
nous faut foigneufemēt penfer, & ayant preueu ces miferes,
il y faut pourueoir de bonne heure.   Car chacun apperçoit
la ferocité naturelle de ce peuple , & fpecialement la prefomption de la nobleffe , i'excepte toufiours ceux que Dieu
a regenerés puiffamment & reformés en fes enfans, la vertu
defquels fe demonftre admirable: & mon propos n'eft de ce
temps prefent , mais de l'aduenir , lequel il nous faut principalement defcouurir de noftre iugement & raifon. dauan-
tage vn chacun apperçoit l'orgueil & auarice des riches : lef-   *Matth. 19*
quelles gens viennent mal aifément à la cognoiffance de
Dieu,& moins volōtiers fe rengent à la difcipline. Defquel-
les chofes Sainct Paul nous aduertit: Vous voyez, mes freres,   *1. Corin.1*
dit-il , voftre vocation , que vous n'eftes pas beaucoup de
fages, ne beaucoup de puiffans, ne beaucoup de nobles, mais
Dieu a efleu les chofes foles de ce monde , pour confondre
les fages : & les foibles , pour confondre les fortes , & puif-
fantes : les mefprifees , & viles , & qui n'apparoiffent point,
pour abolir celles qui font en honneur, & eftime , à fin que
nulle chair ne fe glorifie deuant luy.   Que s'il eft aufsi mal   *Matth.19*
aifé qu'vn riche entre au Royaume de Dieu , que vn cable
paffe par le pertuis d'vne efguille, qu'eft-il à prefumer d'vn fi
grand nombre de ces nations de gens ? Lefquels bien que
Iefus Chrift cōuie en fon banquet , & les femonde par deux
fois, fi eft-ce toutefois qu'ils n'y veulent entendre : vne partie defquels pour quelque temps s'efgayeroit bien en cefte
lumiere de l'Euangile, mais depuis qu'ils feront le moins pi-
qués & touchés au vif, ils s'embraferont d'orgueil & fierté,&   *Iean 5*
deuiendront pires qu'auparauant. A quoy fi la fureur d'vn
Prince s'acordoit à l'aduenir (chofe non impoffible, ains qui
eft fouuent aduenu) fi Dieu n'apparoiffoit par fa puiffance
du fiege eternel de fa diuinité, il n'y auroit apparence que la
doctrine ne fut corrōpue mal-heureufemēt, & toute difcipline foullee aux pieds , & du tout efteincte auec perfecutions & fureurs diaboliques , telles que iamais : comme eft
                    g 3   aduenu.

aduenu sous Constauce, Valens, Valentinian second, Genserich Roy des Vandals, & sous autres en grand nombre. Laquelle indignité le Seigneur Dieu fondateur & côseruateur de son Eglise, ne faudroit de punir par guerres cruelles, pestes, famines, morts soudaines, & horribles des Princes, par renuersemens d'Empires, bref par la verge de fer de son Fils Iesus Christ.   Car il faut que si son Sainct Euangile ne nous est en odeur de vie, il nous soit en odeur de mort. Pourtant Iesus Christ menace ces Riches, nobles, & puissants qu'il auoit inuités en son banquer, d'enuoyer gens de guerre, & de les destruire auec leurs cités. O toy aussi (dict le Seigneur Iesus, s'adressant à Ierusalem) si tu eusses cogneu au moins en ceste tienne iournee, les choses qui appartiennent à ta paix! Les iours viendront sur toy, que tes ennemis t'enuironneront de rempars, & te saccageront, toy, & tes enfans qui sont en toy, & ne laisseront en toy pierre sur pierre, pour autant que tu n'as point cogneu le temps de ta visitation. Et en autre passage, Mal-heur sur toy Corozain, mal-heur sur toy Bethsaida: car si en Tyr & en Sidon eussent esté faictes les vertus qui ont esté faictes en vous, ils se fussent pieça repétis en sac & en cendres. Et toy Capernaum, qui as esté esleuee iusques au ciel, tu seras abaissee iusques en enfer. Car si entre les Sodomites eussent esté faictes les vertus qui ont esté faictes en toy, ils fussent demourés iusques auiourd'huy. Or ie te dy que les Sodomites seront traités plus doucement an iour du iugement que toy. S'il y a donc en nous quelque opinion de Religion, si quelque crainte du iugement de Dieu, si quelque desir de la vie eternelle, si quelque zele de la gloire de Dieu, & du salut de nous & de nos enfans, que nous engrauions ces menaces du iugement de Dieu bien auant en nos cœurs, que nous embrassions fermement ceste saincte doctrine, que nous-nous submettions de bon cœur à la discipline du Seigneur: laquelle ne donne pas seulement intelligence, mais nous console quant & quant. Touchant le moyen qui seroit à tenir pour receuoir ceste discipline, & vn chacun en l'Eglise, i'ay par-cy dessus parlé de la contrition & promesse d'amendement de vie qu'vn chacun doit promettre. Nous auons, graces à
Dieu,

1. Cor. 11
Deute. 28
Psal. 2
Luc 19
Matt. 22
Luc 10
Matt. 11
Psal. 119
Psal. 23

Dieu, Eglifes par toutes les villes prefque du Royaume,
& n'y a gueres lieu où en peu de temps on n'en puiffe efta-
blir. Parquoy deuant que cefte grande affluence aduinft,
la difcipline y feroit efpluchee & confideree fans crainte de
la côfufion dont on faift fi grand cas, comme nous auons declairé. Quant au peuple, il feroit receu à ouïr la parole: mais
quant à la reception au facrement du corps & du fang du
Seigneur, & au gouuernement de l'Eglife, aucun n'y feroit
receu qu'il n'euft faict côfeffion de fa foy, auec abiuration de
la fuperftition Papiftique, & de toutes fectes & erreurs, & de
leurs pechés, en côfeffant mefmement ceux qui feroyent en
fcandale. Ce que nous auons montré que les peagers &
gens de guerre faifoyent au baptefme de Iean. Ainfi feroyét-
ils receus fans trouble & confufion. Ie remets en autre lieu
l'ordre qu'il faudroit tenir où il y auroit fi grande multitude,
qu'il y auroit doute de trouble. Car à la verité nous verrions
accomply ce qui eft dict par le Prophete : Qui font ceux cy *Iaïe*
qui volent comme nuees & comme coulombes à leurs fe-
neftres ? Toutes les brebis de Cedar s'affembleront à toy, les
moutons auffi de Nabaioth te feruiront. Lors l'Eglife fe
pourra bien efmerueiller & dire en fon cœur, Qui m'a engen- *Ifaïe*
dré ceux cy, veu que i'ay efté fterile, & deftituee, tranfportee
& rauie ? Et qui m'a nourri ceux-cy. Voicy i'eftoye delaiffee
feule, & ceux-cy dont font-ils ? Ainfi dit l'Eternel Domina-
teur : Ie leueray ma main aux Gentils, & efleueray mon enfeigne aux peuples, ils apporteront leurs fils en leurs bras, &
apporteront leurs filles fur leurs efpaules. Et les Rois feront
tes nourriffiers, & les Princeffes feront tes nourriffes.

De l'Eglife du Seigneur Iefus, & des dons qu'il luy a faicts, tant pour
l'ornement d'icelle, que pour fon gouuernement neceffaire.

CHAP. XII.

E me femble eftre vn poinct digne d'eftre fouuent
inculqué en nos aureilles, pour l'imprimer viuement en nos efprits & en nos cœurs, qu'il a pleu à
Dieu d'illuftrer la gloire de fa maiefté en fa mifericorde par noftre mifere & poureté naturelle. Et veritablemét la mifericorde eft titre excellent de la louange de Dieu:
& d'autant plus que nous fommes plus criminels deuant fa *Rom.*

g 4 iufti

iustice. Car il ne nous a pas seulemet voulu reputer iustes, & nous iustifier en son fils Iesus Christ nostre Sauueur, nous estans de ses ennemis engendrés tels par nature & coniurés contre luy: mais il luy a pleu nous glorifier à la semblance d'iceluy, nous donnant voire plus que nous n'auions perdu par nostre peché. Et à fin que ie ne saille hors des gonds de nostre matiere, y a-il chose qui recommande dauantage la gloire de Dieu, que bien que nous soyons poures pecheurs, desquels la plus grâde louange est de nous recognoistre estre tels, & indignes d'estre appellés creatures de Dieu, toutesfois qu'il plait à ce bon Dieu nous tenir pour ses enfans, nous donner son sainct Esprit, nous exaucer en nos requestes, vouloir habiter en nos cœurs, & se ioindre des à present à nous, en nous faisant chair de sa chair & os de ses os. Lesquels dons si admirables en vn chacũ de nous en particulier le sont encores dauãtage en l'vnion de l'Eglise vniuerselle, d'autant qu'ils y sont plus manifestes. Car ce qu'il habite en chacun de nous, c'est par son sainct Esprit, selon les graces qu'il nous donne: mais son bon plaisir, sa charité & amour, la puissance du sainct Esprit se demonstrent en toute plenitude en son Eglise: laquelle i'enten estre l'vnion de tous esprits & ames biē-heureuses, & l'assemblee de tous les croyans en Iesus Christ, soit qu'ils nous ayent precedés, soit qu'ils nous doyuent suiure, estans esleus & predestinés deuãt tout tēps à la vie eternelle en Iesus Christ. De laquelle beatitude & felicité incõprehensible, nous auons vne singuliere image & pourtraicture és Eglises locales & visibles, qui sont voyagieres en ceste terre. Au gouuernemēt desquelles la vertu, puissance, la bonté, misericorde de Dieu se demonstrent clairement en second lieu. Car en icelles il luy plait d'habiter comme en ses saincts Temples, purgés de toutes ordures & prophanations, au lauement d'eaue par le sang de son fils Iesus Christ. Lesquels Temples sont sanctifiés & entrenus par la puissance de son sainct Esprit: desquels il nous fait pierres viues non mortes, ne occupantes tant seulement place, mais de vertu excellēte deuant luy & les hommes, selon la mesure de ses graces. Approchons nous, dit sainct Pierre, de Iesus Christ, qui est la pierre viue, voire reprouuee

2.Corin.6

2.Pierre 3

2.Pierre 2

prouuee des hommes, mais esleuë & precieuse enuers Dieu, vous aussi comme pierres viues esleus edifiés en maisons spirituelles, & vne sacrificature Sainte pour offrir sacrifices spirituels, agreables à Dieu par Iesus Christ. De faict y a-il aucun, s'il n'est furieux, qui n'ayme sa personne, qui ne cerche sa conseruation & son salut? Or Iesus Christ pour nous monstrer l'amour incomprehensible qu'il nous porte, a voulu estre nostre chef, & nous a faicts ses propres membres, il appelle l'Eglise son espouse, pour nous asseurer que nous sommes eternellement vnis en luy, & qu'il est en nous & nous en luy: A fin aussi que nous ne viuions plus en nous, selon nos concupiscences & meschantes affections: mais que Christ viue en nous. Car comme en l'opifice & ordonnance du corps humain, le chef est celuy qui fournit à tout le corps sens & mouuement, & reçoit toutes les impressions des maux de tous les membres, aussi le Seigneur Iesus nous asseure qu'il est le chef de l'Eglise, entant qu'il luy donne la vie eternelle, toute cognoissance des choses qui luy sont salutaires, & l'intelligence de sa parole, qu'il luy donne la foy, & la fait croistre en icelle: qu'il luy donne volonté & mouuement à toute bonne œuure: qu'il destourne d'elle les fureurs du diable: qu'il sent & a compassion de nos maux & infirmités pour les supporter benignement, & y pouruecir comme il cognoit qu'il nous est expedient. Lesquelles graces & bien-faicts de nostre Dieu, comme admirables qu'ils sont, il nous les faut diligemment mediter par le menu, selon qu'en nostre rudesse nous le pouuons comprendre. Car veritablement si en ceste structure du corps humain vicié & depraué par nostre peché, neantmoins la sapience de Dieu y reluit tellement, que les Ethniques mesmes & infideles ont esté contraincts de confesser qu'vn tel opifice estoit vn chef d'œuure d'vn ouurier de sapience & vertu incomprehensible, qui pourroit (dy-ie) se proposer deuant les yeux de son esprit l'excellente beauté du corps mystique & spirituel de l'Eglise du Seigneur, & de l'vnion qui est en luy, du mouuemēt qui se fait par luy: combien plus seroit-il raui en extase & admiration? Ce que ie ne sçauroye mieux declairer que par les paroles mesmes de l'Apostre saint Paul.

Ephes.1.
Ephes.5

Gal 2

1. Corin. 12

h   Com

Comme le corps (dit-il) est vn, & ha plusieurs membres, mais
tous les membres du corps ià soit qu'ils soyent plusieurs,
neantmoins sont vn corps : en telle maniere aussi est Christ.
Car nous sommes tous baptizés en vn mesme Esprit, pour
estre vn corps en Iesus Christ. Et à fin que nous entendions
qu'il ne parle d'vn corps lourd, poisant & paresseux, il a dict
vn peu au parauant, que Iesus Christ fait toutes choses en
tous. Il ne nous faut donc considerer l'Eglise selon son apparence, comme vn amas de tests de terre, ou comme de
l'argille amassee qui soit destrampee en sang & ordure : mais
2. Corint. 4   comme vaisseaux lesquels bien que vrayement soyent contemptibles, & de nul pris quant à leur substance, si est-ce
qu'ils sont remplis d'onguens precieux des graces du sainct
Esprit. On ne peut donc mespriser ce corps de l'Eglise sans
faire iniure au chef d'iceluy, & sans contumelie de l'Esprit de
Dieu : ne pas seulement le moindre nombre d'iceluy. Car
Dieu, dit sainct Paul, a ordonné vn chacun d'iceux ainsi qu'il
a voulu. Et à fin qu'aucun ne se glorifie de son vsage audict
corps, comme estant plus noble, au mespris de ceux, qui
semblent tenir lieu moins honnorable, Si nous estions tous
vn membre, ou seroit (dit-il) le corps? mais maintenant il y a
plusieurs membres, bien qu'il n'y ait qu'vn corps. Et l'œil ne
peut pas dire à la main, Ie n'ay que faire de toy : ou derechef
la teste aux pieds, Ie n'ay besoin de vous. Ains il nous enseigne de ne iuger des membres de l'Eglise selon l'apparence. Car les membres du corps, qui semblent estre les plus
debiles, sont de beaucoup plus necessaires. Et ceux que
nous cuidons estre moins honorables du corps, nous leur
baillons plus grand honneur. Par laquelle sentence l'Apostre nous enseigne que comme nous ne deuons temerairement & arrogāment mespriser ceux qui en apparence sem-
blét estre cōtemptibles, par ce, dit-il, qu'ils sont plus necessaires, aussi ne deuons-nous trop deferer à ceux qui semblent
estre les plus apparens, pour ce qu'ils sont plus honorés. Car
ceux-là, dit-il, ont plus grande necessité d'honneur externe :
& Dieu leur en donne plus grande abondāce, pource qu'ils
en auoyent faute. Il a donc pleu au Seigneur nostre Dieu
nous vnir tellement en vn corps en son Fils Iesus Christ :
qu'il

qu'il n'a voulu parfaire aucun membre, tellement qu'il se
puiſſe paſſer des autres, & entreprendre domination par
deſſus:mais il a voulu les ioindre de telle ſorte par enſemble,
qu'vn chacun recognoiſſant le beſoin qu'il a des autres,
tous d'vn commun accord veillent pour la conſeruation de
ce corps myſtique de l'Egliſe, duquel vn chacun cognoiſt
ſon ſalut dependre : pour nous ioindre auſſi d'vn parfaict
lien de charité qui ne pouuoit eſtre mieux exprimé quel il
doit eſtre, que par ceſte ſimilitude. A ceſte fin la puiſſance
que le Seigneur donne, il ne la donne ne à vn membre, ne
à certains, mais au corps de l'Egliſe en general : comme de
cognoiſtre parfaictement la voix du Fils de Dieu, de diſcer- *Iean 10*
ner la bonne & vraye doctrine de la fauſſe. Car l'Egliſe eſt la
colomne de la verité de Dieu, côtre laquelle Egliſe les portes
d'enfer n'ont point de puiſſance. Mes brebis (dit le Seigneur
Ieſus) oyent ma voix, car elles la cognoiſſent : & ne ſuiuent
point ſ'eſtranger, mais s'enfuyent de luy, car elles ne cognoiſſent point la voix de l'eſtranger. Et ſi ceſt eſprit de ſapience
eſt donné à aucun membre ſelon ſa meſure, nous deuons
ainſi inferer, qu'à plus forte raiſon ceſte grace eſt en biê plus
grande meſure au corps vniuerſel : Et que tous ſes vaiſſeaus
pour peu qu'ils ſoyent remplis de la grace de Dieu, quand ils
ſont aſſemblés, font vne iuſte plenitude. Or noſtre Seigneur
Ieſus Chriſt nous aſſeure que ceſte grace excelléte eſt dônee
voire à tous fideles quels qu'ils ſoyêt en particulier, tant pour
leur ſalut que pour ſ'edification de l'Egliſe : Ma doctrine
(dit-il) n'eſt pas miêne, mais de celuy qui m'a enuoyé: Si aucû *Iean 7*
veut faire la volonté d'iceluy, il cognoiſtra de la doctrine, à
ſçauoir ſi elle eſt de Dieu, ou ſi ie parle de moymeſme. Qui
croit en moy, fleuues d'eaues viues decouleront de ſon ventre. Or veritablement le Seigneur Ieſus encore qu'il ayt ſpecialement choiſi ſes Apoſtres pour eſtre ſinguliers teſmoins
de ſa doctrine, & des vertus & miracles qu'il faiſoit par ſa
propre puiſſance, en confirmation de ſa doctrine, ſi eſt-ce
qu'il'ſ'vnit & conioint tous ſes Apoſtres & Diſciples (c'eſt à dire, ceux qui croyent en luy, & s'eſtoyent rendus à ſon eſchole
& diſcipline) en vne meſme efficace & vertu. Car Sainct
Luc dit que les femmes annoncerent toutes ces choſes aux *Luc 24*

onze,&.à tous les autres qui estoyent assemblés auec eux. Et
puis il adiouste, que les deux disciples, ausquels le Seigneur
s'estoit manifesté sur le chemin allans en Emaüs, & ausquels
il auoit exposé les escritures, apres que le Seigneur fut dis-
paru, s'en retournerent en Ierusalem, où ils trouuerent les
onze assemblés, & ceux qui estoyët auec eux:auec lesquels
comme ils deuisoyent de la Resurrection du Seigneur,il adiouste, que Iesus Christ apparut au milieu d'eux, & leur de-
claira l'accomplissement des choses qui auoyent esté dictes
de luy en l'Escriture : ausquels il ouurit l'entendement pour
entendre icelle,leur promettant d'enuoyer le Sainct Esprit.

Iean 20   Ce que sainct Iean racontant applique à tous vn titre vrayement honorable,(mais par lequel ils sont tous comme ega-
lés, comme aussi à la verité le Seigneur les auoit tous tenus
en vne mesme eschole, & les appelloit en vne mesme profession, leur donnât mesmes dons,encores que la mesure &
proportion d'iceux ayt esté inegale, & la vocation differente) c'est qu'il les appelle tous disciples du Seigneur : & leur
donna son Esprit. Que maintenant donc on dedaigne, ie
ne diray l'Eglise(ce qui ne se peut faire sans impieté)mais le
plus petit disciple & escholier du Seigneur. Principalemët
que nostre maistre & precepteur le Seigneur Iesus ouure les
entendemés à tous, qu'il promet à tous son sainct Esprit,&
Matt.28   qu'il l'enuoye & le donne à tous qui sont assemblés en son
Act.2   nom,& qu'il dône la puissance à tous de remettre,& retenir
Matt.28   les pechés,leur promettant qu'ils seroyët aduoués au ciel:de
tout ce qu'ils seroyent sur la terre:lequel don n'estoit pas seulemët pour eux,mais appartenoit à son Eglise à iamais, veu
qu'ils luy sont necessaires pour son salut,ainsi cöme il nous le
Iean 14   promet : Ie prieray(dit-il,) mon pere, & il vous donnera vn
autre cösolateur pour demourer auec vous eternellement:
A sçauoir l'Esprit de verité,que le monde ne peut receuoir.
1.Timo.3   Pour laquelle raison l'Eglise est-elle appellee de S.Paul colonne de verité,entât qu'elle porte icelle en belle veuë pour
le bien & salut des hommes, & que pour son asseuráce eternelle, elle a Iesus Christ pour son fondement & sa base.
C'est à elle que tous affaires qui la concernët & à elle appar-
Matth.18   tiennent doiuent estre rapportés pour en iuger & decider
selon

selon la parole & ordonnance du Seigneur : non sans grand
raison. Car qui cognoit mieux la volonté de Dieu, que l'espouse de sa sapience eternelle? qui en peut mieux iuger, que
celle qui est gouuernee par l'esprit d'iceluy, à qui la promesse
en est faicte, à qui telles graces sont eternellement donnees
& maintenues ? Et si vne petite portion d'icelle est iugee
suffisante pour le gouuernement d'icelle, qui ne doit mieux
esperer de tout le corps vniuersel? Ce qu'on entendra encores mieux des paroles du Seigneur Iesus, qui luy dóne toute
puissance en general, non seulemét quant aux mœurs, dont
il semble qu'il estoit question alors: mais aussi quant à toutes
autres choses necessaires, tant pour la côseruation de la pureté de la parole, que de la discipline, & pour oster tous scan
dales. Car qui seroit si aueugle de dire que Iesus Christ fondant son Eglise à perpetuité, n'ayt liberalemét dóné à icelle
tout ce qui appartient, & est necessaire au gouuernement
d'icelle? veu que l'Apostre tesmoigne qu'il ne destitue ses
Eglises d'aucun don spirituel ? Et comment se pourroit fai- 2. Corin. 1
re qu'il l'eust destituee de ce, sans quoy elle ne peut subsister,
veu qu'il luy promett son esprit qui l'induira en toute verité, Iean 14
& qu'il nous ottroyera tout ce que nous luy demanderons
en son nom ? S'il ne nous a delaissés orphelins, ne destitués
d'aucune grace spirituelle, qui se osera attribuer mesme puis- 2. Corin. 1
sance que toute l'Eglise, côme si toute ceste vertu luy estoit
propre & peculiere? Or puis qu'il n'y en a vn seul mot en toute l'Escriture, qui appartienne à succession continuelle de
certain ordre, qui fera doute que tout ce n'appartienne à
l'Eglise qui concerne gouuernement d'icelle ? Car de dire
que par ce nom d'Eglise sont entendus les Ministres & Senieurs, c'est chose qui est sans fondement, ce me semble. Car
qui pourroit souffrir que où il seroit parlé de l'homme, on
voulust puis apres interpreter que c'est seulemenr d'vn bras
qu'il faut entendre le propos ? Et veritablement nostre Seigneur & les Apostres d'iceluy, quand ils parlent de l'Eglise
visible ils n'entendent pas vn terme imaginaire & represen-
tatif, (côme parlent les Sophistes) mais ils entendent l'vnion
certaine d'Ames bien heureuses esleuës en Iesus Christ deuant tous siecles à la vie eternelle, assemblees pour la predi-

h 3 cation

cation de la parole , & administration des Sacremens , qui
sont portion & image de l'Eglise vniuerselle. Et n'appellent
pas le consistoire, le troupeau du Seigneur, son espouse, son
corps, la colomne de verité , ne son regne. Parquoy Iesus
Christ fondant son Eglise & ordonnant ses loix , il n'institue
vn gouuernement Aristocratique , mais , il ordonne loix
eternelles en son Royaume eternel. La perpetuité donc
de l'Eglise, & de ce gouuernement estoit deuant les yeux de
sa diuinité , & parle de son Eglise au mesme sens qu'il auoit

Matth.16 faict vn peu auparauant : Tu es pierre, & sus ceste pierre ie
bastiray mon Eglise , & les portes d'enfer n'auront puissance
alencontre d'elle. Au contraire quand il est parlé du conseil
des anciens & consistoire, ce mot d'Eglise ne luy est iamais
attribué par ce mesme Euangeliste sainct Matthieu , ne en

Matth.26 aucun passage de l'Escriture. Mais τὸ συνέδριον le conseil. Et
& 27 mesme ie ne pense auoir leu, que le mot de Synagogue soit en
Marc 14 aucun lieu prins pour consistoire. Ce que si apres nous trait-
Luc 22 terons plus amplement. Oyons donc les paroles du Sei-
Act.5. et c gneur Iesus : Si ton frere a peché enuers toy, va & le reprens
Matt.18 entre toy seul, s'il t'escoute, tu as gaigné ton frere: Mai s'il ne
t'escoute , prens encores auec toy vn ou deux , à fin qu'en la
bouche de deux, ou de trois tesmoins, toute parole soit
ferme. Que si il ne les escoute, dy le à l'Eglise, que s'il n'escoute l'Eglise, qu'il te soit comme payen & publicain. Par
lesquelles paroles il n'y a doute que non seulement les querimonies particulieres luy doiuét estre raportees quand on ne
voit ne fin ne amendement d'iniures, & que l'iniustice est
notoire (comme à nostre mere qui en doit faire la derniere
raison) mais qu'en souueraine cognoissance toutes autres
choses luy doiuent estre referees : comme les scandales és
mœurs , & la doctrine, pour y pouruoir selon la parole de
Dieu. Car si c'est l'office d'vne bonne mere de mettre paix
entre ses enfans, de les tenir en modestie & vertu, à plus forte raison c'est le propre de l'Eglise de recöcilier ses enfans,&
les tenir en amour mutuel, chastier les vices, chasser les incorrigibles hors de sa maison, ne souffrir scandale aucun:
mais sur tout pouruoir qu'il n'y ayt blaspheme côtre Dieu, ne
sa parole. Or à fin que nous estimions son iugement tel qu'il
appar

appartient, & qu'il nous soit en terreur & reuerence, le Seigneur adioufte tout suiuant : Ie vous dy en verité, que toutes choses que vous lierez sur la terre, seront liees au ciel : & toutes choses que vous deslierez sur la terre, seront desliees au ciel. Laquelle puissance generale & particuliere vray est qu'elle est donnee aux Apostres du Seigneur pour la necessité de leur saincte vocation : pareillement la generale à ceux que Dieu suscite pour la propagation de son sainct Euangile : c'est à sçauoir qu'ils preschent l'Euangile, à fin que *Marc 16* qui croira & sera baptizé, soit sauué : qui ne croira point, soit condamné. Mais ceste authorité & puissance, qui est donnee par le Seigneur Iesus à son Eglise, concerne à tousiours entierement & continuellemét tout le gouuernemét & particuliere application d'icelle : de laquelle les Ministres outre ceste puissance generale, qui leur est donnee par la predication & denonciation du iugement & misericorde de Dieu, sont faicts participans : entant que comme aux principaux membres l'administration leur en est donnée, & l'execution, voire la puissance en choses soudaines & improuistes : comme à procureurs fideles, authorizés de l'Eglise, & comme à ambassadeurs de Iesus Christ : Ce que Dieu aydant nous declairerons plus amplement.

Que l'Eglise ne peut ceder sa puissance, ne en estre depossedee.

CHAP. XIII.

L Esquels dons estans ioyaux excellens dont il a pleu à Dieu orner son espouse à iamais, ie vous prie à qui a-il deu estre permis de la suborner par quelque belle apparence de saincteté, & comme par contre-eschange de ie ne sçay quelles ceremonies & semblables bagatelles, qui esmouuoyent les yeux & les delectoyent, ou mesmement de la voller & deposseder apertemét par violéce ? Car d'alleguer qu'elle en eust abusé, & qu'elle ne suffisoit pas à son gouuernement, ce n'est raison suffisante. Car qui seroit le larron qu'on excuseroit pour dire qu'il auroit desrobé, pour en faire mieux son profit, que le maistre ne faisoit ? Mais nous y auons desia respondu, & remonstré que les ordonnances de Dieu, ne les promesses d'iceluy, ne *2.Corin.3*

peu

peuuent eftre impoſſibles,& que où l'Eſprit de Dieu regne,
là eſt tout bon ordre,& toute bonne conduite. Parquoy il
ne faloit douter que la ſapience de Dieu ne ſe fuſt monſtree
clairement au gouuernement de l'Egliſe, telle qu'elle s'eſtoit
demonſtree en grande vertu & puiſſance pres de deux cens
ans auparauant : Que ſi celuy qui meſpriſe vn des enfans de
Dieu , il meſpriſe Dieu , de quel iugement ſera digne celuy
qui meſpriſe l'Egliſe de Dieu viuant , aſſemblee de tant de
ſes enfans? Laquelle faute n'eſt-elle pas ſemblable à ce ſourcil
Phariſaique, s'attribuant toute intelligence de l'Eſcriture en
contemnant tout le peuple de Dieu auec vn faſt & vn meſpris inſuportable ? Ce peuple cy qui ne cognoit pas la Loy,
(diſoyent-ils) eſt execrable. Item, Tu es du tout nay en peché, & tu nous enſeignes ? Mais ſainct Paul nous rameine
bien en vn autre modeſtie : lequel entre les plus grands crimes qui ne ſe peuuent tolerer, repute ce meſpris de l'Egliſe
du Seigneur , taxant les Corinthiens auec vn zele & vn ardeur admirable : Meſpriſez vous (dit-il) l'Egliſe de Dieu?
Et bien qu'il fuſt vn vaiſſeau precieux de l'election, & remply
de tant & telles graces de Dieu , ſi eſt-ce qu'il n'a onq clos la
bouche à qui parloit en ſa preſence, & prophetizoit en l'E-
gliſe & à edification:& a en toute douceur & modeſtie ſerui
d'exemple perpetuel , de ne meſpriſer le moindre des enfans de Dieu, admoneſtant les Corinthiens de s'eſtudier
tous principalement à interpreter l'Eſcriture: Vous pouuez
(dit-il,) prophetizer les vns apres les autres. Et puis qu'ainſi
eſt que ceſte diſcipline ſoit pour eueiller vn chacun , à ce
qu'on s'adonne à l'Eſcriture ſaincte pour entendre les choſes
deſquelles Dieu nous a ordonnés iuges, pour definir icelles
par ſa parole, nous deuons imiter l'Eſprit de douceur de
Moyſe, lequel eſtant aduerti que deux de ſeptante, à ſçauoir
Eldad & Medad prophetizoyent en l'oſt , leſquels ne s'eſtoyent point trouués au tabernacle auec les autres pour receuoir auec eux l'Eſprit de prophetie , comme Ioſué l'inci-
toit de les empeſcher, Moyſe reſpondit ainſi : Pourquoy
es-tu enuieux pour moy ? à la mienne volonté que tout le
peuple du Seigneur fuſt prophete , & que le Seigneur don-
naſt ſur eux ſon Eſprit. Mais on alleguera qu'il s'en faut beaucoup

Iean 13
Luc 10

Iean 9

1.Corin.11

1.Corin.14
Act.15

2.Corin.14

Nomb.11

coup que l'Eglise de maintenant soit à coparer en cognoiffance de l'Efcripture,& don de l'Efprit de Dieu, à celles qui
eftoyent du temps des Apoftres. A quoy ia foit que ie puiffe
refpondre en vn mot que l'ordonnance de Dieu appartient
à tous aages de fon Eglife : à laquelle il laiffe fon fainct Efprit   *Iean* 14.
pour fon côfeillier & gouuerneur eternel, toutesfois i'vfe-   *Matth.* 28
ray d'vn exemple, qui refute cefte obiection : L'Eglife des
Corinthiés lors qu'elle auoit perdu le vray vfage de la fainct
Cene : que noifes, côtentions, partialités,& proces regnoyét   *1.Cor.9.11*
entre eux,& vices enormes,lors qu'ils transformoyét la pre-   *1.Cor. & 3*
dication de l'Euangile en eloquence humaine , que aucuns   *2.Cor.10*
deux nioyent ouuertement la refurrection des morts, icelle   *1.Corin.15*
Eglife n'eftoit, dy-ie , à preferer à aucune de celles de main-
tenât:& toutesfois fainct Paul rend tefmoignage qu'elle n'ef-   *1.Cor.1.*
toit deftituee d'aucun don fpirituel,ce pendant qu'elle atten-
doit la manifeftation du Seigneur Iefus : & tant s'en faut qu'il
la defpouille d'aucun don de Dieu , qu'il l'admonnefte d'vfer
de l'excommunication , deflier celuy qui eftoit lié , expofer   *1.Cor.5*
l'Efcriture,vfer de l'election. Mefmement il admonefte l'E-   *1.Cor.14*
glife des Galates , qui eftoit tombee à Iudaïfme , de reietter   *1.Cor.16*
leurs faux prophetes & pafteurs. Par laquelle puiffance il luy   *Gal.1 & 4,*
conferme l'election de nouueaux & meilleurs pafteurs. Mais   *& 5*
l'Eglife(diront-ils)a donné & transferé dés long temps cefte
fienne puiffance aux Euefques,& fes miniftres pour bonnes
raifons , & maintenant elle approuue l'authorité d'iceux par
fon filence,fe contentant des chofes prefentes. Quant au
premier poinct ie le nie tout à plat : Et me femble cefte belle raifon eftre femblable à la loy que les Empereurs Romains ont controuuee,nommee la loy de Hortenfe : par laquelle ils maintiennent,que le peuple leur a transporté tout
fon droit & puiffance:Chofe fauffe,& femblable à la preten-
due douation de Conftantin. Car veritablement cefte belle raifon cy eft toute controuuee, & eft du tout notoire que
cefte fouueraine puiffance a demouré ferme en fon entier
en l'Eglife iufques à pres de deux cens ans du Seigneur,
& bien que les Euefques ayent depuis beaucoup vfurpé , fi
eft-ce que la plus part de cefte difcipline a atteint l'Empire
de Conftantin. Car alors les Euefques entreprindrent d'ex-

communier, depofer, iuger, & decider des poinéts de la doétrine entre eux , & depuis auec leur clergé. Ce qui eft verifié par tous les conciles qui ont efté tenus de ce temps là:
qui fut vne grãde brefche faiéte au parc de noftre Seigneur,
pour l'ambition qui s'enfuiuit incontinent apres, & s'eft accreuë peu à peu iufques à paruenir à vne horrible tyrannie.
Car la hierarchie eftant ordonnee, & vn chacun Euefque
s'efforçant de s'aggrandir, ce nom de clerc & clergé fut lors
principalemẽt appliqué à vne faétion de gens à l'opprobre
de l'Eglife, comme l'heritage peculier du Seigneur, la gent
fainéte, le peuple acquis, la royale facrificature. Lors le nom
d'efpoufe de Iefus Chrift fut ofté à l'Eglife, fes bagues &
ioyaux nuptiaux luy furent enleués, & elle delaiffee & deftituee nuë fous le nom du peuple ou de plebe. Les Euefques
accreurent foudain leur cohorte preterienne, à fçauoir leur
clergé, ils adioufterent noueaux degrés à leur hierarchie
en changeant, deftournant, aboliffant le premier ordre de
l'Eglife, & les offices & vocation de Dieu : des pafteurs ils en
feirent des facrificateurs, leur oftant la predication de la parole : & aux diacres ils ofterent la charge des poures, à ce
qu'ils euffent plus libre adminiftration des biens de l'Eglife.
Lefquels ils feirent puis apres leurs varlets & affecles par
cuntr'-efchange : à eux fe referuerent la predication de la
parole, qu'ils ont quelques fiecles en la fin pourement &
miferablemẽt efcorchee & tiree par force à leurs volontés:
finalement ils l'ont delaiffee tout à coup comme chofe trop
penible & trop au deffous de leur dignité. Ce qui eft aduenu
par fucceffion de temps, & toutefois en moins de deux cens
ans, & par la petite confideration de gens de bien, qui a-
uoyent plus d'efgard de donner plus de luftre à la Religion
Chreftienne pour efmouuoir & contenter les Idolatres
d'adonc par magnificence, que d'affeurer la difcipline pour
l'aduenir par humilité & fimplicité. Mais nous deuons ainfi
penfer, que nulle chofe n'eft bonne, que celle qui demeure
toufiours telle : non celle qui pour vn temps fubfifte : mais
fe corrompt incontinent apres. De faiét la femence de cefte
tyrannie eftant iettee par le diable au chãp du Seigneur, elle
eft creuë petit à petit iufques à fa pleine maturité, & ce

temps

temps present, auquel Dieu foudroye contre ceste hierarchie Babylonique, & l'abysme iusques aux enfers. Et quand
ainsi seroit que l'Eglise maladuisee auroit transporté ses
ioyaux inestimables aux Euesques : qui seroit celuy des Ministres de l'Eglise, qui se voudroit aider de ce titre, qui ne
confessast quant & quant son ambition ? A sçauoir qu'il seroit de leur corps & faction, & qu'il aspireroit à pareille authorité & tyrannie. Mais ie respondray ce qui est vray : que
aux lieux où il y a quelque meilleure reformation, le peuple defere beaucoup aux Ministres (côme aussi il doit pour
les graces que Dieu a mises en eux) & que, comme il aduiét
à personnes qui n'ont gousté de la douceur de la vraye liberté, & sont comme nais & nourris en ceste discipline, aussi
par ce que pour la plus part ils n'ont onques veu de chose
plus viue & expresse, il n'estiment rien plus parfaict, & leur
aduient comme à personnes qui sont nees & enuieillies en
vn gros air : lequel ils ne voudroyent changer, ne pensans
qu'il y en ayt vn meilleur. Ce qui leur aduient principalement par ce que le Magistrat pour sa pieté n'abuse encores
de ceste autorité Ecclesiastique, qui luy est donnee par ce
moyen. Mais à toutes les deux raisons ie respon par ensemble, que l'Eglise n'a peu estre depossedee de ce que Iesus
Christ nommément luy a donné. Car nous auons demon-
stré que les dons de Dieu sont sans repentance, & à iamais   *Rom. 11*
en l'Eglise. Parquoy quelque aage d'icelle que ce soit, n'a
eu que la iouïssance d'iceux, & côme l'vsufruict de son têps:
mais la proprieté appartient à l'Eglise vniuerselle. Car l'E-
glise du Seigneur n'est cestuy-cy, ne cestuy-là : mais l'vnion
continuelle des membres du Seigneur. Que si vn peuple
ne sçauroit obliger ses enfans, & posterité à seruitude, & si
on ne peut prescrire contre vn Prince : beaucoup moins
peuuent certaines personnes obliger & transferer les dons
de Dieu, pour en priuer à iamais l'Eglise d'iceluy. Car qui
serois-tu, ô homme, qui voudrois alleguer prescription côtre ton Dieu ? Ne seroit-ce point la raison que ont tousiours
alleguee & alleguent auiourd'huy les vsurpateurs de la vigne
de Dieu ? Lesquels par vne longue possession se vantent d'a-   *Matt. 21*
uoir prescrit la vigne du Seigneur : ce qu'ils ont faict, En frau-

dant le vray & naturel Seigneur, persecutant, meurtriſſant,
& lapidant non ſeulement les ſeruiteurs, mais le fils & l'he-
ritier d'iceluy. Et comme ainſi ſoit que la vigne du Seigneur
eſtant miſerablement labouree & entretenue par tels vſurpa-
teurs, ſoit deuenue ſi ſauuage, qu'elle ayt rendu ſeulement
aigret & lambruſches, ne meritoit-elle pas eſtre brouſtee,
foullee, & arrachee? Mais puis qu'il a pleu à noſtre bon Dieu
& maiſtre, de chaſſer ces meſchans vignerons, & de donner
ſa vigne à bons & fideles ouuriers, ne doiuent-ils point la la-
bourer ſi diligemment, qu'elle rende bon fruit à ſon maiſtre,
& la murer & enclorre de ſi bonne diſcipline, que les beſtes
n'y puiſſent entrer? Se porter ſi fidelement au gouuernement d'icelle, que leurs ſucceſſeurs ne ſe la puiſſent vſurper?
Car iamais n'eſt aduenu autremét, que les fermiers, & ceux,
qui ont manié les affaires d'autruy, ne ſe ſoyét perſuadés par
vne longue poſſeſſion, que le biẽ eſtoit à eux & ne l'ont voulu quitter que par force. Ainſi les Princes & Magiſtrats par
vne longue poſſeſſion penſoyent eſtre maiſtres & proprie-
taires des Republiques, & icelles eſtre creees expreſſement
pour eux. Ceux qui ont manié les deniers d'iceux ont penſé tout de meſmes, & y auoir bonne part, ne faiſans grand
ſcrupule d'en faire leur profit. Parquoy quand il y auroit
quelque fondement en cecy, & que les Miniſtres de l'Egliſe
auroyent droiĉt de pretendre vne puiſſance abſoluë ſur
icelle, ſi eſt-ce que ces excellens & tresfideles ſeruiteurs du
Seigneur, qui viuent auiourd'huy, deuroyent renoncer à
vne telle puiſſance immoderee, & pleine de danger, en la
reduiſant à mediocrité. Mais ie tourneray mon propos vers
l'Egliſe: laquelle ſe voyant deliuree derechef par la miſericorde de ſon Redempteur, de ceſte longue & miſerable ſeruitude, ſage & apprinſe par tant de maux, doit fuyr les occaſions & premieres cauſes d'iceux, les preuoir, & deſcouurir
de loing, auoir les ioyaux & bagues du Seigneur en telle reuerence & amour, qu'elle en face bonne & ſeure garde, &
ſe donner ſoin que pour l'aduenir ils ne luy ſoyent oſtés par
force, ne tirés par ſubtilité. Car quelque choſe qu'on allegue, ſi eſt-ce vn poinĉt tout manifeſte, que iamais elle ne
florit mieux en ſaine doĉtrine, ne en bonne diſcipline, que
quand

quand elle a esté en sa pleine liberté. Au contraire qu'vn
horrible brouillas d'ignorance a couuert l'Eglise & ministres
d'icelle, quand la discipline s'est perdue. Car selon mon aduis la parole du Seigneur, qui s'ensuit, se doit accommoder
à ce gouuernement mal-heureux qui a esté en l'Eglise de
Dieu, auquel elle a esté destituee de tout pouuoir & moyen
de pouruoir à son ministere & gouuernement, auquel la vocation legitime a esté abolie auquel les Euesques s'en sont
faicts croire, & sont vsurpee impudemment : C'est à sçauoir   Iean 10
que celuy qui n'entre par l'huis, mais par ailleurs en la bergerie, est larron & brigand. C'est à dire que quiconque
est entré au parc du Seigneur par autre moyen que par
vocation speciale ou election legitime, & telle qu'il a ordonnee par sa parole, ou que celuy qu'il n'a extraordinairement
appellé par bon & certain tesmoignage cestuy là est larron
& brigand. De faibles poures brebis du Seigneur ont faict
bien peu de profit de leur voix, par ce (dit-il) qu'elles ne sui-
uent pas l'estranger. En verité, en verité ie vous dy, que tout
autant qui sont venus deuant moy (denotant ces mercenaires Sadduceens, Pharisiens, & semblables) sont brigans &
larrons : Mais les brebis ne les ont pas ouï. Mais venons au
poinct. Nous auons par cy deuant veu que le Seigneur donne à son Eglise ce qui appartient pour la conseruation d'i-
celle Or il ne nous fauc philosopher sur ce mot d'Eglise,
mais la prendre comme il s'entend en sa seule signification:
Ceux qui sont depossedee, pouuoyent-ils alleguer le côsen
tement long & tacite de l'Eglise ? Quel tyran sera confermé pour alleguer qu'aucun ne s'est opposé à sa puissance?
Car à qui seroit-il impuni? S'ils alleguent que l'Eglise a cedé
sa puissance, ie-dy que les dons de Dieu ne sont subiets à
commerce & negotiation humaine, & que ceste admoni-
tion de sainct Paul à Timothee est propre pour tous, mais sur   1.Timo.
tout pour l'Eglise : Garde diligemment ce que tu as receu
en depost. Que si l'Eglise peut estre assemblee pour ceste
cession sans trouble ne confusion, si par maturité de iugement elle peut transporter son droict: pourquoy par le mesme ordre & la mesme prudence ne pourra-elle gouuerner
ses enfans, & suffire pour tout son gouuernement? Car pour

alleguer aucun droit de representation, il faut prouuer que
l'Eglise l'ayt peu ceder, & môstrer quelle l'ayt faict. Et dauantage icelle puissance seroit personnelle, & faudroit que
l'Eglise substituast continuellement ceux qui la gouuer-
neroyent, si non que lon voudroit monstrer que telles gens
se peussent coopter, comme les Pontifes & Augures Romains. Et que à leur discretion cest ordre se peut maintenir, & refaire soy mesme : qui est chose Oligarchique &
pleine de danger. L'Eglise donc recognoistra ces dons, &
ioyaux nuptiaux de tel pix & estime comme ils sont à la
verité : C'est à dire, inestimables. Ce que si elle ne fait, que
pouuons-nous dire autre chose que ce que dit le Prophe-
Osee 2 te Osee, quelle a rompu la foy à son espoux en ce quelle
ne tient compte des presens d'iceluy ? Si elle a esté subor-
nee, ne pour celà sa faute en est elle moindre, veu quelle allegue sa turpitude pour excuse : ne le droict des autres
meilleur : car qu'est-ce autre chose que pure Simonie ? Parquoy à bon droit & l'vn & l'autre en seroyent priués. Car
Act. 8 l'Esprit du Seigneur, comme i'ay dict, n'eschet en contract
des hommes, ne se transporte à leur volonté : & aduient
que les signes estans nuds, comme si c'estoyent estuis des-
garnis des bagues & ioyaux du Seigneur, ils demeurent
en tesmoignage & côfusion de ceux qui les ont, le Seigneur
ayant retiré ce qui estoit sien. Ainsi qu'il le reproche à son
Ezech. 16 Eglise, & dequoy il la menace par Ezechiel : Ie te lauay (dit-
il) de ton sang, & t'oignis de mon huile, & te vesti de bor-
derie, & te chauffay de taisson, & te ceigni de fin lin, & te
reuesti de soye : & te paray d'ornemens, & mis des brasselets
en tes mains, & le carcam à ton col, & sur ta face des tem-
plettes, & des aureillettes en tes aureilles, & vne coronne
excellente sur ton chef. Et apres auoir demonstré en combien de manieres elle s'estoit desbauchee par idolatries, &
par alliances faictes auec les Princes voisins : il menace de la
mettre en abandon, & en proye à ceux mesmes à qui elle
auoit faict presens de ses ioyaux. Ausquelles choses faloit
que ceux qui auoyent le gouuernement de la discipline &
administration de la parole, pensassent à bon escient : Considerons que Dieu, veu l'amour qu'il porte à son Eglise, est

                                                      ialoux

Ialoux d'icelle, & ne souffriroit le deshonneur & contumelie d'icelle demeurer longuement impunis. S'ils auoyent
receu dons excellens de Dieu, que ne pensoyent-ils que
c'estoit pour le seruice d'icelle, non pour l'assubiectir & la re-
duire à leur seruitude ? Car bien que ce fussent brebis, elles
l'estoyent au Seigneur, non pas bestes pour les conduire à
leur volonté pour les vendre & meurtrir. Par la grace de
Dieu qui m'est donnee, (dit sainct Paul) ie-di à vn chacun   *Rom. 12*
de vous, que nul ne pense de soy plus qu'il n'appartient de
sentir : mais qu'il en iuge à sobrieté, vn chacun comme Dieu
luy a departi la mesure de la foy. Car comme nous auons
plusieurs membres en vn corps, & tous mēbres n'ont point
vne mesme operation, aussi nous, qui sommes plusieurs,
nous sommes vn corps en Christ. Mais ie mettray fin à ce
propos, veu que, graces à Dieu, il n'est necessaire pour
maintenant : sinon pour coupper la broche à l'ambition future : attendu le zele des seruiteurs du Seigneur enuers l'E-
glise d'iceluy. De beaucoup desquels nous pouuons à bon
droict dire ce que sainct Paul escrit aux Thessaloniciens : à   *1. Thess. 1*
sçauoir que bien qu'ils puissent estre en authorité comme
Apostres de Iesus Christ, toutefois si ont-ils esté par cy deuant en ceste renaissance des Eglises, comme nourrices,
lesquelles ils ont portees & sustentees en leur sein. Et de
faict ce discours appartient principalement aux aages sub-
sequents, desquels à bon droit nous-nous deuons deffier, si
dés maintenāt on retiēt en l'Eglise les reliques de ces maux
precedens. Les ministres donc imiteront la modestie de ce
sainct vaisseau esleu de Dieu pour porter son nom deuant
les Rois & les Gentils. Lequel remonstrant à l'Eglise ce qui   *Actes 9*
est de son deuoir, craint toutefois estre veu vser de sa puissance. Non pas (dit-il) que nous entreprenions domina-   *2. Cor. 1*
tion sur vostre foy : mais nous sommes adiuteurs de vostre
ioye : Ils se rendront obeïssans à ceste admonition de sainct
Pierre : Vous Senieurs paissés le troupeau du Seigneur, tant   *1. Pierre 5*
qu'en vous est, en ayant esgard sur iceluy non point par
contrainte, mais alegrement : non point en auarice, mais
de bon cœur : non comme exerçans domination sus l'heritage du Seigneur, mais tellement que soyez exemple au
                                                        troup

troupeau. Ils se proposeront, dy-ie, la benignité & mode
stie de tous les Apostres : lesquels estans requis des Eglises
de leur donner aduis comme elles se deuroyent gouuerner
Act. 15 touchant l'obseruation de la Loy, remettent l'affaire deuant l'Eglise de Ierusalem. D'auantage l'Eglise recognoissant la parole du Seigneur, par la voix de Paul, Barnabas, Pierre, & Iaques, ne commande aux
autres Eglises, mais leur donne son aduis, escriuant ainsi : desquelles
choses si vous-vous gar-
dez , vous fe-
rez bien.

De la discipline & police Chrestienne,

SECOND LIVRE.

Diuision des dons de Dieu, ausquels consiste l'authorité de l'Eglise.
CHAPITRE I.

'EST chose vraye qu'vn argument & subiet graue est grandement illustré, ou pert beaucoup de sa grace, selon qu'est la personne qui le traicte, tellement qu'il aduient souuent ce que Caton a dict d'vn Senateur Romain, qui estoit d'aduis pour euiter toute esmoute populaire, qui eust peu aduenir à raison de la mort de P. Clodius, qu'on feist Pompee seul Consul : A sçauoir que l'aduis d'iceluy luy sembloit bon:mais que l'autheur de cest aduis luy desplaisoit. Ce que ie craindroye estre vrayement dit de moy traitant vne matiere si haute, si graue, si nouuelle, & si necessaire à l'Eglise du Seigneur, qui ne me puis comparer à personnages si excellens en pieté & cognoissance tant des sainctes escritures, que des sciences humaines, lesquelles florissent ià dés long temps, ou côme reiectons sont heureusement soucreus & soucroissent sous la hauteur des autres , sinon par dissimilitude : en conferant le peu qui est en moy, auec les singulieres graces qui sont aux autres. Toutesfois estant consentant en ma conscience que ce qui m'induit à mettre la main à la plume est le desir que i'ay de la conseruation des Eglises : & que ce, qui me donne courage,& conferme,est la parole de Dieu expresse en ceste matiere , & que la necessité des choses presentes , & crainte

k   de l'ad

de l'aduenir my contraignent : ie m'auance ie plus diligemment que ie peux fans regarder derriere. Et ne crain que
cefte mienne entreprinfe femble trop audacieufe à gens
qui iugeront fans affection, ayant vn fi bon fondement, &
eftant guidé par la parole de Dieu, confermé par tant & fi
bonnes raifons. Ams puis que les fages & eloquens fe tai-
fent en telle caufe, ie n'ay honte de begayer comme vn enfant : attendu qu'il eft queftion de la gloire de Dieu, & falut
des hommes. La caufe aura affés de dignité non feulement
pour fa defenfe, mais pour aduouër & donner authorité à
celuy qui la fouftient, quelque petit & abiect qu'il foit : &
puis que les loix du regne du Seigneur Iefus font eternelles,
comme iceluy eft eternel, l'obferuation & garde d'icelles appartiennent à tous citoyens de la Ierufalem celefte, qui les
ont iurees, & qui s'y font vouez à quelque haine & danger
que ce foit. Parquoy le commandement de Dieu expres en
la parole aura affés de pouuoir pour fe maintenir foy mefme : laquelle ie veux fuiure en tout & par tout, comme i'ay
defia protefté. Et m'affeure qu'enuers ceux, defquels le iugement ne fera preoccupé d'affection particuliere, le peu qui
eft en moy, ne deroguera en leur endroit à la maiefté de la
matiere. Daniel a efté ieune, ha-il pourtant eu moins d'audience ? Ieremie parle groffemét & de mauuaife grace, de qui
a-il efté mefprifé que des mefchans ? Amos eftoit bouuier :
mais la parole de Dieu luy a acquis dignité de Prophete. Si
eft-ce toutefois que ie ne fuis fi prefumptueux que i'aye péfé
que l'intelligence d'vne chofe de telle confequence, me fuft
fpecialemét donnee, & que tant de perfonnages, qui ont par
cy deuant verfé en l'Eglife du Seigneur auec toute louäge, &
la gouuernent encores auiourd'huy en finguliere recōman-
dation, n'ayent rien veu au pris de moy : mais que, comme
i'ay demonftré, la plus grand' part d'iceux fuit volontiers fa
maniere accouftumee : laquelle la dignité qui eft en eux,
maintient aifément, & les mœurs de leurs Republiques ne la
reiettent : Principalement qu'ils font retenus d'vne crainte
religieufe, qu'il n'aduienne que cefte difcipline mife entre
les mains du peuple, elle ne foit mal affeuree pour l'aduenir :

vne

Pfal.8
Matt.21

Hiftoire de
Sufanne.
Ierem.1
Amos 1

vne bonne partie aufsi defire quelque chofe plus viue & expreffe : mais n'y voyant remede ne moyen meilleur, attend
en filence le fecours de Dieu.   Aucuns aufsi, retenus d'vne
peur Chreftienne, craignent le trouble qu'ils difent en pouuoir aduenir, & fans grand foucy de l'aduenir fe contentent
du bien prefent. Aufquelles raifons i'ay amplement refpon-
du au Liure precedent. De ma part eftant refolu par la parole de Dieu en toute cefte matiere, i'en ay communiqué
diligemmment auec vn bon nombre de fideles feruiteurs
de Dieu, & recognoy y auoir profité: de l'vn defquels, (homme de pieté & authorité excellente,) ie n'atten feulement
le iugement, mais vn liure tout exprés. Eftant donc affeuré
de la difcipline & verité d'icelle, l'efperance que nous auons
de voir dans quelque temps florir l'Euãgile, & le fceptre de
Iefus Chrift dreffé heureufement en ce Royaume, m'ont
induit à faire mon deuoir, & apporter au baftiment du
Temple du Seigneur, ce qu'il luy a pleu mettre en moy. Ie
n'auray donc les yeux iettés fur aucun, ains pourfuiuray le
cours de cefte matiere, efperant (moyennant la grace de
Dieu)que ie paruiendray à mon but & deffein.   Ce qui fera
obmis, ce qui fera peu cõmodément & mal à propos traitté, ie feray fort aife qu'il foit plus exactement efcrit par ceux
qui le pourront faire auec plus grande authorité : & ne me
repentiray point d'auoir reueillé quelque nombre de gens
plus fages & aduifés. Car la cœu (comme l'on dit) n'eft fans
fa recommandation : laquelle n'ayant vertu de coupper, ha
toutefois cefte louange d'aguifer le tranchant & faire coupper ce qui eftoit mouffe. Pour retourner donc à mon train,
nous auons parlé cy deuant en general des dons & graces
fingulieres que noftre Seigneur Iefus Chrift a delaiffees à
fon Eglife comme neceffaires pour le gouuernement &
conferuation d'icelle: defquelles puis qu'il nous faut cy apres
traitter par le menu, il fera bon de les recueillir en certaines
efpeces & parties: ainfi nous euiterons confufion & efclaircirons toute la matiere.   T o v t e la difcipline appartient
ou à la doctrine de l'Eglife, ou au gouuernemẽt des mœurs,
ou à l'election & creation de fes miniftres quels qu'ils foyent:
ou appartient à l'ordre, honnefteté & police externe. Def-

quelles choſes il nous faut traiter par ordre. Ce faiſt nous aurons expedié toute la matiere de la diſcipline de l'Egliſe. Ce que ie feray tellement, qu'apres auoir demonſtré l'ordonnance du Seigneur, ie declareray ce qui a eſté obſerué au premier aage de l'Egliſe, & comment du-depuis ces ordonnances ont eſté peruerties.

Que le iugement de la doctrine appartient à l'Egliſe, que la parole de Dieu luy ſuffit pour iuger.   CHAP. II.

N O V S auons cy deſſus declairé comment l'Egliſe du Seigneur eſt la maiſon, & le vray Temple d'iceluy, fondé ſur le fondement des Apoſtres, qui eſt noſtre Sauueur Ieſus Chriſt : par ce qu'il la ſouſtient comme la vraye pierre angulaire, & la conſerue par ſa parole contre toutes les tempeſtes & orages des fureurs du diable, des perſecuteurs & heretiques. De laquelle eſtant esbranlee, elle ne peut aucunement ſubſiſter : ne plus ne moins que ſi elle eſtoit demiſe de deſſus ſes fondemens. Parquoy elle tombe neceſſairement d'vne miſerable ruïne. A icelle donc à bon droit le Seigneur a commis ſa ſainſte parole & doctrine de verité : à fin qu'elle en face tant meilleure & plus ſeure garde. Parquoy : il l'aduertit par Ieremie le Prophete : N'eſcoutez point les paroles des prophetes qui viennent à vous, & vous deçoiuent : ils preſchent les viſions de leurs cœurs, & ne parlent pas de la bouche du Seigneur. Et noſtre Seigneur Ieſus l'admoneſte de ſe donner ſoigneuſement garde du leuain des Scribes & Phariſiens, & de ceux qui entrent en l'Egliſe ſous peaux de brebis, mais au dedans ſont loups rauiſſans. Lequel danger à fin qu'elle euite mieux, le Seigneur luy a dōné en garde le threſor, de ſa verité, & l'a douée de l'eſpee de diſcretion d'icelle & du menſonge. Ce qui luy eſtoit neceſſaire pour ſa conſeruation : par ce que le menſonge eſt le venin pernicieux d'icelle. Lequel, comme vn peu de leuain corrompt toute vne paſte, pareillement la fauſſe doctrine pour petite qu'elle ſoit, corrompt l'Egliſe incontinent, & ſuffoque la verité de Dieu. Il ne faut donc que l'Egliſe du Seigneur perde iamais de veuë ceſte parole, ne qu'elle s'eſloigne d'icelle de l'eſpeſſeur d'vn ſeul ongle. Il faut qu'elle recoure là en toute difficulté, qu'elle

1. Corin. 3
Epheſ. 2

Ierem. 23

2. Corin. 6

quelle confere & rapporte la doctrine, qui luy eſt annoncee, auec la parole de Dieu, à l'exemple des Theſſalonicîés,
qui examinoyent iournellement la doctrine de ſainct Paul, la
côferans auec la parole de Dieu:pour ſçauoir(dit ſainct Luc)
s'il eſtoit ainſi. De faict en icelle elle trouuera tout ce qui luy
eſt neceſſaire pour ſon ſalut & pour l'intelligéce des myſteres de Dieu,ſelon qu'il luy a pleu nous en declairer,& iuſques
où il luy plaiſt que noz eſpritz s'arreſtent, & ſe contiennent.
Ce qui luy ſuffit abondamment pour reſiſter à toutes hereſies , & à noſtre curioſité. Car toute l'Eſcriture eſt diuinement inſpiree & vtile pour doctrine , pour reprehenſion,
pour correction qui eſt en iuſtice, à fin que l'homme de
Dieu ſoit parfaict & inſtruit à toute bône œuure. Puis donc
que nous entendons que l'Eſcriture ſaincte nous ſuffit pour
toute doctrine, pour noſtre correction & amendemét pour
eſtre parfaicts en toute œuure de Dieu , que pouuons-nous
requerir dauantage? l'Egliſe ne trouuera-elle pas en icelle
armes pour combatre contre les puiſſances, contre les re-
cteurs des tenebres de ce ſiecle, contre les malices ſpirituelles , ayant l'armure de Dieu, qu'il luy a donnee, à fin
qu'au mauuais iour elle puiſſe reſiſter? Quelque tenebres
d'erreur qu'il y ayt, quelque tempeſte qui s'eſleue, l'Egliſe eſt
par icelle eſclaircie & confermee. Pourtant ſainct Pierre
la renuoye à ceſte lumiere : Nous auons(dit-il) la parole des
Prophetes plus ferme : à laquelle vous faictes bien d'y entendre comme à vne chandelle, qui eſclaire en lieu obſcur,
iuſques à ce que le iour commence à luire,& que l'eſtoille du
matin ſoit leuee en vos cœurs. Or il n'y a doute que ceſte
puiſſance de iuger de la doctrine ſelon la parole de Dieu, de
vuider tous differens par icelle,de l'interpreter,ne ſoit donnee à l'Egliſe. Car puis que le Seigneur nous admoneſte de
nous dôner garde des faux prophetes,& du leuain des Scribes & Phariſiens, il nous admoneſte chacun en particulier,
& tous en general , de donner ordre que ce leuain ne ſoit
meſlé parmi la paſte pure de ſa parole , & à l'Egliſe d'y veiller. Or comme ainſi ſoit que tous faux paſteurs ſoyent entendus par ce mot de Scribes & Phariſiens, comme Ieremie & les Prophetes l'aduertiſſent de ſe donner principale-

Actes 17

2.Tim.3

2. Corin. 1

2.Pierre 1

ment garde des faux Prophetes, il s'enfuit que le troupeau
du Seigneur, qui est son Eglise, ne doit seulement fuïr ces
veneneuses pastures, mais fuïr tels pasteurs mesmemét. Parquoy à ce que la doctrine soit mieux examinee qu'elle elle
est, sainct Paul veut qu'il soit libre à vn chacun de prophetizer en l'Eglise à edification : & ne veut qu'on empesche
aucun de ce faire : seulement que le tout se face par ordre, &
comme il appartient: & que les esprits des prophetes soyent
subiets aux esprits des prophetes. De quoy nous deuós inferer que ceste puissance de traitter l'Escriture, n'est seulement
propre à vn certain estat Ecclesiastic, mais qu'elle est dónee
à tous, à qui l'Esprit de Dieu & intelligéce sont donnees : &
que le iugement n'en appartient à vn ne à peu, mais à toute
l'Eglise en general, puis qu'ainsi est que tous doiuent en-
suiure l'Esprit de prophetie, & que tous peuuent prophetizer vn à vn, à sçauoir ceux qui ont dequoy parler à edification : Et que la reigle & le iugement de l'interpretation appartient aux prophetes, c'est à dire, à tous, veu que tous peuuent prophetizer. De faict ce qui est dict que nous deuons
tous estre disciples de Dieu, à bon droict se doit entendre de
ceste ample cognoissance qu'vn chascun doit auoir de la parole de Dieu.   Car, dit Moyse, c'est nostre sapience & intelligence deuant tous les peuples, qui diront : Certes ce peuple est sage & entendu : c'est vne gent excellente, à laquelle
Dieu s'approche. Et puis que le Seigneur veut qu'on mette
à mort celuy qui nous destournera de ce qu'il nous a commandé, non seulement il nous commande de lire & sçauoir
toute la loy : mais commande à tous de iuger de la doctrine
qui est mise en auant. Car de quelle conscience condamne-
rons-nous ce dequoy nous n'auons cognoissance certaine?
Et pourquoy requerroit-il de nous ceste resolution de tout
le faict de la religion, sinon pour condamner le mensonge?
Pour ceste raison le Seigneur veut que toute l'Eglise lapide
celuy qui aura blasphemé, & nous aura voulu desbaucher &
faire fouruoyer de sa Loy, voulant le Seigneur que tous en
ayent cognoissance, & en soyent iuges. Mais on dira qu'il est
à craindre que le peuple, selon sa legiereté, prenne le mensonge pour la verité. A quoy le commandement du Seigneur

1. Corin. 14

Deute. 4

Iosue 1. et 8
Exode 24

Deute. 13

gneur respond assés, & a cy dessus esté respondu que les
brebis de nostre Seigneur cognoissent sa voix, & n'enten- *Iean 10*
dent point la voix de l'estranger, que l'ordre qui y doit estre
tenu digerera toute la matiere au peuple, pour difficile qu'elle soit, qu'il y a vne telle lueur en ceste verité, qu'elle est re-
cognuë des meschans mesmes. Et qui seroit si deshonté de
s'opposer à l'expresse parole de Dieu? Dauantage il ne faut
seulement penser que l'esprit de Prophetie soit donné aux
seuls Ministres, veu qu'ils sont prins & esleus du peuple, & *1.Corin.1*
que le conseil eternel de Dieu est d'eslire les choses foles
de ce monde, les foibles & les ignobles, pour confondre
les sages, les fortes, & qui sont en estime. Parquoy il ne faut
mesprifer aucun en l'Eglise, veu que la puissance, maiesté, &
vertu de Dieu se demōstrent en ce qu'il fait grace aux hum-
bles & petits : que c'est à eux à qui la sapience de Dieu s'est
premierement & principalement manifestee, comme pre-
dit Isaie, & elle mesme ayant prins chair humaine en rend *Isaie 61*
graces à Dieu son Pere. De laquelle paour sainct Paul est si *Matth.11*
asseuré, qu'il admonneste l'Eglise des Thessaloniciēs de n'es- *1.Thess.5*
teindre point l'Esprit, ne mesprifer point les Propheties. es-
prouuer toutes choses, tenir ce qui est bon: comme si c'estoit
esteindre & suffoquer l'Esprit de Dieu, de clorre la bouche
à l'Eglise, & de luy oster le iugement de la doctrine. Et ne
me semble que celuy ait improprement parlé qui a dict que
l'Eglise doit estre comme la grammaire de l'Escriture : par
ce qu'elle la doit interpreter & exposer fidelement : comme resmoigne saint Pierre : Lequel nous ayant incités à *2.Pierre 1*
l'estude de l'Escriture saincte, il ne veut que nous soyons
arrogans à interpreter les lieux obscurs d'icelle, pour determiner audacieusement des differens qui suruiennent en
l'Eglise : mais que nous suspendions nostre iugement, en
deferant la resolution à l'Eglise Nulle Prophetie de l'E-
scriture (dit-il) appartient à particuliere interpretation.
De faict quelques grāds personnages qu'ayent esté, & soyent
ceux qui ont employe leurs esprits & employent à l'interpretation de la parole de Dieu, si est-ce qu'icelle interpretation n'ha point d'authorité, sinon entant qu'elle est selon
la proportion, reigle, & conformité de la parole de Dieu:
ce qui

ce qui est bien le fondement : mais ce n'est vne petite grace
& authorité que l'Eglise la recognoist pour telle : car aussi
est-elle escholiere du Seigneur, non pas des hommes. Or
puis que le iugement de l'exposition de l'Escriture, puis
que la discretion du mensonge & de la verité est propre de
l'Eglise, qui luy osera denier la disquisition de l'heresie &
fausse doctrine?

*Des inconueniens qui sont aduenus pour auoir suyui autre voyen en
l'Eglise pour appaiser les troubles, que celuy que Iesus Christ a institué, & a esté suyui des Apostres : & quel il est.* CHAP. III.

A LAQVELLE si anciennement & auiourd'huy
on eust rapporté les controuerses du faict de la religion, côme il appartenoit, & que l'Eglise en eust
iugé en toute crainte de Dieu, en modestie, & par
maturité, en inuoquant le nom de Dieu, elle eust euité les
grans troubles, qui ont esté, & les horribles persecutions,
ausquelles elle a succombé : & auiourd'huy pour les differens
qui sont en la doctrine, l'Eglise ne seroit deschiree en schismes comme elle est. Car bien que le different soit de choses
graues & serieuses, si est-ce que du commencement deuant
que la matiere fust eschauffee de piques & continuelles altercations, il n'estoit mal-aisé d'y remedier. Mais ce mal-heur
a esté en l'Eglise du Seigneur depuis vn M. C C C L. ans qu'on
s'est autant arresté aux personnes, qu'au poinct qui estoit en
controuerse. Ostez de sainct Ierosme la personne de Ruffin,
de Iouinian, Vigilance, & autres, combien sera-il racourcy?
Dauátage où ses differens se deuoyent assoupir par les Eglises en la vertu de la parole de Dieu, ils ont esté condamnés
par personnes particulieres, plus tost que côuaincus. Ce qui
a esté cause que les personnes s'attachás les vnes aux autres,
& ayans belle prinse les vnes sur les autres, ce pédant qu'elles
côbatoyent de grande animosité, & se tenoyét au poil, l'heresie eschappoit, & se côfermoit : & qu'il n'y a eu ne fin ne mesure de contentions. Laquelle faute se descouure clairement
par le different, ou plus tost la question du iour de Pasques,
qui fut esmuë en l'Eglise peu apres le deces de sainct Iean
Apostre du Seigneur. Les bons Peres anciens en auoyent
amiablement conferé, delaissans la liberté à vn chacun d'en
faire

faire comme il l'entendroit, comme d'vne chose indifferente. Mais quelque temps apres, à sçauoir c c l x x x. ans depuis la natiuité du Seigneur, Victor Euesque Romain homme violent & turbulent, voulut lier les consciences, & en faire vn article de foy. Brief, excommunier tous ceux qui tiendroyent le contraire. A quoy Irenee Euesque de Lyon s'oppose viuement : Aussi fait Denys Euesque d'Alexandrie : remonstrás que pour telle chose, il ne falloit rompre l'vnion de l'Eglise du Seigneur, ne la paix d'icelle. Les Euesques des Eglises d'Asie, specialement Polycrates Euesque d'Ephese, si opposerent pareillement, remonstrans que ledict Victor impudément entreprenoit ceste puissance de commander & d'excommunier les autres Eglises & Euesques. veu qu'il n'auoit non plus de puissance qu'aucun d'entre eux. Et qui peut penser sans grand douleur les deux horribles schismes qui ont esté en l'Eglise, celles de l'Occident se retrenchans de l'vnion de celles du Leuant, iusques à mettre bornes en Illyrie, pour faire la diuision & limites, côme s'il y auoit plus d'vn Seigneur, & d'vne Eglise catholique ? Ce qui aduint la premiere fois du temps de l'Empereur Constance pour bien grande raison. Mais ie dy que si du cômencement on y eust procedé amiablement, & en l'Eglise iouxte l'ordonnance du Seigneur, que les choses eussent esté reduites en meilleur estat : & eust-on euité les heresies, scandales persecutions horribles, & desmembremens miserables de l'Eglise du Seigneur. Ce que conferme Basile disant ainsi : l'ay vescu aage d'homme & ay veu grand' concordes és arts & sciéces : en la seule Eglise de Dieu, pour laquelle Iesus Christ est mort, i'ay obserué tant de dissensions qu'elle en est du tout dissipee : & cerchant la cause, ie passage du liure des Iuges m'est venu en auant, où il est escrit qu'vn chascun lors faisoit ce qui luy sembloit bon deuant ses yeux. Car il n'y a doute aucun qu'en toutes ces controuerses on n'a aucunemét suyui l'ordonnance du Seigneur, ne le seul moyen qu'il nous a laissé pour iuger de la doctrine. Car c'est chose trop claire que le iugement en appartient à l'Eglise du Seigneur : Eglise, di-ie, non representatiue, mais rachetee du sang de Iesus, qui est l'vnion des fideles, assemblee pour la parole & sacrement.

I

ment. Ce que ayans defia verifié nous adioufterons les
exemples de l'Eglife primitiue pour plus grande confirmation : Sainct Pierre eftant chargé de ceux, qui eftoyent de la
circoncifion, que non feulemét il auoit côuerfé auec les in-
circôcis, & mangé auec eux, mais auffi qui les auoit baptizés
fans leur impofer la neceffité de garder la loy : Il rend compte de fon faict aux Apoftres & freres que eftoyent eu Ierufalem. Pour lequel mefme affaire comme il y auoit encores
controuerfe en l'Eglife de Ierufalem, & qu'aucuns de la fecte
des Pharifiens, qui auoyent creu, fe fuffent leués, difans qu'il
falloit circoncir les Gentils qui eftoyent venus à la cognoiffance de l'Euangile, & leur commander de garder la loy de
Moyfe, a donc les Apoftres (dit fainct Luc) s'affemblerent
pour confiderer de ceft affaire : & pour monftrer qu'ils ne
s'attribuoyent cefte puiffance, & que l'Eglife n'eft l'affemblee
des Pafteurs & Senieurs, ne des Apoftres mefmes. Il adioufte, qu'apres que Pierre & Iaques eurent parlé, toute la multitude fe teuft : Et qu'il pleut aux Apoftres, & aux anciens
auec toute l'Eglife, denuoyer hommes efleus d'entre eux en
Antioche & ailleurs. Mefmement ce qui doit auoir principale authorité, il eft là dit que les Apoftres, Preftres, &
freres efcriuirent aux freres qui eftoyent en Antioche, en
Syrie, & en Cilice. Et faut noter les paroles qui font en
l'Epiftre. Nous auons efté d'aduis eftans affemblés d'vn accord. En quoy nous auons premierement à noter deux
exemples de cefte authorité de l'Eglife: que l'Eglife d'Antioche a communiqué auec celle de Ierufalem : laquelle entiere a eu cognoiffance de ce different, au nom de laquelle les
Apoftres efcriuent & qu'elle efcrit aux autres Eglifes, comme ayantes la mefme cognoiffance & authorité. Car il eft
tout manifefte qu'il faut ainfi entendre ce nom de Freres, veu
qu'il eft dict tout fuyuant que Paul, Barnabas, Iudas, & Silas
affemblerent la multitude des freres : c'eft à dire, l'Eglife, &
affemblee. Sur quoy ne deuons paffer negligemment que
bien qu'il y euft eu grand different entre les freres, toutefois que le Seigneur, qui a laiffé à iamais fa paix en fon Eglife, les reünit tous fur l'heure en vn mefme accord. Car la
lettre porte : Il nous a efté aduis eftans d'vn accord. Lequel
con

confentement il nous faudroit pareillement efperer en nos Eglifes, fi nous fuyuions cefte fainéte difcipline. Er ne peut aduenir autrement. Car il n'y a aucun, quant à fon falut, qui le vueille fonder fur l'opinion des hommes : cho fe indigne en la Religion. Car il faut que le iufte viue de fa foy. Or elle ha fon feul fondement en la parole de Dieu. Pourtant vn chacun veut eftre refolu en foy mefme, & bien fonder fa foy. Et feroit vne infamie au difciple du Seigneur, d'eftre moins affeuré de fa foy, que les poures Samaritains n'eftoyent apres auoir ouï vne fois le Seigneur Iefus Chrift: lefquels difoyent ainfi à la femme qui leur auoit annoncé la venue d'iceluy. Maintenant nous ne croyons pas pour ta parole : car nous mefmes l'auons ouï, & fçauons qu'il eft veritablement le Chrift Sauueur du monde. Ce feroit donc pour neant qu'on affembleroit Colloques, Synodes, & Conciles pour determiner des poinéts de la Religion. Car aucun difciple du Seigneur n'en veut non plus tenir, qu'il fe voit eftre enfeigné par la parole de Dieu. Pourtant il a efté treffagement diét, que les Conciles foruent bien pour ta correétion, pour les traditions, cerémonies, chofes externes, vnion, & liaifon plus grande des Eglifes par enfemble: mais qu'ils ne feruent rien quant à la decifion de la doétrine. Et eft dit fort grauement, que ce qui appartient au falut de tous, doit eftre entendu de tous. Et fainét Ambroife refcriuant à Valentinian fecond : Ie fuffe venu (dit-il) au confeil de voftre cleméce, fi les Euefques ou le peuple m'euffent enuoyé : difans que ce qui concerne la foy de l'Eglife, fe doit traitter deuant le peuple : Ce que nous efclaircirons mieux cy apres quand nous parlerons des Conciles.

Abac. 12
Rom. 1
Rom. 10

Rom. 11

Iean 4

Des exercices de la parole de Dieu. CHAP. IIII.

POVR lequel poinét efplucher mieux, deux chofes font à confiderer : à fçauoir les exercices en la parole de Dieu & Propheties, & ce qui appartient à la difquifition & verification des herefies. Quât à la Prophetie & expofition de l'Efcriture fainéte, ie ne penfe qu'aucun trouue mauuais fi nous nous tenons à ce que fainét Paul enfeigne. Premierement que telle Pro-

1. Cor. 14

l 2 phe

phetie & exposition de l'Escriture ne doit estre priuee, ne
d'vn certain ordre, ne de peu de personnes qui s'assemblent
en lieu priué:mais qu'elle se doit faire en l'Eglise & publique
assemblee, quand il dit que celuy qui prophetise, qu'il edifie
l'Eglise. Item qu'il faut cercher d'abonder en dons spirituels
pour l'edification de l'Eglise. Item quand vous-vous assemblés, selon qu'vn chacun de vous ha Pseaume, ou doctrine,
ou exhortation, ou reuelation, ou langue, ou interpretation,
que tout se face à edification. En second lieu est à noter qu'il
faut tenir mesure en cecy: à ce qu'il n'y ayt confusion,& que
l'arrogance & presomption de certains prenans à tous propos la parole, n'ennuie l'Eglise, & la detienne par trop. Pour
ceste cause S. Paul veut que deux ou trois Prophetes parlent,& que les autres en iugent. Ce que ie confesse s'entendre non seulement d'vne proposition (ainsi qu'on appelle en quelque lieu, ou congregation, ou Prophetie, comme l'on fait ailleurs) mais que toutes & quantesfois il estoit
question de l'exposition de l'Escriture, il estoit permis d'y
adiouster ce qui appartenoit à edification, ou de reprendre
ce qui estoit à destruction. Car ie ne fay doute que sainct
Paul n'ayt esgard à la maniere de faire d'adonc des Iuifs, lesquels apres la lecture & exposition de la Loy, ouuroyent la
bouche à vn chacun pour adiouster ce qu'ils pensoyent appartenir à l'edification de l'assemblee. Ce que nous auons
cy dessus verifié, & sera confermé par ce qui s'ensuiura.
Toutefois nous ne lisons que ceste coustume de parler
apres la predication ordinaire de la parole, ayt duré en l'E-
glise du Seigneur, (ce que ie pense estre aduenu par ignorance des temps: qui n'est aduenue que trop tost) Si est-ce
que telle coustume n'est à reprendre,à ce que si quelque fausse doctrine auoit esté traittee, il soit permis à celuy ou ceux,
à qui Dieu en auroit fait la grace,de la confuter sur le champ
apres le presche. Par ce moyen elle seroit auant renuersee,
qu'elle peust prendre racine és esprits des escoutans. Aussi
que s'il y auoit trop grande negligence des Ministres de
estudier & traitter l'Escriture à edification & instruction, ils
sceussent que la bouche seroit ouuerte, à qui Dieu auroit
faict la grace, de les mieux entendre & interpreter. Toutefois

fois en cecy il taudroit suyure ce que nous enseigne sainct
Paul : que le tout se rapporte à edification, exhortation, &
consolation de l'Eglise, non pas à ostentation. Ce que
ie n'ay voulu obmettre, à ce que si telle chose aduenoit en
l'Eglise, elle estant aduertie de son droict & liberté, ne s'en
scandalise aucunement : & qu'elle entende que à elle appartient d'y pouruoir, à ce que ne d'vn costé, ne d'autre, il ne
luy en vienne aucun scandale. Mais venons à la conference
qui se doit faire quelque iours de la semaine, ou de l'exercice
que gens suiuans l'estude des lettres sainctes ont par ensemble. En premier lieu nous auons entendu la doctrine de
sainct Paul, qui est que deux ou trois Prophetes parlent, &   *1. Cor. 14.*
que les autres en iugent. Toutefois pource qu'il ne veut
clorre la bouche à aucun, qui ayt doctrine qui soit à la consolation & edification de l'Eglise, S'il est (dit-il) reuelé
en vn autre, qui soit en l'assemblee, que l'autre se taise.
Comme s'il vouloit dire, qu'il ne replique point, mais qu'il
en laisse le iugement à l'Eglise. Par ce (dit-il) que les esprits
des Prophetes sont subiets aux Prophetes. Et adiouste vne   *1. Cor. 12.*
autre raison, que Dieu n'est point Dieu de dissension, mais
de paix, comme il est en toutes les Eglises des saincts. Et en
autre lieu il dit, que si aucun est contentieux, les Eglises de
Dieu n'ont point ceste coustume. Il recite donc la vanité
de ceux qui se veulent monstrer quand il parle des Prophetes, & de ceux qui ont don d'interpretation. Et dauantage quand il declaire la fin : à ce que l'Eglise appreu-
ue, & soit exhortee. Comme aussi il defend vne batto-
logie & repetition des choses ià dictes, quand il dit, s'il
est reuelé à aucun : & permet vne grande liberté de dis-
sentir librement de ceux qui auroyent parlé au parauant,
quand il veut que le premier se taise. Ce que toutefois il nous faut entendre de la seule exposition de l'E-
scriture & exhortation. Car si quelque question importune, ou doctrine fausse s'estoit esmeuë, ie ne doute point que
S. Paul ne voulust qu'elle fust viuement examinee par plusieurs repliques des plus doctes & sçauans. Car nous serions
traistres & desloyaux à Dieu & à son Eglise, si oyant vne fauf
se doctrine, nous-nous taisions, & ne nous y opposions, con

fermans le menfonge, & perdans les Ames par noftre filence. Mais, comme nous auons demonftré, S. Paul parle feulement de l'expofition de l'Efcriture qui fert à doctrine & exhortation. Dauantage ie penfe, fous correction de meilleur iugement, quant à la diction de prophetizer, qui s'entéd en ce lieu expofer l'Efcriture en fon vray & naturel fens, en toute crainte & louäge de Dieu, & côfolation de l'Eglife: qu'icelle expofition doit eftre differente de la predication ordinaire, en ce que où la predication de la parole de Dieu fe doit accommoder aux mœurs, aux temps, aux perfonnes, & à leur capacité pour le denoir du pafteur, la prophetie doit eftre breue, fimple, clere, accommodee dextrement à doctrine & exhortation. Laquelle couftume auoit efté gardee de tout temps en l'Eglife du Seigneur : comme il nous

Nehem. 8

eft monftré manifeftement au liure de Nehemie : Efdras le fcribe fe tint tout droit fur vne haute marche de bois, qu'on auoit faicte pour prefcher : Il ouurit le liure deuant tout le peuple. Car aufli il eftoit plus haut que tout le peuple. Et quand il l'eut ouuert, tout le peuple s'arrefta. Et Efdras benit le Seigneur le grand Dieu : Et tout le peuple refpondit, Ainfi foit-il, Ainfi foit-il : & fe enclinerent & adorerent le Seigneur la face en terre. Aufsi Iofué, Baam, Serabia, Iamin, Sabathai, Hedia, Maafia, Celita, Azarias, Iofabed, Hanam, Pholaia, & les Leuites faifoyent entendre la Loy au peuple,

Nomb. 11
2. Samu. 10.
18. & 19

& le peuple fe tenoit en fa place, & leurent diftinctement au liure de la Loy de Dieu, & donnoyent l'intelligence. De faict ce qui eft parlé des Prophetes, qui prophetizoyent à grand nombre, & Saul entre eux, ne fe doit entendre d'vne confufion, comme fi tous euffent parlé enfemble, comme s'ils euffent efté Preftres d'Ifis, ou de Cybele, ou de Bacchus: mais d'vne faincte & bien ordonnee affemblee, en laquelle les Prophetes parloyent les vns apres les autres, des chofes qui appartenoyent à la doctrine & exhortation de ceux qui les oyoyent, & chantoyent cantiques à la louange de Dieu. Car ce qui eft parlé d'vn fi grand nombre de Prophetes du

2. Rois 18
2. Rois 6.
& 2

temps d'Elie & d'Elifee, il n'eft à croire qu'ils euffent tous le don de predire les chofes aduenir, mais qu'ils apprenoyent & profitoyent en l'intelligence de l'Efcriture fous ces excellens

lens Propheres. De vray ceste couftume, par laquelle, qui auoit don d'interpretation, expofoit l'Efcriture, a efté gardee entre les Iuifs iufques au temps de fainct Paul : laquelle luy a donnee ouuerture de parler & annoncer Iefus Chrift par les Sabbats és fynagogues. Mefmement on les exhortoit de prendre la parole : Hommes freres, s'il y a quelque exhortation de parole entre vous, dites la. Par ce moyen l'Eglife outre le profit que particulierement elle feroit, auroit ceste commodité de iuger de ceux qui feroyent les plus capables pour eftre appellés au miniftere : & ne faudroit craindre qu'il y euft confufion, ou que fauffe doctrine fuft amenee, veu qu'il eft à croire qu'vn chacun fe porteroit modeftement en l'Eglife, & qu'il eft plus à fouhaiter qu'vne herefie foit du commencement defcouuerte au lieu où elle feroit conuaincue, qu'elle couuaft en l'Eglife, & s'efpandit fecretement entre gens fimples & ignorans. Touchant l'exercice que gens ftudieux de l'Efcriture prennent entre eux en propofant, ie defideroye que telles chofes fuffent faictes publiquement pour les raifons fufdictes. Mais principalement à fin que l'Eglife peuft affoir plus certain iugement de l'election au miniftere. On a pareillement de couftume d'vfer de difputes en plufieurs lieux, qui n'eft chofe populaire, & de laquelle beaucoup d'inconueniés s'en peuuent enfuiure. Car telles difputes ne fe font que pour reueiller les efprits & fe monftrer : Dequoy s'enfuit qu'il y a là beaucoup de prefomption & oftentation, & que queftions hautes & curieufes fe peuuent efmouuoir, qui pourroyent puis apres troubler l'Eglife. Y a-il eu iamais herefie plus dangereufe & calamiteufe à l'Eglife du Seigneur, que l'Arrienne ? Elle a efté efmeuë en ces conferences particulieres de gens doctes en la ville d'Alexandrie. De faict Conftantin Empereur reprend aigrement Alexádre Euefque de ladicte ville, par ce que par ces difputes hautes & curieufes, cefte importune altercation auoit efté efmeuë. Y a il queftion plus curieufe, que celle de la creation des ames, à fçauoir fi elles viennent par propagation de celles des peres & meres, ou fi elles font creées de Dieu ? Elle a efté efmeuë entre gens auffi curieux que doctes. Et ie peu alleguer de femblables,

qui

Act. 13

qui ont agité & vexé l'Eglise en ce temps cy assés mal à propos. Et l'abus qui regne en cecy en la papauté (par lequel
toutes resueries & difficultés sont mises en côtrouerses, mais
aucune n'est resolue) nous doit faire craindre de heurter
contre tel rocher , & à tenir la verité de Dieu en singuliere
recommandation & reuerence, ne la vouloir profaner par
nos subtilités, ne pour nostre ostentation. Et comme il n'y a
rien si nud, si descouuert, ne si simple que la verité de Dieu,
il la faut traitter nuemêt & simplement: autrement nous en
ferons en peu de temps vne philosophie humaine, qui n'est
autre chose que obscurcissement, desguisement, & corruption de la parole de Dieu.

Du moyen d'abbatre les heresies en l'Eglise par la parole de Dieu,
& aussi de l'infelicité des autres moyens. CHAP. V.

IE vien à l'autre poinct de confuter & appaiser les
heresies en l'Eglise du Seigneur Surquoy il nous
faut noter qu'il y a grande difference d'vne opinion de l'intelligence de certains passages & certaines matieres, qui ne concernent le fondement de nostre
salut, ne la gloire de Dieu , & de celle qui derogue à la
gloire de Dieu, & de son Christ : laquelle aussi peruertit ou
obscurcit quelque article de nostre foy. Laquelle opinion
nous appelons heresie & secte, quand elle est ensuyuie de
poures gens aueuglés. Quant à la premiere, il nous en faut
supporter benignement , & ne vouloir contraindre les personnes de penser & tenir tout ce que nous sommes persuadés , & mis en la teste : & que non seulement celuy soit vne
beste qui pense autrement, mais vn heretique, phantasti-
que, & accariastre. Mais il conuient à l'homme Chrestien
auoir ceste modestie de supporter patiemmêt les ignoran-
ces des autres : ou mesmement penser qu'ils peuuent estre
bien fondés : & rapporter à trop meilleure cause : ce que le
Philosophe Thomiste escrit à l'Empereur Constance: qu'il
y a assés de choses trop plus principales, esquelles il nous est
loisible de nous eschauffer. Laquelle modestie sainct Cypriã
nous conseille Au reste (dit-il) nous sçauons qu'il y en a aucuns, qui ne veulent laisser ce qu'ils ont vne fois conceu, ne
changer

changer d'opinion , lesquels sans rompre le bien de paix &
concorde entre les freres , retiennent quelques choses particulieres qu'ils se sont mis en la teste. En quoy nous ne
faisons point d'effort à aucun, veu que vn chacun doit auoir
son iugement libre en l'Eglise, ayans à en rendre compte au
Seigneur. Mesmemét le Concile d'Angarie reprend la secte
de ceux qui vouloyent faire Pasques selon la coustume des
Iuifs : Lesquels auoyent leurs Euesques propres,& conuenticules , que le different n'estoit point tel, qu'il falust que aucun se soubstrahist de l'vnion de l'Eglise. Pourtant l'homme
fidele supportera patiemment les opinions contraires à la
sienne , & pensera , iouxte le commandement de sainct   *Philip*
Paul,que si aucun pense autrement, le Seigneur est puissant
pour luy reueler.　Et ne faut condamner le seruiteur d'au-   *Rom.14*
truy , par ce qu'il depend de la volonté de son maistre , non
pas de la nostre. Admonestez (dit S.Paul) ces choses, pro-   *2.Timoth. 1*
testant deuát le Seigneur qu'ils n'ayent debat de paroles, qui
ne viennent à aucun vtilité, mais au destourbier de ceux qui
l'oyent , autremẽt nous ne serons iamais sans trouble &
confusion. Car Eusebe tesmoigne que ceste à esté vne principale cause de la persecution , qui a esté sous Diocletian,
que debats de certains mots & paroles ont esté esmeus entre les docteurs de l'Eglise,& altercations sans besoin aucun,
qui ont esté enuenimees de haines mutuelles. Quant aux
heresies, qui s'esleuent contre la verité de Dieu , nous auons
cy-deuant touché,que si aucune se manifeste en l'assemblee,
que là elle doit estre confutee viuement , grauement , &
estouffee dés son commencement. Ce qui se fait par la seule
parole de Dieu , qui est la seule verité : à laquelle ce qui est
contraire , est mensonge , & doctrine des Diables : & n'y a   *1.Timoth.4*
maxime , ne principe sur quoy nous puissions fonder demonstration,ne argumét necessaire,s'il n'est prins & exprés
ou manifeste en la parole de Dieu : Ce qui n'ha besoin de
probation.Touchant le moyen de confuter toutes heresies,
ce doit estre en l'Eglise.　Car , comme nous auons demonstré, le Seigneur luy donne toute authorité & puissance de-   *Matth. 18*
lier & deslier , & veut qu'on luy rapporte comme en souueraine & derniere cognoissance , tous les scandales pour en

　　　　　　　　m　　　　cogno

cognoiſtre & iuger par quelle occaſion ils aduiennent.
Ce que nous auons demonſtré par l'exemple de ſainct Pierre, lequel eſtāt accuſé d'auoir faict & enſeigné cōtre la Loy:
ſe defend & ce qu'il a fait deuant toute l'Egliſe. La meſme
difficulté trauailloit les Egliſes des Gentils. La meſme Egliſe
de Ieruſalem enuoye Paul & Barnabas pour leur declairer
ſon aduis. Auquel elle s'arreſte apres auoir entendu la verité
de la parole de Dieu par la bouche de Paul, Barnabas, Iaques,
& Pierre. Or cōme les Apoſtres n'ont meſpriſé aucun, & ont
voulu aſſembler l'Egliſe, encores qu'il n'en fuſt beſoin, veu
que c'eſtoit par leur bouche qu'il nous faloit ouyr la parole
de Dieu:ce ſeroit auiourd'huy vne arrogance inſupportable
en aucun miniſtre, quelque grand qu'il fuſt, de meſpriſer &
deſdaigner l'Egliſe de Dieu:lequel ſouuent monſtre ſa vertu
par les plus petis & contemptibles. Ie vous prie quel eſtoit
le bon pere Paſnutius entre les Patriarches, Archeueſques,
& Eueſques au Concile de Nicee? Et toutefois ils faiſoyent
vne faute lourde & mal-heureuſe à l'Egliſe, ſans la remonſtrance que ce ſimple homme leur feiſt. Et ie vous prie ce
poure garçon nay aueugle, ne rend-il pas cōtus tous les Sacrificateurs, les Scribes, & Phariſiés? Il ne faut dōc reietter ne
deſdaigner aucun: mais pluſtoſt exhorter à parler librement
à edification. Voilà donc, le ſeul moyen qu'il nous faut tenir
pour confuter les hereſies, pour confermer & contenter
l'Egliſe de Dieu. Icelle eſt la baſe & fondement, & la colomne de verité. Elle eſt l'eſcholle de Dieu viuant, qu'il enſeigne & inſtruit par ſon ſainct Eſprit, qui eſt le docteur &
conducteur eternel d'icelle. Ie ne vous laiſſe (dit noſtre
Seigneur Ieſus Chriſt) orphelins, ie prieray mon Pere, & il
vous enuoyera vn autre conſolateur qui ſera auec vous eternellement, & qui vous induira en toute verité. C'eſt le
troupeau, qui recognoit la voix de ſon Berger: Qui eſt de
Dieu, il oyt les paroles de Dieu : Et pourtant vous n'oyez
point, car vous n'en eſtes point. Car de luy apporter des
articles & determinations, qu'eſt-ce autre choſe que dominer ſur noſtre foy, & vouloir qu'icelle ſoit fondee ſur les
hommes, & non ſur Ieſus Chriſt ? Or, comme il a eſté dict,
la Foy ha ſon fondement ſur la parole de Dieu. Parquoy il
la faut

Act. 11

Actes 15

Iean 9

1. Time. 3

Iean 14

Iean 8

2. Cor. 1
2. Corin. 10
Roma. 10,
& 14

la faut demonstrer à l'Eglise, & faut par icelle conuaincre
les erreurs en l'Eglise, si nous la voulons confermer & instruire : autrement ce sera tousiours à recommencer. Vray
est qu'il n'y a iamais eu heresie, laquelle pour couppee qu'elle
fust par la parole de Dieu, n'ayt depuis apres reietté par le
pied, & ne se soit quelque fois renouuellee : mais il est tout
notoire que celles qui ont esté du temps des Apostres du
Seigneur, & vn cent cinquante ans apres, ont bien esté plus
tost assopies, & ont porté moins de dommage à l'Eglise, lors
que ceste discipline estoit gardee, que celles qui ont esté
depuis : comme celles des Nouatiens, Pelagiens, Arriens,
Macedoniens, Manicheens, Nestoriens, & autres : desquelles
vne partie, couue entre quelques vns iusques auiourd'huy.
Les autres ont esté conuaincues par le temps, & par la mesme nature du mensonge : qui est telle, que toute plante, la- *Matth.*
quelle le Pere n'a point plantee, il faut qu'elle soit arrachee.
Et neantmonins c'est chose toute certaine, qu'il n'y a eu en
tout ce temps là Concile quelconque general : seulement
s'il se leuoit quelque erreur, les anciens du lieu & les voisins
s'assembloyent, le tout estoit demené deuant l'Eglise : qui
auoit don d'interpretation, il parloit & enseignoit : icelle en
iugeoit. Ce que nous demonstrent les escrits des Anciens,
& les histoires, qui tesmoignent que toutes heresies ont esté
debatuës en l'Eglise iusques à Fabian & Corneille Euesques
Romains. Tost apres lequel temps les Ministres & Pasteurs
entreprenans sur l'Eglise du Seigneur, & s'ornans du penna-
ge d'icelle, commécerent à faire des Conciles prouinciaux :
& pour le premier coup, en fut faict six pour vne chose qui
n'estoit de si grand' consequence que pour icelle on deust
mettre l'Eglise de Dieu en danger du schisme, comme de
faict il aduint : estant lors question d'vne chose adiaphore, à
sçauoir, de la celebration du iour de Pasques : depuis lequel
temps il n'y a eu ne fin ne mesure de Conciles, par ce qu'il
n'y auoit aucune fin des contentions : & que (comme il a
esté dit) les Euesques traictoyent ces affaires entr'eux. Ce
qui faisoit qu'il y auoit plus de piques, & moins d'authorité :
Où au parauant les Eglises côdamnans vne heresie, il y auoit
beaucoup plus de maiesté, & moins de contention, par ce

que on s'attachoit plus toſt à l'hereſie qu'à l'heretique, lequel toutefois eſtant condamné, ne ſçauoit à qui ſe prendre,
ne de qui ſe venger, veu qu'on auoit procedé ſans aigreur
aucune. Laquelle modeſtie ſainƈt Paul requiert auſſi de l'E-
gliſe du Seigneur, & veut que celuy, qui erre, ſoit conuaincu, mais auec ceſte attrempance qui s'enſuit. Or il ne
faut point que le ſeruiteur de noſtre Seigneur debatte, mais
qu'il ſoit bening enuers tous, propre à endoƈtriner, portant
patiemment les mauuais auec benignité, enſeignant ceux
qui reſiſtent : à ſçauoir ſi en quelque temps Dieu leur donnera repentance pour cognoiſtre la verité, & qu'ils reuiennent hors du laqs du diable, eſtans punis de luy à ſa volonté. Ce que n'ayant eu lieu, a eſté cauſe principalement des
maux infinis, qui ſont enſuyuis, leſquels ont oppreſſé l'E-
gliſe de Dieu, & l'oppreſſeront touſiours : par ce que aucune reprehenſion n'eſt bien receuë de nous, que celle qui
ſe faiƈt pour noſtre bien, & par compaſſion : dauantage que
la cholere & courroux ayant occupé nos eſprits, bouſchent
l'entree à toute raiſon. Parquoy il eſt neceſſaire de conuaincre premierement l'hereſie en l'Egliſe & par la ſeule parole
puis qu'icelle precede à la condamnation de ladiƈte hereſie
& finalement à l'excommunication des perſonnes, ſi elles ne
viennent à reſipiſcence. Par ce moyen l'Egliſe ſera confermee, l'erreur confuté, & l'autheur abatu & humilié : qui ne
pourroit murmurer que contre Dieu & ſon Egliſe, & ne
auroit de qui ſe plaindre que de ſa temerité & outrecuidance. En outre les enfans de Dieu ayans donné la ſentence
d'excõmunication contre vne telle perſonne, euiteroyent la
conuerſation d'icelle, iuſques aux plus proches & amis, ſans
que aucun ſe peuſt ioindre auec, qui ne ſe demonſtraſt, &
confeſſaſt ſchiſmatique, autrement ce ſeroit pour neant que
lõ defendroit la conuerſation des perſonnes à qui nous
portons amitié, ſi on ne nous fait comme iuges, & ſi nous
ne les condamnons de noſtre propre ſentence. Hors laquelle ordonnance du Seigneur on ne mettra iamais fin aux
hereſies & controuerſes, comme les anciens Conciles nous
en rendent teſmoignage. Contre le Concile de Nicee celuy de Tyr a eſté tenu tout expres, celuy d'Antioche, de
Nico

2. Time. 2

Nicomedie, de Philippes, d'Arimin, de Milan, & autres:
les notres au contraire fortifians celuy de Nicee par autres
Conciles comme par celuy de Rome,& de Sardice. Et pour
mieux encores demonstrer qu'il nous faut tenir à la seule parole de Dieu,& au seul moyen qu'il nous a donné pour maintenir son Eglise en repos,& extirper les heresies, ces choses
sont à considerer,qui nous testifierōt pour l'aduenir que Dieu
maudit tous moyens que les hommes inuentēt de leur cer-
ueau,en laissant celuy qu'il a ordonné par sa parole. Car veritablement il y a eu des fautes bien lourdes de tous costés.
Vn Concile s'assemble en Illyrie en vne ville nommee Sardice,sous l'Empire de Constance, où il y auoit grand nōbre
d'Orthodoxes, & d'Arriens : mais les Arriens voyans qu'ils
estoyēt vaincues & de la cause,& du nōbre des bons,se retire
rent de ce Cōcile, & en feirent vn autre entre eux en la ville
de Philippes : le concile Sardiciense,condamnant,excōmu-
niant, & deposant les Euesques du concile de Philippes, &
iceluy imitant la folie & temerité des autres. Là, ie vous
prie, quelle instruction peust prendre alors l'Eglise, quelle
reuolution peust elle auoit de ceste si dangereuse controuerse ? Et quand aucune eust esté faicte, ou la cause estoit
debatuë par animosité & vehemence, non point en modestie & benignité, ou l'Eglise n'entendoit que l'opinion contraire des hommes, estoit ce pour la mettre en repos ? Et
pour mieux demonstrer que la verité de Dieu estoit alors
en grand danger d'estre offusquee, estant au iugement des
Conciles,les histoires racontēt que de trois cens Euesques,
qui se trouuerent à Millan sous l'Empereur Constance, il y
en auoit pres la moitié des Orthodoxes : lesquels voyans la
faueur de l'Empereur enuers les Arriens,& la violence dont
on vsoit en leur endroit, se retirerent du Concile. Le Concile donc,(c'est à dire,assemblee d'aucuns pasteurs,)est chose
dangereuse, veu qu'il est en la puissance des hommes, & où
les voix sont comptees, & non poisees. Et nonobstant ce
departement des nostres,apres beaucoup de crieries & alter
cations,l'affaire est remis par deuant le peuple de Milan(ainsi
appelloyent-ils l'Eglise) comme en vn arbitrage. Or puis
qu'il n'y a autre moyen que cestuy-cy, pourquoy ne nous te-

nons-nous à iceluy, sans tracasser ça & là miserablement, &
auec telle infelicité? Ce qu'entendit à la fin l'Empereur
Constantin, remettant en memoire que par tant de conciles assemblés à grans frais, il n'auoit auancé d'vn seul poulce
la religion Chrestienne : mais, qui pis est, beaucoup recu-
lee. Car apperceuant les haines & rancunes des vns enuers
les autres, il ne se voulut plus asseuror de leur iugement, encores qu'il eust esté present en tous actes : mais il se feit su-
perintendant sur tout le Concile. Mesmement il ne voulut
confermer les actes du Concile de Nicee, que dix Euesques
d'Orient, & autant d'Occident ne luy eussent donné à entendre le tout. En quoy qui n'apperçoit qu'il n'y a aucune fermeté en telles inuentions des hommes, quelques saincts &
sages qu'ils apparoissent? Côme il en y a encore moins au iugement d'vn homme, qui diffinir à sa fantasie des plus hauts
poincts de la religion contre son estat & vocation. Mais iceluy bon Empereur apperceuât qu'il n'y auoit fondement en
telles assemblees, suyuit le bon zele & affection qu'il auoit.
Ce qui a esté imité de Theodose le grãd: lequel ayant commandé en vn côcile que toutes les sectes baillassent la confession de leur foy, il les deschira toutes, & retint celle des
Orthodoxes. En quoy s'ils ont bien faict, s'ils ont fondé le
fond, & ietté la derniere ancre, quel besoing est-il plus de
Conciles? Il nous faudroit tenir & ensuyure la foy des Princes, sans plus grande inquisition. Ce que, combien qu'il soit
tres inique, si est-ce toutesfois que ces actes sont trouués fort
bons par les Conciles, & sont loués grandement, comme
chose salutaire: combien qu'il n'y ayt rien plus pernicieux au
genre humain, que de mettre les Princes, ie ne dy iuges en
la religion, mais par dessus les loix ciuiles, & constitutions
des Republiques. Mesmement l'Empereur Constantin entendant du bon Euesque Athanase les calomnies & fraudes diaboliques dont on auoit vsé en endroit d'iceluy, & la
violence dont Denys, gentil-homme de sa chambre, qui
presidoit audict Concile de Tyr, auoit vsé enuers les bons, à
la poursuite & requeste dudict Athanase il appella par deuant soy tous les Euesques de ce Côcile comme criminels:
& pour mieux faire cognoistre la calamité de tels moyens,

iceluy

iceluy Constantin faussement persuadé, condamna Athanase, & le relega, renuoyant ledict Concile comme innocent:
pour sauuer, comme il est apparet, l'honneur des Conciles.
Et les Arrions au Concile de Milan conseilloyent aux ortho
doxes de soubsigner au Concile de Syrmium ville de Hon-
grie, par ce (disoyent-ils) que l'Empereur Constance le veu-
loit ainsi, & que aussi bien ce leur seroit necessité & contrainte. De laquelle faute les Euesques s'apperceuás à la fin,
y donnerent vn bien poure ordre. Car voulans oster aux
Empereurs ceste puissance tant desmesuree, que Cocile ne
se peust tenir que par leur edict, qu'ils ne presidassent en iceluy, ou qui bon leur sembloit. que rien ne fust arresté, qu'il
ne fust trouué bon & approuué par eux : voulás, dy-ie, sui-
rer ces braises, ils se ietterent dans le feu. Car ils conferme-
rent l'ambition des Euesques Romains, & le regne qu'ils
commençoyent de fonder en l'Eglise. Car ils se tindrent de
leur costé:& où au parauant chacun maintenoit l'egale puis
sance de tous les Euesques en l'Eglise, & ne pouuoyent
souffrir aucune primatie sur toute l'Eglise, lors pour rompre
l'authorité du Cocile d'Arimin, & de Milan, ils approuuerét
trop simplement que iceux estoyent de nulle valeur, entant
que Syluestre Euesque Romain n'y auoit esté, ne Iules, &
qu'ils n'y auoyent enuoyé ambassadeurs, qu'il n'auoyent aussi
consenti à l'arrest desdicts Conciles Dauantage eux voyans
l'authorité des ces Euesques & puissance se retiroyent enuers eux pour auoir recommandation & faueur enuers les
Empereurs contre leurs ennemis, ou pour se pouuoir maintenir cótre les depositions des Conciles, & deiections vio-
lentes des Empereurs. Esquelles choses qui n'apperçoit qu'il
n'y a fondement aucun, vou les contentions & enuyes, qui
ont accoustumé d'estre entre gents d'vn mesme mestier,
iouxte le prouerbe ancien ? ne de fermeté pour l'Eglise, veu
les circonstances & formalités qu'ils disent estre requises en
telles choses ? lesquelles gents cauts & malicieux peuuent
auoir le plus souuent pour eux. Estans donc instruicts par
la parole de Dieu, & sages par tant d'exemples des maux qui
ont oppressé & assubietti l'Eglise du Seigneur, tenons nous
à l'ordonnance d'iceluy : Quand quelque heretique se sera
leué,

leué, qu'il soit amené incontinent au iugemēt de l'Eglise, qui
est en trouble : que les ministres, & celuy à quiconque Dieu
aura faict grace de pouuoir parler à edification, parle en
toute liberté : que les ministres voisins, voire de tout le diocese, s'il est besoing, s'assemblent & admonestent & conferment l'Eglise : par ce moyen ils confermeront leurs propres
Eglises. Si la chose ne s'appaise, qu'on escriue à ceux qui ont
plus receu de grace de Dieu, à fin qu'ils escriuent leur iugement, & de leurs Eglises : ainsi que nous auons demonstré
auoir esté faict par les Apostres, & a esté obserué tant que
l'Eglise a demouré en quelque integrité : comme le demonstrent les histoires des Eglises anciennes, qui conferent
ensemble de toutes leurs difficultés & affaires de conséquence. Iouxte lequel ordre Paulus Samosatenus a esté condamné de toutes les Eglises qui estoyent, sous le ciel. Mesmement les Eglises Gallicaines escriuēt leur aduis, & enuoyent
Irenee pour le porter en Asie pour la cōfirmation des Eglises. Si encores le different ne s'appoincte, ie ne trouueroye
mauuais d'assembler vn Concile prouincial, en l'Eglise qui
seroit en trauail, ou nationnal, ou œcumenique & vniuersel, s'il est possible. Ce que Dieu aydant nous declairerons
cy apres, & iusques où se doit estendre l'authorité des Conciles, & en quelles choses. Ie n'omettray, pour mettre fin à
ce poinct, que l'ayde du magistrat est grandement requis en
ce faict, pour punir, voire de mort, les heretiques, qui feroyent conuenticules & assemblees : & qu'il ne faudroit permettre sous grans peines, qu'on preschast secrettement, les
Eglises estans dressees. En quoy Constantin s'est monstré
trop facile. Ce qui a esté cause que l'heresie Arrienne a eu
tant de force sous Constance & Valens par l'espace de quarante ans. Ce qui est aisé d'obtenir des Princes pour les inconueniens qui en peuuent aduenir. Pour laquelle raison
les Princes se doyuent laisser persuader que leurs presches
se facent en lieux publics : à l'exemple desquels les autres se
conformeroyent de leur bon gré, veu qu'ils doyuent estre la
lumiere aux aueugles (comme dit Iob) & qu'aucun n'oseroit
attenter ce que les Princes ne voudroyent leur estre licite.
En quoy ils auroyent vn bon exemple en Constantin &

Theo

Actes 15

Iob 29

Theodose Empereurs : lesquels ont tellement honoré la
parole, qu'ils l'ont tousiours ouye publiquement, mais Constantin estant debout : & pour ceste cause ils firent faire vn
pauillon en forme de Temple, pour porter en guerre ça &
là par les prouinces : lequel estoit capable d'vn grand nombre de peuple.

Des causes des Heresies & les moyens de les desraciner.   CHAP.   v i.

POVR mettre fin à ce traitte de la doctrine, il ne
sera hors de propos d'escrire quelque chose des
causes des heresies, des moyens d'empescher qu'il
ne s'en esleue aucune, & que si aucune s'esleue,
qu'elle soit incontinent estouffee. Ce qui est conioinct auec
ce que nous auons cy dessus traitté, des moyens de les sup-
primer par la parole. En quoy premierement il faut adorer
& recognoistre le iugemét secret de Dieu, lequel se demonstre aucunemét en ce qu'il veut que les siens soyent manife-
stés en leur perseuerance & fermeté. A qui aussi il plaist vser
de ce moyen pour donner à cognoistre les reprouués, tirer
les hypocrites hors de leurs cachettes, & les separer cóme
boucs de sa bergerie. Pareillement il plaist a Dieu se seruir de
ce moyen pour reueiller les siens, leur donner plus de courage à ouyr sa parole, & profiter mieux en son eschole, les
tenir en plus grád' modestie, esclaircir les poincts de l'Escriture pour nostre instruction, lesquels autrement eussent esté
cachés par nostre negligence. Lesquels biens sont veritablement bien grands, voire tels que nous les deurions souhaiter, en ceste nostre paresse & lascheté, quand il ne seroit
question que de mal externe, qui nous en pourroit aduenir.
Mais d'autant que Dieu y est horriblement offensé, & blasphemé, sa parole desguisee & profanee, les infirmes offensés, les ignorás reculés, les infideles cófermés en leur erreur:
ce n'est sans cause que nostre Seigneur Iesus Christ nous admonneste qu'il est necessaire qu'il aduiéne des scádales, mais   *Matt.18*
que mal-heur est sur l'homme, par qui ils aduiennent: & qu'il
vaudroit mieux que tels eussent vne pierre de moulin pendue au col, & fussent iettés au profond de la mer. Quant au
cóseil du Diable, seminateur de ceste zizanie, son intention   *Matth.13*

est d'obscurcir la gloire de Dieu, & de son Christ, s'il luy est
possible, mettre vne pierre d'achoppement pour faire tre-
bucher les hommes en sa perdition, faire vn horrible degast & ruïne en l'Eglise du Seigneur, alumer les feux de sedition intestine entre les enfans de Dieu. Brief, ce qu'il ne
peut faire par guerre ouuerte, & par persecutions des ennemis de Dieu & de sa verité, s'efforcer d'en venir à bout
par les heretiques, & par telles mines & moyens occultes.
Les hommes de leur costé s'estans abandonnés à la puissance du Diable par leurs meschantes cupidités & affections
desordonnees, deuiennét comme serfs & esclaues d'iceluy:
ausquels il commande pleinement, comme aussi ils luy
obeïssent volontairement: desquels il se sert à tous crimes
& impurité comme de ses propres membres. Or qui voudroit par le menu examiner les causes, lesquelles cóme premier obiect incitent les hommes, il n'auroit iamais faict.

Iaq.1 Car, comme dit sainct Iaques vn chacun est poussé de sa
propre cócupiscéce: mais toutesfois celles ey sont les principales: La trop grande curiosité des hômes, qui ne se contentent de ne sçauoir non plus que Dieu leur enseigne, &
veulent penetrer plus haut, & gouster ce que le Seigneur
2.Timo.6 leur a defendu d'attoucher par son silence. Or le Seigneur,
qui habite vne lumiere inaccessible, ne peut estre comprins
Genese 18 de nous, luy estant infini, & nous poudre & cendre. Par-
Prouer.25 quoy celuy qui veut approcher de sa maiesté pour en iuger,
est à bon droit opprimé de la gloire d'iceluy. Or comme
telles personnes desdaignent la simplicité de la parole de
Dieu, & humilité Chrestienne, qui est de ne vouloir auoir
Iean 6
Matt.17 autre docteur & maistre que le Seigneur Iesus: aussi ont ils
des disciples qui contemnent ceste modestie: lesquels le
Diable a attirés par la mesme vanité, lesquels sont chatouil-
2.Timo.4 leux des aureilles, comme dit l'Apostre. Beaucoup ont faict
profession de la foy, & y ont longuement perseueré, lesquels comme ils estoyent temerairement entrés en l'Eglise,
sans estre touchés de l'Esprit de Dieu, mais estans conuain-
cuz seulement en leurs consciences, aussi ils s'en sont retirés
aussi legerement, par ce qu'ils n'estoyent marqués de la mar-
2.Timo.2 que de l'election du Seigneur, ne seellés du cachet, par lequel

quel le Seigneur recognoit les siens: autrement ils eussent
perseueré iusques à la fin: quels ont esté Simon le magicien,
Nicolas, que lon dict estre l'vn des sept Diacres, Ebion,
Marcion, Montanus, Manichee, ou Manes, & tous autres.
Mais Lactance pense que la plus generale cause & apparente tant de l'erreur des Maistres, que de l'aueuglissement
de leurs sectateurs, soit l'ignorance de la parole de Dieu:
par ce que ce qu'ils s'estoyent faussement persuadés, ils ont
mieux aymé le retenir, en quittât le parti de l'Eglise, que de
recognoistre leur faute & abiurer leur erreur. Et Basile iuge
tresbien, que ces heresiarches, quand ils abandonnent l'E-
glise, n'ont dequoy confermer leurs erreurs, que par leur
authorité & resueries: aimans mieux estre maistres aueugles, que escholiers du Seigneur bien voyans. Ce que demonstre l'impieté & temerité de Manes: lequel suscita son
heresie n'ayant onq veu le vieil Testament, mais seulement
le Nouueau: Depuis se voyant condamné expressément
par iceluy, il ne trouua meilleur moyen que de le reietter
tout à faict. Mais voicy les principales occasions qu'ont
prins ces heretiques pour se departir de l'Eglise: Le diable
s'est serui de l'ambition de Simon le magicien pour le distrai-
re de l'Eglise, par ce qu'il aimoit mieux estre en estime deuant les hommes par sorceries & enchantemens, que d'estre
personne priuee en l'Eglise du Seigneur. Semblablement
Nouatus, Nouatian, Valentin, Meletius, & asses d'autres,
par ce qu'ils se voyoyent deiettés des Eueschés, & preemi-
nences, esquelles ils aspiroyent, où desquelles ils estoyent
deposés pour leur mal-versations. Paulus Samosatenus s'est
perdu, voulant complaire à Zenobia, qui s'estoit faicte dame
de l'Assyrie, & de l'Affrique, & par gloire & presomption
qu'il auoit de sa personne. Desir de vengeance a perdu Lucius Euesque de Lycus (ville d'Egypte) par ce qu'il se voyoit
deposé par Pierre Euesque d'Alexandrie. Marcion estant
reietté de son pere, qui estoit Euesque en Negrepont, pour
vn stupre & rauissement, s'en vint à Rome: où il demandoit estre receu en tel degré qu'il estoit en son païs. De quoy
se voyant frustré, feit secte à part. D'autre costé beaucoup de
gens non mauuais voyans la corruption de leurs Eglises, &

qu'ils estoyent tourmentés par gens qui suioyent leur profit & honneur de la corruption d'icelle, se sont miserablement transportés en sectes & heresies, ou qui estoyent ia inuentees, ou desquelles mesmement ils ont esté autheurs. Tertulian se voyant haï, & molesté par le clergé Romain, ia aucunement corrompu, deuint Montaniste : autant en feit Tatian grand Philosophe & orateur : lequel soudain pour la mesme cause se ioingnit à la secte de Valentin. Natalius gaigné de la friandise d'vn quinze escus par mois, accepta la charge de la secte d'Artemon & l'Euesché. Pareillement la philosophie humaine en a corrompu plusieurs : lesquels la voulans mesler auec l'Euangile, ont deffiguré la doctrine d'iceluy, & en ont faict à la parfin vne pure philosophie humaine. Ce qui n'est aduenu tout à coup, mais peu à peu aage apres aage, ceste peruerse & fausse persuasion croissant tousiours, iusques à ce qu'elle soit venue à offusquer la grace, qui nous est presentee gratuitement par Dieu en son Euangile. Car Origene voulant exhorter les hommes à faire les œuures dignes de leur vocation, & les fruicts de repentance, a extollé & recommandé les œuures sans fin & sans mesure : & pour mieux resueiller les hommes, a donné à entendre icelles estre en leur puissance, de leur franc arbitre, & libre volonté. Ce qui a faict ouuerture aux Pelagiens de corrompre & renuerser toute la doctrine de l'Euangile, & la

Rom. 10

iustice qui est en Iesus Christ, voulans iceux establir leur propre. Ce qui est grandement à craindre doresenauant d'autant que ce mal est fondé sur beau pretexte & authorité de grands personnages. Lesquels toutefois ne pensoyent à rien moins, qu'à ceste consequence. Mais sur tout, la doctrine de l'Euangile estant, graces à Dieu, claire, certaine, & sans controuerse, nous auons à nous donner garde de trois poincts. En premier lieu des questions vaines & de nulle efficace, qui ne tendêt qu'à la ruine des escoutans, comme dit sainct Paul, & ne seruent qu'à impieté. Laquelle curiosité

2.Timo- thee 3

il faut euiter en l'Eglise, & souuent l'admonnester de modestie & simplicité. En second lieu l'Eglise a des ennemis apperts, qui reiettent l'Escriture, comme sont auiourd'huy les Anabaptistes & Entouziastes, lesquels il ne faut aucune

cunement souffrir : Ains en deliurer le païs comme les
moyens sont vtiles & faciles à personnes politiques. En tiers
lieu sont ceux, lesquels approuuent bien la verité de l'Escriture, mais disputent sur l'intelligence : lesquels il faut instruire par le moyen que nous auons cy dessus declairé. Entre
lesquels & les precedens il y a ceste difference, que ceux cy,
mais qu'on les enseigne par raison, peuuent recognoistre
au moins quelque iour leurs fautes : les autres se declairent
ennemis de Dieu & de la parole, lesquels n'estás aucunemét
touchés de l'Esprit de Dieu, pour neant seroyent enseignés
& exhortés. En general l'ignorance de toute science &
brutalité faict de grás maux : mais la plus gráde partie prend
sa source & fondemét sur le iugement & opinion humaine,
& sur philosophie. Laquelle pour celà Tertulian reprouue
& l'exile de l'Eglise du Seigneur : comme estant maistresse
des heresies: de l'eschole de laquelle les heretiques sortis ont
à plus grand' force & authorité oppugné la verité de Dieu.
Ausquels maux qui voudra remedier en partie, il le pourra
faire, si ce ministere est plus tost nom d'office, que titre magnifique de dignité, ne d'honneur. Et si, comme il a esté
dés le commencement, tous pasteurs sont d'vne mesme authorité & puissance, & qu'vn entre les autres n'ayt point les
principaux euenemens & honneurs, ne aucun d'eux l'administration des biens ecclesiastiques. Par ce moyen on ostera
toute occasion à l'auarice, ambition, & vanité de gloire. Dauantage si les Ministres, Senieurs, voire chacun membre de
l'Eglise veillét diligément ĝ dés qu'il s'esleuera quelque heresie, elle soit incótinent amenee au iugemét de l'Eglise, & có-
dánee seueremét par excómunication qui soit bié & estroit-
tement gardee, & que les cerueaux turbulés entendent que
pour la gloire qu'ils attendét, ils recueillirót ignominie, execration, peines corporelles, & opprobre deuant Dieu & les
hommes. Ce qui aduiendra si le Magistrat interpose son
office, & veille pareillement à ce que l'Heresie estant coupee
par la parole de Dieu, elle ne relette point, mais qu'elle soit
extirpee. Si l'Eglise estant establie publiquement & par authorité des Princes, tous conuenticules & assemblees sont
defendues sur peine de mort. Si mesmemét il n'est permis de

s'assembler secrettement en maison priuee en côpagnies, ne pour les prieres mesmemét (si non pour les malades : & que s'il y a grand' côpagnie, qu'il y ayt quelqu'vn des Senieurs) ne pour la predication, on couppera les heresies dés la racine. Car on trouuera que toutes presque les heresies ont eu leurs commencemés de ces conuenticules, desquels les heretiques se faisoyent Euesques, voire sous les Princes Chrestiens pour leur trop grande indulgence & petite consideration. Dauantage si les enfans sont diligemment instruicts, puis estans venus en aage meur, font solennement confession de leur foy, s'ils abiurent toutes heresies en general, & hommément les plus suspectes pour le temps, comme nous le deduirons. Si aussi il y a vne bonne police, & discipline ciuile, aucun ne se destournera de l'Eglise : & s'il le fait, il se trouuera oppressé & du iugement d'icelle, & de celuy du Magistrat. Mais sur tout la frequentation de la parole, la lecture ordinaire, la confession publique auroit singuliere puissance. Dauantage si les heresies sont côuaincues & condamnees publiquemét par l'Eglise, non pas vexees & exagitees par authorité priuee. Ce n'a esté aussi vne petite ouuerture aux heresies, que les anciens n'auoyent grâde commodité de recouurer la saincte Bible, pour les grans frais de l'Escriture, & souuent il ne s'en trouuoit que trois ou quatre volumes en vne Eglise. Or ostee la parole de Dieu, il n'y a plus aucune fermeté ne de foy. Les histoires font grande estime d'vne lettre de Constantin, par laquelle il escrit à vn sien maistre d'Hostel, qu'on achette septante peaux, & qu'en icelles on luy escriue diligemment les saincts Liures. Ce qui demonstre quelle estoit la rarité d'iceux. Nous lisons aussi de Manes, qui a esté dict Manichee, qu'apres auoir suscité son heresie, il enuoya vn sien disciple en Ierusalem, pour recouurer la saincte Bible. Non qu'il pensast y trouuer chose qui peust confermer sa mal-heureuse secte, mais qu'il esporoit corrompre les passages de l'Escriture, qui faisoyent contre luy. Qui est la raison, pour laquelle sainct Ioan proteste en son Apocalypse, si aucun adiouste aux paroles de ceste prophetie, q Dieu adioustera sus luy les playes escrites en ce liure là. Et est chose asseuree que tous heretiques, les

Apocaly.22

Arri

Arriens fur tout, ont falfifié entre eux quelques paſſages qui leur eſtoyent les plus contraires, & ont reietté impudemment les liures de la Bible qu'ils voyoyent leur coupper la gorge. Or graces à Dieu, nous auons le don de l'Imprimerie, que nous pouuons veritablemēt appeller le chariot triomphant de la verité de Dieu. Car la verité eſtant remontée en tout honneur par icelle, triumphe de tout menſonge & ſuperſticion comme victorieuſe, & fait ſur icelle ſon entree par toutes les contrees du monde. Vray eſt que deux choſes ſont à ſouhaitter pour la perpetuité de la doctrine. L'vne, que le Magiſtrat veille à ce qu'il ne s'imprime liure de l'eſcriture, qui ne ſoit approuué du Conſiſtoire ſous grandes peines corporelles : L'autre que pour la propagation de la doctrine, la ſaincte Bible fuſt traduitte le plus prés qu'il ſeroit poſſible de ſon original, & verité Hebraïque, & ne fuſt permis de la corriger & traduire puis apres à quiconque il plairoit pour la faire imprimer, ſinon que telle traduction fuſt communiquee & approuuee par les principales Egliſes du Royaume. Autremēt il en pourroit aduenir de grans maux. Laquelle entreprinſe feroit veritablemēt royalle, & de non moindre recōmaudation que la traduction des ſeptāte, qui fut faicte aux frais & inſtance de Ptolemee ſurnommé Philadelphus : lequel iuſtement, pour celà ſeulement, on deuoit appeller Euergetes. Car qui ne voit que c'eſt plus grād' louange d'auoir vne œuure ſi ſaincte, & ſi neceſſaire traduitte à ſa verité, que de l'auoir interpretee ſans grand iugemēt? Et ſi c'eſt grande louange à Ptolemee (cōme à la verité auſſi eſt-ce) d'auoir celebré la parole de Dieu par toute la nation & langue Grecque, ne ſeroit-ce pas bien plus grāde louange au Prince qui la rendroit familiere à tout le monde, & depoſeroit à iamais ce threſor tant precieux ſous la foy & ſauuegarde de l'Egliſe? Mais ſur tout ce ſeroit vn grand moyen de renuerſer les hereſies de fond en comble, ſi les exercices ſuſdits eſtoyent inſtitués en l'Egliſe du Seigneur, & ſi la diſcipline y eſtoit reſtituee. Car ſi c'eſt infamie à ouurier quelconque il ſoit, d'ignorer ſon art & la ſcience dont il fait profeſſion, auſſi feroit-ce à l'hōme Chreſtien, duquel la ſcience de la verité eſt la profeſſion peculiere, d'ignorer icelle, veu que

que Dieu luy recõmande, & luy remet entre les mains pour
le conseiller en infinis affaires qui suruiennent iournellement à l'Eglise, nommément pour iuger de la doctrine. Ce
qu'il ne pourroit faire en bonne conscience, si elle ne luy
estoit familiere. Sur tout, vne chose seroit à considerer, que
par ce que personnes ambitieuses, ou qui n'ont autre senti-
ment de la Religion, suyuent celles des Princes, comme
est aduenu de tout temps, mais specialement en l'heresie
Arrienne: pour euiter vne telle reuolte, il seroit à requerir
des Princes qu'ils instituassent vne telle police, qui maintinst
eux & leur posterité en la crainte de Dieu : à ce qu'ils ne s'en
peussent destourner en attirant eux, leurs maisons, & leurs
peuples en vne mesme ruïne & condamnation. Ce que,
Dieu aydant, se cognoistra mieux cy apres, cõme il se pourroit faire : la liberté aussi des Propheties, & autres exercices,
dauantage les escholes de l'Escriture saincte, & institution
de la ieunesse en la parole de Dieu, sont de grande & princi-
cipale importance.

Qu'il faut garder ordre en l'Eglise du Seigneur, que ce qu'on adiouste
à ceste fin ne deroge en rien à la substance & fondement de la di-
scipline du Seigneur : Que la discipline du seigneur surpasse toutes
choses inuentees par les hommes depuis le monde creé.

CHAP. VII.

IL ne suffit de monstrer en quoy consiste la puissance de l'Eglise, si pareillement nous ne demon-
strons comme elle en doit vser, pour euiter confusion : à ce que comme l'Eglise est la saincte Ie-
Psal.122 rusalem de Dieu, en laquelle Dieu regne en son fils Iesus
Christ par la vertu de son sainct Esprit : pareillement la police d'icelle soit saincte, que tout ordre, paix, & tranquillité
Isaie 60 y reposent, à ce que les Gentils cheminent en sa lumiere, &
les Rois en sa splendeur. Et veritablement la saincte police,
que le Seigneur a instituee, est telle, que quand on aura tout
couru par les Republiques qui ont onq esté, & discouru les
choses inuětees par les hommes pour rendre vne Republique heureuse, & consideré tout ce que les plus excellens
personnages, qui ont esté & sont encores auiourd'huy, ont
peu excogiter pour le gouuernemět de l'Eglise, on ne trou-
Isaie 55 uera chose à comparer à ce sainct & sacré ordre, que le Seigneur

gneur Iefus a ordonné en fon Eglife : & non fans caufe. Car
de tant que le ciel eft efloigné de la terre, d'autāt font differēs
nos difcour de la facree ordonnāce de Dieu. Car cōment
fe pourroit-il faire, que celuy, par qui les Rois regnent, & *Prouer.8*
les Royaumes font eftablis en repos & tranquillité, ne gou-
uernaft le fien propre & peculier par vne police admirable,
& conuenable à la grandeur de fa puiffance & maiefté ? La
Ierufalem donc du Seigneur ne doit eftre vne affemblee cō-
fufe de perfonnes, cerchans d'eniamber & entreprendre
les vnes fur les autres, ou tumultuantes à tout propos : mais
eft cité qui en foy eft conioincte egalement, en laquelle
montent les lignees, les lignees, dy-ie, du Seigneur, qui font *Pfal. 122*
la congregation d'Ifrael, pour celebrer le nom du Seigneur.
Il nous faut donc defcrire quelle eft cefte tant excellēte police, & ne la relafcher de l'efpeffeur d'vn ongle, ne nous permettre puiffance quelconque de la temperer & moderer à
noftre volonté. Ains il nous y faut affubiettir de telle deuotion, que les enfans d'Ifrael faifoyent difans à Moyfe : Que *Exod.24*
le Seigneur noftre Dieu parle à toy, & nous ferons ce qu'il
nous commandera, & luy ferons obeïffans. Non que ie penfe que nous aftreignans, & nous tenans fermes à la Loy &
inftitution du Seigneur, fans y rien adioufter, ne diminuer
felon la fubftance, il ne foit permis à raifon de l'ordre, duquel le Seigneur eft autheur, d'adioufter quelque chofe à fa
forme. Car quant à icelle les Apoftres n'ont iamais faict difficulté, qu'ils n'ayent permis ces chofes externes à la volonté de l'Eglife : voire d'vn chacun. Pourueu que, comme i'ay
dit, on ne fe foruoyaft en rien de la verité & fondement de
la chofe : comme de faire la Cene du Seigneur au foir, ou
deuant iour, de pain leué ou non leué, à iun ou autrement :
garder les trois feftes commandees aux Iuifs, ou ne les garder point. Ce que mefmement les Apoftres nous ont demonftré nous eftre permis en ceft affaire mefmes : lefquels
ont adioufté le cōfeil des Senieurs, à l'ordre que le Seigneur
a inftitué és iugemēs de l'Eglife. Et toutesfois fi on adioufte *Matth.18*
quelque poinct à cefte difcipline, ce fera vne chofe fi indiffe- *Act. 11 &*
rente, qu'on n'en fera aucune difficulté, & toutesfois fera plus *15. & 21*
vtile que neceffaire. Et de ma part i'eftime qu'il n'y a chofe fi

o   religi

1. Corin. 3
Iean 14
Matth. 28

religieuse, & diuine, que ce, qui eſt pur & non meſlé, non embroillé d'aucune addition, ou inuention des hommes: mais qui eſt gardee en ſa premiere inſtitution & ordonnance de Dieu. Sous quoy ie côpren ce qui a eſté ordonné par ſes Apoſtres, fideles ſeruiteurs d'iceluy. Parquoy ſi nous adiouſtons aucune petite choſe à ceſte forme & ſuperficie, ce ne ſera ne pour la neceſſité, ne que nous cerchions plus de luſtre, mais pour contenter ceux, leſquels font tant de difficultés & d'obiections, touchant la confuſion & ignorance de l'Egliſe, ſi par aduenture on les pourra aſſeurer & leur faire toucher les choſes aux doigt. Noſtre propos eſt de conſiderer comme l'Egliſe pourra ſeurement, & ſans grande confuſion, pour grande qu'elle ſoit, vſer de la puiſſance de iuger des differens qui s'eſmeuuent en la doctrine, vſer des clefz & glaiue ſpirituel, pouruoir à choſes vtiles pour ſa conſeruation, creer & eſlire ſes Miniſtres, Paſteurs, & autres eſtats neceſſaires à ſon gouuernement. Et ià ſoit que nous traittions la matiere en general, ſi eſt-ce toutefois que nous ſuyurons principalement noſtre ſubiect preſent touchant la doctrine, pour le traiter le plus exactement que nous pourrons: reſeruans à deduire par le menu, ce qui eſt propre des deux autres poincts, quand nous traitterons les autres matieres en leur lieu. Ce que pour mieux entendre ie commenceray vn peu plus haut: Toute Republique & aſſemble eſtant côpoſee de diuerſes ſortes d'hommes, il eſt impoſſible que quant à ſon gouuernement, il n'y ayt de grandes varietés & controuerſes, chacune ſorte & genre d'homme tirant la principale ſubſtance de ſon coſté. Car le menu populaire entant qu'il eſt nay ſous meſmes loix, & en pareille liberté, que aucun autre, quel qu'il ſoit, & qu'il ſert auſſi à la defenſe du païs, deſiroit aucunement vne equalité au gouuernement & adminiſtracion de la Republique: mais entant qu'il y a touſiours plus grand nombre de poures & de menu populaire, qu'il n'y a de nobles & de riches, il vſurpoit & tiroit à ſoy tout le gouuernement au lieu de l'equalité qu'il pretendoit. Les nobles pareillement ou par leurs richeſſes, ou par la vertu & merite de leurs anceſtres, deſdaignoyent ne pouuoir non plus en la Republique, que le plus poure

qui

qui fuſt. Mais pretendans pouuoir quelque choſe dauantage, ils entreprenoyent le tout, & vouloyent plus pouuoir
que tout le reſte de la Republique. Les riches en iugeoyent
autant de leur coſté : à ſçauoir veu que ſans deniers aucune
Republique ne peut ſubſiſter, & qu'ils portoyent les charges d'icelle plus que tous autres, qu'ils la ſeruoyent auſſi en
guerre comme les autres, dauantage que les eſtats, comme
ils diſoyent, ne pouuoyent eſtre commis plus honnorable-
ment par la Republique qu'à eux, ne eſtre adminiſtrés en
plus grande dignité : qu'ils deuoyent pareillement plus pouuoir qu'en autre eſtat qui fuſt : quoy diſans ils attiroyent la
ſouueraine puiſſance de leur coſté. Gens de vertu, & ornés
de la ſcience qui appartient à la defenſe & conſeruation des
Republiques, alleguoyent de leur coſté la plus grand' partie
des choſes ſuſdictes : Et dauantage, que ne multitude, ne richeſſes, ne nobleſſe peuuent conſeruer la Republique, ne
eſtre conſerués ſans conduite & conſeil. Brief, il n'a onq
eſté poſſible de les accorder enſemble, ne de les contenter tous en vn gouuernement ciuil. Dont ſont aduenuës
ſeditions, & guerres ciuiles, non ſeulement entre bourgeois d'vne meſme ville, mais entre pluſieurs Prouinces:
chacun ordre de la Republique tirant de ſon coſté ceux qui
auoyent le pareil gouuernement. Pour le moins iamais il
n'y a eu paix en aucune Republique, les vns aguettans leur
commodité pour s'agrandir à la diminution des autres : les
autres pareillement s'efforçans de rompre leurs deſſeins, &
tirans au contraire. Leſquels maux ceux qui ont voulu
euiter, ont tellement compoſé leurs Republiques, qu'elles
fuſſent meſlees de tous eſtats, & qu'en vne egale liberté, il
y euſt choſes particulieres, qui contentaſſent riches, nobles, la commune, & gens de vertu & prudence principale.
Mais ceux, qui ont mieux conſideré la nature des Republiques, & ce qui eſt ſelon Dieu & raiſon, ont treſbien entēdu
que les hommes ne ſe ſont aſſemblés en Republiques pour
les richeſſes, par ce que les richeſſes ſont inſtrumens domeſtiques, deſquels l'infinité nuit & empeſche : comme il
eſt de tous autres meubles. Et pourtant ils iugeoyent que la
poſſeſſion en doit eſtre mediocre. Ce qui eſt contraire à la

nature du bien, qui iamais ne nuit, & rend ceux, qui en
iouïſſent, heureux à perpetuité. Et pareillement que les
hommes ne ſont aſſemblés pour la nobleſſe, partant que
c'eſt la vertu d'autruy, c'eſt à dire, des anceſtres, veu que
le nom d'icelle ne s'attribue à celuy qui a la meſme vertu,
ſans le titre de ſes anceſtres. Et dauantage ont iugé ſemblablement, que les cités n'ont eſté creées pour eſtre habi-
tees en nôbre infini, par ce que Republique eſt ordre d'vne
ville: ou au côtraire que la trop grande multitude engendre
confuſion. Parquoy ils ſont venus à faire ceſte reſolution,
que ſi la cauſe efficiente & finale des hommes, eſt le ſouuerain bien, que l'aſſemblee des hommes ne peut tendre à
vne autre fin. Et que comme les Republiques ont eſté
creées pour viure en felicité ſelon Dieu & vertu, que telles
gens craignans Dieu, & vertueux, doiuent auoir plus de
puiſſance & authorité en icelle, que tous les autres. Ce qui
eſt diuinement dict, & ce qu'en toutes aſſemblees nous deuons propoſer : en deferant autant d'authorité & de puiſſance à vn chacun, qu'il en merite, qu'il en eſt capable, &
que l'affaire, dont eſt queſtion, le requiert. Mais principalement nous deuons auoir egard au gouuernement de la
cité du Seigneur, qui eſt regne eternel du Seigneur Ieſus.

*De la diſcipline interieure & externe de l'Egliſe : que le conſeil des
Senieurs & Miniſtres y eſt neceſſaire : de l'ordre qu'il faut tenir
pour deliberer en l'Egliſe, & quelles choſes on doit tenir pour re-
ſoluës, & quelles non*   CHAP. VIII.

V R A Y eſt que pour l'ambition du cœur humain
ceſte loy ne fut iamais gardee en aucune Republique, ains ſeulement ſouhaittee entre gens doctes & prudens.   Mais elle ha eſté non ſeulement
ordonnee par Ieſus Chriſt en ſon Egliſe, mais elle a longuement gardé l'Egliſe: à ſçauoir iuſques à tant que les hommes
par orgueil & ambition ſous couleur de ſainĉteté & côuer-
ture de religion, out tiré le gouuernemét à eux, en châgeant
& innouant les loix & la police ordonnee de Dieu. Laquelle
ſainĉte inſtitution ie confeſſe ne ſe pouuoir obſeruer par
conſeil, ne par aucune prudence humaine : mais par vne
                                                           vertu.

vertu de Dieu occulte & admirable : par laquelle il touche les cœurs des siens, & les induit & gouuerne par son sainct Esprit, pour faire ce qui luy est agreable, & ce qui sert à la conseruation de son Eglise. Dequoy veritablement il nous faut asseurer dorenauant, si nous ne voulons nyer la verité de sa parole, & le faire menteur, nyans sa presence au milieu de nous. Car à quelle fin pensons-nous que Iesus Christ nous ayt promis qu'il sera au milieu de nous à iamais, qu'il enuoyera son sainct Esprit eternellement pour remettre en memoire tous ses commandemens, sinon que outre qu'il nous veut cõfermer vn chacũ en particulier, qu'il ne nous delaisse point orphelins, ains qu'il est tousiours auec nous, qu'il nous oit, qu'il nous exauce en nos requestes, en general il nous veut aussi asseurer q̃ son Eglise sera ferme eternellemẽt, qu'il la preseruera de toutes embusches & aguets des ennemis internes, & des fureurs & assauts des ennemis externes, qu'il mouuera & induira les cœurs des siens à faire ce qu'il a eternellement ordonné estre expedient pour la conseruation d'icelle ? Car nous ne sommes ne Nestoriens, ne Apollinaristes despouillãs le Seigneur Iesus Christ de sa puissance diuine : Par laquelle puis qu'il est au milieu de nous, ceste vertu n'est oiseuse : ains il n'est possible que icelle ne se monstre au milieu de son Eglise en tout le gouuernemẽt d'icelle : comme elle s'est manifestee au milieu de l'ost des enfans d'Israel, où il exhiboit signe de sa presence en la colomne de feu, & en la nue, & en diuers signes & prodiges : ienten pourueu que nous ne le tentions point, & que nous l'inuoquions comme il nous enseigne, & pour les choses qu'il nous commãde. Si aucun, dit-il, m'ayme, il gardera mes paroles, & mon Pere l'aymera, & nous viendrons à luy, & demeurerons chez luy. Item, Ie prieray mon Pere, qui vous donnera vn autre consolateur, à fin qu'il demeure auec vous eternellement. Parquoy il ne nous faut aucunement douter, que cõme il a demonstré sa presence en toutes les actiõs des siens au premier aage de l'Eglise Chrestienne, il ne le face encores auiourd'huy : si (comme i'ay dit) auec humilité & fiance nous l'inuoquons en tous les affaires d'icelle, & si renõçans à nostre sagesse nous dependons du tout de celle de Dieu, & deman

Matth.28
Iean 14.

Matth.16

Exode 13

Iean 14
Iean 16

man

Isaie 60

mandons eſtre conduits en ces brouillas d'ignorance humaine par la clairté de ſa face. Car ainſi le nous promet-il:
Ton ſoleil ne ſe couchera plus:& ta lune ne diminuëra plus.
Car le Seigneur te ſera pour lumiere perpetuelle. Lequel
gouuernement diuin ſe demonſtre deſia en ce qu'il ſuſcite
vn grand nombre de paſteurs & miniſtres pleins de ſapien-

Ieremie 15

ce,& du ſainct Eſprit, à ce qu'ils ſoyent contre les ennemis
de ſa verité comme vne cité garnie, & comme vne colonne
de fer,& comme vn mur d'airain : & donne telle authorité à
ceux qui le craignent que s'il y a aucune police & diſcipline,il ſeroyent en crainte & reuerence aux hypocrites & in-

Ieremie 23

fideles : en ce qu'il donne telle maieſté à ſa parole, qu'elle ſera comme le feu , & comme le marteau qui briſe la pierre.
Voylà donc le principal gouuernement de l'Egliſe du Seigneur , lequel eſt interne , & tel que nous l'auons cy deſſus
deſcrit : par lequel ceux qui plus craingnent Dieu , & ont
plus receu de ſes graces,ont auſſi plus d'authorité & de puiſſance,tenans les hypocrites comme en ſubiection & en bri-

Pſal.12

de : par lequel ordre les plus gens de bien, & plus vertueux,
ſeront appelés aux offices & miniſtere de l'Egliſe , voire du
gré meſme & conſentement des hypocrites. Par lequel ordre, dy-ie,les vrais membres de l'Egliſe auront la principale
action,& la principale puiſſance. Quant au gouuernement
externe, & la forme de la police de dehors : elle eſt pareillement admirable. Il ſemble qu'il y ayt vne meſme equalité
entre tous,en ce q̃ le Seigneur ſupporte les hypocrites pour
quelque temps en ſon Egliſe, qu'il donne à tous vne meſme
liberté: mais qui eſt toutesfois inegale quãt à la vertu & efficace , comme nous auons demonſtré. Ce qui doit bien
contenter vn chacun,& contenir en crainte & modeſtie ciuile, d'autant qu'vn chacun ſeroit conuaincu d'auoir plus receu des graces de Dieu,qu'il n'en ſeroit meſmemẽt capable,
& que de quelque eſtat & condition il ſeroit,il auroit autant
plus d'authorité & puiſſance, que ſa pieté & vertu le meriteroyent. En quoy vn chacun à dequoy glorifier Dieu , ſans
aucunement murmurer , veu que voye eſt faicte à tous de
paruenir au ſeruice de l'Egliſe , & eſtre en eſtime par pieté
& crainte de Dieu:& que nul ne peut ouurir la bouche pour

ſe

se plaindre, qu'il ne declaire son impieté, & murmure contre Dieu : qui est nostre Legislateur, & nostre Roy, duquel vient la vocation, non pas des hommes. Si tu surpasses les autres en noblesse, richesses, sçauoir, eloquéce, Dieu n'ha acception des personnes, & n'est icy question que de pieté, sapience, vertu de Dieu. Apporte les en l'Eglise, & tu seras aussi eminent en l'Eglise, que tu auanceras & surpasseras les autres. Dieu ne t'appelle-il point à charge Ecclesiastique? Recognoy que tu en es indignes, & que la faute est en toy. Parquoy imites plus tost la modestie de Ioseph surnommé le Iuste, qui ne murmure aucunemét de ce que Matthias luy est preferé, que l'impieté de Simon le magicien, lequel se destourne de la verité de Dieu, par ce qu'il ne tient tel lieu en l'Eglise, qu'il voudroit : & ne peut souffrir d'estre au dessous des Apostres. En general, que tous louent Dieu, pour les graces qu'il a donnees à l'Eglise pour leur propre salut & honneur. Que ton œil, dy-ie, soit droit, & non enuieux pour la benignité de Dieu. Et remercions le tout ensemble, de ce que nostre nom est enregistré en sa saincte cité, & que nous en sommes faicts bourgeois, ayans acquis vne liberté & puissance incroyable. S'il estoit question que l'Eglise fust conseruee par noblesse, les nobles plus ils seroyent nobles, plus ils auroyent dequoy pretendre preeminence : si par richesses, les riches & puissans s'en pourroyent faire croire, & d'autant plus qu'ils seroyent plus riches : ou si elle dependoit du nóbre, le menu peuple pourroit entreprédre au gouuernement d'icelle. Mais cóme Dieu veut honnorer ceux, qui l'honnorent, il veut aussi que nous honnorions ceux qu'il ha hónorés. Car c'est à luy de faire merci à qui il veut faire, merci : & de faire misericorde à qui il veut faire misericorde : & ne veut qu'aucune chair se glorifie deuant luy, à fin que celuy qui se glorifie, se glorifie au Seigneur. Car, comme le Seigneur nous enseigne en Ieremie, il ne faut qu'aucun apporte aucune presumption de soy en l'Eglise. Que le sage (dit-il) ne se glorifie pas en sa sapience : & que le fort ne se glorifie pas en sa force : que le riche ne prenne pas sa gloire en ses richesses : mais celuy qui se glorifie, qu'il se glorifie en ce qu'il me cognoit, que ie suis le Seigneur, qui fay misericorde

Gal. 1

Act. 1. *et* 10

Act. 8

Matth. 6

Psal. 87
1. Timo. 3
1. Corin. 1

1. Sam. 2

Exode 33

1. Corin. 1

Ierem. 9

de,iugement, & iuſtice en la terre. Ce que ſi nous propoſons tous, il y aura vn merueilleux repos en l'Egliſe du Seigneur, & vne ardeur incroyable à procurer les choſes qui appartiennēt à la paix d'icelle. Mais ceſte conſideration appartient au gouuernement general de l'Egliſe. Quant à l'ordre externe, qui y doit eſtre tenu, nous auons deſia declairé que les miniſtres & ſenieurs tiendroyent le premier conſeil: à iceux on rapporteroit les affaires qui appartiēdroyent à l'Egliſe. Là le tout ſeroit mis en deliberation. Et ſi c'eſtoit choſe qui concernaſt l'eſtat d'icelle, & le meritaſt, le conſeil tenu,& la concluſion prinſe, le tout ſeroit rapporté à l'Egliſe. Laquelle, où il y auroit grande multitude, pour euiter confuſion,& pour vuider l'affaire plus toſt,pour moins auſi retenir l'aſſemblee, ſeroit departie par les quartiers de la ville,ou par paroiſſes. Toutefois en vn meſme lieu & aſſemblee (s'il eſtoit queſtion de quelque differēt touchant la doctrine)à ce que toutes ces parties en vn meſme temps peuſſent opiner ſans bruit quelconque,voire preſque d'vne ſeule voix,comme on entēdra cy apres. L'Egliſe donc ainſi departie, vn des miniſtres (tel qu'on l'entendra cy apres)declaireroit l'affaire dont il ſeroit queſtion,& y adiouſteroit ſa remonſtrance, en exhortant l'Egliſe de prier Dieu, luy alleguant les paſſages de l'Eſcriture propres pour luy eſclarcir & reſoudre le tout,admoneſtant auſi vn chacun de donner

Epheſ.4   gloire à Dieu, qui preſideroit au milieu de l'Egliſe, & de ne contriſter ne empeſcher l'action de l'Eſprit du Seigneur en nos cœurs: ains de penſer qu'il leur faudroit rendre compte deuant Dieu de la voix qu'ils donneroyent, veu qu'il ſeroit queſtion de la gloire d'iceluy, du bien, ſalut, & repos de l'Egliſe pour touſiours. A quoy ie loueroye grandemēt qu'on adiouſtaſt vne formule de ſerment,que le miniſtre liroit diſtinctement, par laquelle vn chacun iureroit de ſe contenir en la reigle & ordonnance de Dieu, & que par grace, ne crainte, ne faueur aucun ne s'en laiſſeroit eſbranler : que ſi aucun ſçauoit choſe à remonſtrer là deſſus, pour le bien de l'Egliſe, qu'il le declaireroit. Lequel ſerment leu, tous ayans la teſte nuë leueroyent la main pour ſigne de confirmation & de ſermēt. Adonc ſi aucun vouloit vſer de remonſtrance

pour

pour l'inſtruction plus ample & exhortation, il le pourroit faire en toute liberté : & doit l'Egliſe donner audience
à quiconque il ſoit, mais quil ayt teſmoignage & ayt voix
& droict de ſuffrage. Ce faict, ceux qui auroyent eſté eleus
à ceſt effect, des plus craignans Dieu, plus ſages, & mieux
verſés en l'Eſcriture, de quelque eſtat quils fuſſent, opineroyent enſemble : l'aduis deſquels ſeroit recité à l'Egliſe.
Adonc le conſeil ſe departiroit chacun en ſon quartier. Par
ce moyen leur authorité ſeruiroit comme d'vne ſeconde
lumiere pour conduire l'Egliſe : & neantmoins ſi ne luy
pourroit-il apporter aucun preiudice ne neceſſité : Ains la
choſe demourante en ſon entier, toute l'Egliſe opineroit,
puis apres, ou eſtant departie s'il y auoit grand nombre, (auquel cas toutes les parties opineroyent en vn meſme temps)
ou ſans eſtre departies les vnes apres les autres, s'il n'y auoit
ſi grand nombre. Par ce moyen il aduiendra quil n'y aura
confuſion, & que l'Egliſe ſera retenue en modeſtie par la
dignité des Miniſtres & Senieurs, qui preſideroyent, & ſpecialement par la prudence de ce ſecond conſeil qui ſeroit
meſlé par toute l'Egliſe chacun d'iceluy s'eſtant retiré en
ſon quartier : leſquels ne ſouffriroyent quil ſe feiſt deſordre.
Ce qui ſeroit aiſé par ce que tous ceux d'vn quartier s'en-
trecognoiſtroyent pour ſeruir de teſmoignage les vns enuers les autres. Quant à l'ordre quil faudroit tenir en opinant, ie ſeroye d'aduis qu'on commençaſt touſiours par les
plus anciés:& que par ce moyé on vinſt iuſques aux ieunes.
Par ce moyen où l'Egliſe ne ſeroit ſi grande, elle ſeroit diuiſee par les aages : ou ſi elle eſtoit ſi grande quil la falluſt departir par quartiers, chacun quartier ſeroit pareillement departy par les aages, leſquels on ſuyuroit en opinant. Dauantage l'Egliſe ſeroit deuëment inſtruite par ces deux conſeils, qui n'auroyent eu communication l'vn auec l'autre, par
laquelle on peuſt craindre complot aucun pour l'aduenir.
Et ſeroit permis à vn chacun iouxte la doctrine de ſainct
Paul, de parler, & remonſtrer librement tout ce quil pen-
ſeroit appartenir au bien de l'Egliſe. Parquoy ie ne ſay
doute que la preſence & vertu du Seigneur ne ſe demonſtraſt admirable en vn ſi bon, ſi ſainct, & excellent ordre.

Vne chofe ne laifferay-ie en arriere (laquelle doit eftre la
premiere) que les Miniftres , ou tous , ou en partie ; felon
l'ordre que dirons cy expres , doyuent aduifer en premier
lieu fur le cas qui efchet , pour digerer puis apres la matiere
à ce confeil des Senieurs, & luy efclaircir. Et ce pour deux
raifons. L'vne pour defcharger ledit confeil d'vne conful-
tation vaine & inutile, comme fouuent peut aduenir, &
luy defbrouiller les chofes qui pourroyët eftre du commen-
cemët obfcures. L'autre que les meilleurs efprits en affaires
de confequence fe trouuent quelque fois furprins, & fuy-
uent le confeil qu'ils reprouuët puis apres, quand ils y ont vn
peu pëfé. Parquoy ie feroye d'aduis que les Miniftres, fi non
tous, au moins quelques vns d'entre eux , ou des Senieurs,
aduifaffent par enfemble pour donner meilleure ouuerture au confeil. Enquoy ie n'enten parler d'vn confeil ordinaire que les Miniftres doyuent auoir pour decider aucune
chofe , mais d'vne conference que les plus fages & prudens
d'entre eux auroyët enfemble, & auec qui bon leur femble-
roit pour plus claire inftruction du confeil des Senieurs. Ce
que les Grecs appellent en leurs Republiques προβούλευμα:
qui eft confeil neceffaire en toutes Republiques : non pour
determiner, mais pour preconfulter.   Car ie ne peux approuuer vn confeil ordinaire d'iceux, attendu que c'eft con-
Act. 8
tre l'exemple que leur donnent les Apoftres : lefquels nous
ne lifons qu'en vn paffage, auoir tenu confeil feparé des
anciens. Et toutesfois c'eftoit en chofe qui ne concernoit
le faict propre de l'Eglife de Ierufalem , mais le propre offi-
Act.1.et 11
et 15. et 25
ce de l'Apoftolat, à fçauoir qui on deuoit enuoyer en Samarie. Car on trouuera qu'ils ont toufiours preconfulté
auec les anciens ce qui le meritoit : puis remis le tout au
iugement de l'Eglife de Ierufalem, foit pour la doctrine,
foit pour election , foit pour autre chofe, qui concernaft
le bien & gouuernement d'icelle. Ce que fi ainfi n'eftoit
que les pafteurs euffent le confeil à part, iceux eftans de
principale authorité emporteroyent de bref vne puiffance fouueraine , & telle qu'anciennement ils ont vfur-
pee en l'Eglife : Comme auffi il eft aduenu en la Republique Athenienne , en laquelle ceux qu'ils appellent

lent ϗρασβϒλϗϛ,abolirent le Senat Ariopage, & peruertirent
la Republique. Or il eſt tout notoire que ceſt ordre eſt ordonné pour le ſeruice & adminiſtration de l'Egliſe,non pas   1. *Pierre* 1
pour exercer domination ſur icelle. Et bien que pour la
vertu des Miniſtres, que Dieu a ſuſcités à ſon Egliſe, les
choſes pour maintenant ſoyent gouuernees par vn bon &
ſainɛt ordre, ſi eſt-ce que c'eſt folie de fonder vn gouuerne-   *Pſal.*90
ment ſur les hommes,qui changent iournellement & com-
me l'on dit, baillent la torche au prochain par cours de nature & ſont ſubieɛts à mutation, non pas de l'ordre meſme,
& perfeɛtion de la police. Laquelle veritablement deſau-
droit en ceſte part, & donneroit ouuerture aux maux en-
ſuyuans. En apres ie ne voy choſe qui concerne les Miniſtres en particulier, ne dequoy ils doyuent auoir cognoiſſance principale, qui n'appartienne encores dauantage à
tout le conſeil des Senieurs. Quant au nombre du Conſiſtoire, ie me deporteray d'en eſcrire: comme auſſi de ce ſecond conſeil, duquel nous auons tant parlé, qui ſeroit quaſi
ce que les Romains appelloyent prerogatiua centuria. Enquoy il y auoit ceſte difference, que la prorogatiua centuria eſtoit ſubieɛte ſouuent au ſort,des plus ieunes & nobles,
& eſtoit de principale authorité, entant que icelle eſtoit
ordinairement ſuyuie des autres centuries pour la faueur
d'icelle: ou ce conſeil ſeroit des plus craignans Dieu, plus
ſages, & mieux verſés en l'Eſcriture, de quelque eſtat qu'ils
fuſſent. Leſquels expoſeroyent leur opinion pour donner
ouuerture d'aduis, non pour conclure aucune choſe. Car
puis apres vn chacun d'eux en particulier donneroit ſa voix
en ſon quartier & ſon reng. Toutesfois ſi ſeroye-ie d'aduis
qu'on euſt eſgard à deux choſes pour le nombre de ces
conſeils : à ſçauoir à la multitude du peuple, & quantité
de gens notables qui ſeroyent en l'Egliſe. Si eſt-ce que
tant qu'il ſeroit poſſible, il faudroit fournir ces deux conſeils d'vn bon & ſuffiſant nombre, tant pour la dignité &
authorité d'iceluy, qui en ſeroit plus grande, que auſſi plus
mal-aiſément il s'y feroit vne obligarchie & complot de
deux ou de trois des principaux, qui peuſſent gaigner vne
telle compagnie & l'attirer à leur volonté. Ie ne voy auſſi

pourquoy les Ministres de mesme balliage en doyuent estre
exclus, s'ils s'y vouloyent trouuer, veu que toutes les Eglises d'iceluy feroyent gouuernees par vn mesme Confistoire,
& representeroyent vne mesme Eglise. Mais ie ne seroye
d'opinion qu'on admist les Pasteurs des autres Eglises, si non
où il y auroit different en la doctrine : par ce que les autres
affaires requierent que lon cognoisse les meurs & qualités
tant du peuple, à qui il faudroit prouuoir, que des personnes que lon voudroit appeler au ministere : ou quant à la
doctrine, elle est tousiours vne, & dont la cognoissance appartient à tous. De laquelle, quand il en seroit question,
tous les Ministres du bailliage, & autres que lon appel-
leroit, ou qui s'y voudroyent trouuer, s'assembleroyent
auec le Confistoire, auquel l'affaire estant proposé & pre-
consulté, seroit soudain remis par deuant l'Eglise, & mis
en deliberation par vn des Ministres, le Confistoire present, & assemblé en lieu commode & honnorable. L'Eglise
pareillement seroit departie par ses quartiers ou paroisses.
Les eleus par l'Eglise pour faire la premiere ouuerture seroyent à part: le Ministre ayant faict la premiere ouuerture
& amené les passages pour confirmation de l'aduis du Confistoire, admonesteroit vn chacun qui y trouueroit à redire, ou qui auroit chose à propos pour l'edificacion de l'E-
glise. Celuy qui se voudroit leuer, seroit ouï en toute silence, & luy seroit respondu, s'il estoit de besoin, suyuant ce
que nous auons dict cy dessus, par quiconque le voudroit
faire. Ce faict les eleus diroyent leur aduis, puis se reti-
reroyent chacun en son quartier. Alors l'Eglise ou tout à
vn coup, ou departie par ses quartiers, s'il y auoit grande
multitude, ou s'il n'y auoit si grand nombre, les vns apres les
autres, en toute modestie par eleuation de mains declare-
roit son aduis. Laquelle maniere est fort anciéne, dont sainct
Paul & Barnabas vserent à Lystre, Iconie & Antioche, selon la coustume d'adonc, ordonnans des pasteurs par les
Eglises par eleuation de mains & suffrages. En laquelle mesme sorte les anciens ont escrit que Timothee fut eleu par
l'Eglise d'Ephese, en la presence de sainct Paul, qui aussi l'or-
dôna. Ce qui auroit esté approuué le plus vniuersellemét par
l'Eglise

Actes 14

1.Timo.1

l'Eglise , seroit tenu & arresté. Toutefois au faict de la do
ctrine ie voudrois qu'on eust communication auec les autres Eglises : par le conseil desquelles, si elle estoit mieux in-
formee & enseignee en la parole de Dieu , elle changeroit
d'aduis , & se tiendroit à la doctrine de son maistre, & souuerain Prophete Iesus Christ. Car comme sainct Paul dit   *2. Corin. 13*
tressainctement, nous ne pouuons rien contre verité : qui est
la parole de Dieu. Ie ne serois doute que le Seigneur Iesus
ne gouuernast son Eglise auec vne gloire & maiesté admirable estant au milieu d'elle. Mais aussi faut-il craindre que
où il y auroit negligence en nous, il ne permist que nous
choppissions quelque fois , pour puis apres nous retirer la
bride , & nous tenir mieux en sa crainte , & sur nos gardes.
Il ne nous faut donc resoudre , ne tenir ferme qu'à ce qui
est expres en la parole de Dieu, & à ce qui s'ensuit d'icelle
par vne claire & manifeste illation. Car, comme disoit Polycarpe disciple de sainct Iean , il ne nous faut tenir aucune
chose pour saincte, que ce que les Apostres ont enseigné.
Ce que nous deuons tellement tenir pour vray & asseuré,
que quand nous serions tous seuls de nostre opinion , mais
que nous en soyons resolus en nous mesmes , & qu'elle soit
expresse en l'Escriture, si nous faudroit-il penser que nous
serions les plus forts, ayans la verité de l'Euágile pour nous,   *Rom. 1*
veu que c'est la puissance de Dieu , & qu'il n'y a chose si forte   *3. Esdras 4*
que verité. Parquoy hardiment il se faudroit opposer à ce
qui se feroit au contraire : imitans en celà le bon pere Pafnutius : lequel s'estant trouué au Concile de Tyr , & voyant
que les Euesques Arriens, qui y estoyent en grand nombre,
faisoyent tout à leur fantasie au côtraire de bien : apres auoir
debatu & maintenu la verité , sans qu'il seruist de rien : mais
au contraire que sa presence pourroit estre en scandale &
preiudice de la verité, aymant trop mieux mourir que de signer tels actes de Concile, il delibera de s'en retirer. Parquoy
en pleine session print par la main Maxime Euesque de Ierusalem, luy disant ainsi : Retirons-nous (frere) que le iugement de Dieu ne nous accable icy : & ainsi se departirent.
Laquelle constáce en la defense & verité a eu tant de vertu en ce sainct personnage, que le Concile de Nicee enclinât

à faire defenfe aux Euefques de cohabiter auec leurs femmes, il s'empefcha, & enfeigna que le mariage des fainéts eft chafteté. L'Eglife pareillemét ne fe doit clorre la voye pour retourner à meilleure opinion, fi elle eft mieux inftruicte par la parole de Dieu. Ce qui ne feroit caufe d'efbranler la verité, ne de rompre ce qui auroit efté fainétement ordonné : mais plus toft d'auoir la parole de Dieu feule en finguliere recommandation, & tenir feulement pour refolu ce qu'elle nous enfeigneroit. Quand donc il feroit queftion de la doctrine, & que la matiere le requerroit, on fuyuroit l'ordre que nous auons declairé cy deuant, qui eft celuy à peu pres, qu'ont tenu les Eglifes anciennement. Pour le moins femblable en ce qu'en affaire douteux elles n'ont rien voulu refoudre à leur aduis, ains de celuy des Eglifes: defquelles ou elles apprenoyent & eftoyent mieux inftruictes par leur aduis, ou elles les confermoyent par le leur. En quoy confifte principalement l'externe communion que nous croyons eftre, & deuoir eftre en l'Eglife vniuerfelle. Autrement nous nyons ce que nous difons croire, & demébrons cefte vnion & communion du corps de l'Eglife du Seigneur, nous declairans fchifmatiques. Parquoy nous ne prendrons côfeils à part des Eglifes au faiét de la doctrine, ains ferons comme les Eglifes d'Antioche, de Cilice & Syrie ont faiét, qui demandent l'aduis de celles de Ierufalem. Comme aufsi quand il le nous fera demandé, il nous fraudra imiter la modeftie des Apoftres, & de l'Eglife de Ierufalem, qui propofe fon aduis fans aucun commandement. Laquelle fainéte couftume de demander côfeil, & le prendre, Sainét Cyprian nous demonftre auoir efté, & deuoir eftre en l'Eglife : Il a femblé bon vne fois pour toufiours, tant à nous que aux confeffeurs & clercs de la ville, aufsi à tous Euefques tant de cefte prouince d'Aphrique, que d'outre mer, qu'on n'ordonne rien touchant l'affaire de ceux qui ont bronché en perfecution. Sinon que nous confentifsions tous enfemble à ce qu'apres auoir conferé, nous arreftions à l'opinion qui feroit la mieux temperee auec difcipline & mifericorde. De faiét les Epiftres de ce fainét perfonnage ne font guieres, que, ou côfeils que fon Eglife donne aux autres, ou qu'elle demande des autres.

autres. En toutes lesquelles choses ie ne pense qu'aucun y puisse trouuer à redire, & ne soit contrainct de confesser que ceste discipline est vrayement prinse de la syncere source de la sapience de Dieu, & de sa pure parole, estant iceluy ordre necessaire pour la conseruation de la doctrine & de l'Eglise du Seigneur.

Des personnes qui doyuent estre excluses de l'assemblee, & de l'ordre qu'il faut tenir pour euiter confusion. CHAP. IX.

NOvs auons cy dessus declairé que Dieu reçoit indifferemment tous ceux qui obeïssent à sa parole, ainsi qu'il est escrit. le Seigneur dict ainsi aux Eunuches : Ceux qui gardent mes Sabbats, & esliront les choses que i'ay voulu, & tiendront mon alliance, ie leur donneray en ma maison & mes murailles, lieu & meilleur nom que de fils & de filles : & ameneray en ma saincte montagne les fils de l'estrãger, qui sont adherés au Seigneur, à fin qu'ils luy administrent, & qu'ils aymét son nom, & qu'ils luy soyent seruiteurs. Car, comme recognoit sainct Pierre. le Seigneu n'est point προσωπαλήπζης : c'est à dire accepteu. de personnes : Tous, soyent Iuifs, soyent Grecs, soyent Barbares ou Scythes, soyent serfs, soyent francs, sont racheté d'vn mesme sang, appellé d'vne mesme vocation, reçoyuent vn mesme Esprit, non pas à la proportion de l'apparence & dignité humaine, mais selon la mesure de la prouidéce de Dieu. Mesmement (comme dit sainct Iaques.) Celuy qui prefere le riche au poure, il enfraint la Loy Royale de la dilection du prochain. Pourtant aucun ayant faict confession de foy en l'Eglise, estant admis à la participation du corps & du sang du Seigneur, ne doit estre reietté de ce gouuernement de l'Eglise estant bourgeois de la Ierusalem celeste, ayant son nom immatriculé és registres du liure de vie, pourueu qu'il n'y ayt consideration particuliere qui le forclose de ce gouuernement. Car le royaume de Dieu n'est vne ὀχλοκρατία & confusion populaire, mais vne Cité bien policee. Pourtant ces personnes sont à exclure. Premieremẽt les enfans, & ceux qui seroyent au dessous de quinze ans, pour l'incertitude de leur iugement. Car il n'y a doute que ceux ne soyent à exclure qui n'auroyent faict confession publique

Isaïe 56

Actes 10

Iaq. 2

Iosué 87

Psal. 122

blique de leur foy,& ne feroyent admis à la communion du
corps du Seigneur. Or nous demonftrons que pour cefte
confirmation vn aage defia meur , & iugement certain eft à
requerir : lequel aage bien qu'il s'emble n'eftre affés ferme, fi
eft-ce que tous les anciens l'ont receu au baptefme & confirmation. Et mefmement nous auons affés d'exemples en
l'Efcriture que Dieu a benit ceft aage là & rempli de grádes
graces comme nous auons les exemples de Iofeph, Daniel,
& de fes compagnons,& de Salomon. Gens aufsi retréchés
de l'Eglife font à exclure comme font aufsi les femmes aufquelles fainct Paul defend de parler en l'affemblee: & toutef- **2.Cor. 14**
fois fi elles eftoyent receuës au gouuernement de l'Eglife, fi
feroit-il neceffaire qu'elles declaraffent leur aduis,& remon-
ftraffent ce qu'elles penferoyét appartenir au bien de l'Eglife , iouxte le ferment que nous auons dict eftre neceffaire.
Ce qui eft contraire à ladite defenfe de fainct Paul. Toutes
lefquelles perfonnes font exclufes par ces paroles de fainct
Luc en l'election de Mathias. Or il y auoit multitude d'hom- **Actes 1**
mes affemblés ayans tous nom enuiron de fix vingts. Les
anciens,ainfi que declaire Epiphanius,& l'autheur de l'œuure
imparfaict fur fainct Matthieu, excluoyent pareillement les
marcháds. Ce que,cóme ie ne peux approuuer en general,
aufsi ne le mefprife-ie poinct : & feroye bien d'aduis qu'on
euft egard fur ceux qui vendent bled,& vins,& autres chofes neceffaires à la vie de l'homme , qui attendent la mauuaife faifon pour mieux faire leur main : ou lefquels vendent à bien haut pris marchandifes neceffaires , qui ne def-
cheent aucunement. Defquels vne grand' partie vit contre fa confcience, n'ayant rien en plus grande recommandation, que de bien faire leur profit par quelque moyen
que ce foit : defquels le principal fouhait , & premiere priere qu'ils font prefque tous, eft de bien faire leurs affaires , de
remercier Dieu les ayant bien faicts. En quoy il y a vn grád
blafpheme,& vne idolatrie horrible. Toutesfois fi tels mar-
chands iuroyent de fe foubmettre au iugement du Confiftoire, & ouurir leurs caues, greniers, & magazins quand
ils feroyent par iceluy admoneftés , & au pris ordonué par
la Republique, ou qui pour lors courroit , ie ne feroye
                                                          d'aduis

d'aduis de les exclure de ceste discipline, ne mesmes des offices & charges de l'Eglise : autrement ie ne les voudroye receuoir. En contre-eschange d'iceux on deuroit receuoir és differens de la doctrine tous fideles de quelques prouinces qu'ils vinssent, pourueu qu'ils eussent tesmoignage ou du lieu mesme, ou testimoniale du Consistoire de leurs Eglises. Touchant les autres affaires, ie ne trouueroye mauuais que chacun membre des Eglises d'vn mesme bailliage pour ce qu'elles ne representeroyẽt toutes qu'vne seule, & auroyent toutes choses communes par-ensemble, peussent auoir communication mutuelle de tous les affaires desdictes Eglises. Tellement toutefois que aucun ne seroit receu qu'il n'eust tesmoignage de gens de la mesme Eglise, ou testimoniale de l'Eglise dont il seroit, comme il a esté dit. Car telle estoit la coustume de l'Eglise primitiue qui a duré longuement : Laquelle fut renouuellee au clergé par le Concile de Carthage. Ie ne pense que aucun trouuast difficulté que cest ordre ne peust estre obserué és petites villes, voire és principales de ce Royaume. Quant à la ville de Paris, & quelque autre semblable, touchant la forme externe toutes choses obseruees, comme il a esté dict, des Senieurs, de l'autre conseil, & des remonstrances, il ne seroit mal-aisé de pouruoir à la confusion que lon craint, si on departoit l'Eglise, en plusieurs quartiers ou paroisses : à fin que ce que ne pourriez ordonner le tout estant meslés, le peussiez faire ceste multitude estant departie. Toutefois si aimeroye ie mieux que quand il seroit question des mœurs, du glaiue spirituel, chacune paroisse cogneust des siens. Car lors tous les Senieurs des paroisses s'y trouuerroyent, ou vne partie d'iceux, en tel ordre que dessus auons dict deuoir estre gardé en tout & partout. Parce moyen ceux principalement cognoistroyent des scandales, qui seroyent les plus offensés, & auroyent meilleure cognoissance des mœurs. Si est-ce que ce qui auroit esté iugé par vne paroisse en ce cas, il faudroit qu'il fust tenu & obserué par les autres. Pour laquelle raison il ne faudroit exclure de l'assemblee tous ceux des autres qui s'y voudroyent trouuer, & auroyent bon & suffisant tesmoignage. Lesquels seroyent ou departis par leur

q   parois

paroiſſes, ou aſſemblés en vn quartier ſelon le nombre qu'ils feroyent. Quant à l'election des Miniſtres en telles vil- les, l'affaire pourroit pareillement eſtre debatu en l'aſſem blee generale : puis les opinions ſe pourroyent recueillir par les paroiſſes. Car ce feroit choſe pernicieuſe qu'vne paroiſſe euſt ſes Miniſtres comme peculiers, & à part. Ce qui donneroit occaſion de ſchiſme, ſi les conſeils, les Mini- ſtres, & les ordres eſtoyent diuers en vne ville. Ce qui ſe- roit contre la vraye côſtitution d'vne Republique : laquelle s'il ſe faut perforcer de rendre vne, c'eſt à dire comporté en vn corps, à plus forte raiſon l'eſtat de l'Egliſe le requiert, qui eſt vn corps en Ieſus Chriſt. Touchant les differens qui pourroyêt ſuruenir en la doctrine, le tout ſeroit remonſtré à toute l'aſſemblee, comme il a eſté dict, puis de iour à autre on pourroit demander l'aduis des paroiſſes, ou en vn meſme iour & heure. Toutefois en lieux diuers, iouxte ce que nous auons declairé. Ce que auſſi ie trouueroye meilleur pour euiter les menees & partialités qui pourroyent aduenir du contraire. Et ne faut trouuer eſtrange que ie dy qu'on peut aſſembler vn ſi grand peuple pour l'inſtruire de ce qui eſt à faire. Ce que ne fera qui conſiderera que à Rome és crea- tions des Magiſtrats, & depuis des Eueſques bien plus grand nombre ſe trouuoit, qu'il ne ſe feroit à Paris. Dauantage qui penſera qu'anciennement, en quelque ville que ce fuſt, tout le peuple ſe trouuoit au preſches de l'Eueſque & en ſon ele- ction : quel peuple donc penſons-nous qui ſe peuſt trouuer à Conſtantinoble : lequel ſainct Iean Chriſoſtome dit, ſi grand, que ie crain qu'il y ayt faute au liure ? Et eſt ſouuent faicte mention de tout le peuple aſſemblé pour pouruoit au faict de la Religion tant dedãs Moyſe que les Prophetes. Laquelle aſſemblee n'eſt confuſe, mais, comme il eſt dict, ce ſont perſonnes qui opinent vn apres vn. Ce que ſi on inter- prete que ces aſſemblees eſtoyent departies, & qu'on parloit particulieremêt à vne chacune partie : outre que c'eſt diuiné, que reſpondra-on du peuple Romain, qui eſtoit de c c l. mille perſonnes ayantes droict de ſuffrage, qui s'aſſembloit en meſmes comices, qui opinoit enſemble, & oyoit vne meſme voix ? Mais le principal en cecy eſt qu'il y ayt reformation

mation interieure : que chacun ioit inftruict, que tous s'entrecognoiffent. Ce qui n'eft poffible en vne fi grande ville: par ce que en telle ville les pafteurs ne peuuuent cognoiftre leurs brebis, & que les voifins mefmes ne s'entrecognoiffent, pour pouuoir rendre tefmoignage certain les vns des autres : que les hypocrites auffi & gens de mefchante vie dans telles villes fe rendent incognus en changeant de quartier, ou feulement d'vne rue : & fe cachent mieux qu'vn brigant ne feroit dans la plus efpeffe foreft du Royaume. Et mefmement il feroit mal-aifé de defcouurir aucun, quelque mefchât qu'il feroit, finô par vne faute fort notable. Aufquelles chofes ie n'apperçoy moyen ordinaire d'y pouruoir pour affeurer la difcipline à la lôgue. Parquoy en icelle il eft autât de befoin, voire plus, du Magiftrat, pour la conferuation de celle Eglife, que du Confiftoire. Et ne feroit chofe de petite importance, qu'il n'y euft accés pour paruenir aux Magiftrats & offices par aucun moyen illegitime : & qu'il y euft telle police en la creation d'iceux, que gens de bien en fuffent ordinairement pourueus pour l'aduenir. Ce que demonftrerons cy apres, Dieu aydant, fe deuoir faire en telles villes par autre moyen que és autres du Royaume. Ie adioufteray ce mot à ce que nous auons dict touchant l'ordre qu'il faut tenir en vne telle ville pour opiner en l'Eglife, que icelle eftant departie par quartiers, les quartiers doyuent eftre departis par centaines felon les aages, pour euiter confufion : & que tous les quartiers opineroyent en vn mefme inftant, en commençant par les premieres centuries, qui feroyent des plus vieilles perfonnes, en montant toufiours iufques au plus ieunes. Ce qui eft en partie expres en la Loy de Dieu, en partie fondé en nature & obferuation perpetuelle, que les anciens doyuent guider & conduire les plus ieunes, & appartient à l'equalité geometrique, par laquelle ceux qui auroyent plus de pieté & vfage des chofes, conduiroyent & guideroyent les plus ieunes.

A quelle fin le Seigneur a ordonné l'excommunicati.n, à quelle intention on doit amener les crimes & delicts au iugement de l'Eglife.　CHAP. X.

*Matth.*13
*Matth.*3

JE vien maintenant au second poinct de la discipline qui est de la correction des mœurs, pour lesquels gouuerner le Seigneur Iesus a attribué &
donné la iurisdiction du glaiue spirituel à son Eglise. Car par ce que er son champ il y a de l'iuroye & du bled,
& en son aire du grain & de la paille : C'est à dire, par ce que
en l'Eglise il y a des bons & des mauuais, des vrays enfans &
des bastards, pour la repurger selon qu'il cognoit estre expedient, il a institué vne discipline propre & conuenable pour
reietter hors de la communion des fideles, les plus incorrigibles, principalement pour ceste cause que iceux se voyans
hors de salut exclus, & bannis du royaume de Iesus Christ,
comme par sa voix & sentence, du consentement & approbation de toutes gens de bien : & estre en honte & opprobre, ils reuiennent à leur bon sens & amendement des fautes passees, se voyans semons par la misericorde de Dieu,
& inuités par vne pitoyable compassion de toute son Eglise. Ce qui auroit encores plus de lieu si ceste discipline
estoit instituee telle que le Seigneur Iesus la ordonnee, &
si estoit secôdee d'vne bône & louable police, telle que nous
la declairerons. Car veritablemêt il n'y a aucun si meschant
qu'il soit, qui ne vueille estre en quelque reputation de toutes personnes, specialement des plus gens de bien : & n'y a aucun qui ne côuoite de paruenir à quelque authorité & honneur en sa vie, & qui ne desire estre bien-heureux à iamais :
de tous lesquels biens & esperance il se verroit estre forclos par ceste censure de l'Eglise. Dauantage ce n'est vn petit aiguillon à tous de cheminer en crainte & trêblement, en
ce que se voyâs enueloppés de la mesme infirmité, si seroyêt
ils toutesfois iugés, & donneroyent sentence à l'encontre
d'eux mesmes : côme s'ils prononçoyent la mesme côdam-
nation à l'encôtre de leur propre chair, s'ils ne prioyêt Dieu
ardemment de les fortifier par son sainct Esprit, & s'ils ne vi-
uoyent irreprehensibiles deuant les hômes. Ce qui me semble estre semblable à ce que le Seigneur vouloit en sa Loy
anciêne que tout le peuple lapidast & mist à mort ceux que
la Loy condamnoit, & à ce que Iosué commande que les
Princes d'Israel mettêt les pieds sur le col des cinq Rois des

Cha.

Chananeens,les admonneſtāt que pareille ire de Dieu tomberoit ſur eux,s'ils commettoyent pareille Idolatrie,& meſ-
chanceté. Tu l'occiras (dit le Seigneur) ta main ſera ſur luy   *Deute.13*
la premiere, & apres la main de tout le peuple : ne luy ſay
miſericorde,& ſi ne le caches point, à fin (dit-il) que tout
Iſraël oye, & craigne,& ne face plus vne ſi meſchante choſe
au milieu de toy. Lequel zele de faire la vengeance du Seigneur , & de n'eſpargner non pas ſoy meſmes , eſt vne vertu
heroïque & vrayement Chreſtienne , laquelle comme elle
a eſté reputee à iuſtice à Phinees,& a appaiſé l'ire de Dieu à   *Nomb.25*
l'encontre de tout le peuple, ſemblablement ceſte affection   *Pſal.105*
doit eſtre propre de l'Egliſe de Dieu , & ſert grandement à
la iuſtice d'icelle,& à ſa proſperité.Ce que demonſtre le Sei-   *Deute.13*
gneur par ces paroles : Rien ne demourera en ta main de
l'execration, à fin que le Seigneur ton Dieu deſtourne la fureur de ſon ire,& te donne miſericorde,& ayt merci de toy,
& te multiplie côme il a iuré à tes peres,pour ce que tu auras obeï à la voix du Seigneur ton Dieu en gardant tous ſes
commandemens. A laquelle voix les enfans de Dieu doyuent obeïr eſtans aſſeurés de ſa miſericorde , & s'employer
magnanimement , ſeuerement & vertueuſement en telles
cenſures à ce qu'aucune choſe ne demeure au milieu d'elle
de ceſt horreur & execration. Car puis que nous ſommes
mêbres de noſtre Seigneur Ieſus Chriſt,nous deuons auoir
vne meſme volonté,que luy,haïr ce qu'il hayt,aymer ce qu'il
ayme : bref, nous accômoder à ſa volonté,& l'executer fide-
lemét,voire enuers les choſes qui nous doyuét eſtre les plus   *1.Pierre 1*
cheres. Car puis que nous ſommes la royale Sacrificature,il   *Deute.33*
eſt neceſſaire que ſoyons tels que Moyſe declaire que doyuét
eſtre les vrays Leuites & Sacrificateurs : Qui a dict (dit-il)
à ſon pere & à ſa mere, ie ne l'ay point veu : & n'a point cogneu ſes freres , & auſsi n'a point cogneu ſes enfans. Car
iceux garderont ta parole , & obſerueront ton pact. Pour
ceſte cauſe le Seigneur nous voulant exhorter de faire iuſtice ſans eſgard quelconque , nous met deuant les yeux les
choſes qui nous en pourroyent le plus deſtourner, Quand
(dit-il) ce ſeroit ton frere , fils de ta mere , & ton fils ou ta   *Deute.13*
fille. & la femme qui eſt en ton ſein, ou ton prochain qui eſt

comme ton aîne, ton œil ne luy pardonnera point,& ne luy feras misericorde,& si ne le cacheras point. Car il n'y a chose qui nous soit plus côiointe que Dieu est conioint à nous, & que nous sommes à l'Eglise. Car toutes autres coniunctions, ne sont que temporelles, icelle est eternelle : & telle que nous sommes vrays & naturels mêbres de l'Eglise : chair de la chair de nostre Sauueur, & os de ses os. Estans donc vnis & liés par ensemble en vn corps nous deuons sentir les maux les vns des autres membres. Or comme aucun ne voudroit permettre que son corps vinst en putrefaction pour vne apostume qui seroit en vne partie d'vn de ses membres, pareillement nous ne deuons souffrir que le corps de Iesus, qui est son Eglise, se pourrisse pour la corruption & contagion d'vne partie d'vn membre : ains nous la deuons retrancher, quelque douleur & compassion que nous en ayons:autrement nous serions coulpables non seulement de la putrefaction du corps du Seigneur (entât q'en nous est) mais aussi du blaspheme que se commettroit contre nostre Seigneur, à raison des scandales qui prouiendroyent de nos pechés. Ce que sainct Paul remonstre vertueusement aux Corinthiens: Vous estes (dit-il) enorgueillis, & n'auez point plustost gemi, à fin que celuy qui a faict ceste œuure, fut osté d'entre vous ? Et adiouste : ne sçauesvous pas q'vn peu de leuain fait aigrir toute la paste ? Parquoy l'Eglise du Seigneur aura continuellement deuant les yeux le dict de l'Apostre, Si certes nous sussions iugés nous mesmes, nous n'eussions point esté iugés du Seigneur. Et à la verité puis que nous sommes tous vn mesme corps, le peché d'vn membre & putrefaction appartient à tout le corps. Dauantage puis que le Seigneur a mis vn glaiue entre les mains de l'Eglise pour retrencher ce qui est de vitié & corrompu, elle ne tenât compte de ce faire par negligence,ou trop grande indulgence, ne merite-elle pas de tomber en tel iugement de Dieu, que sainct Paul declaire,q'est tombee l'Eglise Corinthienne pour n'auoir point iugé ainsi q'il appartenoit? Pour ceste cause, dit-il,plusieurs sont malades entre vous, & plusieurs sont morts. Ce qui est aussi souuent aduenu à l'Eglise anciéne des Israelites. De quoy ie me

Ephe.4.et 5

Rom.2

1.Corin.5

1.Corin.11

me contenteray d'vn exemple fort notable, à sçauoir que
l'Ephod que Gedeon auoit faict, & les idoles de Micha fu- *Iug. 8. et 17*
rent en ruïne à Ifrael: Car l'ire de Dieu tomba tellement fur
le peuple, qui n'y auoit donné ordre, que par vne iufte execution du iugemét de Dieu, vne des douze lignees fut prefque effacee, & moururent des dix autres lignee quarante
mille hommes.   Defquels maux l'Eglife aduerties aura le *Iuges 20*
mefme zele qu'auoit Dauid d'exterminer tous les mefchans *Pfal. 100*
de la cité du Seigneur: & tous en particulier nous y em-
ployerós vertueufemét puis que Dieu a cómis cefte charge
en fon Eglife, luy deferant authorité & puiffance de ce faire.
Ce que nous entédrons mieux par l'ordonnance mefme du
Seigneur Iefus.   Laquelle combien qu'en apparence femble
parler & eftre propre de l'excommunication qui fe fait pour
les offenfes des iniures priuees (cóme fainct Pierre l'entend) *Matth. 18*
fi appartient-elle pareillement à toutes offenfes, qui fe font
pour la doctrine, & de tous crimes defquels il y a fcádale en
l'Eglife: comme les Apoftres mefmes l'ont depuis interpre- *1. Corin. 5*
té, l'ayans (ce femble) mieux entendue.   Ce qui eft tout *1. Corin. 16*
apparent auffi.   Car d'vne fecte & herefie plus de maux en
reuiennent en l'Eglife, que de quelque iniuftice ou iniure
faicte à vn particulier: & en reuient vn plus perilleux fcandale à l'Eglife, & perdition de plufieurs ames.   Si ton frere *Matth. 18*
(dit le Seigneur) t'a offenfé, va, & l'admonefte entre toy &
luy feul: S'il t'efcoute, tu as gaigné ton frere.   Mais s'il ne
t'efcoute, prens auec toy encor vn ou deux, à fin que tout
affaire demeure ferme par la depofition de deux ou trois
tefmoings. S'il ne les efcoute, dy-le à l'Eglife. Que s'il n'efcoute l'Eglife qu'il te foit comme vn Payen & peager.   Et
pour monftrer la vertu & efficace de tel iugemét, il adioufte
la puiffance qu'il donne à l'Eglife pour la vengeance d'vn tel
mefpris.   En verité, en verité ie vous dy, que ce que vous
aurez lié fur la terre, fera lié au ciel: & que ce que vous aurez
deflié fur la terre, fera deflié au ciel. Or nous auons defia verifié que ce mot d'Eglife, ne fignifie pas le confeil des Senieurs, ou le Cófiftoire tel que pour lors eftoit: mais fe doit
prendre au mefme fens que le prent Iefus Chrift au prece-
dent chapitre: En verité ie te dy, que tu es Pierre, & fur cefte *Matth. 16*

pierre

pierre i'edifieray mon Eglise. Or comme aucun ne pourroit souffrir d'interpreter ainsi ce passage, que Iesus Christ
Ephe.4 oubliant son espouse, qu'il a nettoyee & lauee en son sang,
voulust seulement edifier & fonder le Consistoire eternelle-
lement sur luy. Pareillement on ne peut transferer ceste
puissance, que Iesus Christ donne à son Eglise, ailleurs qu'à
la congregation des mébres d'iceluy,& vnion de son corps.
Ce que demonstre assés l'vsage de l'excommunication & la
pratique qui en a esté du temps des Apostres, & a esté obseruee par vn long temps en l'Eglise du depuis:& ne s'est perdue qu'enuiron c c l.ans apres la natiuité du Seigneur:com-
me le demonstrent plusieurs Epistres de Sainct Cyprian,qui
escrit, qu'au iour de Pasques luy & ses compagnons auec
toute l'Eglise (comme il a esté ordonné pour tousiours) ad-
uiseront par ensemble de la reception des excommuniés.
Et mesmemét telle interpretation ne peut estre fondee que
sur la coustume d'adonc des Iuifs , & sur la tyrannie des Scribes & Pharisiens: lesquels,cóme ils auoyent tiré à eux toute
l'authorité & puissance de l'Eglise sous couleur de grauité &
saincteté plus grande:pareillemét il est à croire qu'ils auoyét
vsurpé ceste partie de discipline. Car c'est chose trop notoi-
Iean 9 re que la secte des Pharisiens , lesquels auoyent en cecy principale puissance,fust mise sus du gouueruement de Iean dict
Hyrcanus,fils de Simon Asmoneen : à sçauoir enuiron cent
trente ans auant la natiuité de nostre Seigneur Iesus Christ.
Act.4. et 5 Comme aussi la secte des Sadduceens ennemis coniurés
de Iesus Christ & de ses Apostres.

De la puissance qu'auoit eu le peuple continuellement au gouuerne-
ment spirituel.
                                                        CHAP. XI.

Q V A N T au temps precedent bien qu'on deust re-
Isaie 8 courir aux Sacrificateurs pour auoir conseil és
Malach.2 grans affaires,& sçauoir ce qui estoit cómandé par
le Seigneur en la Loy,si est-ce que ie ne pése qu'ils
eussent aucune iurisdiction ordinaire pour les crimes & delicts,ne pour l'excommunication. Car c'est chose toute notoire que deuant la creation des Rois d'Israel, ce peuple a
esté tellement gouuerné par iuges , que la principale puissance

sance & souueraineté estoit enuers le peuple, pour quelque
affaire que ce fust. Comme il est apparent du gouuernemét
de Moyse, & de celuy des Iuges, comme l'Histoire le porte
par tout. Et ne faut icy distinguer le gouuernement ciuil de
l'Ecclesiastique : car tout ce corps de Republique estoit
l'Eglise du Seigneur. Laquelle si auoit la principale puissance au gouuernement des choses ciuiles, à plus forte raison
l'auoit-elle és choses qui concernoyent son salut. Parquoy
ià soit que ie confesse qu'il y a tousiours eu dés le commencement de ceste Republique vn conseil des anciens, qui a
souuent esté reformé, si nieray-ie qu'il fust des Sacrificateurs
seulement ne des Pharisiens : car iceux sont depuis suruen-
nus, mais des Princes & des anciens eleus de tout le peuple
côme on l'entédra mieux cy apres. Par dessus lesquels la souueraineté appartenoit au peuple vniuersel. Ce qui est verifié, par ce qui est escrit que Moyse creant les septante anciens d'Israël pour le soulager, il assemble le peuple pour les
elire : non pour estre spectateur de son election, mais pour
donner sa voix en toute liberté : comme luy mesme l'interprete au premier du Deuteronome. Ce que si ainsi n'estoit,
ce seroit à tort que ce titre seroit attribué à Moyse. Moyse
nous a commandé la Loy en heritage de la congregation
de Jacob, & a esté Roy entre les droicts en assemblant les
chefs du peuple, & ensemble les lignees d'Israël : comme si
on disoit, Moyse a ordonné ceste Republique pour iamais,
ayant institué vn conseil des anciens pour le gouuernement
d'icelle, & vne liberté au peuple bien ordonnee. Or il n'y a
doute que le peuple elisant ses anciens, n'ayt la souueraineté:
& dauantage que ces anciens qu'il elit, n'ayent cognoissance
du faict de la Religion, veu que le Seigneur qui donne graces conuenables aux offices, leur donne esprit de Prophetie, & que Moyse les demãde pour tout le faict de ceste Republique : Desquelles choses s'ensuit que le peuple au faict
de la Religion auoit la puissance souueraine. Laquelle constitution a duré continuellement. Ce que demonstre premierement la remonstrance que feit Iosué aux sept lignees
qui n'auoyent encore leur partage. Baillez d'entre vous trois
personnages pour lignee à fin que ie les enuoye   qu'ils se

r   leuent

leuent & cheminent par la terre , & qu'ils la defcriuent selon la relation de son heritage , & qu'ils reuiennent à moy,
& qu'ils la diuisent en sept portions. Et n'y a doute que ce
peuple n'ayt esté assemblé toutes & quantes fois qu'il estoit
question du faict de la religion , & que le cas le requeroit.
Ce que nous demonstre ce qui est escrit au liure de Iosué,
Que les deux lignees & demie , qui retournoyent outre le
Iosué 22   Iourdain ayans dressé vn autel pour tesmoignage, les enfans
d'Israël louïrent dire : dont toute la congregation d'iceux
s'assembla en Silo. Sous les Rois le mesme gouuernement
a eu lieu pour le faict de la Religion. Dequoy ie me contenteray de deux exemples : l'vn que Dauid voulant ramener
1. Chron. 13   l'Arche du Seigneur de Cariath-iarim , tint conseil auec les
capitaines & gouuerneurs , & dit à toute la congregation
d'Israël . S'il vous semble bon , & que la parole que ie diray
vienne du Seigneur nostre Dieu , enuoyons çà & là à nos
freres qui sont en toutes les regions d'Israël , qu'ils s'assemblent à nous , & que nous ramenions l'Arche du Seigneur
nostre Dieu auec nous. Et ainsi toute la multitude respondit,
Ieremie 38   qu'ainsi se face. L'autre passage est escrit en Ieremie : Que
luy ayant prophetizé que le Temple seroit mis comme Si-
lo la ville desolee , & tout le peuple exterminé, vray est
que les Sacrificateurs , les Prophetes & mutins du peuple
emprisonnerent bien Ieremie comme vn blasphemateur,
le menaçant qu'il mourroit de mort. Mais voicy comme
on proceda en ce crime ecclesiastique. Tout le peuple s'assembla vers Ieremie en la maison du Seigneur , & les Princes de Iuda oyans toutes ces paroles , monterent de la maison du Roy en la maison du Seigneur: lors les Sacrificateurs
& les Prophetes parlerent aux Princes & à tout le peuple
accusans Ieremie. Ce faict , Ieremie se defend , & s'ensuit
l'absolution du Prophete. Lors tout le peuple & les Princes
dirent aux Sacrificateurs & aux Prophetes , il n'y a point de
condamnation en cest homme cy. Car il a parlé à nous au
nom du Seigneur nostre Dieu. Et pour mieux demonstrer
l'ordre qui lors estoit gardé en l'Eglise, le Prophete adiouste:
Lors se leuerent les hommes qui estoyent assis des plus anciens du païs , & firent remonstrance à toute la congregation

tion du peuple. Voilà donc quel a esté le gouuernement
de l'Eglise depuis Moyse iusques à la transmigration par
l'Espace de neuf cens cinquante ans : Depuis laquelle voicy
le gouuernement qui a esté entre les Iuifs : que nous pouuons comprendre auoir esté semblable à celuy qui auoit
esté sous les Iuges, lequel a duré iusques à Iean dit Hirca-
nus, par le temps d'enuiron c c c l x x x v. ans. Ce qui est
aisé à entendre de tout le liure d'Esdras, & Nehemias. Mais
ie me côtenteray d'vn seul passage, qui demonstre clairemét
côme l'Eglise du Seigneur a esté gouuernee tout ce temps là:
Ainsi tous les hômes de Iuda & Beniamin côuinrent en Ieru   *Esdr. 10*
salé dàs les trois iours. Et fut tout le peuple assis en la rue de
la maison de Dieu trêblans pour la chose & pour les pluyes.
Lors le sacrificateur Esdras se leua, & leur dit : Vous auez
transgressé, & auez espousé des femmes estrangeres, tellement que vous auez augmenté le peché en Israel : & maintenant donnez louange au Seigneur Dieu de vos peres, &
faites sa volonté. Separez-vous des hommes de la terre, &
des estrangeres. Et toute la congregation respondit, & dit
à haute voix : Ouï c'est à nous de faire selon ta parole. Toutesfois le peuple est grand, & le temps est pluuieux, & si ne
peut-on demourer dehors, & l'ouurage n'est pas d'vn iour:
car nous sommes plusieurs qui auôs forfaict en ceste chose.
Que tous nos Princes soyent assistans deuant la congregation, & que tous ceux qui ont espousé des femmes estrâge-
res en nos villes comparoissent en temps ordonné: Et auec
eux les anciens d'vne chacune ville, & aussi les iuges d'icelles iusques à ce que l'ire de nostre Dieu soit retiree de nous
pour ceste chose cy. Aussi Ionathan fils d'Azael, & Iahazia
fils de Tecua furent constitués sur ceste chose : & Mosolan,
& Sabathai Leuites les aiderent. Lequel mesme ordre &
discipline est repeté par plusieurs fois dans Nehemie: specialement aux chapitres I X. & X I I I. Et ne faut faire doute
que ceste police & discipline n'ayt continuellemét duré depuis le retour de la captiuité pour le moins, iusques à ce que
la liberté a esté oppressee par Hyrcanus premier. Et que
ainsi soit, il y a vn grand nombre de passages en l'histoire
des Machabees, qui nous en asseurent : Comme quand il   *1. Mach. 4*

est repeté par trois fois, que les trois fils de Matathias iont eleus l'vn apres l'autre par le peuple pour estre gouuerneurs de Iuda : En ce aussi que l'alliance se fait entre les Rois de l'Assyrie, & le peuple des Iuifs : comme aussi en ce qu'il est escrit de la confederation faicte par trois fois entre les Romains, les Machabees, & le peuple Iudaïque. Et pour verifier que ce mesme gouuernement auoit lieu és choses spirituelles, & qui appartenoyent proprement au faict de la religion, vn seul passage pourra suffire : & Iuda Machabee & toute l'Eglise d'Israel ordonnerét q̃ le iour de la dedicace de l'autel fust faict d'an en an en son temps, par l'espace de huict iours. Desquelles choses ie pense estre aussi clair que le iour, que l'authorité & puissance ecclesiastique de ce peuple n'a esté en vn certain Senat, mais en l'Eglise & cõgregation des enfans d'Israel. Touchant le gouueruement qui a esté depuis Hyrcanus premier iusques à l'aduenement du Messias, il est mal aisé d'en Iuger sinon par coniectures. Car il est à croire que les Asmoneens ayãs vsurpé la tyrãie, n'ont peu souffrir aucune assemblee legitime du peuple, estãs ennemis de toute liberté. Et vint assés bien à propos pour eux, q̃ la secte des Pharisiens s'estãt lors leuee, iceux sous pretexte de religiõ & de saincteté tirerét à eux toute la puissãce de l'Eglise par vne sote admiracion populaire. Et q̃ ainsi soit, le mesme autheur Iosephe escrit, que les sacrificateurs & Princes du peuples fussent ordinairement Sadduccens, ou Epicuriens, comme nous appellons, ce neantmoins qu'ils estoyent contraincts d'eux dissimuler, & faire semblãt de tenir la mesme opinion en la religion que les Pharisiens, quelques choses moins. Parquoy il est à croire qu'il n'y a eu du depuis aucune assemblee legitime, veu que tout l'ordre que le Signeur auoit ordonné estoit defailli. Car la sacrificature estoit trãsferee aux Asmoneens, à qui elle n'appertenoit aucunement, & le gouuerneur & Legislateur estoit osté d'entre les pieds de Iuda, & estoit ladicte puissance transferee à la lignee de Leui, à fin que le peuple entendist que l'heure de la venue du Messias estoit prochaine: & qu'il attendist sa deliurance sous le regne eternel d'iceluy. Ie confesse donc que les Sacrificateurs & Scribes & Pharisiens & Sadduceens auoyent vsurpé la puissance

Gen. 49

fance de l'Eglife : & fpecialement l'excommunication, com-
me il eſt eſcrit en S. Iean : Qu'il auoit eſté arreſté , que ſi au-   Iean 9
cun côfeſſoit que Ieſus fuſt le Chriſt , il ſeroit excommunié.
Mais, ie vous prie, penſerons-nous que Ieſus Chriſt approuue vne telle tyrannie? Et donnant l'authorité d'excômunier
à ſon Egliſe, il entende vn pareil gouuernement que celuy
de ſes ennemis, qui eſtoit entreprins non ſeulement contre
l'ordonnance de Dieu , mais auſſi comme en deſpit de luy?
Laquelle couſtume quand euſt eſté fondee ſur quelque apparence , ſi la deurions nous haïr en haine de ces meſchans
là , & la tenir ſuſpecte pour l'aduenir, veu le mal qui en eſt
aduenu au peuple de Dieu : vray eſt qu'il eſt eſcrit au x.   Eſdras 10
d'Edras, qu'il fut denoncé à tous les enfans de la tranſmigra-
tion, qu'ils ſe s'aſſemblaſſent en Ieruſalom ſous peine de con-
fiſcation de biens, & d'eſtre ſeparé de la compagnie de ceux
qui eſtoyent retournés de la captiuité. Ce que Ioſephe,
eſcriuât la meſme hiſtoire, appelle excommunication. Mais
il faut entendre ce paſſage de ce qui eſt eſcrit vn peu plus
haut : Eſdras donc ſe leua, & ſeit iurer les Princes des ſacrificateurs, & des Leuites, & tout Iſrael pour faire ſelon ceſte
parole.   Ceſt donc vne peine qui n'impoſe point le Confi-
ſtoire, mais que Eſdras impoſe au peuple, comme Magiſtrat à qui l'affaire attoucheroit dit l'Eſcriture, à qui auſſi le
peuple s'eſtoit ſubmis en cela. Ce poinct donc nous demeure reſolu que Ieſus Chriſt n'auoit eſgard à l'ordre peruers qui
lors eſtoit entre les Iuifs : mais que comme toutes ces choſes ſont preſentees deuant ſa face : il a ordonné ceſte diſcipline à perpetuité pour le gouuernement de ſon Egliſe.

Des paroles du Seigneur Matthieu 18.   CHAP. XII.

MAIS reuenons aux paroles du Seigneur, par leſquelles [s'il t'a offenſé] Nous auons à noter que
ceſt ordre n'eſt perpetuel pour tous crimes & delicts : mais qu'il eſt propre pour offenſes & iniures faictes en particulier, ou pour delicts. Leſquels bien
qu'ils ne ſoyêt point en ſcandale & offenſe publique, ſi ſont-
ils cognus de quelques vns & en offenſe particuliere. Car
alors faut-il admoneſter particulierement, à ce que le pe-   cheur

cheur vienne à cognoissance de son peché, & qu'il l'amende.
Car si l'offense estoit publique, il ne seroit besoin d'vser d'admonition particuliere. Mais tel pecheur deuroit estre soudain amené au iugement de l'Eglise, & deuroit-on proceder par excommunication, comme il est faict en l'Eglise Corinthienne contre l'incestueux, & cōme procede sainct
2. Timo. 1
Paul vsant de la puissance de son Apostolat enuers Hymence, & Alexandre le fondeur : Car alors il nous faut suyure le conseil de sainct Paul : Redargue les publiquement, à fin que les autres y prennent exemple. Cest ordre donc est propre pour offenses particuliers, & pour delicts qui ne sont manifestes. Esquels nous auons premierement à noter, qu'il ne faut abuser de ceste puissance de l'Eglise, & faire vne plaidoyerie & cohuë de l'Eglise du Seigneur, pour auoir raison du tort que nous pretendons nous estre faict pour nous venger par ce moyen. Car il y a grand' difference de la iurisdiction Ecclesiastique, & de celle du Magistrat : par ce que deuant luy nous deuons auoir la raison de l'iniustice qui nous est faicte. Mais deuant l'Eglise oubliant nostre iniure nous deuons procurer le salut de nostre frere, & le reueiller à bon escient par ceste reprehension publique. En apres nous auons à noter qu'il ne faut proceder temerairement en cecy pour quelque legere souspeçon, que nous auons du vice d'autruy : mais qu'il faut qu'il y ayt offense, quand il est dict, s'il t'a offensé. Car l'admonition Chrestienne nous est bien tousiours permise, mais il ne faut proceder outre, si non où il y auroit quelque scandale, & qu'on voudroit recognoistre la faute. Si est-ce toutesfois que où la faute seroit couuerte, & que le pecheur la nieroit : en tel poinct cesseroit l'admonition. Par ce que Dieu ne l'ayant encore mise en lumiere, ne descouuerte, il la reserueroit à son iugement. Pour laquelle raison elle n'appartiendroit à la iurisdiction de l'Eglise : comme aussi si quelque peché auroit esté cōmis, qui ne fust enorme ne en scandale, lequel toutesfois le pecheur recognoistroit. Car nous aurions gaigné nostre frere, & l'aurions amené à repentance. Qui est la principale fin de l'excommunication. Et dauantage il n'y auroit aucun scandale. Et le Seigneur dit (si ton frere t'a offensé) donnant

nant

nant à entendre quil ne nous faut estre cnagrins, ne semblables aux Pharisiens hypocrites, qui coulent le vin pour le mouchillon, mais qui auallent le chameau : ne monstrer au doigt le festu qui est en l'œil de nostre prochain, ne tenans compte de la poultre qui est au nostre. Auquel cas il nous faut supporter les infirmités de nos prochains, imitans nostre Pere celeste, qui est benin & misericordieux. Mais où le delict seroit aduere de quelques vns, & neantmoins quil seroit encores couuert à l'Eglise, il nous faudroit suyure cest ordre du Seigneur : ienten s'il est tel qui soit en offense & en scandale. Car en ce cas le Seigneur adiouste que si nostre frere ne tient compte de nostre admonition particuliere, nous prenions deux ou trois autres tesmoins. Par lesquelles paroles il n'enten pas les delicts publics, comme nous auons dict: mais les pechés qui sont en offense à quelques vns. Pour laquelle raison il veut quils soyent remonstrés particulierement : entendant par ces paroles [prens deux ou trois autres] personnes graues & ayantes vertu & authorité de remonstrer le delict qui est venu à leur notice, non pas pour aigrir dauantage le pecheur, & le surprendre en paroles, pour le rendre plus odieux puis apres à l'Eglise: mais à fin quil entende par telles personnes non suspectes, les raisons ausquelles l'affection desordonnee luy auroit auparauant fermé les aureilles, & quil soit aduerty que son procés se forme dés lors pour venir en l'Eglise, & pour recourir au dernier remede, qui est l'excommunication. De laquelle doctrine s'ensuit quil nous faut essayer tous moyés pour retirer nos freres de leur ruïne & perdition : Comme sainct Paul nous admoneste : Freres (dit-il) si vn frere est $Gal.$ surprins en quelque faute, redresses-le auec esprit de douceur: & te considere toy mesmes, que tu ne sois ausi tenté. Portez les charges l'vn de l'autre, & ainsi accomplissez la Loy de Christ. Par lesquelles paroles il ne veut pas que nous espargniôs l'vn l'autre pour recognoissance de nostre commune infirmité: Car ce seroit nous aymer, & espargner, non pas nostre prochain : & ferions tout au contraire que d'accomplir la Loy de Christ : De quoy il nous admoneste au mesme passage : mais il nous commande charité,

2. Iean

rité, & que mauuaise affection ne nous transporte point à diffamer & censurer nos freres. A quoy sainct Iean nous exhorte requerant de nous prudence & discretion pour bien iuger, s'il faut retirer nos freres par seuerité, ou par douceur : en ayant toutesfois leurs vices en horreur. Receuez les vns en pitié en discernant, & sauuez les autres par crainte, les retirans hors du feu : toutesfois en ayant en horreur la robe mesme qui est souillee par chair.

Des deux especes d'excommunication, & l'interpretation d'aucunes
paroles du Seigneur, Matthieu 18. & de sainct Paul 1.Corinth.5.

CHAP. XIII.

EN quoy il me semble, sous correction de meilleur iugement, que l'Escriture nous enseigne comme deux especes d'excomunication: à fin qu'on essaye tous moyens, deuant que venir à l'extremité. L'vne est, que si quelque personne est entachee de quelque peché, qui toutesfois ne soit point en horreur, mais defendu de Dieu,& punissable (s'il y auoit bon ordre en l'Eglise & police) auquel elle perseuere non obstans les admonitions Chrestiennes qu'on luy feroit, ou qu'il nie son peché scandaleux ou en face du moqueur, ou que ledit delict ne soit chastié,par ce qu'il est faict comme coustumier : comme s'il est adonné à auarice, ou oisiueté, ou yurongnerie (lesquels vices ne sont autrement en scandales en beaucoup de lieux) en ce cas les personnes craignantes Dieu doyuent fuir la couersation de telles gens,& toutesfois les suporter patiemment en l'Eglise. Comme aussi s'il est question de quelque crime & peché qui merite bien reprehension & censure publique, mais lequel ne soit encores venu à la cognoissance de beaucoup de personnes : mais souspeçonné de plusieurs par beaucoup de signes, & coniectures vrgentes, s'il ne se peut autrement aduerer, & qu'on le nye : ou si quelqu'vn en est tesmoin suffisant : mais neantmoins le pecheur le nie, que celuy qui le sçauroyt au vray, s'il a esté par luy deuëmët admonesté, se separe de la communication & conuersation d'vn tel. Auquel cas ie pense appartenir ce que escrit sainct Paul aux Ephesiens : Vous sçaues, cecy que vn paillard, ou

Sphe.5

auaricieux, qui est idolatre, n'ha point d'heritage au royaume

me de Chrift & de Dieu. Ne foyez point donc participans auec eux. Comme aufi ce qu'il efcrit aux Corinthiens: C'eft, que fi celuy qui eft nômé frere, eft paillard, ou auaricieux, ou idolatre, ou mefdifant, ou yurongne, ou rauiffeur, vous ne mangerez point auec celuy qui eft tel. Selon la phrafe Hebraïque il prend manger pour toute conuerfation : comme il l'interprete difant, Soyez participans auec eux : Separez vous d'eux. Or il n'y a doute que fi tel delicts font publics, & en fcandale, il n'y fale proceder par excômunication. Et qui doute qu'il ne fale fuïr la communication de celuy qui feroit congneu pour tel, & feroit en fcandale public ? Il parle donc des delicts, qui ne font en fcandale, mais neantmoins qui font en offenfe particuliere pour les foufpeçons & fignes euidens : & que pour tels delicts fainct Paul ne vueille qu'on euite la conuerfation, il efcrit aux Theffaloniciens : Si quelqu'vn n'obeït à noftre parole, notez le par epiftre, & ne conuerfez point auec luy, à fin qu'il ayt honte : toutesfois ne le tenez point pour ennemi: mais admôneftez le côme frere. Il y a pareillement lieu de cefte excommunication, où il y a vie diffolue, foit par auarice manifefte, ou prodigalité notable, oifiueté ou plaifanterie & gaudifferie ordinaire. Lefquels vices fainct Paul côprend efcriuant ainfi aux Theffloniciens : Or, freres, nous vous commandons au nom de noftre Seigneur, de vous feparer de tout frere cheminant defordonnément, & non pas felon l'ordonnance qu'il a receuë de nous. Car vous mefmes fçauez comment il faut que vous nous enfuiuiez : par lefquelles paroles ie penfe que Sainct Paul n'entend point l'excommunication generale de l'Eglife : mais vn iugemêt particulier que fait chacun fidele, à qui la vie defordônee d'vn, qui fe dit frere, eft congnuë: par lequel il condamne le vice, & fe diftrait de celuy qui y perfeuere. Ce que ie me perfuade tant plus facilemêt, que fainct Paul parlant de telles gens, dont la vie eft defordonnee, les nomme freres, par ce qu'ils font encores en la communion de l'Eglife. Lequel nom neâtmoins il n'appliqueroit à celuy, qui en eft dechaffé & retranché eftant liuré à Satan. Ce qui eft conforme auec ce qu'il dit ailleurs, Ne le tenez comme ennemi, mais admôneftez le comme frere. Or celuy qui eft

s   excom

excommunié, nous doit eſtre cõme Ethnique & publicain.
D'auantage,ſelon que nous en pouuons iuger humainemēt,
ceſte ataxie & vie deſordonnee ne ſemble eſtre crime aſſés
odieux en ceſte noſtre corruption naturelle , du glaiue de
l'excommunication.   A quoy auſsi ie rapporte ce que dit le
meſme Apoſtre,S'il y en a aucũs cheminãs deſordonnémēt,
& ne faiſans rien, mais viuans curieuſement,que nous-nous
ſeparions d'iceux : car l'oiſiueté eſt veritablement nourriſſe
de tous maux:Et fayneans doiuent eſtre en meſpris de tous
hõmes,& chaſſés de la ſocieté humaine,cõme frelons ayans
poinctes & aiſguillons(cõme Heſiode les appelle.) Mais ce
delict ſemble appartenir plus toſt à la cognoiſſance ciuile en
vne Republique biē ordõnee,que à l'Eccleſiaſtique:& eſtre
plus digne d'infamie & note ciuile,que du glaiue de l'excom-
munication:ſinon entant qu'autres vices s'en enſuiuroyent,
deſquels il y auroit ſcandale. Par ce que ce glaiue n'eſt materiel, mais ſpirituel : Et que le vice eſt plus engraué au corps,
qu'il n'eſt le plus ſouuent en l'eſprit. Car le plus ſouuent l'oiſiueté eſt de perſonnes riches , mal inſtruites , qui ne laiſſent
pourtant d'auoir la crainte de Dieu , & auoir autres dons de
vertu. Laquelle eſpece d'excommunication ſeroit plus toſt
vn preiudice,qu'vn iugement:& vne ſeparation particuliere
qu'vne reiection publique de la cõmunion du corps du Seigneur Ieſus.Toutefois ſi nous faut-il icy rapporter & entendre que l'admonition particuliere doit preceder vne telle ab-
ſtention & ſeparation, par ce qu'elle eſt peine de cõtumace,
& que le Seigneur nous commande que ſi noſtre frere nous
offenſe, nous l'admõneſtions. Et ne faut faire ſchiſme en l'E-
gliſe, ne nous ſeparer de nos freres temerairement par chagrin, de peur qu'il ne nous aduienne tout le contraire de ce
que nous pretendons:à ſçauoir qu'au lieu de les excommunier de nous,nous ſoyons excommuniés d'eux.La premiere
donc & ſeconde admonition y ſont neceſſaires. La ſeconde
& vraye excommunication eſt celle dont parle noſtre Seigneur Ieſus , & ſainct Paul aux Corinthiens : laquelle ſe fait
ou pour les mœurs deſeſperés, enormes, ſcandaleux, & ma-
nifeſtes , ou pour ſecte & erreur pernicieux en la doctrine.
Lequel crime doit eſtre en horreur à l'Egliſe comme ſon venin.

nin, tellement que, où pour les mœurs le pecheur nous doit
eftre ethnique & publicain, pour herefie il nous doit eftre
en abomination, comme nous enfeigne l'Apoftre : Mais ià *Gal.1*
foit que nous ou vn Ange du ciel vous annoncions autrement que nous vous auons annoncé, qu'il vous foit execrable. Et fainct Iean nous defend de receuoir telles gés en nos *2. Iean*
maifons, ne de les faluer, par ce que qui les falue, il communique à leurs œuures mauuaifes. Et fainct Paul, Euite (dit-il) *Tite 1*
l'homme heretique apres la premiere & feconde admoni-
tion: fçachant que celuy qui eft tel, eft fubuerti, & qu'il peche
eftant par foy condamné. Et ailleurs: Si aucun n'aime le Sei- *1. Cor. 16*
gneur Iefus Chrift, qu'il foit en execration, voire excommunié à mort. Mais, comme i'ay dict, il faut auoir efgard au genre d'herefie, & grauité d'icelle. Car pour quelque difpute legere, ou qui ne concerne point le fondemét de noftre falut,
ne obfcurcit les poinctz de noftre foy, nous ne deuons au-
dacieufement condamner noftre frere: ains vfer de la moderation de fainct Paul. Si aucun penfe autrement, le Seigneur *Philip.3*
luy reuelera. Et faut attribuer cela à l'ignorance pluftoft qu'à
obftination: voire encore qu'il y en ait grande apparence. Ie *Gen. 9*
vous prie quelle apparence y a-il de faire difficulté d'vfer de *1. Tim. 4*
la chair, de laquelle expreffement le Seigneur donne congé
à l'homme de manger, & laquelle il luy benit? Et neantmoins
fainct Paul aime mieux s'abftenir de chair toute fa vie, que *1. Cor.8*
par icelle offenfer fon frere. Receuez (dit-il) celuy qui eft de- *Rom.14*
bile en foy, non pas en difputes de queftions. Item, Toy qui
es-tu, qui iuges du feruiteur d'autruy? Il fe tient ferme ou tre-
buche au Seigneur: mefmemét il fe tiendra ferme. Car Dieu
eft puiffant pour le fouftenir. Item, Ne iugeons donc plus
l'vn l'autre, mais iugez pluftoft de ne mettre aucun choppe-
ment ou trebuchement à voftre frere. De laquelle moderation il nous faut vfer, fi quelque importune queftion & par
trop curieufe s'efmeut, que nous l'eftouffions & enfeuelions
pluftoft par filence, que d'efmouuoir le ciel & la terre, en faifant fchifme en l'Eglife, & donnant fcandale à tous: mais aux
infirmes fpecialement. Touchant l'excommunication qui fe
fait pour les mœurs, fainct Paul nous admonefte de ne tenir *2. Theff.3*
telles perfonnes pour ennemies : mais que nous les oftions

1. Cor. 5
de l'Eglise: Vous estes (dit-il) enorgueillis, & n'auez point plustost gemi, à fin que celuy qui a fait ceste œuure fust osté d'entre vous. Item, Ostez d'entre vous mesmes celuy qui est mauuais. Par laquelle maniere de parler il semble que sainct Paul ayt esgard à ce qui est tant de fois repeté en l'Escriture saincte: Vous osterez le meschât du milieu de vous. Parquoy
Deut. 13 et 17, et 19, et 21, et 24
il n'y a doute que gens de vie scandaleuse ne soyent à exclurre entierement, & à bannir hors du royaume de nostre Seigneur. Ce que nous demonstrent les paroles de sainct Paul:
1. Cor. 5
Moy certes (dit-il) côme absent du corps, mais present d'esprit, ay ià deliberé comme present, que vous estâs assemblés auec mon esprit, au nom de nostre Seigneur Iesus Christ, celuy qui a ainsi commis celà, soit deliuré à Satan, à la destruction de la chair, à fin que l'esprit soit sauué au iour du Seigneur Iesus. Lesquelles paroles [estre liuré à Satan à la destruction de la chair] me semblent estre vne exposition auec grande energie de ces paroles precedentes, d'estre osté de l'Eglise. Car s'il n'y a salut qu'en l'Eglise, il s'ensuit qu'il n'y a que
2. Corin. 4
Iue 1
perdition au monde, duquel Satan s'est faict Prince, où il regne par vn iuste iugement de Dieu sur les reprouués: comme Iesus Christ regne principalement en son Eglise & royaume eternel pour le salut des siens, & condamnation des reprouués. Estre dôc liuré à Satan, est estre mis hors la communion des fideles, & ce qui s'ensuit [à la destruction de la chair] semble appartenir à ce que celuy qui estoit endormi en son peché, sans en auoir vif pensement, se voyant reietté de Dieu, condamné par l'Eglise d'iceluy, estre en opprobre & contumelie, soit reueillé viuement, qu'il se desplaise en ses pechés, qu'il oste toute amour de soy, & se haye à bon escient, mortifiant doresnauant sa chair & toutes ses concupiscences, à fin que l'esprit reprenant sa domination & gouuernement, telle personne soit sauuee au iour du Seigneur Iesus. Car c'est chose familiere à l'Escriture d'appeler la chair en l'homme, ce qui est propre de l'homme, comme ses concupiscences & affections corrompues & desordonnees: Et au contraire appeler l'esprit, l'ame regeneree, & qui a receu l'esprit de sanctification, par lequel estant incitee, souleuee & conduite, sa volonté soit de seruir à Dieu, & luy complaire, s'assubiettissant

de tout

de tout son pouuoir à destruire & mortifier en soy, ce qui est repugnant en la loy de Dieu. Ce que mesmes est confermé par les paroles du Seigneur Iesus: [S'il n'escoute l'Eglise, qu'il te soit comme ethnique & publicain.] Lesquelles paroles nous auons cy dessus prouué n'estre dictes seulement de celuy qui a esté offensé, mais aussi qu'elles se doiuent entendre de toute l'Eglise, qui doit aimer vertu, fuïr le vice, pourchasser la gloire de Dieu, euiter ce qui est cause que son nom soit blasphemé. Ce qui est verifié par ce qui s'ensuit, entant que la puissance de lier & deslier n'est là donnee à vn certain qui seroit offensé, mais à l'Eglise. Or ces mots signifient qu'on doit fuïr & euiter telles gens, & leur compagnie nous estre defendue, veu que les Iuifs s'estimoyent souillés par le seul attouchement des Gentils & publicains. Pour laquelle raison ils vsoyent du lauemët de leurs robes mesmes, que par auanture elles n'eussent attouché celles d'vn gentil ou publicain Et dit en sainct Iean, que les Iuifs estans purifiés pour la Pasque, ne voulurent entrer au pretoire & cour du Proconsul, de peur de se souiller. Dauantage ils auoyent vne haine particuliere & execration des peagers. Ce que demonstre ce qu'obiectent les Iuifs pour vn grand crime aux Apostres, à sçauoir que leur maistre mangeoit & côuersoit auec les publicains & pecheurs: entendans, comme ie croy, ceste particule [&] pour interpretation : côme s'ils eussent voulu dire que Iesus Christ conuersoit auec les Peagers gens abominables, & pecheurs plus horribles. Nous deuons donc euiter la conuersation & familiarité des personnes scandaleuses en particulier : & l'Eglise les doit retrancher de son corps, comme membres pourris. Car comme les Iuifs pensoyent leur Temple estre violé si aucun incirconcis y entroit (comme nous demôstre ceste sedition esmouë côtre Paul pour auoir donné à entendre qu'il auoit amené Trophime au Temple, qui estoit Grec & incirconci) pareillement les excommuniés doyuent estre forclos de toutes assemblees de l'Eglise, & priués de toutes choses sainctes, voire iusques à la communion de la sepulture des fideles & de l'honneur des funerailles, & conuoy qui se fait par ceux de l'Eglise, lesquelles choses auoyent lieu en la Loy ancienne, à laquel-

Iean 19

Matt. 9

Act. 21

se le Seigneur auoit esgard parlāt de la coustume d'adōc. Ce
que toutesfois nous declairerons mieux cy aprés de quelles
choses on le doit estre entēdre. Car il nous faut noter les paroles de l'Apostre: [Estre osté de l'Eglise, liuré à Satan, pour
la destruction de la chair.] Ce qui ne se pourroit autrement
executer, qu'en les excluant totalemēt du royaume de Iesus
Christ. Que s'il faut que l'excōmunié soit matté en son honneur & reputation, par plus forte raison le doit-il estre viuement en son esprit, se voyant priué du pain de la doctrine
celeste, & de la cōmunion du corps & du sang du Seigneur,
& de toutes choses sainctes. Ce que bien que semble estre
dur, si ne nous faut-il disputer contre le commandement du
Seigneur : mais alegrement prester & tendre le col au ioug
de sa discipline. Ains au contraire ceste seuerité seroit plus
douce que toute indulgence, entant qu'elle seroit cause que
chacun tomberoit moins en faute se tenant mieux sur ses
gardes, & seroit cause que moins souuent il faudroit venir à
ceste extremité : & quand on auroit commis le pourquoy,
la repentāce & recognoissance seroit plus prompte: au contraire indulgēce & facilité engendrent les vices, & les nour-
rissent. Car il n'y a doute que le Seigneur Iesus n'ayt eu cest
esgard, & ne vueille que l'excommunié soit plus rigoureuse-
mēt traicté, que ne seroit vn infidele, pour l'abbatre, l'humilier, & le gagner par ceste seuerité. Ce que nous demonstrent les paroles de sainct Paul touchāt la rigueur, & rudesse
dont on auoit vsé enuers l'incestueux, & ce qu'il dit ailleurs:
Or maintenāt ie vous ay escrit que vous ne vous entremes-
liés point. C'est que si celuy qui est nommé frere, est paillard,
ou auaricieux ou idolatre, ou maldisant, ou yurogne, ou ra-
uisseur, que ne mangiez point auec celuy qui est tel. Car
quay-ie à faire de iuger ceux qui sont de dehors ? Ne iugez
vous pas de ceux qui sont de dedans ? Car Dieu iuge ceux
qui sont de dehors : & ainsi ostez d'entre vous mesmes celuy
qui est mauuais. Donnant à entendre, que nous deuons vser
de plus grand rigueur enuers les excommuniés que les infideles. Par ce que ceux-cy ne sont de la iurisdiction de l'Eglise, ce qui n'est des excommuniés: enuers lesquels l'Eglise doit
vser de sa puissance, & de son glaiue spirituel. Ce nous doit

donc

donc eftre vn poinct refolu, que noftre iugement particulier
fe doit accorder auec celuy de l'Eglife : à ce que nous n'ayôs
communication quelconque auec celuy que l'Eglife du Seigneur, voire le Seigneur mefme, aura reietté de fa communion. Toutesfois fi defireroye-ie que la couftume ancienne
fuft obferuee en cecy : c'eft que le pecheur excommunié re-
cognoiffant fa faute , & s'humiliant deuant Dieu & l'Eglife,
foit receu à repentance , & foit admis à la predication de la
parole & priere : fous la côdition que nous dirons cy apres.
Ce qui me femble conforme aux paroles du Seigneur, & de
fon Apoftre. Car fi l'excômunié ne fait compte de la fentence & reiection de l'Eglife : ains s'obftine & murmure alencontre, il declaire apertemêt qu'il n'a part aucune au royaume de Dieu, duquel il fe bannit : mais s'il vient à remonftrer
fignes de repentance, comme c'eft chofe perilleufe pour
l'Eglife de le croire tout à faict, aufsi eft-ce chofe dâgereufe
pour le falut du pecheur de n'en tenir compte : [A ce , dit
l'Apoftre , qu'il ne foit englouti de trop grande triffeffe , de
peur qu'il ne foit furprins de Satan.] Ce qui eft côforme aux
paroles du Seigneur : qui veut que celuy qui n'obeït à l'Eglife, nous foit côme Payen & Publicain. De quoy s'enfuit que
le pecheur excommunié efcoutant l'Eglife , & requerant
eftre receu, nous ne deuons adonc fuïr toute frequentation :
mais l'admonefter comme frere , le confoler , & le gaigner.
Il nous faut donc tenir cefte moderation. Comme aufsi fi le
pecheur auant qu'eftre amené en iugement de l'Eglife, donnoit fignes manifeftes de repentance, s'accufant foy mefmes
& pleurant fon peché : fi principalement la vie precedente,
& quelque rondeur en affeuroit l'Eglife , ie penfe , qu'il ne
faudroit proceder iufques à l'excommunication, par ce qu'il
donneroit beaucoup d'argumens de fa conuerfion , & qu'il
fatisferoit de fon bon gré au fcandale public : attendu que
le Seigneur met pour les principales fins de l'excommunication, d'vn cofté l'offenfe : d'autre cofté, l'impenitence. Or
ces deux poincts ceffans , il me femble qu'il ne feroit befoin
de proceder iufques à l'excommunication Ce qui eft conforme au dict d'Origene, qu'il faut preuenir le iugement de
l'Eglife, en pleurant fon peché, & le confeffant. Or bien que
le pecheur

le pecheur eſtant excommunié, ne demonſtraſt aucun ſigne de repentance & humilité , ſi nous faut-il vſer de ceſte moderation, que nous ne ſoyons ſi cruels & inhumains que eſtoyent les Iuifs: ne tels que les reliques de l'excommunication Papiſtique demonſtrent qu'on a eſté il y a quelques ſiecles. Leſquels interdiſent toute communication des choſes externes & neceſſaires à la vie iuſques au feu & à l'eau: en quelle haine les Iuifs auoyent les Samaritains : leſquels ils euſſent (comme l'on dit) plus toſt laiſſé manger aux chiens, que de s'entremettre de leur donner ſecours. Ce qui doit eſtre loing du Chreſtien , qui doit auoir ſes affections reformees à la regle de la bonté de Dieu. Lequel ne hait le pecheur pour le perdre, mais à fin qu'il ſe conuertiſſe , & qu'il viue : & fait plouuoir ſur les bons & ſur les mauuais. Parquoy comme nous ne deuons moderer à noſtre diſcretion aucune choſe en ceſte diſcipline, ſemblablement il ne nous faut adiouſter aucune aſpreté à ſa ſeuerité, ſi nous ne nous voulons demonſtrer cruels, où l'intention du Seigneur eſt de nous rendre benings & pitoyables. Or comme le Seigneur eſtend ſa prouidence diuine ſur toutes creatures, pareillement il nous inuite à pareille & ſemblable benignité. Car bien que telles gens en ſoyent indignes , ſi eſt-ce que quelque trace de l'image de Dieu, qui reluit en eux, merite bien quelque faueur : & telle que nous exercerions enuers les Turcs & Mahommetiſtes, excepté la conuerſation qui ſeroit plus tolerable auec eux. En general en ceſte partie il nous faut plus encliner à miſericorde. Auquel propos ſainct Ambroiſe eſcrit elegāmēt: La partie du corps qui eſt pourrie, ſe couppe pareillement auec douleur : & la manie-on ſouuent, pour ſçauoir ſi on la pourroit guarir par remedes. S'il ne ſe peut faire , alors le bon chirurgien la couppe: Auſſi eſt-ce le deuoir d'vn bon Eueſque de deſirer de guarir les malades, oſter les vlceres qui gaignēt touſiours ſur le corps , en cotheriſer quelques vns pluſtoſt que les coupper : finalement coupper auec douleur ce qui ne peut aucunement guarir. A ceſte fin le Seigneur ne donne à ſon Egliſe ſeulement la puiſſance de lier , mais auſſi de deſlier. Et bien que celuy qui auoit eſté excommunié par l'Egliſe

Corinth

Iean 5

Matth. 18
Matth. 5

Matth. 18

Corinthienne euſt commis vn crime bien enorme & digne, voire de mort par loy ciuile & diuine, ſi eſt-ce que ſainct Paul admoneſte les Corinthiens d'vſer de charité enuers luy, & de la faire valoir : Il ſuffit (dit-il) à qui eſt tel, de ceſte reprehenſion qui a eſté faite par pluſieurs:tellement que vous luy deuez pluſtoſt pardonner,& le conſoler, qu'il n'aduienne que celuy qui eſt tel , ne ſoit englouti de trop grande triſteſſe. Pourtant ie vous prie que vous faciez valoir charité enuers luy. Et quant à moy ce que i'ay pardonné, ſi i'ay pardonné quelq choſe,ie l'ay faict pour vous en la preſence de Chriſt. *2. Cor. 2*

De l'abſolution, de la dignité de ceſte puiſſance, & vertu de l'excommunication, de celle de maintenant, & de l'ordre que les Apoſtres ont adiouſté à l'ordonnance du Seigneur. CHAP. XIIII.

D E Q V O Y nous deuons recueillir deux choſes fort notables:L'vne,quelle vertu ha la cenſure & iugement de l'Egliſe, d'auoir amené ce poure miſerable inceſtueux à telle recognoiſſance de ſon peché,qu'il en a eſté troublé en toute extremité:qu'il en eſt demeuré confus & aneanti en ſoy-meſme. En ſecond lieu qu'il ne faut abandonner telles gens : mais auoir l'œil deſſus, de peur qu'ils ne defaillent,& ne perdent cœur. Ce qu'emporte le mot de [pardonner,] & plus encores celuy de [χαρίζεσθαι, ou gratifier] dont ſainct Paul a vſé. Et neantmoins ſi nous faut-il aſſeurer, que ce que l'Egliſe aura lié & retenu par la parole de Dieu (car contre icelle elle ne peut rien) que Dieu l'approuue & le ratifie. Qui eſt vne puiſſance admirable, & tel don de Dieu,qu'elle n'en ſçauroit receuoir de plus grand. Car comme que ce ſoit le propre de Dieu de pardonner les pechés,n'eſt-ce pas choſe admirable que l'Egliſe ne ſoit ſeulement threſoriere de la miſericorde & iuſtice d'iceluy,mais diſpenſatrice & œconome? Ains, qui plus eſt , que Dieu s'oblige,& nous aſſeure d'auoir pour agreable le iugement d'icelle, voire en ce qu'elle aura pardonné & gratifié ? Et qu'il y ayt vne telle conionction de verité entre Dieu & ſon Egliſe, que la volonté de l'vn ſoit la volonté de l'autre ? Voilà donc en quoy conſiſte principalement ceſte grande puiſſance, de laquelle ſainct Paul parle tout hautement & magnifiquemēt: *2. Corin. 13*

2. Corin. 10

t Les

Les armures de nostre gendarmerie ne sont pas charnelles, mais puissantes par Dieu à la destruction des forteresses: par lesquelles nous destruisons leurs conseils, & toute hautesse qui s'esleue contre la cognoissance de Dieu, & reduisons en captiuité toute intelligence à l'obeïssance de Christ, ayans la vengeance appareillee contre toute desobeïssance. Laquelle puissance bien que sainct Paul attribue à bon droict à la vertu de la predication de la parole, si la pouuons-nous estendre à ceste iurisdiction & censure de l'Eglise. Car si la maiesté de Dieu se demonstre par la predication au salut des hommes, à la destruction du Diable, à nostre aneantissement & humiliation, par plus forte raison ceste puissance de Dieu se demonstre en ceste vengeance & punition qu'il fait contre toute desobeïssance de ceux qui ont creu, mais qui se sont destournés de son commandement. Et si ceste vertu est si grande enuers les infideles, combien sera-elle plus efficace enuers les fideles? Et si elle est si grande és ministres par la predication generale, combien aura-elle plus de vertu en l'Eglise entiere estant appliquee particulierement aux personnes? Car à quelle autre chose pouuons-nous attribuer l'aneantissement de l'Empereur Theodose, estant iceluy reiecté de l'Eglise par le ministere de sainct Ambroise, & poussé dehors le Temple comme vn prophane? Et quelle chose l'auroit domté & abatu iusques là de plourer son peché par cinq mois, puis retourner au Temple dont il auoit esté chassé, en accoustrement d'vne simple personne, prier l'Eglise de supplier Dieu pour luy, & se prosterner deuant Dieu contre terre, sinon ceste puissance de Christ donnee à son Eglise? Car bien que sainct Ambroise ayt presté sa voix à l'Eglise en ceste excōmunication, si est-ce que ce a esté faict par la vertu & authorité que Dieu auoit donnee à son Eglise. Pareillement par quelle autre vertu ledit sainct Ambroise auroit-il dechassé l'Empereur Valentinian second, hors de la congregation de l'Eglise, & tellement estonné le secretaire du grād capitaine Stilico, à raison d'vn crime de faulseté, qu'il en seroit deuenu enragé? Douterons-nous que ceste puissance ne reduise cy apres en captiuité toute puissance, veu que les histoires Ecclesiastiques racomtent que l'Empereur Arca-
de

de s'est humilié se voyant excommunié, & que toutes choses sainctes luy estoyent interdictes, à raison de la mort de
sainct Iean Chrysostome? On dit le semblable de Theodoze
le ieune, qu'il recognut son peché, & en fit satisfaction publique, se voyant excommunié pour les meurtres qu'il auoit
commis. De vray ce glaiue de la parole de Dieu est de grã- *Heb*
de efficace plus penetrant que deux glaiues à deux trenchãs,
& atteint iusques à la diuision de l'ame & de l'esprit, aufsi des
ioinctures & des moelles, & est iuge des pensees & intention du cœur. Et qui feroit doute que la mesme vertu ne se
deust demonstrer és iugemens de l'Eglise, attendu que depuis le monde creé, iusques à sa consommation il n'y a eu &
n'aura esté qu'vne Eglise, à qui ceste puissance a esté donnee,
pourueu qu'elle vse de l'excommunication en la mesme sorte que Iesus Christ l'a instituee, & qu'elle ne diminue aucune
chose de la pureté & syncerité d'icelle? Car que deuõs-nous
attendre des ordõnances de Dieu destournees à nostre fantasie, sinon vne iliade de maux, pour lesquels destourner de
l'Eglise, le Seigneur a ordonné ce remede salutaire? Parquoy
ce n'est de merueilles s'il y a si peu de saincteté & de reformation en nos mœurs, veu qu'il y a si peu de discipline, &
que les pechés ne sont reprins ne corrigés particulieremét
auec telle maiesté qu'il appartient, ne retrenchés par ce glaiue spirituel? Car peu de personnes tiennent ce glaiue en
main, & en vsent bien laschement. Ce qui fait qu'il y a bien
peu de liberté de reprendre les vices des plus grands, &
moins de hardiesse de les punir. Et est cause qu'il y a encore
moins de vertu & efficace és remõstrances priuees, lesquelles qui craindroit, veu qu'on les voit estre sans effect & aif-
guillon aucun? De quoy que peut-on esperer autre chose
pour l'aduenir que ce que lon dit des loix ciuiles, qu'elles sont
semblables aux toiles des araignes, lesquelles les grosses bestes rompent en passant outre, les petites y demeurent em-
pestrees? Car que peut-on attédre autre chose en ce royaume, ie ne diray és plus grands, mais des gens mediocres, qui
ne sçauent que c'est que de reformation, & moins encores
que c'est de seuere reprehension? Dauantage qui craindroit
grandement vne telle censure, qui se fait par peu de persõn-

nes entre murailles priuees, de laquelle on ne cognoit au
dehors figne ne apparence qui foit, & n'eft tant excommuni-
nication qu'vn confeil de s'abftenir de l'vfage de la Cene
pour quelque fois:car de commander, on ne le dit fans honte. Or fi en cefte reuerence, que par vne Chreftienne recognoiffance nous portons à la vertu de tels feruiteurs de
Dieu,il y a fi peu d'amendement,& defia vn fi grand mefpris
en cefte partie de difcipline, que pouuons-nous efperer cy
apres où leurs fucceffeurs feront de beaucoup inferieurs en
pieté,fçauoir,& dignité, quand cefte premiere ferueur fera
refroidie ? Au contraire la difcipline de noftre Seigneur Iefus eftant eftablie,on verra chacun fe contenir en toute modeftie,& par fucceffion de quelque temps les vices eftre ar-
rachés des cœurs des hommes:les bonnes mœurs par vfage
continuel prendre tel ply en noz efprits, que non feulemēt
ils fe tourneront en couftume en chacun de nous(ce qui aura lieu & vertu de nature) mais aufsi en general ils auront
vertu inuiolable plus puiffante que loy quelconque. Chofe
dont les fages anciens ont tafché d'inuenter les moyens, &
les introduire en leurs Republiques : mais dequoy ils n'ont
peu iamais venir à bout : & n'eft poffible fans la vertu de
Dieu, & ce feul moyen qu'il nous commande à ceft effeた.
Quant à l'ordre qu'il faut tenir pour affembler l'Eglife pour
ceft affaire, à fin qu'elle en puiffe ordonner fans trouble &
confufion, nous en auons fuffifamment parlé auparauant.
Vne chofe feroit peculiere pour la cognoiffance & cenfure
des mœurs, qu'il faudroit que és grands villes, vne chacune
Eglife & paroiffe cogneuft des fiens, fans toutesfois exclurre aucun des autres paroiffes, qui y voudroyent afsifter, &
auroyent droiた de fuffrage & de voix : lefquels on pourroit
tenir enfemble fans les departir:autremēt fi le nombre le requeroit, il faudroit departir toute l'affemblee en deux parts,
defquelles les furuenans en feroyent vne:ou s'ils eftoyent en
bien grād nombre,les departir en tant de quartiers, que l'on
iugeroit eftre expedient. Par ce moyen quelque grande affemblee qui pourroit eftre, elle opineroit en bien peu de
temps,& en tel ordre que nous l'auons declaré bien au long.
Mais ceci eft plus propre de ce lieu, que s'il faut que toutes
les

les Eglises ayent vne mesme communion,& comme vn cœur,
vne ame,& vne volonté,à plus forte raison faut-il que ce qui
aura ainsi esté arresté en vne Eglise de la ville,& vne paroisse,
soit receu & maintenu par les autres. Ce qui est conforme
à ce que nous auons dict cy dessus : que la plus part des senieurs des autres paroisses se trouueroyent aux affaires plus
grans de chacune des autres. Ce que s'il auoit lieu par tout
le royaume, il n'y a doute que lon ne veit à l'œil les propheties accomplies touchant le renouuellemēt du monde souz
le regne du Messias. Vne chose adiousteray-ie que bien
que le Seigneur Iesus face mention seulement de ces degrés
de ceste cognoissance , premierement de l'admonition priuee, puis de la seconde faicte par deux ou trois , finalement
de la disceptation deuant l'Eglise , & le iugement d'icelle , si
est-ce qu'il ne defend point vn bon ordre, cōme la cognoissance des anciés & pasteurs,pour mieux essayer tous moyés:
à fin que le tout se face par bon ordre,& soit rapporté à l'E-
glise par plus grande consideration au cas d'impenitence,
ou qu'il eschee satisfaction publique:pour aussi euiter les fautes qui se pourroyent cōmettre,si tels affaires n'estoyēt pre-
consultés & digerés par les anciés.Ce qui a esté faict du tēps
des Apostres,lesquels rapportoyent les affaires aux senieurs
premieremēt.Adōc,dit S.Luc,les Apostres & anciés s'assem- Act.15
blerent pour considerer de cest affaire. Puis apres est faicte
mention de l'Eglise assemblee. Toutesfois pour obuier aux
faueurs qui pourroyent suruenir en tels conseils, & pour remedier à toutes menees,ie tien pour chose certaine , iouxte
les paroles expresses du Seigneur, qu'il est permis à vn chacun,apres auoir gardé cest ordre predict,& apres auoir communiqué auec le consistoire, de remonstrer l'affaire à la premiere assemblee,si on n'y dōnoit autre ordre , à ce que celuy
qui seroit iustement offensé & scandalizé ayant gardé l'ordre
qui a esté dict, pour les raisons qu'auons alleguees peust remonstrer à l'Eglise ce qu'il voudroit en toute liberté. Car
le Seigneur quand il dit [pren auec toy vn ou deux,] il donne à vn chacun ceste liberté de remonstrer particulieremēt
ce qui luy est en offense:& en ce qu'il dit [s'il ne t'escoute, di
le à l'Eglise,] il permet la complainte & accusation à tous

t 3 qui

qui font offenſés, & la fait icelle publique.　Auſſi ſainct Paul
taxe toute l'Egliſe des Corinthiens d'auoir ſi longuement
ſouffert l'inceſtueux: Vous eſtes (dit-il) enorgueillis, & n'a-
uez point pluſtoſt gemi, à fin que celuy qui a faict ceſt acte,
fuſt oſté d'entre vous? faiſant la faute commune de tous : veu
que ce deuoir appartenoit à tous.　Et ne faut craindre que
de ceſte liberté, que le Seigneur donne à chacun des ſiens,
il en aduienne aucun inconuenient, attendu qu'il eſt à croire
que homme ſage n'entreprendroit iamais vne haine du conſeil des ſenieurs, & deshonneur deuant l'Egliſe, s'il n'eſtoit
bien fondé, & s'il n'eſtoit poulſé du zele de la maiſon de
Dieu.

Des fautes qui ont eſté introduites en l'excommunication tout au
contraire de l'ordonnance du Seigneur.　　　CHAP.　XV.

EN laquelle ſaincte inſtitution beaucoup de fautes
ſont entreuenues anciennement ſous couleur &
apparéce d'y adiouſter quelque prudéce & maieſté plus grande. Ce qui a eſté en partie cauſe de la
corruption de toute la doctrine de l'Euangile. Leſquelles
fautes il ne ſera hors de propos de toucher: en partie, d'autant que traittans de la reſtitution de la vraye & pure diſcipline, il eſt bon que ſoyons aduertis des fautes precedétes
pour nous en donner mieux garde pour l'aduenir, à ce que
nous ne facions deux fois naufrage côtre vn meſme rocher.
Ce neantmoins mon intention n'eſt point de parler des
groſſes & lourdres ſuperſtitiós qui ont regné de lóg téps en
la papauté, leſquelles toutes perſonnes deſcouurent qui ont
vn peu de iugement, & deſquelles nos aduerſaires meſmes
ont honte maintenant. Mais i'enten parler de celles qui ont
eſté introduites en l'Egliſe lors que la pureté de la doctrine
floriſſoit encores.　Premierement Satan, ſuyuant ſa couſtume ancienne, a eſbloüi les yeux des hommes en ceſte partie
ſous apparéce, comme nous auons dict, de pluſgrande ſaincteté.　Car où l'intention du Seigneur eſt de retrancher de
ſon corps vn membre pourri, ou de guarir par ce remede
violent celuy qui commençoit à ſe corrópre, Satan au contraire a deſtourné ceſte ſalutaire diſcipline en pure hypocriſie : & ce remede, en poiſon des ames. Car ayant obſcur-
ci la

ci la doctrine de la Iustification gratuite au sang de Iesus
Christ, il a tellement besongné, que l'excommunication n'a
plus esté vn remede de guarison, mais vne hart pour estran-
gler les poures ames, & les ietter en desespoir. Car on de-
laissa les vrayes causes pour lesquelles ceste discipline auoit
esté instituee : & l'applicqua-on à autres, lesquelles pour la
plus part non seulemét n'estoyent point scandaleuses, mais
qui ne meritoyent à grand' peine reprehension : en general
on y accommoda telles peines, si rigoureuses, & de telle duree, vn bannissement si long de l'Eglise de Dieu, que à la fin
il est prins des poures pecheurs, côme il aduiét aux brigans
& voleurs : lesquels sestans vne fois trouués en vn meurtre,
d'autant qu'ils ne voyent, & n'esperent aucune grace : ils s'a-
bandonnent puis apres à toutes cruautés. Lequel erreur est
procedé iusques là que Satan a faict à la par fin ces peines satisfactions, voire de toutes peines ciuiles pour causes de
meurtres, empoisonnemés, & autres crimes, qui exéproyent
tels criminels des iurisdictions ciuiles. Ce qui ha eu lieu en
ce royaume du commencement, & l'a encores en autres.
Ce qui n'est aduenu tout à coup : mais a eu son commencement enuiron l'an C C L X X X. de nostre Seigneur. Car l'erreur des Nouatiens & des Catarrheens estant conuaincu, ce
neantmoins le Diable sema ce mal-heureux venin, qui eut
accroissemét par la simplicité des plus gés de bien d'adonc,
qui cercherent ce moyen entre l'erreur des Nouatiens, & la
dissolution de la discipline, laquelle craignans, pour mieux
tenir les hommes en bride par vne dure discipline, ils les
ont effarouchés dauantage : & au lieu de leur planter au
cœur vne vraye repentace, ils leur ont osté toute crainte de
Dieu, ou en ont faict des hypocrites. Duquel mal la vraye
source est venue depuis que l'Eglise du Seigneur comméça
à perdre sa puissance, & que les Euesques se la furent attribuee. Car premierement les Euesques se saisirent de ce glaiue spirituel auec leur clergé, puis comme ils auoyent mes-
prisé l'Eglise, aussi le mespriserent-ils quelque temps apres:
desdaignans d'auoir leurs seruiteurs pour compagnons &
adioinéts. Ce glaiue remis qu'il fut entre leurs mains, comme Cyclopes aueuglés, ils en vserét à toute outrance, meur-
trissant

triſſant miſerablement les poures ames & brebis du Seigneur, leſquelles il auroit rachetees de ſon ſang. Ce que ſi le
Diable a peu faire par le paſſé, quelle choſe ne deuons-nous
craindre pour l'aduenir ? Car alleguons-nous que ceſte puiſſance eſt dõnee à l'Egliſe ? On reſpondra que ce glaiue eſt
perilleux entre les mains d'une plebe ſimple & idiote: Et que
l'Egliſe ſont ceux qui repreſentent & gouuernent l'Egliſe.
Or, peu ſeront-ils ſaiſis de ceſte authorité, qui n'apperçoit
que de pareilles gens,& de pareille puiſſance, pareille ambition doiue auoir lieu cy apres en l'Egliſe, qu'elle a eu anciennement, & que pareils maux enſujuront de pareilles mala-
dies? Ce qui a eſté cauſe de me faire inſiſter quelque peu dauantage ſur ce poinct, à fin qu'eſtãs aduertis des miſeres precedentes, nous ſoyons plus ſages & aduiſés pour l'aduenir,
ſinon que nous-nous vueillions priuer de toute commiſeration, en nous precipitant derechef de noſtre bon gré au
meſme gouffre & abyſme dõt noſtre bon Dieu en ce temps
a retiré ſa poure Egliſe. Ce glaiue donc luy doit eſtre remis
en main, puis que Ieſus Chriſt luy a donné à iamais,& luy en
a commis la garde & l'execution. Car comme noſtre bonne, ſage, & pitoyable mere elle en vſe1a plus prudemment,
auec plus grande compaſſion, auec noſtre plus grande vtilité & amendement que ne feroit vne perſonne, ou quelque
peu de gens, quelque vertu, zele,& charité qu'ils ayent:leſ-
quels meſmes, la diſcipline eſtãt bien ordonnee, auroyẽt telle & pareille authorité en l'Egliſe qu'ils pourroyent auoir, ſi
ceſte puiſſance leur eſtoit ſpecialement commiſe. Car les
graces de Dieu ſe demonſtreroyent ſans comparaiſon plus
viues & plus efficaces en leur legitime vocation, & au pur
vſage de ce glaiue. Ces fautes donc contraires ont eu lieu en
ceſte partie de diſcipline. Premierement que, comme nous
auons touché, les peres par quelque zele inconſideré l'ont
faicte trop auſtere du commencement, en impoſant peines
ſi rigoureuſes que les hommes puis apres, en delaiſſant le
merite & ſatisfaction du ſang de Ieſus Chriſt, en ont faict ſa-
tisfactions pour le peché. Ce qui eut quelque petit commencement en l'Egliſe, enuiron l'an c c l. de noſtre Seigneur, du temps de Corneille & de ſainct Cyprian, principa-
lemen t

lement pour ceste occasion:que les persecutions estans lors
horribles sous Aurelian,Dece,& Diocletian Empereurs,ces
bons peres voulurent retenir la cheute des infirmes par ces
peines & satisfactions Ecclesiastiques , & faictes en public:
pour aussi faire valoir cest exemple enuers les autres , & les
confermer de persister constammét és persecutions. Ce qui
est à louer : mais l'aage suiuät en a lourdement abusé.Car on
a vsé d'excommunication temerairement,& y a-on adiousté
peines sur peines.Ceux se monstrâs plus saincts & zelateurs,
qui vsoyent de plus grande,ie ne diray seuerité,mais cruau-
té:de quoy est aduenu que les poures pecheurs deuenus re-
tifs , ont à la fin reietté de leur col tour ce ioug des hommes,voire la discipline mesme du Seigneur Iesus. Et toutef-
fois s'il y eust eu vne scintille de la lumiere de l'Euangile,
n'eussent-ils pas receu Iesus Christ du sein de Dieu son pere,
tel qu'il nous est offert, à sçauoir pour nostre iustice, sapien-   *2.Corin.2*
ce , satisfaction , & redemption , & eussent-ils cerché leur
mort & perdition , où Iesus Christ nous iustifie, & nous ab-
sout ? Car en toute ceste ordonnance quelle peine impose
Iesus Christ à nos pechés?que requiert-il de nous,sinon que
nous-nous amendions? Quelle reigle donne-il à son Eglise   *Matth.18*
pour ensuyure,sinon iugemét en misericorde, & charité en
iustice? Qui donc ne s'esmerueillera de ceste tät aspre & in-
humaine seuerité des anciés,qui ont faict de grands crimes,
& dignes d'excommunication,où il n'y auoit le plus souuent
faute quelconque, ou bien legere ? Comme porte le canon,
qui commande que le prestre ou diacre qui cohabiteroit
auec sa femme,fust excommunié. Item,que le moine ou la
nonnain qui se marieroit,fussent excômuniés toute leurvie.
Item , que le soldat qui se vouloit faire baptizer, eust à renoncer à sa solde, & au faict de la guerre, ou qu'il ne fust admis au sacrement: & s'il y retournoit,qu'il fust excommunié
pour trois ans. Qu'il ne soit permis sur peine d'excommunication d'aiourner aucun clerc deuant vn iuge lay : Qu'on
n'eust à faire iniure à aucun prestre sous la mesme peine : &
infinis autres tels canons, par lesquels comme la puissance
des Euesques croissoit sous ceste couleur qu'il faloit que
ceux fussent grans gens de bien, qui trouuoyent les petites

fautes

fautes des autres si grandes, & en ce aussi qu'vn chascun les craignoit comme vn criminel fait son bourreau, d'autant la doctrine du Seigneur Iesus & discipline se perdoyent. Car à quelle de ces fins dirons-nous que tels canons appartiennent, ou pour la conseruation de la doctrine & des mœurs, ou pour purifier l'Eglise du Seigneur Iesus ? Car il est defendu au prestre & diacre de se marier sur peine d'estre deposé, & sur peine d'estre excommunié toute sa vie, il ne peut cohabiter auec sa femme quand au parauant il auroit esté marié. Parquoy que reste-il à vne telle poure creature sinon qu'elle brusle miserablement en ses cocupiscences, ou qu'elle face effort à sa nature & se chastre elle mesmes? Or en ce cas excommunication perpetuelle & deposition luy sont denoncees par les Conciles. Ne sera-il donc comme vne Ame damnee bruslant tousiours en vn feu, qui ne se peut esteindre, sans toutesfois se cosumer ? Qui n'apperçoit donc en ces canons vne ignorace miserable de la parole de Dieu, ou vne audace Cyclopique en abolissant l'ordonnance & commandement du Seigneur ? Car il defend les concupiscences, & les condamne de mort eternelle : & pour remede de nostre misere il a ordonné & sanctifié le mariage. A quoy que peut-on respodre autre chose, sinon que par ce qu'icelui ostoit du lustre de la saincteté sacerdotale, & diminuoit de la puissance d'icelle, il valoit mieux le defendre du tout. Parquoy tant s'en faut que la doctrine soit plus illustree par telles censures & excommunications, qu'elle en est obscurcie & effacee. Quant à la censure des mœurs en beaucoup de choses, que ces saincts peres faisoyent crimes enormes, à grand' peine y a-il faute aucune. Mais ceste est notable, que où le Seigneur veut que l'admonition precede la vengeance, & qu'icelle soit le refuge extreme pour liurer à Satan le pecheur scandaleux & impenitent, ils ont du tout detorqué ceste institution du Seigneur en excommuniant & anathematizat personnes incognues, desquelles autre que Dieu ne pouuoit cognoistre le cœur ne la contrition : le plus souuent qui n'estoyent de leur iurisdiction ne de leur assemblee. Mais à quelle fin, ie vous prie? Car vne personne incognuë ne peut estre particulierement en scandale, n'estre admonestee

ftee pour l'induire à repentance, ne pourroit-on cognoiftre
de la verité de la repentance. Tous lefquels poincts font
neceffaires deuãt que proceder à l'excõmunication. Qu'eft-
ce dõc autre chofe qu'imiter le Iupiter Homerique qui foudroye d'vne fureur pour efpouanter le monde? Or paffons
outre : Si telles perfonnes incognues preffees du iugement
de leurs confciences, font en tourment continuel (comme
il eft neceffaire aduenir à perfonnes religieufes) ne les met-
on pas en defefpoir? & ne les abandonne-on pas à la mort,
puis qu'on ne leur peut en ce cas appliquer le remede de
guarifon? ne les liure-on pas à Satan, puis qu'on ne les peut
ramener à Iefus Chrift? Ce que qu'eft-ce autre chofe que
peruertir & corrõpre le confeil & ordonnãce du Seigneur?
Ce qui eft bien loin de la moderation de fainct Paul : lequel
cognoiffant les rufes du Diable, craint que l'inceftueux foit
englouti de trop grande trifteffe. Cefte faute aufsi eft à reprendre, que où le Seigneur ordõne cefte iurifdiction à chacune Eglife pour iuger des fiens, les Euefques affemblés ont
penfé auoir toute la puiffance de toutes : & ont excommunié hardimẽt qui bon leur a femblé, en quelques lieux qu'ils
fuffent. Qui donc ne deploreroit la mifere de ces temps-là,
& ne fe tiendra fur fes gardes dorefenauant, à ce que l'Eglife
vfe de ce glaiue prudemment, executant la puiffance d'iceluy, iouxte la volonté & ordonnance du Seigneur? Que fi les
hommes fe vouloyent desborder iufques-là, de faire loix à
leur fantafie, ou pour accroiftre leur terreur, ou pour contenter leur auarice, ou fatisfaire à leur aufterité : ne deuoyent
ils pas pluftoft maintenir par le glaiue materiel leurs ordonnances, que par le fpirituel? & par armes ciuiles & politiques
pluftoft que par armes celeftes & Diuines? Neft-ce pas vne
horrible profanation de la gloire de Dieu, & de la maiefté de
fon Eglife, d'abufer de leur puiffance à leurs propres cupidités, & la faire feruir à leurs folies, & le plus fouuẽt à leur auarice & ambition? Neft-ce pas vne audace gigantee, & digne
de l'Antechrift? Ce que toutesfois ie n'efcri pour vexer ceft
abus qui eft affés euident : mais par ce que nous apperceuõs
que quelques gens de bien par inaduertãce donnent occafion à la pofterité d'abufer de cefte puiffance en pareille in-

folence, à ce qu'on y penfe plus meurement, & que le cas ad-
uenant on fçache que tels interdicts (qu'ils appellent) font
efpouantaux d'hommes de paille, non terreurs & foudres
du iugement de Dieu.   Car la puiffance qui eft donnee aux
Apoftres, eft à edification, non pas à deftruction.   Car ces
Euefques interdifans, anathematizans, & foudroyans, ne de-
monftrent-ils pas qu'ils ne font gouuernés de l'efprit de douceur du Seigneur Iefus Chrift, mais qu'ils font poulfés de la
fureur du Diable?   Car comme Iean s'efgayant és miracles
qu'il faifoit au nom de fon maiftre, vouloit faire tôber la foudre du ciel deffus les Iuifs, Vous ne fçauez (refpondit le Seigneur) de quel efprit vous eftes menés.   Mais confiderons
fi cefte grande puiffance, dont ils fe font tant enflés, & dont
ils ont faict trembler la terre, leur appartient. Or nous auons
monftré par la parole du Seigneur, que cefte puiffance &
fouueraineté d'excommunier & retrancher du corps du Seigneur, d'ouurir les cieux & les clorre, lier & deflier, & la iurifdiction fpirituelle appartient proprement à l'Eglife : comme les paroles expreffes du Seigneur le verifient : lefquelles
fainct Paul interpretant, Vous tous (dit-il) eftans affemblés
auec mon Efprit deuant la face de Iefus Chrift.   Car quant
aux Apoftres elle leur a efté fpecialement donnee pour l'authorité, puiffance, & neceffité de leur vocation.   Parquoy
puis que cefte iurifdiction eft propre de l'Eglife, & depend
de la vertu de l'Efprit de Dieu, quelle creature pourroit ouurir les cieux, que elle qui en a la vertu, & felon la volonté &
inftitution de Dieu? De laquelle il nous affeure par fa parole,
& laquelle il accomplit par fon fainct Efprit? De faict, le Seigneur Iefus deuant que donner cefte puiffance à fes Apoftres & difciples (c'eft à dire l'Eglife, comme nous l'auons verifié) il leur donne fon Efprit : Receuez (dit-il) le fainct Efprit :
à quiconque vous pardonnerez les pechés, ils feront pardô-
nés : & à quiconque vous les retiendrez ils feront retenus. Or
comme ainfi foit qu'il n'y ayt vn feul mot de ces beaux canons, qui ayt le fondement en la parole de Dieu : ains puis
qu'ils font du tout contraires à icelle, & que cefte puiffance
n'eft propre de ces Euefques, mais de l'Eglife, qui n'apperçoit
que c'eft vne vraye fingerie, forcerie, & peruerfe imitation

de

1. Cor. 1

Luc 9

2. Corin. 5

Iouch. 28

de l'ordonnance de Dieu,& comme vn pareil ieu à celuy des
petits enfans, quand ils veulent imiter le retentissement des
canons & artilleries, ou plustost du foudre ? laquelle fureur,
(si bien me souuient) commença principalement au Concile Romain tenu sous Damasus. Mais,comme i'ay dict,voi-
cy le comble à tout mal , que où le Seigneur a ordonné ce
glaiue spirituel pour abatre & humilier le pecheur, & l'amener à la cognoissance de ses fautes , pour le receuoir puis
apres auec toute douceur, estāt iceluy repentāt, & donnant
beaucoup de signes de son amendement , eux au contraire
ont determiné à l'excommunication deux ans,cinq ans, dix
ans, vingt ans , voire toute la vie iusques au dernier souspir,
reseruans ceste seule puissance d'absouldre aux Euesques.Ce
que ordonne le Concile Romain sous Leon premier Or *2. Corin.2*
sainct Paul vse bien d'autre mansuetude,l'ayant receuë & ap-
prinse de son maistre : lequel conseille que le poure miserab-
ble incestueux soit receu à la communion de l'Eglise , de
peur qu'il ne soit comme englouti par trop grande tristesse.
Et qu'est-ce, ie vous prie , autre chose que ietter les personnes au precipice & abysme de desespoir?   Or sainct Paul dit
notammēt, Si i'ay pardonné quelque chose,ie l'ay faict pour
l'amour de vous , deuant la face de Christ , à fin que nous ne
soyons surprins de Satan. Car nous n'ignorons point ses ruses. C'est donc contre l'ordonnance du Seigneur, & ruse du
Diable (laquelle ie croy que le sainct Apostre preuoyoit , &
dequoy il nous a voulu aduertir) d'vser d'vne telle aspreté,
voire cruauté en telles peines. Or comme le Seigneur Dieu *Psal. 51*
desire vraye repentance au pecheur, se contentant voire
d'vn gemissement vray, ainsi c'est le deuoir de l'Eglise de se
contenter d'vne declaration suffisante d'icelle. Quant aux
peines qui sont escrites par tout és canons,qui sont cruelles
& tragiques, ils ne les ont ordonnees seulement comme satisfactions pour le scandale de l'Eglise,qui doit imiter (comme i'ay dict) la mansuetude de son chef, son espoux, & son
maistre,ne pour seruir d'exemple:mais par ce qu'ils ont pensé que c'estoit vne expiation du peché , telle que les anciens
payens ont eu en vsage. Dequoy nous auons les exemples
de Orestes, de l'vn & l'autre Adrastes, d'Alchmeon & d'au-

tres. Car ils ont quelque fois ordonné la peine de penitence
d'eſtre errant & vagabond par la terre, comme ſi toute eſtoit
polluë pour leur peché & ne les pouuoit porter, veſtir la
haire, n'vſer que de pain & eauë donnee par aumoſne, eſtre
nud toute ſa vie : & telles cruautés, ie ne diray religieuſes,
mais ethniques. Et meſmement qui conſiderera ces peni-
tences vn peu diligemment, il trouuera qu'elles ont eſté ap-
pliquees ſans iugement & contre toute raiſon. Dequoy ie
me contenteray d'vn ou de deux exemples. Celuy qui aura
vendu des biens de l'Egliſe, qu'il ſoit excommunié vingtcinq
ans : celle qui aura ſuffoqué ſon enfant, ſoit excommuniee
pour dix ans. Or que lon côfere l'vn auec l'autre, quelle proportion y a-il de punir plus aigrement vne fois & demie celuy qui aura vendu quelque bien de l'Egliſe, & fuſt-ce pour
ſubuenir à la neceſſité des poures, que vne meurtriere qui
aura tué ſon propre enfant ? Car ſi celà eſt aduenu par inaduertance, qui ne doit auoir commiſeration de la poure mere, & la conſoler pluſtoſt que luy mettre vne hart de deſeſpoir au col?

Des fautes introduites en l'excommunication par le Concile de Nicee, par
inaduertance des bons peres anciens, & des ceremonies dont on a vſé
en l'excommunication.   CHAP.   XVI.

E T à fin qu'il ſoit apparent que dés que les Eueſques ont commencé d'vſurper la puiſſance de
l'Egliſe, ceſte corruption eſt ſoudain enſuiuie: Dés
meſmes le Concile de Nicee beaucoup de choſes
lourdes ont prins leur origine. Là Arius eſtant mort a eſté
excommunié. Or, ie vous prie, ſur quel fondement, & en
vertu de quoy? Car dirons-nous que ces bons Peres
ayent procedé iuſques là pour l'amendement d'iceluy? Or
il eſtoit en ſon lieu, & auoit receu ſon iugement : Dirons-
nous qu'ils ayent voulu purger le corps de l'Egliſe du Seigneur Ieſus? Or il eſtoit ia retranché, & faloit proceder contre ſes ſectaires viuans, & ne reſtoit que de conuaincre l'hereſie, pour l'en garder, qu'elle ne gaignaſt plus auant. Mais ils
deuoyent mieux poiſer les paroles du Seigneur, & conſiderer ces mots, Ce que vous aurez lié & deſlié ſur la terre: ains

Actes 1
Eccleſ. 11

ſe cont

se contêter de la puiſſance de ce glaiue emprunté de l'Egliſe, ſans entreprendre ſur la iuriſdiction que Ieſus Chriſt s'eſtoit reſeruee. Parquoy ie loüe bien dauantage ce qu'eſcrit Gelaſe Eueſque Romain à ſes Ambaſſadeurs qui eſtoyent à Conſtantinoble : Notez (dit-il) que le Seigneur parle ainſi : Ce que vous auez lié ou deſlié ſur la terre, ſera lié ou deſlié au ciel. Car iamais n'entendit qu'il faluſt deſlier celuy qui ſeroit mort en liaiſon. Et toutefois le meſme Concile allegue l'exemple de Ioſias qui bruſla les os des faux Prophetes ſur l'autel : comme s'il n'y auoit point de difference entre l'office du Magiſtrat qui condamne la memoire d'vn meſchant, & la veut mettre en execration, & exemple perpetuel iouxte l'ordonnance expreſſe du Seigneur, & ce que ces Eueſques faiſoyent alors, voulans faire iugemêt du ſalut de celuy qui auoit ia receu la ſentêce de Dieu, & entreprenans ſur l'office du Magiſtrat, en donnant ſentêce contre le corps d'vn criminel. Mais cecy me ſemble inſupportable, que bien que le Concile general repreſentaſt le côſeil de l'Egliſe vniuerſelle, ſi n'ha il la puiſſance d'icelle, veu qu'elle luy eſt ſpecialemêt donnee de Ieſus Chriſt, & que les dons de Dieu ne ſe peuuent tranſporter. Or dire que ce ſoit l'Egliſe, voire *Act. 2* vne Egliſe que vne telle aſſemblee, qui le diroit, veu qu'elle n'ha point les marques d'Egliſe ? Et ià ſoit que ce fuſt l'Egliſe, ſi eſt-ce qu'elle ne pourroit vſer d'excommunication, ne retrancher ſinon les perſonnes de ſon corps. Parquoy ce a eſté pour neant que ce Concile a vſé ſi violemment de ce glaiue emprunté, & a excommunié morts & vifs, preſens & abſens. Car ie penſe que là premierement en ce Concile on commença d'excommunier les Eueſques, & les depoſer : pour le moins ledict Concile vſa vehementement de ces deux poincts. Quant à la depoſition, il viendra lieu pour en parler plus à propos. Mais il me ſemble qu'il n'y auoit apparence d'excômunier celuy qui n'eſtoit de leur iuriſdiction, ne de leur communion. Car de ſe fonder ſur l'exemple des Apoſtres, qui ont eu puiſſance generale, il n'y a aucune apparence, veu que les Apoſtres eſtoyent peres de toutes les Egliſes, & commis paſteurs du genre humain. La charge de toutes leſquelles Egliſes (côme dit ſainct Paul) ils portoyent *2. Cori.* ſur

fur leurs efpaules. Ou au contraire la puiſſance des paſteurs
eſt limitee en certaines Egliſes que Dieu leur a recommandees. Dauantage nous auons monſtré que ceſte iuriſdiction
eſt propre de leurs Egliſes, non pas deux. Leſquels bien
qu'ils fuſſent aſſemblés de toutes les parts du monde, & ral-
liés de toutes les Egliſes, ſi n'apportoyent-ils chacun que
ſa propre puiſſance, & ne pouuoyent excommunier que de
leur compagnie. Or icelle compagnie n'eſtant Egliſe, ils n'a-
uoyent puiſſance de l'excōmunication du corps de l'Egliſe.
Parquoy ils deuoyent pluſtoſt imiter ſainct Paul lequel n'en-
treprend d'excommunier les miniſtres & paſteurs des Egliſes de Galatie & Corinthe, bien qu'ils fuſſent en grás & exe-
crables erreurs : mais ſe contentant d'auoir conuaincu leurs
hereſies par la parole de Dieu, il laiſſe aux Egliſes recognoiſtre la verité d'icelle : & leur remet le iugement de leurs faux
Apoſtres, & faux paſteurs. Et n'y a doute que icelles ayant
recognu la verité de Dieu, n'ayent eu du depuis les hereſies & heretiques en execration, & n'ayent reiettés iceux &
depoſés. Ce que ſainct Paul leur conſeille aucunement pre-
ſcriuant quaſi le iugement qu'elles en doyuent faire, quand il
dit qu'ils porteront leur condamnation, qu'ils doyuent eſtre
en execration, que ce ſont faux Apoſtres, qui ſe ſont tranf-
figurés en Anges de lumiere, que la fin d'iceux ſera ſelon
leurs œuures. Toutesfois ſi en laiſſe-il le iugement aux Egliſes, ne voulant vſer de la puiſſance de ſon Apoſtolat. Ce que
ces bons peres deuoyent imiter, ſe contentans de conuaincre les hereſies, en remettant & le iugement de l'hereſie &
des heretiques aux Egliſes, auſquelles il appartenoit. De
laquelle modeſtie ſainct Cyprian vſe au Concile de Carthage, diſant ainſi : Il n'y a aucun de nous qui ſe vueille faire
Eueſque des Eueſques, ne contraindre aucun de ſes compagnons par vne terreur tyrannique, à ſuyure ſa volonté. Car
chacun eſt en ſa liberté : comme il ne peut condamner vn
autre, ainſi ne peut-il eſtre cōdamné par les autres. Dauantage il y auoit encores moins de raiſon d'excommunier les
Eueſques, & les depoſer pour les mœurs : comme Meletius
fut depoſé en ce Concile pour la tyrannie qu'il vſurpoit en
depoſant & ordonnant les Eueſques comme bon luy ſembloit:

Gal. 3
Gal. 1

2. Cor. 12

bloit:imitãs ces bõs peres ceste tyrãnie mesme de Meletius.
qu'ils condãnoyẽt:sinon qu'ils vouluffent dire qu'vn Euefque
n'ayãt ceste puiffance, plufieurs la pouuoyẽt auoir:ce qui eft
vne cauillation trop froide.Athanafe fous la mefme couleur
fut depuis depofé du Cõcile de Tyr.Car fi nous permettons
telle puiffance aux bons Euefques,ne voyõs nous point·q́ le
femblable fera permis aux mefchãs enuers les bons?cõme il
aduint alors & depuis aux Cõciles de Philippes , d'Arimini,
& Milã?Mais ces bons peres auoyẽt en fainct Paul vn exẽple
fingulier de modeftie qu'ils deuoyent enfuyure plus toft. Lequel en la perfonne de l'inceftuuex,qu'il remet au iugement
de l'Eglife des Corinthiés, il remet le iugemẽt des pecheurs *1.Cor.* 1
aux Eglifes où les fcandales font faicts , où la contagion eft
perilleufe , où la fatisfaction & les exemples d'humilité font
neceffaires, où la vie de telles gens eft cogneuë, & la repentance ne peut eftre incogneuë.   Ce qui eft neceffaire, pour
ceft efgard feul : qu'il ne nous faut feparer les clefs l'vne de
l'autre , ne la puiffance de lier , d'auec celle qui deflie.   Or le
Concile excõmuniant le pecheur,qui l'abfoudra puis apres,
luy eftant repentant,& (comme dit fainct Paul) englouti de
trifteffe & de defefpoir? Car fi les Eglifes deflient ceux que
les Conciles auroyent lié,comme au cõtraire s'ils lient ceux
que les Eglifes auront defliés , qui n'apperçoit vn horrible
fchifme de ces diuerfes puiffances , & contraires volontés?
Tenons-nous donc à l'ordonnance du Seigneur Iefus : &
qu'aucun pafteur,voire tous enfemble,n'vfurpent cefte puiffance que le Seigneur a attribuee proprement à fon Eglife,
laiffans tous ces moyens finiftres.   Car ie trouueroye trop
meilleur que le Concile , fuyuant ces exemples , euft efcrit
aux Eglifes , qu'il euft remonftré à icelles fon iugement, qu'il
les euft admoneftees de faire leur deuoir : declarant de fa
part qu'aucun d'entre eux ne vouloit plus manger pain ne
frequenter auec telles gens,s'ils ne fe purgeoyent:qui feroit
la premiere excommunication, dont nous auons parlé cy
deffus.Par ce moyen les Eglifes n'euffent efté mefprifees , &
telles excommunications euffent efté faictes auec plus grãde authorité.   Ce que mefme auoit efté faict auparauant en
Paulus Samofatenus lors que la difcipline eftoit en fa vi-
                                        x   gueur.

gueur. Lequel l'Eglise d'Antioche deposa & excommunia,
suyuant le conseil & authorité des autres Eglises. Le semblable fut obserué en la condamnation de l'heresie de Nouatus & Nouatian, touchât la reception de ceux qui auoyêt
succombé aux persecutions. Pour laquelle raison sainct Cyprian admoneste Estienne Euesque de Rome, d'escrire aux
Euesques de France, & nommément à l'Eglise d'Arles,& de
l'exhorter de deposer Martian leur Euesque, & d'en eslire vn
autre en la place d'iceluy. Touchant les ceremonies dont
les anciens ont vsé, c'est vne chose incroyable du nombre
d'icelles. Par laquelle multitude ils ont faict que ceste repe-
tance que le Seigneur requiert du pecheur, c'est tournee en
hypocrisie. Les excommuniés estoyent quelque temps
qu'ils n'estoyent receus à repentance. Or estre receu à repentance, estoit auoir permission d'ouïr la parole. Ce que
n'est digne de reprehension:Mais ie ne peux louer ces signes
de repentance:Estre assis en sac & en cendre,gemir,ploureir
à fine force, supplier vn chacun à genoux en toutes les assemblees, pour estre deslié & restitué à la communion de
l'Eglise, estre le plus souuent en ce tourment toute sa vie.
Mesmement ceste ceremonie a eu lieu, que en l'entree de
chascune Eglise il y auoit certain lieu où les excommuniés
supplioyent l'Eglise, comme chacun entroit:vn autre où les
receuz à repentance oyoient la predication derriere ceux
qui n'estoyent encores baptizés,mais qu'on instituoit à la re-
ligion:vn autre,où ils se retiroyent deuant la priere:là estans
prosternez ils supplioyent derechef l'Eglise comme elle se
Ezech.18 departoit. Or comme le Seigneur requiert de nous vne repentance vraye, & nous reçoit dés nostre premier gemisse-
ment:pareillement l'Eglise, de qui le desir & la volonté doiuent estre reglés à celle de Iesus Christ,doit estre misericor-
dieuse & receuoir les poures pecheurs auec ioye, pourueu
qu'on ayt certain tesmoignage de leur guarison. Et pour
mieux donner à cognoistre qu'il n'y a eu en la fin qu'vne pure
hypocrisie, lors que les peines ont esté les plus horribles &
tragiques,les Euesques s'estoyent gentilment deliurés de ce-
Matth. 23 ste moleste, accomplissans par ceste subtilité ce que le Sei-
Actes 15 gneur Iesus & sainct Pierre disent des Scribes & Pharisiens:
                                        à sçau

à sçauoir qu'ils auoyent né des fardeaux poisans & importables, & les auoyent mis sur les espaules des hommes : mais qu'ils ne les vouloyent pas remuer de leur doigt. Car comme ils s'estoyent soubtraits de la iurisdiction du Magistrat, aussi feirent-ils de la cognoissance de l'Eglise. Car il estoit defendu à la plebe (comme ils l'appelloyent) d'accuser l'Euesque. Ce que institua Euaristus Euesque Romain, à ce que l'on dict : Et bien que l'accusation eust esté receuë, si faloit-il qu'il y eust LXXII. tesmoins : qui estoit vne grande multiplication de deux ou trois tesmoins, que sainct Paul requiert. *1. Timo. 5*
Dauantage ce deuoit estre deuant ses compagnons qu'il le faloit accuser. Quant au clergé, il s'estoit exempté semblablement sous la mesme couleur, de la iurisdiction & obeissance du magistrat ciuil, quelque crime que ce fust : il restoit donc qu'il fust iugé par l'Eglise. Or le clergé & l'Euesque estoyent l'Eglise. Ie vous prie, estoit-il possible qu'il n'y eust point là de faueur en absoluant leur Euesque, ou de crainte en le condamnant? Dauantage l'Euesque ne taschoit-il point de couurir l'honneur de son clergé, Duquel il veoit le sien dependre, & vne bonne partie de sa reputation? Lequel abus estant trop apparent, en y voulant remedier on a le tout gasté : comme, Dieu aidant, nous le dirons en lieu plus commode. Pour retourner à nostre propos ces fautes si lourdes ont quelque fois donné occasion à l'Empereur Constantin, de se transporter hors les limites de son office, & vocation : car ayant esté ordonné au Concile de Nicée qu'on receuroit en l'Eglise les heretiques qui se conuertiroyent de leur erreur, & retourneroyent à la communion d'icelle, en faisant publique adiuration de leur heresie, & confession de leur foy, par ce qu'on leur mettoit sus tant de peines & difficultés qu'il n'estoit possible d'y satisfaire, le bon Empereur fut contraint de commander à Athanase Euesque d'Alexandrie, de les receuoir iouxte l'ordonnance du Concile de Nicée, ou qu'il le confineroit en certain lieu. Ce qui est chose de bien pernicieux exemple. Mais où l'Eglise par vn mespris estoit renuersee miserablement en la poudre, & que toute la puissance dependoit d'vn Euesque, qui y eust peu faire autre chose ce bon Empereur, sinon de commander à Atha-

nase ce qui estoit de son deuoir?

Des vtilités qu'il faut recueillir des anciens en ceste matiere, que c'est
que de la puissance des clefs, & de la reception des excommuniés.
CHAP. XVII.

TOVTESFOIS en ces maux il y a eu ces biens, lesquels il nous faut ensuyure: que l'on n'a voulu temerairement croire au semblant & apparence de repentance. Dauantage qu'on n'a permis sous la mesme peine, de frequenter auec l'excommunié, non pas mesme de prier auec luy, s'il n'estoit receu à repentäce : qu'il faloit aussi que l'heretique, receu qu'il estoit, par escrit & par sa voix abiurast son heresie en l'Eglise, & feïst confession de sa foy : qu'il n'estoit receu à aucune charge, sans estre bien esprouué : que celuy qui estoit excommunié en vne Eglise, n'estoit receu ailleurs. Et autres bonnes choses, que l'on peut par le menu recueillir des histoires & liures des anciens. Sur tout la coustume est fort louable que, (comme nous auons dit) l'excömunié estoit tellement retranché de l'Eglise qu'il n'auoit cömunication quelconque auec les fideles, iusques à ce qu'il eust mösträ quelque bon signe de repentäce, & eust requis l'Eglise de supplier Dieu pour luy, en pleurant amerement, humiliant sa chair, reuestu d'vn vestement bien simple. Toutesfois si ne pense-ie qu'il ne doiue frequenter auec sa femme & ses domestiques: Car ceste Loy demeure ferme:

Ephes. 5 Fémes, soyez subiectes à vos maris cöme à nostre Seigneur:
Colos. 3 Maris aimez vos femmes cöme Christ a aimé l'Eglise. Item, qu'il faut que celle partie qui est fidele demeure auec l'infi-
1. Cor. 7 dele s'il y cösent. Item, enfans obeïssez à vos peres & meres en toutes choses. Car celà est agreable au Seigneur. Aussi l'excommunication n'estcinct point le droit de nature, & ne rompt le lien d'iceluy. Quant à la reception à repentance, elle se doit faire auec iugement, à ce que l'Eglise ne soit deceuë par l'hypocrisie du pecheur, ne iceluy soit descouragé par trop grande austerité de l'Eglise. Mais (comme dit sainct Cyprian) il faut suyure le moyen qui est temperé auec misericorde & la discipline. Touchant les enfans dex excommuniés, que l'on presenteroit au baptesme, il n'y a doute que iceux estans receus à repentance, les enfans ne doyuent estre

eftre receus au baptefme. Mais fi le pere & la mere eftoyent
enclos en mefme excommunication & n'eftoyent admis à
repentance, ie ne feroye d'aduis de les receuoir : par ce qu'ils
demonftreroyent bien que l'alliance de Dieu ne leur appartiendroit en rien, pour s'eftendre iufques à leurs enfans pour
leur egard : ioinct auffi qu'ils ne feroyét receuables, promet-
tans à l'Eglife de bien inftituer leurs enfans en la crainte de
Dieu, veu qu'ils ne pourroyent affifter audict facrement, &
qu'ils n'en feroyent à croire. Parquoy iouxte la couftume ancienne, il femble qu'il feroit bon en tel cas d'attendre la puberté de leurs enfans, ou la refipifcéce des peres & des meres : & ce pendant faire diligemment inftruire les enfans au
frais & defpens des peres & meres. En ces chofes confifte
la puiffance de lier & deflier : c'eft à fçauoir, la remiffion ou
retention des pechés, q̃ le Seigneur Iefus appelle les clefs du
royaume des cieux, lefquelles il a dõnees à iamais à fon Egli- *Matth.*
fe en la perfonne de fainct Pierre, au nom de laquelle il auoit
faict confeffion de foy. Laquelle foy eft la vraye pierre, fur
laquelle l'Eglife eft fondee : contre laquelle les portes d'enfer n'ont aucune puiffance. Il luy a donc donné ces clefs en
garde, la faifant treforiere de fa mifericorde, comme chofe
neceffaire pour la conferuation d'icelle, luy commettant
comme à fon Efpoufe fidele, fongneufe & diligente, à fin
qu'elle ouure le royaume des cieux à qui il luy a declairé qu'elle l'ouure : qu'elle ferme à celuy qu'elle fçait qu'il a
chaffé de fa maifon, & banni de fon royaume. Et à ce qu'elle
ne foit abufee par la fimulation des hypocrites, qu'elle auffi
ne s'abufe par legereté, l'Efprit de Dieu luy eft donné pour *Iean 2*
fon gouuerneur & confeillier eternel. Or il nous faut noter, *Matth.*
que le Seigneur Iefus parle des clefs en plurier nombre par
ce qu'il en y a vne qui ouure le royaume des cieux au repentant, & vne autre bien differente, par laquelle la porte eft
fermee à l'infidele & l'impenitét. Or il n'y a doute que cefte
puiffance de lier & deflier, qui eft donnee à l'Eglife, ne foit
fignifiee par le Seigneur Iefus fous le nom des clefs, dont
nous auons dict qu'il luy en fait vn don, & luy en laiffe la garde, parlant en la perfonne de Pierre. Car qu'eft-ce autre chofe ouurir les cieux au pecheur repentant, & les fermer à l'im-

penitent, que de le lier & tenir en tenebres de mort, ou le
d. slier des tenebres & prisons de mort pour le remettre er
la lumiere de l'Euangile, pour le deliurer de la puissance de
Satan, & le restituer en sa vraye liberté? Or il est bien dict à
tous disciples du Seigneur & pasteurs : Allez, preschez
l'Euangile à toute creature, qui croira & sera baptizé, il sera
sauué : mais qui ne croira point, il sera condamné. Et specialement ceste puissance de receuoir en l'Eglise, ou reietter de l'Eglise, est bien donnee aux Apostres : comme le demonstre le faict de Pierre, qui reiette Simon le magicien, de
sainct Paul qui excommunie Alexandre, Hymenee, & Philete : Mais si auons-nous demostré qu'ils n'en ont vsé que par
necessité : Et que c'estoit vn don special necessaire à l'Eglise
pour le commencemét : mais que ceste iurisdiction est propre de l'Eglise:De laquelle iurisdiction les pasteurs sont seulement presidens, executeurs,& ministres.   Ce que l'exemple de l'Eglise Corinthienne, qui a esté ensuiuy de l'Eglise
primitiue,nous demonstre: & nous est aussi pourtrait au vif
auec l'affection que les Ministres de l'Eglise doyuent auoir
pour ouurir la porte au repentant,en la parabole de la brebis esgaree, & de la piece d'argent perdue, quand le tout a
esté retrouué.   Car nostre Seigneur dit ainsi, que le Berger,
c'est à dire,le pasteur,quâd il aura trouué sa brebis, il la mettra sur ses espaules, & venant en la maison, il assemblera ses
amis & voisins,& leur dira : Resiouïssez-vous auec moy:car
i'ay trouué ma brebis, qui estoit perdue.   Ce qui est pareillement dict de la piece d'argent.   Et nous figure en la mere
de famille,le grand soing & solicitude que l'Eglise doit auoir
pour ramener au troupeau du Seigneur les brebis egarées,
& de la reception & ioye qui en doit estre-faicte toute l'E-
glise estant assemblee. Ce que le Seigneur ne limite à sept,
ne huict foys. Car il semble que Pierre entendant les paroles
du Seigneur des offenses-priuees luy ayt demandé, iusques
à quant de foys mon frere pechera-il contre moy, & ie luy
pardonneray?A laquelle demande le Seigneur Iesus respondit ainsi : Ie ne dy point iusques à sept fois, mais iusques à
sept fois septante, par vn nombre certain entendant vn infini & incertain. Car puis que nous prions, Pardonne nous
nos

Matth.28
Marc 16

Actes 8
2.Timo 4
1.Timo. 1

1.Corin. 5
2.Corin. 2

Luc 15

Matth.18

nos offenses, comme nous pardõnons à ceux qui nous ont
offensés, l'Eglise ne peut non plus retenir les pechés, qu'elle
veut que Dieu luy retienne les siens : & cõme iournellemẽt
elle vse de ceste priere, ainsi doit-elle vser de misericorde
enuers le poure pecheur.   Vray est qu'alors il eschet q̃ l'Eglise vse de la discretion, dont nous auons cy dessus escrit, que
sainct Iean nous enseigne. Les anciens ont eu specialement   2. Iean
esgard à la reception des repentans, quand la Cene du Seigneur approchoit, ou qu'il se leuoit quelque persecution : à
ce que le combat approchant les soldats de Iesus Christ se
ralliassent de tous costés, & que l'Eglise combatist de toutes
ses forces. Ce qui est à louër, à fin qu'aucun enfant de Dieu ne
soit exclus de la table de Iesus Christ, ne du celeste banquet
d'iceluy, ne de l'honneur de la victoire : comme aussi ils
auoyent ceste coustume louable, auant que ceste doctrine
fust corrõpue, que si l'excõmunié estoit en destresse de ma-
ladie, & qu'il requist auec larmes & contrition estre receu en
la communion de l'Eglise, & estre deslié des chaines & seruitude de Satan, les pasteurs le visitoyent, & luy annonçoyẽt
la remission de ses pechés : & non sans raison.   Car en ces
extremités il n'est plus question d'exiger la satisfaction, qui se
doit faire en l'Eglise : ains de receuoir le poure penitẽt en la
communion du corps du Seigneur : lequel nous voyons que
Dieu ha gaigné par force.   Et ne fay doute que l'Eglise ne
doiue alors vser de la clef d'absolution & remission des pechés, si elle est deuëment aduertie par les Ministres. de la repentance & contrition des pecheurs, comme aussi de leur
foy & asseurãce en la grace & misericorde de Dieu : Ce qu'elle feroit suyuant l'ordonnance du Seigneur, dont nous auõs
tant parlé. Toutesfois si trouueroye-ie bon pour euiter les
fraudes, qui pourroyent entreuenir en telles choses, au cas
que tels malades recouurassent puis apres santé, qu'ils reco-
gneussent leurs fautes en l'Eglise, & en demandassent merci
à Dieu, & requissent l'Eglise auec toute humilité de prier
Dieu pour eux : & qu'on vsast de la ceremonie accoustumee.
Car ce canon du Concile de Nicee me semble dur, que si
l'excommunié receu à repentance vient à conualescence,
qu'il paracheue son temps de penitence, & ne soit admis sinon

non à l'oraison:par ce qu'il est sans fondement de l'Escriture: & suffit qu'iceluy recognoisse sa faute en l'Eglise, & satisface au scandale public. Ie sçay qu'aucuns trouueront estrange qu'apres la consolation du ministere, & la remission des peches annoncee par luy, i'aye dit qu'il seroit encores vtile tant pour la consolation du malade, que pour la satisfaction du scandale, de venir à l'Eglise. Ce que ie pense estre vray. Car comme ainsi soit que la iurisdiction du glaiue spirituel appartienne à l'Eglise, qui doit trouuer mauuais si celle qui auroit lié, deslieroit? Et qui peut douter que ce ne soit chose de grande consolation pour vne poure personne, affaissee sous la pesanteur de la main du Seigneur, & accablee de la terreur de son iugement, de veoir que la porte du royaume celeste luy seroit ouuerte, par celle qui en a receu proprement les clefs, & qui en ha la speciale puissance, & laquelle conioindroit ses prieres auec-elle? Mais on respondra que ceste puissance est pareillement donnee aux Ministres. Premierement ie confesse qu'elle leur est donnee en general par la predication generale, & qu'en particulier ils doiuent accommoder ceste puissance aux fideles & infideles: & non seulement eux, mais vn chacun Chrestien quel qu'il soit, comme demonstrent les paroles du Seigneur parlant d'vn cha-

Iean 22 cun : Tu auras gaigné ton frere. Et ce qui est dict en sainct
Marc 16 Iean & sainct Marc à tous les disciples du Seigneur : Ce que vous aurez lié en terre, &c. Mais ceste puissance de reietter de l'Eglise, interdire de sa communion, retrencher de ce corps du Seigneur, ou receuoir en ceste Eglise, & remettre en ceste compagnie & communauté, est vne puissance souueraine, qui compete à vne chacune Eglise, comme à vne mere de famille en sa maison. Pourtant elle ne peut appartenir aux pasteurs de leur droit. Car bien qu'ils soyent am-

Matth.18 bassadeurs de Dieu, & interpretes de sa volonté, si n'ont-ils pas ceste domination en l'Eglise, mais ils ont seulement l'execution de la puissance & ordonnance d'icelle, non pas toute la iurisdiction pour en definir & determiner à leur volonté. Que si on me confesse que l'Eglise doiue estre consentante à telles choses, ie concluray le consentement de l'Eglise estre necessaire en l'excommunication, & reception en
ce corps:

ce corps:Et par conſequent que ce conſentement de l'Egliſe eſt cauſe de l'excõmunication de ce corps, ou reſtitution.
De quoy s'enſuit que ce ne peut eſtre ne l'ordonnance,ne le
commandement du Miniſtre. Pour laquelle raiſon i'ay eſté
d'aduis,ſous toutesfois correction de meilleur iugemẽt, q̃ ce
ne ſeroit choſe inutile pour la conſolation du malade excõmunié , qu'il requiſt l'Egliſe d'eſtre receu en ſa communion:
c'eſt à dire, eſtre reſtitué de rechef en l'vnion de ce membre
du corps du Seigneur. En quoy auſi il ſatisfera au ſcandale
public. Ce qui ha eu lieu en l'Egliſe ancienne : laquelle en
ſigne de reconciliation & de reception enuoyoit aux malades du pain de la Cene du Seigneur. Et fut ordonné que
tous paſteurs & preſtres en ce danger de mort pourroyent
abſoudre les excommuniés. Dequoy ſont aduenues beaucoup de tromperies en l'Egliſe , les vns ayans intelligence
auec les excommuniés:aucuns ſe monſtrans trop doux , les
autres trop ſeueres & rigides. Pour leſquelles choſes euiter,on a attribué ceſte puiſſance à l'Eueſque, qui depuis la
donnoit ſpecialement à qui bon luy ſembloit. Ce qui a eſté
augmenter le mal,non pas y remedier. Mais ie loueroye
grandement la modeſtie des paſteurs,de ne rien entreprendre en tel cas , ſinon qu'il y euſt neceſité. Car d'annoncer
au repentant le royaume des cieux , & les luy ouurir, ils le
pourroyent faire , comme c'eſt leur deuoir. Mais de remettre aucun en la communication de ceſte Egliſe, ou ceſte-là,
ſans la volõté expreſſe d'icelle,ie ne le peu approuuer,ſinon
qu'ils ſoyent ſpecialement authoriſés de l'Egliſe. Ce qui eſt
de bien grande importance pour la diſcipline , voire quand
il ne ſeroit queſtion que de l'honneur du conuoy & de la ſe-
pulture de telles gens. Car ceſte rigueur contiendroit les
hypocrites en modeſtie, & ſeroit autant à l'auantage des bõs
paſteurs,comme au deſauantage des ambitieux:car elle deſ-
chargeroit les bons de toute importunité , & oſteroit aux
mauuais le moyen de gratifier à qui bon leur ſembleroit.
Outre leſquels biens par ce moyen les perſonnes excommuniés,s'endormiroyent moins en leurs miſeres , & ſentan-
tes la main & la verge de Dieu, elles ſe retourneroyent à luy
plus promptement,& gemiroyent plus ardemment à cauſe

y   de

de leur separation & du scandale qu'elles auroyent donné.
Elles recourroyent à l'Eglise auec plus grãde crainte, & trē-
blement:elles s'accuseroyent aussi auec plus grande humilité deuant Dieu & icelle.   Parquoy mon intention n'est d'af-
fermer que les Ministres de l'Eglise n'ayēt non plus de charge & d'authorité en la retētion & remission des pechés, que
le moindre qui soit en l'Eglise.   Car veritablement l'administration des Sacremens & de la parole leur est commise de
par Dieu:mais si est-ce que ceste iurisdiction ecclesiastique,
ne leur est attribuee ne propre,mais l'execution.Autrement
le mesme inconuenient aduiendroit qui a corrompu ceste
discipline de long temps : que les pasteurs,ou mercenaires,
ou trop faciles corromperoyent tout l'ordre & institution
du Seigneur, & absoudroyent à tous propos ceux que l'E-
glise auroit condamnés. Dauantage,comme dit sainct Paul,
il est besoin icy de satisfaction enuers l'Eglise, qui auroit esté
offensee:dauantage le mal ne seroit osté, & mettroit-on les
pasteurs par dessus l'Eglise du Seigneur.Or s'il y a aucune similitude des Pasteurs aux Consuls & principaux Magistrats
d'vne republique libre , comme iceux ne sont par dessus les
loix ciuiles , n'ont puissance souueraine de condamner , pardonner, ne de restituer les condānés,encores moins les pasteurs & seruiteurs de l'Eglise le peuuent-ils faire.   Vray est
que les Pasteurs & Ministres,comme fideles procureurs, où
ils verroyent la necessité & le danger present : s'asseurans de
la volonté de Dieu , ils doiuent vser de ceste puissance , &
prendre les clefs d'icelle en main:non pas pour les retenir à
tousiours,ne pour en abuser à insolence , & faire leur main:
ce que seruiteurs larrons ont de coustume:mais pour les rē-
dre puis apres fidelement à l'Eglise.   Ce qu'ont fait les fideles seruiteurs de nostre Seigneur , & souuent pour descharger leurs Eglises de l'indignation des Empereurs, & des
grands Seigneurs, en deriuant & prenant sur eux toute leur
cholere & fureur.   Ainsi Fabien Euesque Romain reietta de
l'Eglise Philippes Empereur , iusques à ce qu'il eust recognu
son homicide:lequel recognu par iceluy, il fut quelque tēps
entre les repentās separé de l'assemblee. Ainsi Babylas Euesque d'Antioche repoulsa vertueusemēt l'Empereur Nume-
rian

rian,qui vouloit entrer en l'Eglise : par ce, disoit-il qu'il auoit
les mains sanglantes du sang des martyrs du Seigneur A ceste
fin peuuent les Ministres prendre le glaiue de la parole de
Dieu auec grande louange. Les Eglises aussi auoyent ceste
coustume, si les excommuniés estoyent rebelles , & mutins,
de requerir l'aide du Magistrat. Ce qui fut faict premieremét
contre Paulus Samosatenus enuers l'Empereur Aurelian:
qui estoit toutesfois ennemi mortel de la religion : & depuis
souuent sous Constantin alencôtre des Ariens,comme aussi
contre les habitans de Mamré , qui estoyent idolatres , & ne
se vouloyent assubiettir à la voix de l'Euangile. Bref , ceste
coustume a esté gardee sous les bôs Empereurs, qui ont esté
vn siecle apres. En quoy les Eglises doiuent sagement aduiser qu'elles ne donnent par trop d'authorité aux Princes en la
discipline ecclesiastique , à ce que dessous le pretexte de ce
secours , ils ne viennent à vsurper la cognoissance & vouloir
definir de toutes les ordonnances des Eglises, en renuersant
tout ce qu'ils ne trouueroyét bon,qui seroit chose pernicieuse, veu que les Princes , quant aux iugemens des Eglises , &
gouuernement ordinaire,ne font que membres d'icelles. Et
bien qu'ils soyent assis en lieu honorable , si n'ont-ils non
plus de puissance, ne de voix à opiner, qu'vn autre membre
du Seigneur. Car leur puissance est separee de celle de l'E-
glise : & tant s'en faut, qu'ils doiuent commander à l'Eglise,
qu'il est dit par le Prophete qu'ils auront icelle en reuerence,   *Isaïe 49*
qu'ils se prosterneront,& baiserôt ses pas. Et nostre Seigneur
Iesus assubiettit à son Eglise toute puissance & domination,
quand il dit, Qui vous mesprise, il me mesprise. Mais quant   *Matth. 1*
aux choses externes , & où ils verroyent vn desordre manifeste,ce seroit à eux à y mettre la main. Toutesfois non pas
en telle sorte que i'ay monstré que les Empereurs Constantin, Constance, Theodose, & Gratian ont faict, & leurs successeurs : mais plustost comme Valentinian second s'est
porté : qui dit ainsi aux Euesques : Ce n'est à moy d'ordonner
des poincts de la religion, mais d'executer ce que vous aurez
ordonné. Il y a eu aussi vne faute grosse & lourde , laquelle
a desia de ce temps cy , voire dés la renaissance de l'Eglise
prins son commencement : & nous peut donner à iuger ce

qui est à esperer de la meilleure reformation qui soit auiour-
d'huy en vsage: qui est, que où le Seigneur a laissé à son Eglise le glaiue spirituel pour retrancher de son corps le pecheur
scandaleux, & pour se purifier & oster le scandale du milieu
d'elle, mais sur tout à ce que le poure pecheur estant ainsi
humilié par la puissance de la parole & excommunication,

Enc 15 il reuienne comme l'enfant, qui a abusé de sa succession &
bonté paternelle, à recognoissance de ses maux, qu'il retour-
ne en la maison de son pere pour luy crier mercy, il se fait auiourd'huy tout du contraire.   Car les Ministres & Consistoires ayans cogneu de quelque crime, & iceluy estant verifié,
apres auoir vsé de quelque remonstrance, renuoyent la personne au Magistrat ciuil, souuent pour choses bien legeres,
qui le punit par emprisonnement, souuent par quelque ieusne forcé, ou le chastie par le plat de la bourse. Enquoy on
voit l'ordonnance du Seigneur estre renuersee : & que où il
deuroit estre question de la contrition & vraye repentance
du cœur, ce qui se fait par la vertu de la parole, & de l'Esprit
de Dieu, & de la satisfaction enuers l'Eglise, il n'est nouuelle,
le plus souuent, que de peines, amendes pecuniaires, & infa-
mies publiques Et où l'Eglise deuoit estre purgee, elle ne
l'est point : ou si elle l'est, c'est par bannissement, quelques fois
auec vn desespoir & perdition des ames. Mais l'Eglise ayant
sa iurisdiction separee de celle du Magistrat, c'est à sçauoir
spirituelle, elle doit exercer icelle selon l'institution de Iesus
Christ, par la parole, pour amener le pecheur à contrition,
ou pour le reietter en sa perdition : pour aussi donner exemple à tous.   Quant au Magistrat, si la chose le meritoit, il ne
laisseroit pour cela de faire son office, & vser de son glaiue
materiel, & de sa puissance : mais ce seroit bien souuent auec
plus grande moderation, & apres le iugement de l'Eglise, en
peine de la contumace du pecheur. Par ainsi le iugement de
l'Eglise ayant precedé, quelques fois en causes qui ne sont
beaucoup odieuses, il se contenteroit d'vn amendement apparent, & vseroit de moderation : Par ainsi il n'aduiendroit
que les loix fussent toutes escrites de sang, & capitales : &
dauantage ce bien en reuiendroit particulierement au Magistrat, qu'il seroit deschargé d'occupations assés molestes &
                                                            fasch

fascheuses, se contentant du iugement qu'en auroit faict l'E-
glise, & ne seroit tant abusé de l'hypocrisie de beaucoup de
personnes, la conuersation d'vn chacun estant assés descouuerte. Touchant la forme de la reception & absolution,
comme nous auons veu que l'execution du glaiue & Mini-
ere appartient aux Pasteurs, aussi fait l'absolution : la forme
e laquelle se doit faire de telle maiesté, que la grandeur de
la puissance & vertu de Dieu le requierent & meritent.
Et l'ordre y doit estre gardé tel que nous auons dict
deuoir estre ensuiuy en la reiection & excommunication. Les anciens vsoyent de
l'imposition des mains. Ce que ie
louë grandement, pour les
raisons que nous di-
rons cy apres.
*

De la diſcipline & police Chreſtienne,

TROISIEME LIVRE.

Que le Seigneur Ieſus Chriſt a laiſſé la puiſſance à ſon Egliſe d'eſtre ſes Miniſtres, iuſques à quand ceſte diſcipline a eſté gardee, & comme elle s'eſt perdue peu à peu. CHAP. I.

E nous doit eſtre vne grand' gloire deuant Dieu, & grand' matiere de nous reſiouïr en luy rendant graces, que le Seigneur Ieſus nous aſſeure que ſa verité nous affranchira, ſi nous ſommes permanans en ſa parole: car ſa parole eſt verité. Ce que bien qu'il s'entende proprement de la liberté de nos ames, par laquelle elles ſont affranchies de la ſeruitude de peché, & de la tyrannie du Diable, ſi eſt-ce que à bon droit ces paſſages peuuent eſtre appliqués à la liberté, laquelle le Seigneur a laiſſee aux ſiens au gouuernement de ſon Egliſe, laquelle ha des exercices ſi excellens pour nous faire profiter en l'intelligence de la parole de Dieu, en ſanctification de vie, en prudence & modeſtie, que celuy forferoit grandement qui la diminueroit en la moindre partie. Car ſi nous voyons par experience commune que où l'eſtat & gouuernemét eſt tyrannique, que là les eſprits ſont abbaſtardis, & les perſonnes ſans vertu & induſtrie : au contraire, plus il y a de liberté moderee, plus il y a de force, prudéce, & magnanimité : il ne nous faut moins eſtimer de l'Egliſe de Dieu. ce que iugera mieux qui comparera les ſiecles premiers de l'Egliſe Chreſtiéne auec ceux qui les ont ſuyuis, & eſquels nous ſommes paruenus. Nous auons veu cóment il luy a donné la ſouueraine cognoiſſance & iugement en la doctrine, & cómis entre ſes mains le glaiue ſpirituel de l'excómunicatió pour gouuerner principalemét le. mœurs : maintenant il nous faut veoir la puiſſance qu'il luy a laiſſee d'elire ſes Miniſtres, paſteurs, & tous offices concer-

nans

nans son seruice, comme aussi de iuger de leurs administra-
tions, & les redresser és fautes quils pourroyent auoir commises, & de pouruoir aux affaires qui sont necessaires pour
le gouuernement d'icelle : en la puissance desquelles choses
consiste vne vraye & parfaicte liberté : laquelle ie ne peux
simplement appeller externe & temporelle, veu qu'elle est
plus spirituelle, & qu'elle appartient au repos & contentement de l'esprit : & ne la peux non plus simplement nommer spirituelle, par ce qu'elle se demonstre principalement
au dehors, & qu'elle ha des exercices externes admirables
pour sa conuersation. En laquelle liberté des choses externes nous voyons comme dans vn miroir, & contemplons
quelle est la liberté de nos ames. Lesquelles choses il nous
faut toutes conioindre en vne, pour bien cognoistre le don
inenarrable que nous auons receu: par la liberté de laquelle
le Seigneur Iesus nous a affranchis, & deuons vrayement
estendre iusques là ce qu'il dit: Si le Filz vous affranchit, vous
estes vrayement francs. Item, Où est l'Esprit du Seigneur, là
est liberté. Parquoy tenons-nous à la liberté, en laquelle
Iesus Christ nous a affranchis, laquelle il nous a acquise, &
qu'il a à iamais laissee à son Eglise. Or pour mieux cognoistre quelle est ceste grande liberté, nous en prendrons les
exéples des Apostres mesmes, qui sont nostre reigle & mesure, à laquelle nous-nous deuons conformer sans en rien
la passer : suyuans lesquels en ce qui est perpetuel, nous ne
sçauriós ne plus ne moins entreprédre, que n'est la volóté de
Iesus Christ leur maistre & le nostre. Sainct Luc escrit qu'a-
pres l'ascension du Seigneur Iesus ià soit que l'Eglise fust en
bien petit nombre, ce neanmoins les Apostres n'vsurperent point particulierement à eux la puissance d'elire vn
Apostre pour estre mis en la place de Iudas : mais q̃ Pierre,
cóme poussé qu'il estoit & conduit par l'Esprit du Seigneur,
assembla les disciples du Seigneur, & freres, qui estoyent
cent & vingt hommes, nommés par nom, ausquels il pro-
posa l'affaire, & remonstra de quelle personne, & à quelle fin
on deuoit faire l'election. Lors (dit sainct) Lucils en cóstitue-
rent deux, à sçauoir Ioseph surnommé Bersabas, & nommé
Iuste. & Mathias, prians Dieu tous d'vn consentement, de
vouloir

Iean 8
Corint. 2

Gal. 5

Actes 1

vouloir demonftrer celuy des deux qu'il auoit eleu. En quoy
nous auons à noter deux chofes, qui font grandement à ce
propos.   L'vne, que l'Eglife elifant deux de fon corps, & les
prefentant à Dieu, à ce qu'il luy pleuft donner à cognoitre
lequel il auoit eleu des deux, ne faict doute que celuy que
Dieu a eleu pour cefte charge, ne foit l'vn des deux qu'elle
auoit eleu en fon nom: comme aufsi à la verité il eftoit ainfi.
Ce qui nous doit pareillemēt affeurer, que fi nous enfuyuōs
cefte difcipline, Dieu gouuernera, & fera au milieu de nous
pour conduire nos efprits & nos cœurs en l'election de ceux
qui luy plaifent, & lefquels il cognoit eftre necefsaires à fon
Eglife. L'autre obferuation eft, que Dieu demonftrant fa volonté par le fort, conferme l'ordre de l'election qui fe fait par
l'Eglife en prieres & oraifons, luy eftre agreable. Ce fort
dōc n'eftoit vne forme qui fe deuft pour toufiours obferuer:
mais pour lors le Seigneur vouloit par ce moyen cōfermer
à tout iamais, la puiffance qu'il auoit donnee à fon Eglife, &
affeurer pour l'aduenir les perfonnes ainfi eleuës, de leur vo-
catiō. Car l'efcripture ne fait mētiō qu'onques depuis on ayt
vfé de cefte ceremonie, & beaucoup de paffages tefmoignēt
que l'Eglife elifoit nommémēt ceux que bon luy fembloit:
cōme il appert en l'electiō des fept Diacres, laquelle fut telle:

Act. 6
En ces iours là (dit fainct Luc) comme le nombre des difciples croiffoit, il aduint vn murmure des Grecs contre les
Hebrieux, pour ce ḡ leurs vefues eftoyēt mefprifees au feruice quotidian. Pourtāt les douze appellerēt la multitude des
difciples, & dirent : Il n'eft pas raifonnable, que nous delaif-
fions la parole de Dieu, pour feruir aux tables. Choififfez
donc, freres, fept hōme d'entre vous, de qui on ayt bon tefmoignage, pleins du fainct Efprit & de fapiéce, lefquels nous
commettrons fur ceft affaire. Puis s'enfuit : Ce propos pleut
à toute la multitude, & prefenterent ceux-cy aux Apoftres. Lefquels apres auoir prié, mirent les mains fur eux.
Pareillement il eft faict mention que l'Eglife vfa de cefte
Act. 15
puiffance en l'election de certains perfonnages eleus de fon
corps pour enuoyer en Antioche auec Paul & Barnabas.
Ce qu'elle fait en exerçant fi eftroittement & foigneufemēt
fa puiffance, qu'elle elit tous ceux qui appartiénent à fon feruice,

nice, iufques aux plus petites charges. Laquelle diligence en son gouuernement & solicitude, sainct Paul declaire assez, disant quil ha vn côpaignon adioinct eleu des Eglises pour le faict de l'aumosne. Laquelle discipline a esté longuement gardee en l'Eglise. Vray est que peu à peu, côme il a esté dit par cy deuant, selon que l'authorité des Euesques croissoit, celle de l'Eglise se diminuoit & perdoit. Car du temps mesme de sainct Cyprian l'Eglise n'estoit quasi que spectatrice du ieu que iouoyét les Euesques & clergé: combien quil die que le suffrage de tous les freres y est requis. Mais si deseroit on desia deslors bien peu d'authorité à l'Eglise. Ce que le mesme autheur demonstre alleguant vne raison, qui luy deuoit mieux ouurir les yeux, & faire honte à tous vsurpateurs de ceste puissance. Les Euesques voisins, dit-il, s'assemblét, q elisent l'Euesque en la presence de la plebe, qui cognoit entieremét la vie de tous, & côsidere tresbien les merites de la conuersation d'vn chacun. Ce que si est vray, quelle honte est-ce d'oster selection à ceste si aduisee plebe, pour la trasferer à Euesques estrâgers, q ne cognoissoyét ne ce q requierét les lieux, ne les moeurs de ceux à qui il faut pouruoir, ne les qualités des personnes, ne leur suffisance, ne le zele qu'elles ont pour bien iuger si elles sont capables d'vne telle charge? principalement (côme ie dy) en frustrant l'Eglise, qui en ha si bône cognoissance, selon leur mesme côfessiô, qu'icelle cognoissance peut estre appellee don de discretion d'esprit: lequel estant vne grace excellente de l'Esprit de Dieu, donnee de luy à son Eglise pour vn benefice singulier seulemét pour cest effect, ne seroit-ce pas vn sacrilege, & vne audace desesperee de la despouiller de l'election, à laquelle le Seigneur la tellement instruicte & disposee? Aussi ceste partie de discipline a esté plus longuement debatuë & retenuë des Eglises, que autre partie qui soit. Tant y a toutesfois que les Euesques & clergé les ont à la fin petit à petit du tout despossedees: Car ayans vne fois fleuré ceste puissance, ils l'ont poursuyuie du depuis sans cesse, & l'ayans mise vne fois en leurs mains, ne l'ont iamais laschee. Et a esté beaucoup à l'Eglise, si elle y pouuoit auoir quelque accés, & y tenir le pied. Ce que toutesfois Constantin escrit vouloir estre remis en son en-

z   tier.

1. Corin.

2. Corin. 8

tier. Nous voulons , dit-il, que l'ancienne couſtume ayt lieu
qui a eſté cõfermee par le Concile de Nicee , que le peuple
& les Eueſques voſins aſſemblés , eliſent aux honneurs eccleſiaſtiques ceux qui eſpererõt les pouuoir adminiſter auec
vtilité. Toutesfois ſi eſt-ce que,(comme il a eſté dict)le peuple y a depuis ce téps là eu le moindre credit pour l'authorité & puiſſance des Eueſques & clergé:auſquels eſt aduenu
à la fin,comme ordinairement il aduient à perſonnes ambi-
tieuſes : deſquelles il prend comme des auares, qui n'ont iamais aſſés, & n'eſtiment que ce qu'elles n'ont point : l'ayant le
dedaignent incontinent,& iettẽt leurs yeux plus loing : Dauantage il leur ſeroit plus facile de ſupporter vn maiſtre,que
d'auoir vn cõpagnon de leur puiſſance : Car qui eſt maiſtre,
il eſt leur compagnon : qui eſt leur compagnon, il faut qu'il
ſoit leur valet : & aimẽt trop plus renuerſer tout, que d'eſtre
contrerollés par celuy qu'ils eſtimẽt moindre. Ce qui eſt apparent par le dict d'Alcibiades à Pericles : lequel comme il
voyoit ſon-dict oncle penſif commẽt il rendroit ſes cõptes
au peuple Athenien des grãds deniers qu'il auoit deſpendu
par pluſieurs annees en paix & en guerre. Que ne cer-
ches-tu plus toſt (dit Alcibiades)les moyens de ne les point
rendre? Laquelle inſolence ont en cecy imité les Eueſques
anciens : leſquels ont voulu auoir toute puiſſance, pour n'eſtre contrerollés aucunement de l'Egliſe en choſe quelconque qu'ils peuſſent faire. Ce qu'ils ont pẽſé ne pouuoir faire
ſeuremẽt ſinõ en renuerſant toute la puiſſance d'icelle, pour
eſtre plus aſſeurés, & repoſer plus à leur aiſe en ceſte leur felicité. Ce que leur eſtant ſuccedé tout à leur ſouhait , ils ſe
ſont gouuernés puis apres auec vne telle arrogance, que
comme il eſt aduenu à tous tyrans, voulans maintenir vne
puiſſance illegitime, ils ont meſmement perdu la legitime,
& ont eſté puis apres de chaſſés deceſte tyrãnie,ſouffrans de
l'Eueſque Romain & des Princes ce qu'ils auoyẽt faict ſouffrir,& auoyẽt entreprins en l'Egliſe. Tant y a,que pour plus
grand luſtre & couleur de leur election,ceſte farce s'eſt iouee
continuellement iuſques à quelques ſiecles en ça , que les
Archeueſques & Eueſques prouinciaux s'aſſembloyent, qui
eliſoyent l'Eueſque dont eſtoit queſtion , du conſentemens
                                                             du

du clergé : puis le prefentoyent au peuple. Ce qui eft fondé
fur le concile de Nicee, qui ordonne que l'Fuefque foit eleu
& ordonné de tous les Euefques prouinciaux, au moins de
trois, entre lefquels foit le metropolitain: pour le moins que
l'authorité d'iceluy, y entreuienne. Quant à la pure & vraye
difcipline de l'election, elle n'a duré generalement par tout,
que enuiron deux cens cinquante ans apres la refurrection
du Seigneur : comme le demonftre l'election de Fabian
Euefque Romain, qui fut de ce temps : que lon dit auoir
efté eleu de l'Eglife par reuelation. Et Callifte enuiron l'an
c c x x. voyant cefte election eftre defia esbranlee par ambition, reprint les fondemens des Apoftres : & voulut que
l'Eglife eleuft en toute liberté les perfonnes deputees pour
fon feruice.

Refutation de quelques raifons contraires: de la forme de l'election mo-
derne, & du bien qui reuiendra à l'Eglife de cefte ordonnance du
Seigneur.
                                              CHAP.   II.

I E fçay que pour defendre cefte peruerfe couftume, qui a gaigné fur la liberté de l'Eglife: on m'alleguera le defordre qui eftoit en icelles elections, &
le peu d'aduis qui bien fouuent eftoit en vne commune. Ce qui apparoiftra eftre faux, à qui voudra comparer les fiecles, la doctrine, pieté, innocence, qui a efté tout ce
téps fufdit, auec celuy qui s'en eft enfuyui : de quoy cy apres
nous parlerons plus amplement. Pour maintenant ie demande, puis que les Euefques fçauoyent quelle eftoit l'ordonnance du Seigneur, combien elle eftoit neceffaire à
l'Eglife, combien de temps elle auoit efté gardee en fa pureté au grand bien d'icelle, puis, di-ie, qu'ils apperceuoyent
comment peu à peu l'Eglife s'eftoit efgaree de fa premiere
integrité, pourquoy ils n'y ont pluftoft donné ordre, iouxte
la parole de Dieu tant expreffe, qu'en renuerfant icelle, faire
tomber toute cefte puiffance en leurs mains? Et certes ils
ne fe fçauroyent fauuer qu'ils ne foyent conuaincus de mauuaife foy, veu que la faute feroit aduenue par leur nonchallance, & que le proufit d'icelle leur en eft reuenu. Si l'Eglife auoit quelque fois vn peu fommeillé en telles elections, fi
le Seigneur auoit permis qu'elle fuft deceuë par l'hypocrifie

de quelques vns, & parauanture d'eux mefmes, que ne reco-
gnoiffoyent-ils pluftoft que Dieu vouloit fecouer le fomne
de fon Eglife, & l'induire à fe tenir mieux fur fes gardes, &
recourir à luy plus ardemment en tels affaires, plus toft que
la condamner en excufant & palliant leur ambition ? Car
c'eft chofe toute commune en tels affaires, pour cognoiftre
dont vient la faute, de confiderer à qui elle eft profitable.
De faict beaucoup de bons & faincts perfonnages fe font
oppofés à cefte nouuelle tyrannie, comme nous auõs monftré de Callifte:comme aufsi fainct Cyprian fait, qui s'excufe
fogneufement par lettres à fon Eglife (luy eftant en exil) de
ce qu'il auoit ordonné vn lecteur nommé Ancelius, (qui
eftoit toutesfois martyr ayant confeffé & fouffert de grands
maux & dangers de mort pour la foy en Iefus Chrift) fans
qu'iceluy Cyprian euft premierement l'authorité de l'Eglife.
Nous auons de couftume (efcrit-il) trefchers freres, de demander voftre confeil deuant qu'ordonner les clercs, & de
poifer auec vous d'vn commun confeil les mœurs & merites d'vn chacun.   Mais il dit qu'en ce fainct perfonnage il
auoit preuenu pluftoft le iugement de l'Eglife, que ofté. Et
n'y a doute que pour fon abfence (eftant lors en exil)il n'ayt
voulu en ce fainct perfonnage gaigner le temps. Ce qui feroit à louer, veu la couftume de l'ordination d'alors, qui fe
deuoit faire neceffairement par l'Euefque, finon que les
exemples des grands perfonnages, s'ils font le moins du
monde eflongnés de l'ordonnance du Seigneur, tirent toufiours apres eux vne fort mauuaife confequence. Car ce que
fainct Cyprian a fait par necefsité en vn eftat, qui pour lors
n'eftoit de grãd' eftime,il a depuis ferui d'exemple aux Euefques ambitieux de tailler & rõgner en cefte matiere, ce que
bon leur a femblé. Mefmement fainct Cyprian ayant faict
cefte ouuerture en Aurele, n'en faict depuis aucune difficulté en Celerin.   Or les Eglifes du Seigneur euiteront ces inconueniens pour l'aduenir, & feront ialoufes de leurs puiffance & authorité,en imitant l'exemple de l'Eglife de Ierufalem. Laquelle(comme i'ay dit)elit des compagnons à Paul
& Barnabas pour porter fes lettres, & aduis à l'Eglife d'Antioche. Et pareillement adioint par fon election vn compagnon

Actes 15

pagnon à Paul pour recouurer les aumofnes des Eglifes des *1. Corin. 16*
Gentils:& pour les porter en Ierufalem. En quoy, di-ie, fainct
Cyprian deuoit fuyure l'exemple de fainct Paul, qui veut que *2. Corin. 8*
l'Eglife Corinthienne elife certains perfonnages qui portét
leurs aufmones en Ierufalem. Beaucoup de fainctes & ver-
tueufes perfonnes ont fuyui cest aage, qui fe font parforcés
de remettre les chofes en leur entier, à ce que ceux qui prefident fur tous, fuffent eleus de tous. Mais ce qui eft grandement à confiderer, & aduiendra toufiours, les chofes mau
uaifes, qui ont efté introduictes en l'Eglife fous couleur quelconque, pour peu confermees qu'elles ayent efté par vfage,
iamais ne s'aboliffent: comme aufsi à la verité toute la puiffance & authorité de Conftantin n'en à peu venir à bout.
Lefquelles chofes eftans fi claires & faciles, ie ne penfe qu'il
y ayt aucun qui voulut fruftrer cy apres l'Eglife du Seigneur
de fon pouuoir, & fondement principal de fa liberté. Car
d'alleguer confufion en vn fi grand' peuple, l'Eglife de Ierufalem peu apres le don du fainct Efprit de cent & vingt
s'accrut (dit Sainct Luc) à cinq Mille hommes: depuis elle
s'eft multipliee de plus en plus pro rata & proportion de ce
nombre, comme il eft à croire & le tefmoigne fainct Luc,
efcriuant que les Apoftres & fenieurs furent d'aduis d'affem- *Actes 21*
bler la multitude des freres, pour ouïr Paul. Item, Toute la *Actes 15*
multitude fe teut. Et eft ailleurs parlé de copieufe & grande
multitude de freres. Et toutesfois nous auons demonftré
que les Apoftres ont mieux ayme quiter leur droit, que d'entreprendre aucune chofe fur la liberté de l'Eglife. Neantmoins hors les villes capitables du royaume il fe trouuera
peu de villes où ceux qui ont voix & fuffrages, que fainct
Luc nomme hommes de Nom, paffent le nombre de neuf à
dix mille. Et auons declairé les moyens d'euiter tout trouble en quelque grand nombre que ce foit. Parquoy il ne faut
alleguer que cest ordre a efté facile pour le commencement
pour l'egard du petit nombre, & que l'Eglife n'auoit encores
fa iufte difcipline. Car onques depuis en quelque aage de
l'Eglife la difcipline ne fut plus fainctte, ne meilleure: & nous
doit bien fuffire fi la pouuõs imiter. Mais quel befoing eft-il
d'infifter dauantage fur ce poinct, veu que le peuple d'Ifrael

z 3 eftant

Nomb.1 eſtant de ſix cents mille hommes tous portans l'eſpee, ſi
eſt-ce que Moyſe n'a eu crainte de confuſion ? Ains a touſiours laiſſé au peuple ceſte puiſſance d'elire les officiers neceſſaires pour ſon gouuernement, leſquels luy eſtans puis
Deute.1 apres preſentés par le peuple, il les ordonnoit : Baillez moy
(dit Moyſe) d'entre vous hommes ſages, entendus, & bien
aduiſés en vos lignees, & ie les mettray pour vos chefs. Da-
Leuit.8
uantage il eſt dict qu'il preſenta au peuple Aaron, Eleaſar, &
Nomb. 20 Phinees, eleus de Dieu en ſouuerains ſacrificateurs, pour
eſtre approuués de luy. Comme auſſi il eſt parlé de l'election
Nomb.11 que fait le peuple des ſeptante anciens d'Iſrael. Et ne faut
entendre vne preſentation ſimulee (choſe contraire à la verité de l'Eſcriture,) mais que ces ſaincts perſonnages ſont
preſentés au peuple, qui les accepte, non par ſilence, mais
par voix & ſuffrage legitime. Car ces elections ſont exemples de l'ordre perpetuel qui deuoit eſtre en Iſrael : comme
nous l'auons declairé. Or c'eſt contre verité que le peuple
d'Iſrael n'ayt eu que la ſeule cognoiſſance, non point la puiſ-
Exode 10 ſance d'elire, & reprouuer. Et auons verifié que pour les
affaires de l'Egliſe qui eſtoyent de conſequence, tout le peuple d'Iſrael s'eſt touſiours aſſemblé, & a opiné librement ſans
trouble aucun. Que reſte-il donc à alleguer autre choſe,
ſinon la vieille chanſon, à laquelle nous auons tant reſpon-
du : à ſçauoir que nos mœurs ne le peuuent ſouffrir? Mais
toy, ô homme, qui es-tu, qui vois plus que le Fils de Dieu, ſa
ſapience eternelle : & oſes changer ce qu'il a vne fois ordonné? Nous voyons iournellement que és republiques les plus
peuplees qu'on peut imaginer, quelque mal ordonnees qu'elles ſoyent, ſi eſt-ce que Dieu tient le peuple en toute modeſtie, & l'induit à elire ſes Magiſtrats qui ſoyent vtiles à la Republique. Parquoy qui doit auoir moins d'eſperance de l'E-
gliſe de Dieu & de ſon peuple qu'il a acquis? Côbien y auoit
il plus de modeſtie & de foy en ce grand Prophete Movſe:
Dent.4 lequel parle ainſi à l'Egliſe de Dieu : Vous garderez les ordonnances du Seigneur : Car c'eſt voſtre ſapience & intelligence deuant les peuples : leſquels oiront toutes ces ordonnances & diront, Certes ce peuple eſt ſage & entendu : c'eſt
vne gent grande. Car qui eſt la gent ſi gråde qui ayt ſes dieux
ainſi

ainfi approchans d'elle, comme le Seigneur noftre Dieu s'approche de nous, en tout ce que nous l'inuoquons? Que ne penfons-nous,&ne difons-nous le femblable?Il ne faut confiderer ce peuple felon l'apparence, mais felon la vertu de Dieu:lequel ayant promis de prefider au milieu de fon Eglife, & fpecialement puis qu'il confacre le cœur d'vn chacun des fiens pour fon fanctuaire, doutons-nous qu'en l'inuoquant en ce qu'il nous commande, il ne demonftre fa fageffe & puiffance au milieu de nous? Et bien que cela nous doiue abondammēt fuffire, fi eft-ce qu'à routes ces raifons humaines, ie ne peux que ie ne refponde cefte cy: Que où il y a cōfeil legitime en vne Republique, & democratie, en laquelle les loix dominent, & ont principale puiffance (lefquels poinéts nous auons demonftré eftre en l'Eglife) que là toutes chofes fe font plus fagement, auec plus grande maturirité, & confideration, qu'en autre forte de gouuernement, quel qu'il foit. De quoy font foy les Republiques qui ont efté iugées les mieux gouuernees qui furent onques, l'Athenienne, & Romaine: du grauois & pierres defquelles tout ce qui eft de bon auiourd'huy en tout gouuernement ciuil, eft tiré: & eft ce feul dont nos Republiques font ornees, & fe maintiennent en quelque repos & honnefteté. Car (comme Ariftore dit fort prudemment) comme vn banquet, auquel plufieurs apportent leur fouppe, eft mieux fourny, & plus abondant, que ne feroit le banquet ordinaire d'vn, ou de peu de perfonnes, pareillemēt en vne grande affemblee où chacun apporte librement fon aduis & iugement, il y a plus de confeil, & prudence, qu'en confeil quelconque de peu de perfonnes. Mefmemēt nous voyons que entre le peuple bien qu'il y ayt peu de perfonnes qui foyent excellentes au gouuernement politique, ce neantmoins ou vn chacun iuge de ce qu'il fçait & cognoit, il y a plus de fermeté en leur iugement, & meilleure refolution, qu'en celuy des plus grans & apparés. Ce que le faict d'Apelles nous demonftre:lequel póur excellent peintre qu'il fuft, fi eftimoit-il plus le iugemēt du peuple, louant ou vituperant fes œuures, que le fien propre, ne des plus excellés peintres du monde. Ce que quand ainfi ne feroit,& qu'il n'y auroit aucune apparence,

rence, si faudroit-il croire à Dieu sous esperance, & ne disputer point sur la promesse d'iceluy par deffiance, estãs fortifiés par foy, donnans gloire à Dieu, & sçachans certainement, que celuy qui a promis d'estre auec son Eglise iusques à la consommation du monde, est puissant assés pour la gouuerner, & veritable pour tenir sa promesse. Or ie vous prie, quelle est ceste sagesse si grande, qu'on a establie pour celle de Dieu? Ie ne parle de la Tyrannique discipline, ne de la Papistique masquee de l'Euangile, mais de celle qui est receuë aux Eglises mieux reformees. Les Ministres s'assemblent seuls en leur cõseil, là ils font l'election pour maintenãt au mieux qu'il est possible de souhaitter. Lequel conseil pour estre ordinaire & de peu de personnes & d'vn ordre, nous auõs mõstré n'estre sans soupeçon pour l'aduenir. Le Ministre eleu est apres presenté au Magistrat, lequel aussi le cõferme. Enquoy y a double faute: L'vne, que ce n'est l'estat ne la vocation d'iceluy Magistrat, & est confondre les deux gouuernemens. Car tous les exemples qu'on me peut alleguer de l'antiquité sont prins depuis le temps que l'Eglise a esté corrompue par ambition. Car alors (chose calamiteuse) il falut recourir au remede extraordinaire, à raison de ceste ambition qui troubloit & mettoit les Eglises en schisme. Dauantage le Magistrat n'vsurpoit ceste puissance, sinon és premiers sieges. La seconde faute en cecy est, que quand ainsi ne seroit, le Magistrat ne pourroit reietter le Ministre eleu, sinon pour cause bien notable. Et toutefois si fraudroit-il auoir esgard s'il y auroit personnes plus suffisantes pour la charge dont il seroit question, que celuy qui seroit eleu. Vray est que l'experience, maistresse de tous, a découuert l'absurdité de telle election, & induit nos bons & reuerens peres en nostre Seigneur d'amender ceste faute en quelques lieux, & d'y adiouster quelque ordre. Ce qui confesse plus la faute precedente, qu'il ne remedie au mal à venir. L'ordre est tel: L'election faicte comme dessus de certains personnages, & le Magistrat les ayant ia confermés le plus souuent, ils sont nommes à l'Eglise, & admoneste-on que si aucun sçayt aucune chose en eux, pourquoy ils doiuent estre reiettés, qu'il le declaire au Magistrat. Ce qui ne seroit à reprendre,

si nous

fi nous n'auions l'ordonnance du Seigneur toute expreſſe, &
eſtions pour touſiours aſſeurés de pareil Magiſtrat : mais s'il
eſt autre, quelle aſſeurance pouuons-nous auoir de ceſt ordre pour l'aduenir? Dauantage tu remets la cognoiſſance de
ceſt affaire, à qui il n'appartient, à celuy qui pourroit faire
ſourde oreille, qui ne croira que ce qu'il voudra : qui parauenture me mettra en danger de preuue, & de la peine de
talion, ſi ie di autre choſe qu'il neveut. Et quand tout celà ne
ſeroit, ſi la perſonne ne venoit à gré au peuple, ou partie d'i-
celuy, il n'eſt parlé aucunement ſi l'authorité de ce peuple
(qui eſt toutesfois l'Egliſe) doit plus valoir que l'election pre-
cedête : ne quel ordre il faudroit garder en ceſte contrarieté
d'opinions, pour euiter trouble & confuſion. Pour celà, di-
ras-tu, on deſere la principale puiſſance au Magiſtrat, & la
ſuperintendance ſur l'election. A quoy ie reſpon, puis que
l'election appartient à l'Egliſe de Dieu par ſon ordonnance,
qu'on doit cercher les moyens de bien inſtruire l'Egliſe, &
de la conduire ſagement, non pas deſeſperer de la gueriſon
deuant qu'auoir attenté aucun remede, & que ce qu'on met
en auant, eſt plus dangereux que ce que l'on craint. En apres
ie voudroye ſçauoir pourquoy on requiert ce conſentemêt
tacite de l'Egliſe en telles elections. Car ſi le conſentemêt
y eſt neceſſaire, il faut qu'il ſoit expres, clair, & manifeſte. Et
que non ſeulement on approuue celuy qui ſeroit eleu, mais
que l'on puiſſe propoſer autre perſonne, ſi plus ſuffiſante y
auoit. En outre ce conſentement doit eſtre de l'Egliſe, &
par conſequent ſe faire en l'Egliſe. Or quand i'allegueray
mes raiſons de reiection, ſuyuant ceſte ordonnance, ce ſera
en particulier & deuant certaines perſonnes. Parquoy ceſte liberté ne ſeroit de l'Egliſe, mais d'vn chacun en particulier. Car ce qui eſt propre d'vn chacun, n'eſt propre de l'E-
gliſe en general. Ce qui n'eſt à paſſer legerement. Mais ie
repren mon propos. Par ce moyen le Miniſtre eſt preſen-
té à l'Egliſe, non pas pour eſtre approuué ou reietté par icelle, mais pour eſtre mis en poſſeſſion de ſon office, comme ſi
elle eſtoit indigne d'en auoir plus grande cognoiſſance. Si
eſt-ce toutesfois que les Paſteurs ſont prins du corps d'icelle, & n'y a autre differéce, ſinon celle qu'on fait d'eux comme

feit Amaſis du cuuier d'or d'vne eſtuue. Ce que ie n'enten
dire qu'à l'honneur & reuerence de tous. Ie ſçay & recognoy
qu'en ces choſes on y a iuſques à preſent procedé en crainte de Dieu , & tellement que ie ne ſçay ſi les choſes remiſes
en leur vray eſtat, on euſt peu elire perſonnes ne plus propres pour enſeigner, ne plus craignantes Dieu , ne de meilleur ſçauoir & exemple. Mais ie parle du vice & defaut de
la diſcipline qui n'ha fondement ſtable ne de duree: non pas
des perſonnes qui gouuernent auiourd'huy l'Egliſe , que
nous deuons veritablement reuerer & honnorer. Duquel
ordre ſi autre inconuenient n'eſt ſuruenu , on doit attribuer
ce bien en partie à la vertu des perſonnes : mais ſur tout à la

Pſal. 113　bonté de Dieu , qui conuertit le rocher en fontaine d'eauës
viues. Ce que nous ne nous pouuons touſiours promettre
pour l'aduenir, ſans aucune promeſſe, mais beaucoup moins
contre l'ordonnance de Dieu : & principalement que ceſte
maniere de faire ayant deſia tant de fautes , & nos mœurs
empirants de iour à autre, il nous faut attendre en Republiques mal ordonnees , premierement la ruïne d'icelle diſcipline , puis vne corruption horrible de la doctrine , & vne
aperte impieté. Parquoy tenons-nous à l'ordonnance du
Seigneur: & que les Miniſtres & Paſteurs, & le Magiſtrat, voire chacun fidele, prennent garde ſouuent & diligemment à
ce que ce ſainct ordre demeure en ſon entier: qu'ils facent la
ronde iour & nuict du long du parc du Seigneur , à ce que
Satan ne face aucune ouuerture , ne mine pour entrer dans
iceluy , & ne perde & deſtruiſe les troupeaux du Seigneur.
Par ce moyen il ne faudra craindre qu'il aduiëne aucun deſordre de ceſte ſainéte diſcipline : mais on verra que la ſeule
proſperité de l'Egliſe & ſaincte conuerſation d'icelle, depen-
dront de l'obſeruation de ceſte diſcipline. Par ce moyen
la vertu de Dieu ſe demonſtrera manifeſtement en ſes promeſſes : Les Miniſtres & Paſteurs eſtans aſſeurés de la vocation de Dieu par la voix de l'Egliſe , bruſleront d'vn zele de
ſeruir à Dieu en leur office : & l'Egliſe ne murmurera à l'encontre de ceux que Dieu aura appellés: ains paiſiblement elle eſcoutera la parole de Dieu de la bouche d'iceux : & fera
ſon profit de leurs remonſtrances: elle rendra tout honneur
　　　　　　　　　　　　　　　　　　　　　　　　　　& re

& reueréce à ceux quelle mefmes aura curieufemét efprouués & choifis , & lefquels elle aura expreffement eleus pour
prefider fous la conduite & du confeil de fes anciens. D'autre cofté les Miniftres ferôt mieux affeurés de leur vocation.
Ce qui n'eft de petite importáce, & chofe de laquelle le Seigneur Iefus veut affeurer fes ouuriers qu'il enuoye à fa moif- *Iean 6*
fon. Ce qu'il ne fçauroit mieux faire qu'en les affeurant qu'il
les enuoye ainfi que fon Pere viuant l'a enuoyé : C'eft à dire,
qu'il les a fufcités & appellés expreffement:& à cefte fin qu'il
leur dône l'efficace & vertu du fainɛ̃t Efprit:A fin (dit-il)que
vous faciez fruiɛ̃t,& que voftre fruiɛ̃t demeure. Mefmement
il les veut deftourner de la crainte de leur infuffifance : à ce
qu'ils fe repofent fur fes promeffes , & fur la grace du fainɛ̃t
Efprit qu'il leur promet : Nayez foucy comment vous parle- *Matth.*10
rez , & quoy : car à cefte heure-là il vous fera donné ce que
vous aurez à dire. Car ce ne ferez-vous point qui parlerez:
mais l'Efprit de mon Pere parlera en vous.Ce que bien qu'il
foit diɛ̃t de la perfecution , fi fe doit-il rapporter de toute
vocation de Dieu. Ce n'eft donc vn petit poinɛ̃t de la vocation externe , de laquelle on ne peut auoir affeurance plus
grande en l'Eglife, que par l'ordre que le Seigneur a ordonné. Car comment croiroit-on (dit fainɛ̃t Paul) à celuy,du- *Rom.*10
quel on n'a point ouï parler? Et comment oira-on fans pre-
dicateur? Et comment prefchera-on,fi on n'eft enuoyé? Et
mefmement le Seigneur nous commáde de prier le maiftre
de la moiffon qu'il enuoye fes ouuriers en fa vigne. Or nous
ne nous pouuons affeurer qu'il les enuoye , finon par fa vocation legitime,& telle qu'il a ordonné à iamais. Par laquelle les Miniftres eftans appellés du Seigneur par la viue voix
de fon Eglife,& eftás affeurés de leur eleɛ̃tion,fuyuront aufsi
volontiers leur vocation, que les Apoftres ont fuiuy le Sei- *Matth.* 4
gneur Iefus,quand il les a appellés,ou que feirent les Diacres
eftans eleus par l'Eglife : Dieu par la main des Apoftres leur *Aɛ̃tes* 6
donnant vn tel fçauoir,& tel zele, que les ennemis n'y pouuoyent refifter,& que l'Eglife en eftoit grandement edifiee.
Parquoy ils s'affeureront puis que Dieu les appelle fi legitimement,& par vne voix fi claire & certaine de l'Eglife, qu'il
ne les deftituera des graces requifes en leur vocation. Et fe

Ieremie 1 fortifierõt de la vision de Ieremie, & des paroles qui luy sont dictes par tous. Le Seigneur auança sa main, & toucha ma bouche:puis il me dit:Voicy i'ay mis mes paroles en ta bouche, voicy ie t'ay auiourd'huy constitué sur les gens & sur les royaumes, à fin que tu arraches & destruises, perdes & subuertisses, & que tu edifies & plantes. Ne di point, ie suis enfant. Car tu iras par tout où ie t'enuoyeray, & parleras tout ce que ie te commanderay.

Des qualités requises aux Ministres, & de la bigamie: aussi de certaines choses à considerer sus l'election.   CHAP. III.

COMME il n'y a chose si necessaire pour la conseruation de l'Eglise du Seigneur, que la vocation de bons & saincts Ministres, aussi il n'y a chose si perilleuse que ceux qui n'ont saine doctrine, & sont sans zele & affection. Car comme les bons sont Ambassadeurs de la grace & misericorde de Dieu enuers nous, les autres sont Ministres de l'ire de Dieu contre nous, & est vne extreme malediction, que nos ames sechêt de faim de la parole de Dieu. Pourtant il n'y a aucun poinct touchant la discipline, qui ayt esté traitté plus souuent & plus amplement 1.Timo.3
Tite 1
2.Timo.3
1.Pierre 5 de sainct Paul, qu'est cestuy-cy de l'election des Ministres, & des qualités requises en iceux. A ceste fin, iouxte le conseil de l'Apostre, l'Eglise doit estre souuent admonnestee de ces 2.Cor.3.et 4 passages de l'Escripture, à ce qu'il n'aduiéne que ce qui nous doit estre administration de vie, nous soit administration de mort:à fin aussi que quand il seroit question d'election de pasteur, l'Eglise y procede auec ieunes & oraisons, suiuant le Matth.9 commandement du Seigneur. Priez(dit-il)le maistre de la moisson, qu'il chasse des ouuriers en sa moisson. Ce que a suiuy l'Eglise primitiue:laquelle voulant elire vn Apostre au Actes 1 lieu de Iudas, vse de ceste priere, O Seigneur qui cognois les cœurs des hommes, monstre lequel de ces deux tu as eleu. Actes 14 Et est escrit que Paul & Barnabas ayans ordõné les pasteurs par chacune Eglise, qui estoyêt eleus par la voix & le suffrage d'icelle, apres auoir prié auec ieunes, ils les recõmanderent au Seigneur. Ce qui a esté depuis obserué longuement en l'election des Euesques. Et de quoy il y en a auiourd'huy quelque reste en la papauté és promotions & ordres. Car
lors

lors on recommandoit le ieufne & oraifon publiquement
& en particulier. Ce que les Apoftres ont introduit à l'Eglife, pour mieux nous faire penfer quelle grãd' œuure de Dieu
eft cefte election de Pafteurs, à ce qu'il n'aduienne pour nos
pechés & noftre nonchalance, ce de quoy le Seigneur menace fon Eglife. Voicy, ie fufciteray vn Pafteur en la terre, *Zach. 11*
qui ne vifitera pas les chofes qui font defconfites, il ne cer-
chera pas ce qui eft efcarté, & ne guarira pas la chofe bri-
fee, & n'entretiendra point ce qui eft en eftre, & mangera la
chair des gras, & diuifera les ongles. Pourtant cefte folicitude & remonftrance de l'Empereur Valentinian premier, eft
fort louee de tous les anciens : Lequel bien qu'il euft plus de
foing de la guerre, que de la religion Chreftienne, fi eft-ce
qu'ayant entendu que plufieurs Euefques s'eftoyent affemblés pour l'election de l'Euefque de Milan, il s'y voulut trouuer : & leur parla en cefte forte : Vous entendez bien, comme
gés inftruicts en la parole de Dieu, quel doit eftre l'Euefque,
qui doit gouuerner non feulement de parole, mais auffi par
conuerfation : laquelle il conuient eftre bonne & fans reprehenfion. Parquoy elifés vn tel perfonnage, & le mettés au
fiege & pontificat, à qui nous, qui gouuernôs l'Empire, fub-
mettions noftre tefte en integrité, à fin que nous receuions
remedes falutaires de luy de noftre bon gré. Touchant les
qualités requifes aux Pafteurs, elles font fi amplement efcri-
tes par fainct Paul & fainct Pierre, qu'autre chofe ne nous
donne occafion d'en parler, finon pour rediger ces prece-
ptes en peu, à fin que comme les pilotes dreffent leur naui-
gation par le pole, pareillement les fideles eftans par ces
poincts aduertis, ils dreffent & gouuernêt leur deuoir felon
les aduertiffemens de la parole de Dieu. Elle requiert vne
faincteté de vie, non feulemêt prefente, mais qui ayt efté fans *1. Time. 3*
reprehenfion par le paffé, pour euiter tout fcandale, pour *Tite 1*
auffi feruir de bon exemple, & annoncer la parole en plus *1. Pierre 5*
grande liberté. Dauantage elle requiert vne faculté pour en- *2. Time. 2*
feigner, admonefter, reprendre, & traitter l'Efcriture dextre-
ment : qu'ils foyent bons peres de familles, bien pouruoyans
à icelles, les tenans en leur obeïffance : de laquelle il ne forte
aucun fcandale, qu'ils foyent premierement efprouués, & *1. Time. 5*

A 3

qu'on

qu'on ne leur impofe les mains temerairement. Quant à ce
qu'il eſt dict qu'ils ſoyent maris d'vne femme, ie le rapporte à
la ſain<teté de vie & innocence, q̃ l'Apoſtre requiert en eux:
comme s'il vouloit dire, qu'ils ne fuſſent paillards, mais qu'ils
viuent, & ayent veſcu en mariage certain & impollu. Car de
penſer qu'il ayt voulu defendre pluralité de femmes en vn
meſme temps, la couſtume du téps reiette telle interpretation, veu qu'entre les Grecs & Romains ceſte polygamie n'a-
uoit lors aucun lieu. Ce neantmoins l'Apoſtre eſcriuant à
Timothee, eſcrit à tous les Epheſiens, voire à toute l'Egliſe de noſtre Seigneur, & eſcriuant à Tite il eſcrit aux Candiots pour le moins, la couſtume deſquels peuples eſtoit
abhorrente de ceſte polygamie : Et n'ay leu qu'entre les Iuifs
de ce temps là il y ayt eu autre exéple de ceſte incõtinence,
que d'Herodes, ſurnommé le grand, qui eſtoit decedé quarante ans au parauant. Vray eſt qu'ils ne faiſoyent grand ſcrupule d'auoir des cõcubines & paillardes à pot & à feu (comme lon dit) non plus que les gentils : Et bien que quant à la
ſubſtance il n'y ayt difference, ſi eſt-ce qu'en la ſpecification
il y a g.ande diuerſité de paillardiſe & polygamie. Laquelle ſi
Rom. 7
Corin. 7
Sainct Paul defendoit en ce paſſage, il faudroit pareillement
inferer que voulant cy apres que la Diaconiſſe ayt eſté femme d'vn mari, il defendit que celle ne fuſt receuë qui auroit
eſté femme de pluſieurs maris en vn meſme temps. Ce que
toutesfois depuis l'homme creé n'a eſté veu en ce noſtre
monde.   Dauantage ce mot γυνὴ ſignifie auſſi bien le ſexe,
que vne eſpouſe. De penſer pareillement que ſainct Paul
ayt voulu taxer les ſecondes nopces, leſquelles il approuue
en tant de lieux, il me ſemble eſtre ſans fondement aucun.
I'interprete donc ces paroles [mari d'vne femme] ſous correction de meilleur iugement, comme s'il vouloit dire, qu'il
ayt vne femme, auec laquelle il viue en chaſteté. Car il ne
dit, qu'il n'ayt eu qu'vne femme, ou qu'il n'en ayt qu'vne : mais
qu'il ſoit mari d'vne femme. Comme s'il vouloit dire que
pour euiter incontinence, il ſoit de beſoin que l'Eueſque ayt
ſa femme, auec laquelle il viue en continence. Parquoy il ne
defend les ſecondes nopces: mais pluſtoſt il les commande,
quand il veut que l'Eueſque ſoit mari d'vne femme. Si eſt-ce
toutesf

toutesfois que ce paſſage a eſté anciennement detorqué en
ce ſens : comme l'interprete le Concile de Valence enuiron
l'an de noſtre Seigneur ᴄ ᴄ ᴄ ʟ. qui defend d'ordonner ceux
qui auroyët eu deux femmes l'vne apres l'autre. Ce qui a eſté
gardé en toutes les Egliſes de Grece, depuis ledit téps iuſques
à auiourd'huy:& ſe garde meſmement en la papauté : voire
en-telle haine des ſecondes nopces, que celuy qui a eſpouſé
vne veſue ne peut eſtre preſtre.   Mais ſainct Paul requerant
de tous les anciens ceſte meſme condition , il n'eſt à croire
qu'il vueille mettre vn fardeau ſi peſant ſur leur col, ne fru-
ſtrer l'Egliſe du Seigneur du gouuernemët d'vn grand nombre de gens de bien , qui pour euiter paillardiſe & pour leur
ſoulagement domeſtique, vſeroyent du remede des ſecôdes
nopces.Dauantage ſainct Paul requerant en la Diaconiſſe &
veſue, qui ſe conſacre au ſeruice de l'Egliſe, qu'elle ayt ſté
femme d'vn mari:deuons-nous penſer qu'il forcloſe les ieunes veſues de ceſt honneur,& ſeruice de l'Egliſe,lors qu'elles
ſeroyent venues en vieilleſſe,& delaiſſees veſues,quand toutes autres qualités requiſes y ſeroyent,veu qu'il leur conſeille, & enioint de ſe remarier ? Ie pren donc ce mot εἷς & μία
non pas pour vnique,mais pour vn & certain,quelle eſt ſa ſi-
gnification. Et de ma part tãt s'en faut que ie penſe qu'aucun,
que Dieu aura doué de tant de graces requiſes au Miniſtere,
doiue eſtre exclus d'iceluy contre la volonté & vocation
de Dieu,qui le marque & preſente à ſon Egliſe,pour l'eſgard
d'vne telle raiſon , que ie penſe que ce ſeroit vne grande ingratitude & meſcognoiſſance de la bonté de Dieu, de reietter vn tel perſonnage.   Et,ie vous prie, Si le Miniſtre tombe
en viduité, S'il ne ſe peut contenir, n'a-il pas le commandement de Dieu de ſe remarier? Or ſe mariãt,qui peut trouuer   1.Corin.7
bon qu'il delaiſſe ſa vocation , & la ſentinelle où le Seigneur
l'aura poſé ? Or il y a encores moins d'apparence de reietter
vn perſonnage du Miniſtere pour ceſt eſgard , veu qu'il y ſeroit eſtabli de par Dieu & ſon Egliſe : de laquelle ſienne vocation on ne le pourroit reietter, & laquelle il ne pourroit
laiſſer en bonne conſcience, ſi en obeïſſant au commandement de Dieu engraué en ſes membres,il ſe remarioit.Mais   Matth.10
les maudicts euenemens de telle ſeruitude nous doiuent aſſés

1. Cor. 3   fés affeurer , que fainct Paul, qui a efté tant fidele feruiteur en la maifon du Seigneur , n'a rien voulu introduire
1. Corin. 7   en l'Eglife contre le commandemét de fon maiftre, ne mefmement contre ce qu'il a ordonné. Cefte parole donc de-
Heb. 13   meure ferme: Le mariage eft honnefte à tous , & eft la cou-
che fans macule. Laquelle difficulté ie n'ay peu paffer fans
en traitter, ce lieu eftant fort à propos: à ce que quand il feroit queftion de l'election des Miniftres, cefte difficulté ne
caufaft fcrupule de confcience en l'Eglife, & qu'icelle par fa
fimplicité ne fe priuaft du fidele feruice d'vn grand nombre
de gens de bien. Nous penferons donc que fainct Paul en
ces paffages defend la paillardife, par trop commune alors
Act. 15   tant entre les Grecs que Iuifs. Ce qui a efté caufe que l'Eglife de Ierufalem enfeigne les autres qu'elles s'abftiennent de
paillardifes.

De l'aage des Miniftres , de ce qui s'enfuit des paroles de fainct Paul, de
la fimonie, des mœurs, & de l'obeïffance en la vocation.

CHAP. IIII.

I L n'eft expreffemen. parlé de l'aage : toutesfois fi
pouuons-nous comprédre q̃ les Apoftres entendent d'vn aage meur, quand ils parlent de l'authorité, & du gouuernement de la famille, & qu'ils les
appellent fenieurs. De faict les anciens quelques fiecles
apres la refurrection du Seigneur, ont efté fcrupuleux iufques là, qu'ils ne vouloyét ordóner des preftres, ou pafteurs,
qu'ils n'euffent trente ans paffés. Ce qui eft commandé par
expres au Concile Neocæfarienfe. La raifon duquel canon
fainct Ierofme refere a efgard affés leger: c'eft que noftre Seigneur Iefus fe manifefta au monde en tel aage, & voulut en
iceluy commencer de prefcher l'Euangile. Les autres ont
requis trente deux ans paffés : pour ce difent-ils, que Iefus
Chrift inftitua le facrement de la Cene, eftant en ceft aage.
1. Tim. 4   Ce qui n'a non plus de fondement. Tant y a que fainct Paul
ordonnant Timothee Euefque d'Ephefe, il n'a efgard à la
ieuneffe d'iceluy, principalement en la neceffité qui eftoit
alors : feulemét il l'admonefte de fe porter fi grauement, que
fa ieuneffe ne foit mefprifee. Et eft à croire que fainct Iean,
Apoftre du Seigneur, eftoit bien ieune lors qu'il eftoit l'vne
des

des colomnes de l'Eglise,& vn des principaux Apostres,veu qu'il a vescu iusques à l'Empire de Traian:c'est à scauoir prés de septante ans apres la resurrection du Seigneur. Origene aussi fut eleu en l'Eglise d'Alexandrie pour Catechiste, n'ayāt encores dixhuict ans.Et l'experience d'auiourd'huy demonstre assés combien le Seigneur a beni en ce royaume & ailleurs la ieunesse de quelques personnages. Vray est que ce sont graces speciales , lesquelles où elles apparoistront, il ne les faudroit laisser oiseuses. Mais en general on doit auoir esgard à l'aage meur & desia graue. Mais où en particulier les mœurs seront graues, & les cōditions reluiront en quelque aage que ce soit,qui sont requises au Ministere,ie ne requerray la vieillesse. Venons à la maniere d'elire:de laquelle nous despecherons d'autant plus aisement , que nous auons cy dessus traitté au long ce qui concerne la conuocation & ordre de l'assemblee, les remonstrances qui se doiuent faire, la declaration de l'aduis des Ministres & senieurs , le conseil que donneroyent ceux qui seroyēt pour cest effect ordonnés par l'Eglise , & commēt puis apres ils se deuroyent gouuerner, la liberté que doit auoir vn chacun à remonstrer à l'Eglise,ce qu'il penseroit appartenir au bien,dignité,& salut d'icelle. Le moyen d'opiner sans trouble , quelque grande que soit l'Eglise : ils restent quelques particularités qu'il nous faut obseruer par le menu sur la doctrine de sainct Paul. Premierement puis qu'il requiert que le Ministre ayt bon tesmoignage de ceux qui sont de dehors , il ne saut exclure de ceste election aucun estranger fidele , qui ayt bon tesmoignage de son Eglise, & vueille aduertir l'Eglise qui seroit assemblee pour elire. Ce que toutesfois il faut entendre de ceste seule admonition & aduertissement , comme ie le demonstreray. Item que voulant qu'il soit irreprehensible en ses mœurs , & gouuernement domestique , il faut donner liberté & audience à quiconque voudra donner aduertissement sur celà, ou faire complaintes. En apres puis que tant de graces sont requises au pasteur & senieur , qu'il doit estre permis à quiconque voudra de nōmer autres qu'il estimera estre plus suffisans & capables outre ceux qui auront esté nommés par les Ministres & senieurs. Et à fin qu'aucune

B cune

cune chose ne se face qu'en toute reuerence & par raison, ie
desireroye que le Ministre ayant faict la remonstrance, ex-
posast à l'Eglise la liberté & puissance qu'elle ha de Dieu, &
prononçast la forme d'vn serment solennel qu'vn chacun,
comme il appartient en telles choses, mettra hors son esprit
toutes mauuaises affections, enuye, haine, faueur, crainte de
desplaire à quiconque soit : mais qu'il dira & opinera ce qu'il
pensera estre agreable à Dieu, pour le bien & conseruation
de son Eglise. Lequel serment seroit faict par tous en leuant
la main dextre, côme estoit la coustume anciéne des Grecs,
receuë dés le commencement en l'Eglise du Seigneur. Par
ce moyen nous euiterôs toute Simonie : laquelle ne se commet seulement quand pour obtenir choses sainctes, argent
y entreuient, mais quand l'ambition & faueur prepostere
esleuent aucun digne ou indigne qu'il soit, en l'estat de l'Eglise : ou que haine & enuie empeschent que celuy qui en est
Iean 2
Matth. 21 digne, n'y soit appellé. Car en ce que Iesus Christ iette hors
le Temple à coup de fouët les acheptans & vendans, d'vne
seule prophanation du Temple de Dieu, il entend toutes
celles qui peuuët violer la maiesté de son Eglise & son Temple. Ostez (dit-il) ces choses, & ne faites de la maison de
mon Pere vne maison de marchandise : C'est à dire, maison
de trafique, & de menee, & n'en abusez en vos affections.
Pour laquelle raison sous couleur quelconque & apparence
de bien, nous ne deuons admettre ces belles raisons humaines de retenir & mettre sus le col des Eglises, les Euesques
qui ont esté ordonnés par le Pape, quelque confession qu'ils
facent, pour esgard de ce tiltre qu'ils allegueroyent : Car il
Matth. 9
Luc 5 ne faut mettre du vin nouueau dans des barils vieils : ne ra-
coustrer vn acoustrement vieil de drap neuf. Car ce sont
choses toutes repugnantes, qui ne peuuent consister ensemble. Et comme ainsi soit qu'ils soyent en la place des
Scribes & Pharisiens, tant pour la similitude de la doctrine,
que pour auoir occupé la chaire de Moyse, & pour auoir do
Matth. 23 miné en l'Eglise du Seigneur, il faut que leur maison soit deserte, dit le Seigneur. Il ne faut donc pas qu'ils enuahissent
celle de Dieu, ne qu'ils se remettent derechef sur les espaules de l'Eglise : mais qu'ils demeurent en l'opprobre qu'ils meritent,

rirent, s'ils ne se conuertissent: ou pour estre vrais membres
du Seigneur, si dauanture le Seigneur leur donne repentance. Car nous ne deuons non plus esperer d'eux que l'exemple de nos voisins nous le permet. Et à la verité leur estat
ainsi qu'ils sont venus, qu'ils ont fait le serment, & qu'ils l'one
exercé pour la plus part, est ennemi de Dieu, & de la doctrine de l'Euangile. Parquoy l'Eglise les doit craindre, & se dôner garde d'eux, voire les auoir en horreu doresnauant, côme les brebis s'effarouchent en voyant vn loup prins, ou à
demi mort. Toutesfois si ne veux-ie nier qu'il n'y en ayt de
fort excellens personnages doués de grad sçauoir, eloquence, & pieté, comme l'escrit de quelques-vns & leurs predica-
tions le demôstrent:& ne fay doute qu'en ceste synaguogue
il n'y ayt aucuns bons personnages, comme entre les Scribes
ont esté Nicodeme & Iosephe d'Arimathie: Mais s'ils se veulent consacrer au seruice de l'Eglise, ils ne doiuent vsurper
ceste puissance, mais estre par elle specialement eleus, & se
doiuent assubiettir à l'obseruation de la discipline : autremêt
qu'ils iouïssent de leurs reuenus d'iniquité à quelque tiltre
qu'ils voudront, mais que ce ne soit sous le nom de Pasteurs
ne d'Euesques de l'Eglise du Seigneur, à ce que ces malheu-
reux deniers ne profanent derechef le temple d'iceluy, &   Actes 18
que l'Eglise ne soit encores plus profanee par leurs mœurs,
leurs caracteres indelebiles & leur doctrine. Car qui n'eust
trouué estrange si Crispe, qui auoit esté chef de la synagogue
de Corintho, eust voulu estre chef de l'Eglise Corinthienne,
apres auoir esté côuerti ? ou si le grand Pontife Romain eust
voulu estre Euesque de Rome, les Sacrifices abolis, & son
estat abregé par Constantin ou Theodose ? Pareillemêt tout
droit de presentation, patronage, & autres semblables deuroyent estre abolis, comme choses directement contraires
à la parole de Dieu, & comme pernicieux venins de l'Eglise
du Seigneur: A quoy vne bonne partie des maux aduenus à
nos voisins, & le poure ordre qui y regne encores, doiuent
estre attribués. Mais nos ancestres (dira-on,) ont fondé &
donné tous ces biens, se reseruans ceste cognoissance : aufquels qui voudroit alleguer que ce qui est doané ou pour
cause mauuaise, ne se peut reporer, & que la condition de-

meure

meure nulle : ou que ce qui est donné pour cause friuole & inutile doit estre appliqué en meilleur vsage, ie croy qu'ils se trouueroyent empeschés d'y respondre, principalement s'ils ne monstroyent à l'œil les choses qui auroyent esté alienees de leurs maisons, & pourquoy. Pareillement qui leur opposeroit qu'ils ont plus eu de biens Ecclesiastiques par donations, & successions des Euesques, abbés, prieurs, curés leurs parens & amis, que les fondations ne montent : ie croy qu'ils confesseroyent cela estre iuste, & se condamneroyent. Mais qu'ils se saisissent plustost de tous biés Ecclesiastiques, qu'vne telle simonie ayt lieu en l'Eglise, ne qu'il soit souffert vn contre-eschange si pernicieux, des choses sainctes auec les prophanes. Sur tout il faudroit auoir l'œil sur ceux lesquels en leur nom, ou pour autruy, sont menees secrettes pour acquerir faueur & suffrages : lesquelles choses sont si dangereuses qu'on ne doit souffrir en l'Eglise tel exemple, quelque bonne couleur & apparence qu'il y ayt. Car il n'y a rien de bon, ne de sainct, que ce qui demeure tousiours tel, quant à soy, & ne tire point vne conséquence pernicieuse apres soy : & celuy qui peche en exemple d'autruy, est digne de double peine. Ie sçay qu'il a esté attribué à grand' louange à Flauian & à Diodorus de s'estre declairés ne vouloir refuser la charge de l'Eglise d'Antioche, si elle les y appelloit. Car ces excellens personnages n'aspireroyent à honneur : mais voyans vne horrible dissipation de celle Eglise, comme les bons pilotes prennent le gouuernail, & qu'on leur quitte volontiers en temps de tempeste, & en lieu perilleux, ainsi ces bons peres s'offrirent alors à labeur & à peine. Pourtant sainct Paul dit que qui aspire à l'office d'Euesque, il aspire à vne bonne œuure. Ce qu'on entendra mieux qui côsiderera le grâd trauail, & le grâd dâger qui estoit pour lors, & la petite récôpense és choses humaines, qu'il y auoit pour tels personnages. Ce n'est donc mal-faict d'aspirer à seruir à Dieu & à son Eglise en vne chose si saincte, si glorieuse, & si salutaire : mais il faut que nous souffrions que Dieu gouuerne son Eglise, & le prions qu'il touche les cœurs de ses seruiteurs pour ordonner ce qui est de sa volonté, & que nous attendions nostre vocation en patience, comme Moyse, qui a esté berger par

les

1. Timo. 3

Exod. 3
Actes 7

les deferts quarante ans:attendant iournellement l'heure de
fa vocation. Mais à beaucoup moindre raifon deuons-nous
eftre impatiens,& faire brigues pour nous auancer, veu que
le Seigneur ne nous a rien promis, pourquoy nous deuions
murmurer & nous ennuyer d'attendre. Car nous ne nous
deuons croire de nous mefmes, ne penfer que nous foyons
quelque chofe, bien que nous ne fommes rien. Que fi les
graces requifes en telles charges font en nous, il nous faut
penfer que Dieu fçait & a ordonné le temps de noftre vocation. Parquoy nous cercherons le regne de noftre Sei-   *Matth.6*
gneur,& fa gloire:non ce qui eft noftre. Que fi autre efgard
nous efmeut,nous monftrons bien que nous ne fommes incités de l'Efprit du Seigneur:mais que nous fommes poulfés
par l'efprit de noftre ventre, ou de celuy de Simon le magicien. Parquoy telles menees doiuent eftre exterminees de
l'Eglife par excommunication,non feulement en la perfonne de ceux qui les font faire, mais aufsi de ceux qui font mis
en befongne par autruy, ou qui s'y employent de leur gré.
Et, qui plus eft, le Magiftrat deuroit punir telles gens, comme corrupteurs de toutes bônes mœurs, & ne deuroit eftre
moins dihgent pour la conferuation de l'Eglife, qu'ils font
pour leurs Republiques : efquelles ils puniffent par bânifle-
mens & peines corporelles ceux qui font telles menees.
Parquoy les moyens legitimes pour paruenir aux offices de
l'Eglife, feront les graces que les Apoftres requierent, defquelles nous auons parlé, l'efpreuue qu'en feroit l'Eglife és
propheties,& autres exercices,la prudence,fageffe, charité,
cognuee & approuuee en tous les affaires de l'Eglife. Au
contraire aufsi on y peut cômettre faute en refufant la charge que l'Eglife offre legitimemêt,fi ce n'eft par grand' raifon:
mais feulement pour ce qu'on ne vueille rompre fon repos,
s'efpargner,& euiter labeur, ou danger. Comme aufsi fi on
a vne trop grande deffiance de fa fuffifance, ou pour telles
confiderations, pout lefquelles le Seigneur eft prouoqué à
ire, & retire fes graces de telles perfonnes. Ionas fuyant fa   *Ionas* 1
vocation tombe entre les balaines & lamies. Le Seigneur
dit aufsi à Ieremie : Ne di point, Ie fuis enfant:car tu iras par   *Ierem.1.17*
tout où ie t'enuoyeray, & parleras tout ce que ie te commâ-

deray. Ne crain point pour lamour d'eux: car ie fuis auec toy,
pour te deliurer, que parauanture ie ne t'efpouuante deuant

code 4
eux. Parcillement le Seigneur fe courrouce contre Moyfe,
lequel faifoit grand' inftäce, à ce qu'il ne portaft point la parole au peuple d'Ifrael, & à Pharaon, pour autant (allegoit-il)
qu'il parloit mal à fon aife. Car il nous faut affeurer que fi
Dieu ne nous detient par caufe bonne & iufte, foit par defaut naturel, foit par accident, il n'y a excufe qui nous fäoue
que ne tombions en fon iugemét par noftre ingratitude, &

Actes 9
ne fentions fon efguillon, lequel a fenti fainct Paul, & les Pro-
Ionas 2
phetes. Ce que recognoit Ionas au ventre de la baleine: difant ainfi: Ceux qui obferuét les vanités inutiles laiffent leur
deuotion: mais ie le facrifieray en voix de louange. De laquelle obeïffance il y a de beaux & excellens exemples en
Matth. 4
la vocation des Apoftres qui abandonnent toutes chofes
pour fuiure la vocation de Iefus Chrift: defquels exemples
mefmemét l'Eglife anciéne n'eft deftituee. Sainct Bafile auoit
prins grand' peine pour la reformation & reduction de l'E-
glife de Conftantinoble: Lequel eftant fort preffé du peuple & de l'Empereur Theodoze de recepuoir la charge d'i-
celle Eglife, il la refufa pour bonne raifon, ayant fa vocation
à Thyane cité de Cappadoce: Mais il confeilla que la charge fut donnee à Nectarius grand perfonnage en l'Empire
Romain, comme Confulaire qu'il eftoit: lequel bien que ce
fuft chofe eftrange & inaudite auparauant, fi ne la refufa-il
point. Sainct Ambroife auoit eu de grands eftats en l'Empire, & eftoit lieutenant du Preconful: lequel voyant l'Eglife de
Milan eftre en grande efmeute pour l'election de l'Euefque,
môta en chaire pour appaifer le trouble: fur lequel les yeux
de toute l'Eglife furent incontinent iettés, & par vn cômun
accord, & infpiration Diuine il fut eleu de tous mettans les
armes bas: Dieu fans doute môftrant en cela fa vertu & pre-
fence. Laquelle charge il ne refufa, bien que l'eftat qu'il auoit
fuft bien plus fructueux, & en apparence des hômes par trop
plus honnorable. Ce que ie n'efcri fans grande raifon, par ce
qu'il y a vne telle ambition en noftre nation, & vne auarice fi
defefpérée en tous, que la ieuneffe en eft incontinent enue-
-nimei, & transportee de l'eftude ytile & neceffaire à la Re-
                                                              pub

publique, en l'estude & vacation des choses qui apportent
aux hommes honneur & richesses : & ne desire icelle tant la
science & sagesse, que d'estre veuë sage , & sçauante. Dont il
nous faut attendre que des choses où il n'y auroit ne tant de
pōpes, ne tels profits, cōme en ceste saincte & sacree charge,
ne telle admiration du populasse & plus de labeur & de peine, là il y auroit vn grād mespris & cōtradiction à la vocation
de Dieu. Mais d'autre costé ce bien en aduiendra , qu'il y aura moins d'ambition & fierté : & dauantage que ceux que
Dieu appellera à ceste saincte charge , ne pourront longuement regimber contre l'esguillon du Seigneur. Car mesme   *Actes 9*
il n'est pas dict que le Seigneur enuoye simplement ses ou-
uriers en sa vigne, mais qu'il les chasse. Mais pourroit-il adue-   *Matth. 9*
nir à homme mortel plus grand honneur, que d'estre am-
bassadeur de Dieu & interprete de sa volonté ? voire tel que
Dieu declare par Isaie : Est-ce peu de chose , que tu me sois   *Isaie 49*
seruiteur pour susciter les lignees de Iacob, & pour restaurer
les choses desolees d'Israel ? Toutes lesquelles choses estans
dictes principalement touchant les pasteurs & Ministres,
doiuent estre entendues pareillemēt des Diacres, docteurs,
lecteurs, & autres offices de l'Eglise : du deuoir & charge desquels nous parlerons cy apres : seulement i'adiousteray pour
maintenant que les noms de prestre, Euesque, & pasteur signifient presque vne mesme chose en substance , sinon que
le nom de prestre cōtient dauātage l'honneur de l'aage, & est
vn peu plus ample, pour ce qu'il cōprend aussi ceux, lesquels
ayans en l'Eglise plus d'apparēce de crainte de Dieu, de prudence, & intelligēce de l'escriture, sont adioutés aux pasteurs
pour leur soulagement & pour le conseil de l'Eglise. Ce que
demonstre clairement sainct Paul : lequel ayant faict venir à   *Actes 20*
soy les prestres, c'est à dire senieurs de l'Eglise d'Ephese, en la
ville de Milete, il les admonesta ainsi : Le sainct Esprit (dit-il)
vous a ordonnés Euesques pour gouuerner l'Eglise de Dieu.
Et escriuant à Tite de la charge des senieurs & prestres , il   *Tite 1*
escrit les mesmes conditions du pasteur, en descriuant celuy
d'Euesque. Item ie t'ay, dit il, laissé en Candie, à fin que tu
ordonnes des Euesques par les villes. Dauantage escriuant
aux Philippiens , il salue les Euesques & Diacres d'icelle
Egli

Eglife. De quoy il eft apparent, comme auffi fainct Ierofme
efcrit à Nepotian (& ailleurs) que ce n'eft qu'vne mefme
charge & office de tous: & que tous font d'vne mefme puiffance. Mais que de ce nom d'Euefque on a faict depuis vn
nom de dignité. Ce que cy apres nous deduyrons plus amplement, Dieu aydant.

De certaines confiderations fur l'election, de l'impofition des mains
& ordination. 　　　　　　　　　　　　　　CHAP. V.

V A N T aux villes où telles elections fe feroyent,
ie feroye d'aduis qu'en chacune des prouinces, lefquelles font de grãde eftendue & reffort , comme
auffi il eft expedient pour beaucoup de raifons.
comme Dieu aydant nous le declairerons , il y euft vne
vniuerfité, & vne bonne efchole en chacun bailliage : on
prendroit les plus propres & commodes tant de l'vniuerfité, que des efcholes pour feruir au Miniftere des Eglifes, lequel deffaut fe rempliroit toufiours par la ieuneffe.
qui foufcroiftroit fans ceffe en ces efcholes & bouillõneroit
continuellement de fes fources viues des bons arts & fcien-
ces. Ce qui fe feroit par plufieurs moyens, comme nous
entendrons. Es fieges defdicts bailliages, on feroit l'election
pour toutes les Eglifes des lieux qui en depédroyent. Car là
feroyent lefdictes efcholes, là feroit vne affluence de gens no
tables & doctes, là feroit le fiege du Confiftoire, & le principal ordre ecclefiaftique, là la ieuneffe feroit cõtinuellement
en la veuë de l'Eglife, & feroit approuuee en tous les affaires d'icelle. Toutesfois fi feroy-ie d'aduis, que quand il feroit
queftion de l'election pour aucun lieu , on denonçaft le iour
à l'Eglife qui en auroit faute, à ce que qui voudroit il fe trou-
uaft à l'election , à fin qu'aucune Eglife ne fuft mefprifee, de
quelque petite condition que fuffent les membres d'icelle.
Mefmement ie feroye d'aduis que fi ces Eglifes auoyẽt quelque perfonnage notable, ou en demandoyent vn certain,
pourueu que cela fe feift legitimement, que l'Eglife matrice
en cognuft pour leur accorder s'il eftoit vtile, ou refufer s'il
eftoit inutile. Hors ce cas ie defireroye que l'election faicte
aux villes principales, apres la denõciation dont nous auons
parlé, toutesfois auant l'impofition des mains & l'ordination

tion dont nous parlerons maintenãt, les Miñiſtres eleus fuſſent preſentés aux Egiſſes, qui en auroyent beſoin, à ce que
ſi en leur vie, ou leur doctrine aucun ſçauoit quelque ſcandale, ils fuſſent reiettés ou acceptés ces cas ceſſans. Ce qui
eſt conforme au ſerment que nous auons dict, qu'il faudroit
que les Egliſes feiſſent en ce cas. Par ce moyen nous ne
fruſterriõs aucune Egliſe de ſa liberté, &, ce qui eſt vne marque d'vne vraye liberté, chacune Egliſe auroit autant de
puiſſance, que ſa ſuffiſance le porteroit. Car c'eſt choſe rai-
ſonnable & couſtume treſancienne de deſerer quelque aduantage aux Egliſes matrices, veu qu'en icelles il y auroit vn
ſi bonne ordre, deux conſeils ſi legitimoment aſſemblés, vn
ſi grãd nombre de gens de ſçauoir, & de perſonnes eſprou-
uees par vn long temps, en leur vie & en ſçauoir, en vne telle lumiere & veuë des hommes. Principalement que, comme il a eſté dict, toute l'Egliſe qui auroit faute de paſteurs, le
pourroit trouuer en ladicte election. Sur lequel poinct ie
ne peu obmettre qu'en tel lieu où le peuple eſt plus rude &
groſſier, comme par les villages, le grand ſçauoir & eloquence ne ſont tant à requerir ordinairement, qu'vn bon zele,
vne bonne vie, ſçauoir mediocre, vn eſprit net pour s'expliquer, & vne bõne diſpoſitiõ de corps pour porter le labeur,
qui y eſt requis. Pour ceſte raiſon ay-ie cy deſſus dict que le
ſerment que feroit l'Egliſe, ſeroit non de choiſir les plus ſuffiſans, mais les plus propres pour la charge dont il ſeroit
queſtion. Car encores que toute ſuffiſance ſe deuſt deſirer
en tous, ſi eſt-ce qu'en ce defaut de tels perſonnages, il faut
regarder ce que requiert la neceſſité de chacun lieu : & accommoder les ouuriers, que nous aurions entre les mains,
à la matiere preſente, en mettant chacun en ſon lieu propre, ſelon qu'il eſt requis, & ſelon que le ſubiect, & le beſoin
preſent le porte. Ce que ie dy, par ce que ie fay doute s'il
eſt licite, ſans grande apparence & neceſſaire raiſon, & pour
vn grand bien de l'Egliſe, de reuoquer les Miniſtres de leur
vocation ſpeciale, à laquelle Dieu les oblige, & les retirer
des Egliſes qui ſont comme leurs eſpouſes, pour les tranſporter ailleurs ça & là, principalement quand ce ſeroit contre la volonté des Egliſes & des Miniſtres. A quoy nous

C   auons

auons veu que lon n'a peu induire Bafile. Et nous faut noter
les paroles de fainct Paul : Prenez garde à vous, & à tout le
troupeau auquel le fainct Efprit vous ha ordonnés furueil-
lans.   Or comme c'eft chofe capitale de delaiffer fa fentinelle pour occafion quelconque, fi on n'eft leué par celuy
qui l'a pofee, pareillement c'eft chofe dangereufe de reuoquer le Miniftre du lieu où le Seigneur l'a ordonné en garde & ftation:& celuy fe charge de crime capital deuãt Dieu,
qui abandonne fa fentinelle. Ce q̃ ne penfe Euariftus Euefque Romain, lequel eftoit enuiron l'an c x 11. du Seigneur,
qui dit que cõme le mary ne peut laiffer fa femme, ne pareillement l'Euefque peut abandonner l'Eglife. Ce que en ceft
aage de l'Eglife a efté fi eftroictement gardé qu'il a fallu que
les Eglifes donnaffent aduis fur vn tel iugemẽt : ce que nous
cognoiffons d'vne Epiftre d'Anther Euefque Romain. Parquoy i'eftime que l'Eglife doiue en cecy vfer de grande dif-
cretion. Et fi cefte difcipline eftoit gardee, laquelle ne fouf-
friroit ne primatie, ne preeminence de fiege, ne donneroit
gaiges qui fuffent tant pour tant plus grands aux vns qu'aux
autres, il n'y auroit occafion de vouloir changer. Et ne penfe qu'il y euft aucun qui ne fe contentaft de fa vocation, finon qu'il y euft grandes raifons au contraire.   Et de vray ces
changemẽs defcouragẽt les Eglifes, lefquelles fe voyẽt eftre
comme en rebut, & qu'on leur ofte leurs Miniftres, qu'elles
ont le plus fouuẽt de lõg tẽps accouftumés, qui les cognoiffent au dedans & dehors (comme lon dit) auffi qu'elles ont
en honneur & eftime, lors qu'ils font vn peu façonnés. Ce
qui diminue beaucoup de l'authorité de leurs fucceffeurs, &
le zele d'ouir la parole. De faict ça a efté vne couftume gardee
en l'Eglife par vn long temps, confermee par le Concile de
Carthage, que où chacun eftoit ordõné, là il deuoit demourer, s'il n'y auoit grande apparence : comme pour fubuenir à
l'Eglife matrice : laquelle couftume s'eft perdue à raifon des
richeffes, pompes, hõneurs, & degrés des fieges epifcopaux.
ne s'eft iamais peu remettre du depuis, à raifon de cefte ambition, nonobftant toutes loix & canõs qui ayent efté faicts
au contraire. Ce n'eft auffi chofe de petite confideration,
qu'en l'election des Miniftres il nous faut auoir l'œil fur toutes

tes les conditions que sainct Paul requiert:Mais principalement sur les mœurs & le zele de la gloire de Dieu & du salut
des ames.   Car le sçauoir y pourroit bien estre, eloquence,
dexterité à enseigner & appliquer la doctrine celeste : mais
le fondement de ces vertus doit estre pieté , & saincteté de
vie.   Ce que sainct Paul entend,quand il veut que l'Euesque
aye le secret de foy en bonne conscience : & en ce qu'il veut
qu'il soit esprouué,il ne veut que nous en iugions d'vne seule predication,& encores moins par le tesmoignage de peu
de personnes.   Ie ne me tairay non plus d'vne faute notable
qui seroit à euiter:laquelle est cause en partie de l'ignorance
& obstination qui est en plusieurs lieux où l'Euägile est presché.   C'est que les Princes voulans deriuer & faire couler en
leurs fisques tous les reuenus ecclesiastiques , s'il leur estoit
possible,establissent vn Ministre sur plusieurs paroisses: voire sur plusieurs villages,fort eslongnés les vns des autres. Et
toutesfois si faut il que le bon pasteur cognoisse ses brebis,   *Ezech.34*
qu'il conforte celle qui est foible , qu'il guarisse celle qui est
malade,qu'il radoube celle qui est desrompue, qu'il rameine
celle qui est deboutee , & qu'il cerche celle qui est perdue:
pour lesquelles choses deuëment faire vn Ministre , secouru
de son maistre d'eschole,à grand' peine pourroit-il suffire en
vn village mediocre , principalement que outre la predication ordinaire,il faut instituer la ieunesse en la religion Chrestienne, appoincter & reconcilier les paroissiens ensemble,
consoler les malades, enseigner particulierement , & visiter
les maisons : & faire assés d'autres choses qui sont bien pour
employer vn Ministre,quelque diligöt qu'il soit. Ie n'obmettray aussi ce qu'il me semble touchät l'imposition des mains,
& l'ordination des personnes eleuës:laquelle ceremonie cöme elle est tresancienne , & instituee dés l'origine premiere
& naissance de l'Eglise Chrestienne,il me semble qu'elle doit
estre restituee à icelle auec les autres poincts de la discipline.
Car le Seigneur a tousiours voulu asseurer ses seruiteurs de   *Exod.3*
leur vocation , en quelque estat qu'il les aye appellés , mais
specialement les Prophetes: comme Moyse qu'il appelle par
sa voix & par miracles:Samuel,Ieremie,Isaye,par voix & par   *1.Sam.3*
vision:comme aussi la plus part des autres Prophetes.Pareil-   *1.Rois 19*

lement Elisee par imposition du manteau d'Elie , & par vocation externe, rendant tesmoignage de l'interieure, par laquelle il luy toucha le cœur pour le suyure & se rédre obeïs-
sant. Et le Seigneur Iesus voulant enuoyer ses Apostres , il
leur dōna premieremēt le sainct Esprit , representé par le signe de son soufle. Et par apres il les oignir de la mesme vertu du sainct Esprit, par signes admirables. Les Apostres aussi
ont imposé les mains sur ceux qui estoyent eleus par l'Eglise
pour plus ample confirmation de leur vocation. Sainct Paul
ordonnant Timothee luy imposa les mains , comme estoit
la coustume , & luy defend d'imposer legerement les mains
sus aucun, de peur de participer au peché d'autruy. Laquelle
ceremonie a esté depuis obseruee en l'Eglise , lors mesmement qu'icelle a esté despouillee de son election,& que toute discipline a esté corrompue & prophanee. Car bien que
ceste ceremonie destituee de ce qui deuoit proceder, à sçauoir de la vraye & legitime election, ne fust qu'vn signe nud,
si est-ce qu'elle a esté constamment retenue: les hōmes estās
par trop plus curieux à se tenir aux ceremonies & vmbrages,
qu'à la verité & propre substance des choses. Mais aiourd-
d'huy qu'il est question de la restitution de la discipline de
l'Eglise , & qu'il plaist au Seigneur confermer & renouueler
ses promesses , ceste partie de discipline ne seroit oiseuse , &
ne luy doit estre refusee. Car veritablement si on procede
à l'election en toute reuerēce, en ieusnes, prieres,& oraisons,
ce signe ne sera destitué de sa verité : ains sera auec efficace
& demonstration de la vertu interieure de l'esprit de Dieu,
comme il a esté dict. Outre laquelle chose ce signe seruira
au Ministre de plus grand tesmoignage de sa vocation,& luy
sera vne leçon de s'oublier,& se consacrer du tout au seruice
de Dieu, pour luy estre ostie plaisante & agreable, & luy dō-
nera grace & authorité plus grande deuant la face de l'Eglise. Ce que Samuel met deuant les yeux de Saul, pour le cōfermer. Ce, dit-il, te sera pour signe. C'est que le Seigneur t'a
oingt pour Prince. Mais on m'alleguera que les Apostres en
ont vsé, par ce qu'ils auoyent ceste puissance par vn mouuement diuin de donner le sainct Esprit: & puis que telle vertu
cesse, que le signe de la vertu doit aussi cesser. A quoy ie
respon

Iean 20
Actes 2

1. Timo. 5

Rom. 12

1. Sam. 2

respon ce que dessus: que non seulement les Apostres en ont
vsé, mais aussi les disciples, & ceux à qui ils ont baillé les Eglises à gouuerner, biē qu'ils n'eussent non plus de dons de mi- *1. Timo. 4*
racles que les Ministres de maintenant Dauantage on imposoit les mains sur ceux qui auoyēt ia receu le sainct Esprit *Actes 6*
comme feirent les Apostres sur les sept Diacres : car ils furent eleus iouxte l'exhortation des Apostres, gens ayans
bon tesmoignage, pleins du sainct Esprit, & de Sapience,
comme aussi on n'appelloit point au ministere des neo-
phytes & nouueaux chrestiens : mais telles personnes que
sainct Paul forme & institue pour le ministere. En apres
nous n'attribuons la vertu de Dieu, à ce signe externe : mais
asseurons que l'election faicte iouxte le commandement &
volōté de Dieu, les prieres de l'Eglise, & benediction d'icelle ne seront sans vertu & efficace grande Laquelle ordination a tousiours esté telle en l'Eglise, tant qu'elle a esté en
sa pureté depuis le temps des Apostres. Car plusieurs pasteurs assemblés en vne Eglise, vn bon nombre, ou tous im-
posoyent les mains sur le Ministre qui estoit eleu, apres la
priere faicte à propos pour cela, laquelle vn d'entre eux re-
citoit. Laquelle coustume sainct Paul nous demonstre auoir
esté de son temps. Lequel escrit ainsi à Timothee. Ne mets *1. Timo. 4*
point à nonchaloir le don qui est en toy: lequel t'est donné
en interpretation de l'Escriture par imposition des mains
des anciens Entre lesquels mesmement sainct Paul bien
que luy seul peust abondamment suffire, si est-ce qu'il en a
esté vn, comme il est à croire, veu qu'il escrit ainsi au mesme
Timothee. Pour laquelle cause ie t'admoneste que tu suscites *2. Timo. 1*
le don qui est en toy, par l'imposition de mes mains, vray est
que depuis que l'authorité des Euesques c'est accreuë, ils ont
desdaigné les senieurs & pasteurs, & se sont faict ordonner
par autres Euesques, & par le metropolitain : quasi comme
s'il y eust eu en eux plus de puissance, de dignité, & saincteté
Ce que mesmes a esté ordonné au Concile de Nicee. Quāt
à l'huile & onction, qu'on a reprins des Iuifs par vne peruerse imitation (ce qui a esté institué en l'Eglise enuiron troys
cens ans de nostre Seigneur) c'est chose plus legere que pour
icelle refuter nous deuions employer le temps. Mais cy des-

sus on peut taire vne difficulté qui est de grãde importance:
à sçauoir puis que l'imposition des mains & ordination doit
auoir lieu en l'Eglise, si les pasteurs ou autres anciés ne pensent que celuy que l'Eglise a eleu pour quelque Ministere &
office que ce soit, soit suffisant, ou plustost s'ils le iugent insuf
fisant, à sçauoir s'ils luy doiuent imposer les mains. Or sainct
1.Tim.1.et 3
Paul defend à Thimothee d'imposer tost, c'est à dire temerairement, les mains sur aucuns, de peur de participer au po-
ché d'autruy: c'est à dire de l'Eglise qui commet ceste faute, &
au peché & mal que commettra celuy qui est ainsi eleu. Car
veritablement côme sainct Paul mesme admoneste Timothee, il faut que le Ministre aye le secret de soy en bône conscience: Et neantmoins s'il approuue l'election temeraire de
l'Eglise, & ordonne celuy qui est scandaleux ne sçachant il
ne peut auoir ceste boune conscience, & ne doit, voire pour
mourir, consentir & confermer vne telle faute. D'autre costé
nous auons veu, que la souueraine puissance appartiét à l'E-
glise: l'election de laquelle ne doit estre sous la correction
d'aucun, car la correction emporte superiorité. Dauantage nos mœurs empirans iournellement, il aduiendroit auec
le temps, que les Euesques & leur clergé s'en voudroyét faire croire, comme il est des long temps aduenu. Aussi d'induire aucun par force de faire chose contre sa côscience est
vn grãd mal Pour laquelle difficulté resouldre ie serois d'aduis, sous correction de meilleur iugement, qu'on suyuist en
cecy l'exemple de l'Eglise primitiue, & qu'on prinst aduis des
Eglises de la prouince, & qu'on executast ce qui seroit par elles ordonné. Par ce moyen les Ministres n'imposeroyent
tost les mains, ne temerairement sus aucun. Et si on pourroit par ce moyen redresser & amender les fautes des Eglises. Dauantage on remedieroit au chagrin & presumption
des ministres, le faict desquels viendroit en cognoissance de
toutes les Eglises. Ce que nous auons demonstré auoir esté
faict en la deposition de Paulus Samosatenus. Si les Ministres ne vouloyent côsentir à l'aduis des Eglises, ie serois d'o-
pinion que les autres anciens, ou aucun d'eux, ordonnassent
le Ministre en presence de toute l'Eglise. Ce qui ne se seroit
1.Timo.3
sans faute euidente des Ministres, qui prefereroyent leur iu-

gem

gement à celuy des Eglises. Or sainct Paul nous enseigne que les anciens doiuent imposer les mains. Pour ceste communication de conseil il semble que anciennement les Eglises ayent signifié l'vne aux autres leur election : & que les Pasteurs des autres Eglises soyent venus pour se trouuer à l'ordination en choses douteuses:comme il appert par l'Epistre que le Concile de Carthage escrit à l'Eglise d'Emerita : touchant la deposition de Martial & Basilides,& l'ordination de Sabinus.

De la reiection des Ministres & deposition, & des causes d'icelle. CHAP. VI.

LA reiection des Ministres suit ceste discipline de l'election. Car ce n'est pas ça bas en la terre qu'il faut cercher la perfection de l'Eglise : tant qu'elle est au voyage de ceste vie, elle est côme enuironnee de brouillards d'ignorãce estant separee du Seigneur,qui est sa lumiere eternelle,& sa seule sapience:& ne le contemple sinon par foy au trauers des tenebres de ce monde.Parquoy estant comme emprisonnee en ces cachots obscurs & profonds d'ignorãce,elle ne reçoit la lumiere du Seigneur que comme par les petites fenestres estroites & oblieques de son iugement : ce qui fait que quelque fois elle iuge mal des choses, en prenant les vnes pour les autres , & qu'elle se treuue souuent deceuë. Parquoy bien que nostre redempteur Iesus Christ se soit abãdonné à la mort de la croix pour son Eglise, à fin qu'il se la sanctifiast la netoyant au lauement d'eauë, à ce qu'il la constituast à soy mesme Eglise glorieuse, n'ayant tache,ne ride,ne aucune telle chose,mais qu'elle fust saincte & sans reprehension,si est-ce que ceste gloire & perfection ne luy sont propres:mais imputees,& departies ainsi que le Seigneur voit qu'il est expedient pour le salut d'icelle, & pour sa gloire.Ceste perfection se commence icy,mais se parfera quand elle sera despouillee de sa mortalité , & que le Seigneur Iesus l'aura vnie visiblemēt en son corps au royaume eternel. Mais ce pendãt qu'elle est voyagere en ces lieux bas , Dieu permet qu'elle choppe & bronche quelque fois assés lourdement,pour luy oster toute securité & secoüer ceste negligence : à fin qu'elle se tienne modestement sous la bride de la discipline & gouuernement de son Seigneur.

Ephes.4
Ephes. 5

Si

Si eſt-ce toutesfois q̃ pour les raiſons ſuſdites & les brouillards que le Diable luy meſt au deuant, pour les fards auſſi
de l'hypocriſie des hommes, elle ne peut iuger ſi exactemẽt.
De quoy aduient que quelque fois elle ſe trouue deceuë en
ces iugemés : & pour ne paſſer outre noſtre ſubiect preſent,
par fois il aduient que l'Egliſe penſant eſlire des Anges, elle
elit des Diables transfigurés & deſguiſés en Anges. De quoy
ſainct Paul nous admõneſte eſcriuant ainſi à l'Egliſe Corinthienne : Tels faux Propheres ſont ouuriers cautelleux ſe
transfigurans en Apoſtres de Chriſt : & n'eſt pas merueilles.
Car Satan meſme ſe transfigure en Ange de lumiere. De
quoy elle ne ſe doit troubler : mais faire ſon profit de ſa
faute, & proceder en ſon gouuernemẽt en plus grãd' crainte & ſolicitude deuant Dieu. Car il nous faut noter ces paroles que le Seigneur Ieſus dit à ſes Apoſtres, leſquelles
doiuent ſeruir à l'Egliſe d'vne grande cõſolation quand elle
ſe voit deceuë en ſes iugemés. Ne vous ay-ie pas eleu douze?
Or il y en a vn d'entre vous qui eſt Diable. Or il nous faut
noter ce mot d'eſlire qui ne ſe doit entendre de la vocation,
mais de ſa prouidence : il auoit donques cogneu Iudas &
eleu à ceſte vocation deuant les ſiecles, comme ſa creature :
& pour tel que alors il le cognoiſſoit deuant qu'il euſt conceu en ſon eſprit ſa trahiſon : mais il a voulu par cela principalement teſmoigner qu'il eſt mal aiſé de trouuer vn grand
nombre de bons & fideles Miniſtres, & a voulu eſtre trahi
par vn de ſes Apoſtres, pour dõner à craindre à ſon Egliſe, à
fin qu'elle ſe tinſt mieux ſur ces gardes & ne fuſt deſtituee de
cõſolation en ſon aduerſité. Les Apoſtres auoyẽt receu par-
ticulieremẽt des dõs admirables de Dieu : entre autres celuy
de diſcretion des eſprits : l'Egliſe eſt fidelemẽt admonneſtee
par eux d'eſlire ſept perſonnages pour eſtre Diacres : qui euſſent bon reſmoignage, qui fuſſent pleins du ſainct Eſprit.
Ce qu'elle fait en priant & ieuſnant. Et toutesfois entre
les autres elle elit Nicolas, que les Apoſtres ordonnent : lequel toutesfois on tient eſtre celuy qui a tant troublé les
Egliſes d'Aſie. Or il n'y a doute que comme à l'Egliſe appartient l'election, pareillement la depoſition ne luy appartienne. Et veritablement pour neant le Seigneur Ieſus ad-
monneſt

2. Corin. 11

Iean 6

Apocal. 2

monnesteroit son Eglise de se donner de garde des loups, & des faux prophetes qui viëdroyët en son nom, estâs reuestus de manteaux de brebis, s'il n'estoit en la puissance d'icelle de les reietter : comme ainsi soit qu'aucun ne presche qui n'aye vocation: pour neant, dy-ie, sainct Paul eust ramené les Corinthiens & Galates en la voye de verité, s'ils n'eussent chassé & retranché les faux prophetes & faux Apostres qui les troubloyent : & ne les eust admonnestés de ce faire, s'il n'eust esté en leur puissance d'executer son conseil. Car à quelle autre fin sainct Paul eust il voulu que ceux qui annonceoyent autre Euangile, que celuy qu'il auoit annoncé fussent en execration, sinon qu'il declaire par cela estre en la puissance, & du deuoir de l'Eglise, de reietter tels Ministres, & les excommunier, non seulemët pour heresie, mais aussi pour les raisons contraires aux conditions qui sont requises en leur vocation? De quoy aussi seruiroit aux Collossiens d'admönester Archippe qu'il regardast l'administration qu'il auoit receuë du Seigneur pour l'accomplir, si au cas qu'il n'en eust voulu tenir compte, il n'eust esté en la puissance de l'Eglise d'y pouruoir? Car autrement il sembleroit que l'Eglise chargeroit sus son col des tyrans, non pas qu'elle eliroit des Ministres pour son seruice. Et si le faux prophete doit estre lapidé, pourquoy ne seroit-il reietté & deposé, veu que le Seigneur menace par Ieremie que tant eux, que le peuple qui les seruira, periront? Et si les guettes sont aueugles, qui ne sçauent rien, s'ils sont chiens muets qui ne peuuent abayer, dormäs, gisans, & aymäs le somne, & s'ils sont chiens felons de courage, lesquels ne sçauent estre soulés, & sont pasteurs lesquels ne peuuent rien entendre, l'Eglise nourrira elle des ventres non seulement oyseux, & gourmans, mais trespernicieux? Or ie ne say doute que ceste puissance de les deposer ne luy soit donnee : & qu'elle n'en doiue vser seuerement, autrement Iesus Christ luy auroit acquis pour neant sa liberté. Car le peuple qui n'a ceste puissance de examiner le gouuernement des Magistrats, pour la correction des choses qui seroyent faictes contre les loix, & pour les redresser, ne pourroit aucunement estre nommé libre. Mais ceste deposition est tant propre de l'Eglise, que aucu-

ne

D

Matth.7
& 24

Rom.10

Gal. 1 & 4
2. Corin.12

Colos.4

Deute. 13

Ieremie 14
Isaie 56

ne perſonne, ne ordre, ne eſtat, quel qu'il ſoit, ne peut depoſer vn Miniſtre, que l'Egliſe meſme qui l'a eleu & ordonné. Car qui eſt celuy (s'il ne ſe veut declairer tyran) qui veuille ſeul autant pouuoir que l'Egliſe de Dieu, & veuille depoſer à ſa fantaſie, ceux qu'elle auroit eleus, & qui ſeroyēt ordonnés de ſon authorité? Sera-ce vne certaine aſſemblee de paſteurs? Qui pourroit ſouffrir que ſi les maiſtres d'hoſtel des grans Seigneurs s'aſſembloyent, ils peuſſent ordonner & commāder à leurs maiſtres & Seigneurs, & chaſſer les officiers de leurs maiſtres? Car ſi on m'allegue que les eſtats d'vne Prouince ont bien toute puiſſance de par leurs Republiques, & que ce qui eſt par eux faict & arreſtó, oblige icelle, ie

Luc 22 reſpon que ce n'eſt de l'Egliſe du Seigneur, comme des Republiques, veu que le Seigneur dit que ces gouuernemens ſont contraires. Car la puiſſance de l'Egliſe cōcerne ce qui eſt plus precieux, que tout le monde, c'eſt à ſçauoir qui appartient à la gloire de Dieu, repos des conſciences, & ſalut des Ames. Pourtant elle ne peut ceder ſon droict, ceſte puiſſance luy eſtant ſpecialemēt commiſe, ne aucun le peut vſurper. Et auons verifié par ſainct Cyprian, que l'Eueſque ne peut eſtre depoſé des autres, comme auſſi il ne peut depoſer les autres. Et quand il y auroit aucune apparence en cecy, ſi ſeroye-ie d'aduis qu'elle leur fuſt oſtee cōme on defent, & oſté tous moyens de nuire à perſonnes outrageuſes. Car cōme i'ay ſouuent admōneſté, il ne nous faut conſiderer ce qui ſe fait à preſent, mais ce qui ſe peut faire : lequel, comme il eſt vne fois aduenu, ainſi peut-il aduenir à noſtre grand opprobre & honte. Et nul mal ne naiſt ne prent toute ſa force dés ſon origine. Tout ce qui eſt grand & fort a prins ſa force & vigueur par petis commencemens, & tels que iamais on n'euſt penſé. Et toutesfois qui conſiderera le temps, & le moyen par lequel les Eueſques ont vſurpé ceſte puiſſance, il s'eſmerueillera comment ſi ſoudain ce mal a peu prendre tant de force. Car on commença auant le Concile de Nicee d'vſer deſmeſurément de ceſte puiſſance: comme nous teſmoigne le faict arrogant de Milciades, Eueſque Romain, de Marin & Rheticius : leſquels eſtans deputés par Conſtantin pour cognoiſtre du crime qu'on

impo

imposoit à Cecilian, Euesque de Carmage, sans fondement
ny apparence, non seulement ils le condamnerent outre
leur charge, mais aussi le deposerét. Audit Concile de Nicee
les Euesques orthodoxes, côme ayás toute puissance, deposerent hardimét les Euesques Ariens. Ce que s'il se pouuoit
aucunement faire, eust esté fait alors à bon droit. Mais ce
n'est assés d'auoir vne bonne fin proposee à nostre conseil:
mais il faut que les moyens pour y paruenir soyent legitimes. Car considerons ce qui en est ensuiuy : les Ariens du
depuis reuenus en credit, par la trop grande facilité de Con
stantin, & la légereté impudente de Constance, & impieté
de Valence, sans fin & sans honte deposerent, chasserent,
& tuerent les bons Euesques, leur couppans la gorge du
cousteau qu'ils auoyent eux mesmes trouué. Ce que depuis
les Empereurs & Roys barbares (comme les Vandalles &
Gots) imiterent auec vne horrible cruauté. Quant aux
causes pour lesquelles on doit deposer les Ministres, il faut 1.Timoth. 3
qu'elles soyent en scandale, & soyét expresses en l'Escriture.
Ie pense que où il y a scandale tant pour les mœurs soit
d'eux, soit de leurs familles, que aussi pour heresie, on doit
vser de la seuerité de ceste discipline. Comme nous l'auons Galat.1
verifié par authorité de l'Escriture. Pareillement s'il ne fait 2.Corint. 13
son deuoir, ou par ce qu'il est sans zele quelconque. Car Coloss.4
comme nostre Seigneur Iesus dit, Vous estes le sel de la Isaïe 56
terre : si le sel est sans saueur, de quoy sallera-on, & à quoy Matth.9
est-il bon, sinon pour estre ietté dehors, & estre foullé aux
pieds des bestes ? Si aucun aussi auoit succombé aux persecutions, & desguisoit la verité, ou erroit à la foy, il estoit
reietté : qui fut la cause du schisme qui fut en Affrique
pour la menee de Felix. Lequel maintenoit que Cecilian
Euesque de Carthage auoit par son infirmité decelé les
biens d'icelle Eglise, & quelques personnages qui se tenoyét
cachés pour la fureur des persecutions. Athanase deposa
Lucius, Euesque de Lyce, pour ce qu'il auoit sacrifié aux
idoles. Eleucius ayant par infirmité & par crainte de mort,
signé la côfession des Ariens, se deposa soy mesmes, & con-
seilla aux Cyziceniens, desquels il estoit Euesque, d'elire vn
autre en sa place: autant en feit Marcelin, Euesque Romain,

qui auoit sacrifié aux idoles : Mais le Cõcile tenu à Sinuesse,
le consola, & le remit en si bon cœur & vouloir, qu'il s'en
alla droit à Diocletian Empereur, auquel il fit confession de sa foy, si constamment que l'Empereur voyant qu'il
ne craignoit point la mort, le voulut faire laguir en miseres
perpetuelles : & luy fit faire vne cage de fer, en laquelle il
vescut assés long temps, escriuant & exhortant vn chacun.
Narcissus Euesque de Ierusalem s'estant caché en la mesme
persecution, les Euesques voisins s'assemblerent,& eleurent
vn autre Euesque en son lieu.   Quant à la maniere de pro-
1.Time.5 ceder en la deposition, sainct Paul la nous enseigne : defendant de recepuoir l'accusation du Senieur sinon sur la deposition de deux ou trois tesmoins. Vray est que depuis les
Euesques s'estans faicts tyrans & souuerains en l'Eglise, ont
requis LXXII. tesmoins. Et depuis le Concile Romain a
excommunié les lays qui accuseroyent vn clerc:on attribue
aussi à Anaclet ceste ordonnance, q̃ qui dit mal du Ministre,
il dit mal de Christ, & pourtant qu'il doit estre separé de
Christ. Pareillement Calixte enuiron l'an CCXXIIIL. defend sur peine d'excommunication d'attenter aucune chose
contre l'Euesque. Mais ceste tyrannie est tellement hors
de toute raison, qu'il ne vaut le refuter, il sera donc permis
en l'Eglise du Seigneur de faire librement remonstrances
sur la doctrine,la vie,& gouuernement des Ministres, pourueu que premierement on en aye aduerti le Consistoire.
Et que le tout soit premierement bien verifié.Pour laquelle
chose faire bien legitimement, on ne clorra la bouche à aucun : si nous voulons que l'Eglise soit libre, les langues aussi
y doiuent estre libres. Ce que ie n'enten d'vne licence desbordee à mesdisance:(crime digne d'excõmunication) mais
d'vne liberté Chrestienne de remonstrer & de parler des
choses à la verité comme on les entent. Car où le moindre propos tenu en secret, qui concerne la reputation du
Matth.18 Ministere, est traicté capitalement deuant le Magistrat,
sans remonstrance aucune precedente, dirons nous qu'il y
aye là lieu de ceste liberté ? Ie suis bien d'aduis que mesdisans
& calomniateurs soyent punis par la censure de l'Eglise,
voire par le Magistrat mesmes en cas de contumace : mais

                                                          ic

se me que ce soit par où il fale commencer. Et me semble
que le Miniſtre doit eſtre aſſeuré de ſa conſcience & innocence, non pas d'vne terreur du glaiue, par lequel il ferme
la bouche à vn chacun. Car quand meſme vn propos ſeroit
tenu indiſcretement ſans volonté de faire ſcandale ne diffa-
mation, ſi eſt-ce qu'il ne deuroit en ce cas auoir és Miniſtres
de la grace & miſericorde de Dieu, moins de charité & modeſtie, qu'il y auoit en Alexandre Seuere Empereur infidele:
lequel feit ordonnance, que ſi on diſoit mal de l'Empereur
par legereté, il n'en faloit tenir compte : ſi par folie, qu'il en
faloit auoir compaſſion : ſi pour le diffamer par telles calomnies, qu'il le deuoit pardonner. Et trouue encore moins
bon qu'il y aye vne telle anxieté de ceſt honneur & reputation, qu'on ne puiſſe ſouffrir la moindre parole libre, & qu'on
en face vne loy & defenſe publique. Mais il ſera permis en
l'Egliſe, pour plus grande confirmation, de conferer de tels
affaires ſagement, & meurement les vns auec les autres : &
raporter les choſes bien cognues & verifiees au Côſiſtoire,
qui en feroit ſon raport à l'Egliſe s'il y trouuoit fondement
& raiſon. Toutesfois au cas qu'il ſemblaſt qu'il y euſt de la
faueur, & qu'on ne veiſt goutte en plein midy, il ſeroit permis, iouxte la diſcipline du Seigneur, de s'adreſſer puis apres   *Matth.18*
à l'Egliſe : laquelle ſuyuant l'adiuration de ſainct Paul, en tel   *1.Timo.5*
cas, ne feroit rien par precipitation de iugement, ne ſelon
l'affection de courage. Que ſi le cas le requeroit, elle pourroit proceder iuſques à l'excommunication, comme en cas
d'hereſie, il eſt tout manifeſte. Pareillemét ie rapporte ceſte   *Gal.1*
diſcipline aux mœurs. Par ce que ie ne voy que ceux doi-   *1.Corin.16*
uent eſtre priuilegiés de ceſte cenſure, qui doiuent ſeruir de
tout bon exemple : Et deſquels la cheute eſt plus ſcádaleuſe
que d'vne perſonne priuee. Parquoy dautant quelle ſeroit
en plus belle veuë, la peine & ſatisfaction en deuroit eſtre
plus grande pour ſeruir d'exemple à tous. En quoy il faudroit auoir eſgard, qu'il y euſt vne telle conſociacion entre
toutes les Egliſes du Royaume, voire auec les nations voiſi-
nes, que celuy qui ſeroit excommunié d'vne Egliſe, ne fuſt
receu ailleurs ſans eſtre premierement abſouz de l'Egliſe
meſme, ou ſans le conſentement & iugemét d'icelle, quand

il y

il y auroit quelque grand empeſchement & raiſon bien vi-
gente. Car puis que toutes les Egliſes ne ſont qu'vn corps
en Ieſus Chriſt, & n'ont qu'vn chef, qui eſt luy meſme, elles
ne doiuent auoir qu'vne meſme volonté. Dauantage elles
ne peuuent ordonner le Miniſtre qui eſt excommunié ailleurs, ſans ſe faire vn grand preiudice, veu qu'il faut que le
2. Tim. 3 Miniſtre aye bon teſmoignage de ceux qui ſont de dehors.
Touchant le Miniſtre reietté pour les cauſes que deſſus &
depoſé, il y a eu grand different anciennement. Car aucuns
eſtoyent d'aduis qu'ayant ſatisfaict à l'Egliſe, & eſtant receu
par icelle, il deuoit eſtre remis & reſtitué en ſon lieu. De faict
Calixte premier au Concile Romain, declaire ceux heretiques, qui ne veulét recepuoir l'Eueſque en ſa charge apres
auoir paracheué le temps de ſa penitence : au contraire puis
que ſainct Paul requiert que l'Eueſque ſoit irreprehenſible,
& bien eſprouué, celuy faict vn grand tort à l'Egliſe du
Seigneur qui reçoit au Miniſtere d'icelle vne perſonne
ſcandaleuſe, neutre, & ſuſpecte. Dauantage ſi és choſes ciuiles le pardon du Prince n'emporte reſtitution, dirons
nous que le pardon & la grace de l'Egliſe, emporte reſtitution aux eſtats? La reception donques de l'Egliſe eſt la reü-
nion, & comme reſoudure au corps de Ieſus Chriſt : Et ne
s'eſtend plus loing. Ce que obſerua vertueuſement Pierre
Eueſque d'Alexandrie en Lucius Arien. Lequel pour menee ne menace ne peuſt onques eſtre induit de le remettre
en l'Eueſché de Lyce. Vray eſt que où on verroit vne recognoiſſance de peché, vne contrition, vne ſatisfaction où
le peché ſeroit effacé par autres vertus, & auroit eſté commis par temerité ou inaduertence, l'Egliſe y deuroit auoir
quelque regard, cóme la Romaine a eu en la cheute de Marcelin. Ce qui ſe doit entendre de tous eſtats eccleſiaſtiques.

De l'authorité & puiſſance qu'ont vſurpee les Eueſques ancienne-
ment, de leurs ſuites & officiers.   CHAP.   VII.

E que le bon Empereur Alexádre Seueie a dit du
Fiſque, nous le pouuôs à bon droit rapporter aux
Eueſques. A ſçauoir q cóme au corps humain où
a ratelle eſt bien grande, & enflee, le corps eſt ſec
& maigre : comme au contraire plus elle eſt petite, plus le
corps

corps eft puiſſant, plus eſt plein & robuſte; pareillemēt plus
les Eueſques ont eu d'authorité, puiſſance, & de richeſſes, le
corps de l'Egliſe a eſté tant plus ſec, maigre, & attenué: &
plus ils ſe ſont contenus en humilité & modeſtie, plus auſſi
ce corps du Seigneur a eu de vigueur, & a eſté en meilleure
diſpoſition. Ce que cognoiſtra mieux qui comparera enſemble les aages de l'Egliſe: c'eſt à ſçauoir le temps qu'elle a
flory ſous les Apoſtres, & du depuis iuſques à l'Empereur
Diocletian, auec celuy qui eſt depuis enſuiuy. En quoy toutesfois ie n'enten parler de ceſte corruption abominable,
qui a eſté ſous l'antechriſt. Car ie parle du gouuernement
de l'Egliſe vraye, non de la titulaire & maſquee, qui depuis
a eſté: laquelle n'a marque quelconque ne ſigne entier de
l'Egliſe precedente, ne rien de commun, ſinon qu'elle a accreu ſans nombre, & ſans meſure quelques cōmencemens
de ceſte puiſſance immoderee & dès cerimonies qui ont
eſté vn ccc. ans apres la natiuité de noſtre Seigneur. Ce
que toutesfois n'eſtoit ia que par trop. Nous auons veu
quel a eſté le gouuernement de l'Egliſe primitiue, & ce qu'il
nous faut reprédre d'icelle: il reſte à conſiderer quelles ont
eſté les fautes de l'Egliſe ſuyuante. En laquelle l'ordre, & diſcipline ont defailly, preſque tout à coup: ce que nous ferons
à ceſte intention qu'eſtans mieux aduertis des fautes precedentes, nous ſoyons plus ſaiges & nous tenions mieux ſur
nos gardes cy apres. Par ce moyen ces diſciplines contraires eſtans miſes l'vne pres de l'autre, il apparoiſtra mieux
laquelle eſt la vraye & legitime, & à laquelle nous deuons
tenir. Premieremēt où anciennemēt tous paſteurs, preſtres
Eueſques, & ſurueillans eſtoyent d'vne meſme puiſſance, &
où en grand' cōcorde ils gouuernoyēt l'Egliſe du Seigneur,
depuis ſous ie ne ſçay quelle opinion de plus grand' cōcorde, l'vn s'eſt tellement eleué, que non ſeulement il a attiré à
ſoy la principale authorité & domination ſur ſes compaignons: mais ſur toute l'Egliſe. Ce qui n'eſt aduenu tout à
coup. Car ie ſçay que ceſte couſtume, d'auoir deferé quelque authorité plus grāde à vn, qu'aux autres, eſt fort ancienne. Mais ie ne diſpute du nom d'Eueſque, qu'on a fait propre d'vn ſeul: lequel eſtoit au parauant commun à tous paſteurs.

fteurs : ne de quelque marque d'authorité, & prerogatiue,
mais de l'erreur qui s'en eft enſuiuy ſous ceſte occaſion. Or il
n'y a doute que les bons peres n'ayent eu quelque conſideration qui les a fait foruoyer de la piſte des Apoſtres, & des
diſciples d'iceux. Mais ie nie qu'il puiſſe aduenir bien quelconque à l'Egliſe du Seigneur, ſi en choſes de telle conſequence nous ſouruoyons de la parole du Seigneur d'vn ſeul
poinct. De vray il eſt à croire qu'en chacune Egliſe principale on pouruoyoit de quelque paſteur notable, s'il eſtoit
poſſible : lequel bien qu'il ne recerchaſt vne principale authorité, ſi eſt-ce que ſes compaignons ſe ſentans de beaucoup inferieurs en graces du ſainct Eſprit, luy ont deferé
plus beaucoup, que meſmes il ne vouloit, ne approuuoit.
Comme l'on dict que ſainct Marc a eu premierement ce tiltre, & prerogatiue d'Eueſque par deſſus les autres preſtres
en la ville d'Alexãdrie. Lequel toutesfoys il n'eſt à croire qu'il
Marc 9 euſt mis en oubly, ce que luy meſme eſcrit, le Seigneur Ieſus
auoir admonneſté ſes Apoſtres & diſciples : ſi aucun veut
eſtre le premier, il ſera le dernier de tous, & ſeruiteur de
tous. Car ce n'eſt ſans grãd' raiſon que le Seigneur Ieſus tant
de fois admonneſte ſes diſciples à ne rien entreprendre les
vns ſur les autres : mais viure enſemble en vne cõcorde fra-
ternelle : que celuy qui a plus receu de graces, ſoit le moindre, le plus humble, & le ſeruiteur des autres. de faict qui cõ-
Matth. 18
Luc 9 ſidera la cõcorde & vnion d'Eſprit qui a eſté entre les Apoſtres du Seigneur, il entendra combien ceſte raiſon de ſainct
Ierofme eſt friuole, que ceſte couſtume a eſté introduite
pour oſter les ſemences des querelles entre pluſieurs d'vn
meſme degré. Car s'il entend qu'vn ſurpaſſe tellement les
autres qu'il apparoiſſe ſeul, à ce qu'il tienne ſes freres en ſa
puiſſance, ie le confeſſeroye : mais il confeſſeroit pareillement, que ceſte tyrannie dont le meſme autheur ſe plaint
en tant de lieux, auroit deu auoir ſon commencement dés
ceſte premiere inſtitution. Et meſmement il faudroit, dy-ie,
confeſſer, que par ce que les Apoſtres auroyent eſté eſgaux
en puiſſance & dignité, il y auroit eu contentions, rancunes,
& ſimultés entre les Apoſtres & leurs diſciples. Ce que toutesfois eſt appertemét faux. Or ſi ceſte preeminence n'a eſté
qu'vne

qu'vne legere prerogatiue d'authorité,les diſſentions eſtoyẽt par ce moyen allumees dauãtage par enuie qui aduient entre compagnons,laquelle pouuoyent auoir les preſtres contre leurs Eueſques, ſe voyãs iceux mis au deſſous d'eux,contre l'ordonnance du Seigneur : & par ialouſie qu'ils n'entrepriſſent ſur le reſte de leur liberté.Pour lequel incõuenient euiter il faloit plus toſt que les paſteurs fuſſent du tout aſſeruis aux Eueſques : choſe pernicieuſe à l'Egliſe, & qu'ils ont honte de cõfeſſer. Mais en vne equalité cerchons nous vne inequalité plus grande , que celle que le Seigneur Ieſus nous a inſtituee , qui eſt , que le plus grand en dons & graces du ſainﬅ Eſprit , ſoit le ſeruiteur , le plus petit,& plus attenu & redeuable à tous?Car voila le ſeul biẽ de l'vniõ du Seigneur, voila la ſainﬅe marque de la preeminẽce epiſcopale,& principale dignité:à ſçauoir Humilité.Humilité donques & modeſtie deuoyent eſtre les gardiẽnes de ceſte concorde entre pluſieurs freres , non pas ceſte conſideration humaine , par laquelle puis apres toute diſcipline a eſté peruertie , la liberté oſtee à l'Egliſe du Seigneur, les preſtres, qui repaiſſoyent le troupeau du Seigneur de la paſture de la doﬅrine celeſte, ont eſté faiﬅs chiens muets, & ont eſté relegués à l'autel,cõme à la table, pour les ceremonies , & pour ſe repaiſtre tout à l'aiſe : l'Eueſque s'eſtant reſerué à luy ſeul l'adminiſtration de la parole. Vray eſt que lors que la doﬅrine retenoit encores quelque choſe de ſa premiere pureté,les Eueſques enuoyoyent les preſtres çà & là,& les diſtribuoyẽt par villages & petites villes, mais on ne leur dõnoit gueres authorité de preſcher : mais d'adminiſtrer les ſacremens , lire , & faire les prieres. Ce qui a eſté vn erreur fort pernicieux. Car les ſacremens eſtãs priués de la parole, qui leur donne vie & vertu,ils ont eſté faiﬅs ſignes nuds & morts,& l'Egliſe deſtituee de la paſture celeſte. Laquelle ouuerture eſtãt faiﬅe à ambition,il n'y a plus eu de moyen , ne de moderation. Car les Eueſques ſe plaiſans en ceſte puiſſance , & maieſté contrefaiﬅe,feirent au Concile de Nicee des Metropolitains, Archeueſques,& Patriarches. Par laquelle inuention où aucuns d'entre eux penſoyent eſtablir vn ordre parfaiﬅ en l'Egliſe , ils ont totalement gaſté & corrompu l'ordre du Seigneur

E　　　　　　gneur

gneur. Leur intention eſtoit de faire pluſieurs ſuperinten-
dances les vnes ſur les autres, à ce que par degrés toutes difficultés ſe raportaſſent aux Patriarches , à qui ils donnoyent
la principale puiſſance d'y pouruoir : & ce ſans appellation,
ſinon au Concile vniuerſel. Or, ie vous prie, l'ambition
croiſſante touſiours comme vn chancre en l'Egliſe, de combien en cent , ou deux cens ans péſons nous qu'elle aye peu
gaigner & vſurper ſur la liberté d'icelle , & ſur la diſcipline?
De faiſt elle fut tellemét enſepuelie, qu'il ne reſta à la fin que
le ſeul tiltre, & comme l'Epitaphe bien effacé. Ce qui auoit
eſté vne grande inconſideration aux bons peres, & les ren-
doit inexcuſables, veu les remonſtrances de noſtre Seigneur
Ieſus Chriſt : qu'il ne faut imaginer ſuperiorité quelconque
en ſon Egliſe , laquelle il ne gouuerne à la maniere des Republiques : que comme il eſtoit au milieu de ſes diſciples
Luc 22
Marc 10 pour les ſeruir, pareillement il faloit qu'ils penſaſſent de ſeruir, non pas de ſe faire maiſtres. Meſmement il maudit vne
telle ambition , & dit que celuy ſera le plus petit, qui veut
eſtre le plus grand. Ie confeſſe que ces degrés ſont bien neceſſaires és gouuernemens politiques : mais, comme i'ay
ſouuent dit, il plaiſt au Seigneur gouuerner ſon Egliſe tout
au contraire, à fin que la gloire de la conſeruation d'icelle,
ſoit entierement à luy. Car quelque choſe que lon vueille
dire pour leur excuſe, ſi faut-il confeſſer, qu'ils ont emprunté
ſes degrés & ſuperiorités des Iuifs & Payens , eſtimans iceux
le commandement du Seigneur & le gouuernement des
Apoſtres par trop ſimples. Car ils ne ſe peuuent ſauuer
qu'ambition ou deffiance du gouuernement du Seigneur
Matth. 28
Luc 2 ne les aye à ce induiſts. Car ſi Ieſus Chriſt eſt Roy eternel,
il n'eſt ſans vertu. Parquoy il le faloit laiſſer gouuerner, &
nous aſſeurer de ſa puiſſance & bonté, non pas de noſtre
ſens charnel : & imiter la modeſtie dont il a vſé, lors qu'il
conuerſoit en terre, non pas ſe propoſer l'arrogance des
Pontifes auec leurs pompes & ſuites. Car l'ambition eſt ſur
tout à craindre en l'Egliſe, comme ennemie qu'elle eſt de
pieté & humanité Chreſtienne. Laquelle ambition ſuit
touſiours l'Egliſe, Satan eſpiant ſon opportunité pour la
lancer dedans, ou pour luy donner entree tout doucement,
ſans

sans qu'aucun s'en apperçoiue. Dauantage ce mal est fatal à
tous qui traictent la Religion : lesquels reçoyuent aussi volontiers les honneurs, qu'ils leurs sont deferés par simplicité des hommes qui pensent que cest honneur redonde enuers Dieu : ce que tesmoigne le prouerbe vsité en toutes langues, de celuy qui s'orgueillit de l'honneur qui est
donné à Dieu, que c'est vn asne qui porte les reliques. Car
l'exemple de toutes nations a fait assés d'espreuue, que ces
dignités Sacerdotales, pour petites qu'elles soyent du commencement, paruiennent à vne puissance intolerable. Ce
que verifie l'ambition des Rois d'Egypte & des Empereurs
Romains, qui ont voulu donner lustre à la dignité royale en
se faisans Sacrificateurs & grands Pontifes. Or, ie vous prie,
qui pourroit estre si lourd de ne preuoir, que s'il estoit de
besoin qu'il y eust vn souuerain Euesque sur tous, qui ordon-
nast les affaires de toutes les Eglises, que la puissance de Iesus Christ & sa souueraine sacrificature seroyent abolies?
Car si sur chacune Prouince il est necessaire qu'il y aye vn
Patriarche, il est encores plus necessaire que sur ces Patriarches, il y aye vn Prince des Patriarches. Partant, entant qu'en
eux est, ne couppent-ils pas le chef de l'Eglise, qui est nostre
Seigneur Iesus Christ, pour mettre en sa place vne puante
charongne? Considerons aussi ce qui en est aduenu, à ce
que nous puissions mieux iuger, combien il est plus seur de
se tenir à l'ordonnance du Seigneur, que à nostre sens charnel, & humaine prudence. Depuis l'institution de ceste belle
Hierarchie, la doctrine s'est peu à peu perdue & n'y a eu
paix en l'Eglise, ne concorde entre les Euesques. Car les
Euesques ont eu querelles infinies des fins de leurs iurisdictions, de l'ordination des Euesques inferieurs, des sieges
des Euesques Metropolitains, & de leur puissance. Qui pouuoit il se saisissoit d'vne chaire plus honnorable par force ou
par menées. Desquelles plaintes tous les liures des anciens
sont pleins, & les Conciles ne bruyent que de tels canons,
pour reprimer ceste ambition. Mais il n'y auoit remede aucun qu'en extirpant de fond en comble toute ceste Hierarchie. Lesquelles dissentions n'ont seulement esté entre les
Euesques cõmuns, & personnes arrogantes, mais entre les

E 2 plus

plus modeſtes & les plus ſainɛts. De faiɛt par ce que la Cappadoce eſtoit diuiſee en deux ſieges Metropolitains, il y a eu de grádes rancunes entre Baſile Metropolitain de Ceſaree, & Anthim de Thyane : comme auſſi ſous Conſtantin entre les Eueſques de Vienne & d'Arles. Dauantage s'en eſt enſuyui de ce bel ordre vne ſimonie intolerable, quelque temps apres. Car les Archeueſques ayans ceſte authorité d'elire & d'ordonner les Eueſques, ils ordonnoyent le plus ſouuent ceux que faueur leur recómandoit, & ſouuent ceux à qui leur auarice donnoit entree. De quoy ont procedé les cóplaintes & iuſtes querimonies de Gregoire de Nanzianzene, de S. Ambroiſe, & autres ſainɛts perſonnages : Tu verras par tout (dit ſainɛt Ambroiſe) ceux qu'auarice a eleuéz : leſquels il compare à Giezi & Simon le magicien. I'ay, diſent ils, donné de l'argent, & ſuis deuenu Eueſque. Mais le comble de tous ces maux eſt, que l'Antechriſt a eſté par telles ordonnances aſſis au Temple de Dieu, au lieu, & au ſiege Sacerdotal de noſtre Seigneur Ieſus Chriſt. Lequel mal eſt ſi grand, qu'il ſurpaſſe toutes complaintes. Or conſiderons maintenát combien ces choſes ſont eſlongnees, voire con-

Matth.17

traires à l'ordonnance du Seigneur, lequel ne peut ſouffrir en ſes diſciples vn ſeul penſemét de ſuperiorité. Et tant s'en faut que les Apoſtres en pretédent aucune en l'Egliſe, qu'ils communiquent meſmement le nom & la puiſſance d'Apo-

Aɛtes 1
Rom. 16
Gal. 1
1.Timo. 1

ſtres à Mathias, & Barnabas, à Siluain, Epaphras, & Andronique : & ſainɛt Paul ne peut ſouffrir que aucun s'eleue par deſſus luy : non qu'il ne s'eſtime le moindre de tous les Apoſtres, & comme vn auorton : mais qu'il ne veut qu'aucun s'eleue en l'Egliſe du Seigneur par deſſus les autres : preuoyant, comme ie croy, les maux qui en deuoyent aduenir. Car outre les precedens, les Eueſques eſtans paruenus en vne telle puiſſance, pour s'acquerir plus grande maieſté, ont accreu les cerimonies & multipliees les vnes ſur les autres : ils ont prins ornemens propres à ceſte fin : cóme les accouſtremens propres des Empereurs, & des grands Princes de l'Empire : ornans leurs preſtres & diacres de veſtemés ſumptueux & de façon exquiſe, auſquels autant qu'ils donnoyent de luſtre, autant en retournoit il ſur eux, & autant
d'admi

dadmiration & de reuerence s'acqueroyent-ils : ne plus ne moins que l'authorité des Papes s'est encores accreuë du depuis en reuestant ces Cardinaux de pourpre, pour faire veritable le prouerbe commun: Vn singe en pourpre. Laquelle maiesté fardee pour accroistre dauantage, les Euesques ont tenu vn grand nombre de leur clergé pour leurs satellites & leurs corps de gardes. Premierement enuiron l'an de nostre Seigneur cent douze, Euaristus (à ce que l'on dit) ordonna que les sept diacres accompagneroyent l'Euesque: Lucius enuiron l'an c c l x.abaissa cest estat d'vn costé:mais il le rehausa de l'autre. Car il voulut auoir deux prestres & trois diacres. De quoy les successeurs d'Iceluy ne se contenterent gueres longs temps. Car ils accreurent sans nombre l'estat Episcopal : lequel Corneille Euesque Romain, qui estoit enuiron l'an c c l x x x. descrit ainsi en vne Epistre à Fabian Euesque d'Antioche. Ce vaillant champion de l Euangile Nouatus, a ignoré qu'il faut qu'il y aye vn seul Euesque en l'Eglise Catholique, en laquelle il ne sçait qu'il y a x l v i. prestres, v i i. diacres, v i i. soudiacres, x l i i. acholythes, pareil nombre d'adiurateurs & de lecteurs, & mil cinq cens vefues auec les personnes affligees. Voila la belle bäde qui est l'heritage peculier du Seigneur,& le clergé. Quant à la poure Eglise c'estoit la plebe, laquelle ils appelloyent ainsi comme chose souillee, non digne d'approcher des saincts misteres: mais à la verité toute ceste brigate n'a esté pour la plus part qu'vne sotte ostentation des richesses des Eglises : & depuis tous ces officiers ont esté les stafiers & seruiteurs des Euesques. Et qu'ainsi soit la coustume dura du depuis,que l'Euesque estoit necessairement accompaigné de trois prestres, trois diacres, & trois acholythes. Le Cöcile de Nicee voulut depuis que les sept diacres auec bon nombre d'Acholythes, accompagnassent l'Euesque, à fin (disent-ils) qu'ils fussent tesmoins de la conuersation des Euesques. Mais ie dy,que c'estoit vn mauuais signe de l'innocence des Euesques qu'ils eussent besoin d'estre gardés & espiés. Et dauantage que c'est vne garde bien legere pour vn maistre,d'estre obserué par ses seruiteurs. Mais que l'effect a demonstré, que ceste compaignie de prestres, diacres, & de quarante deux acholythes estoit baillé à l'Euesque pour l'institution. Mais quelle discipline, quelle doctrine pouuoient-ils acquerir de ces Euesques, veu qu'ils luy estoyent adiugés & liurés comme à seruitude? voire lesquels il elisoit à ceste fin, & qu'ils alloyent & tracassoyét pour le seruice d'iceluy & pour l'accópagner plus magnifiquemét? Cóbien eussent ils mieux profité és escholes par les monasteres, à l'exemple de Basile, Gregoire, Iean Chrysostome, Ierome, & infinis autres, qui se retiroyent à part ou dans les villes ou par les deserts, pour vaquer à l'estude & ouïr les doctes personnes qui estoyent esdicts monasteres? Car d'alleguer la contenance qu'apprenoit la ieunesse en ceste suite episcopalle, & en tracassant par les temples, telle contenance est tellement accompagnee d'ostentation, presomption, & impudence, qu'il n'y a simplicité ne nyaiserie, que ie ne luy prefere. Or c'est chose insuportable que ces tiltres sacrés d'offices & Ministeres de l'Eglise, comme de prestres & Diacres, soyent ainsi prophanés, veu que sainct Paul, ne Barnabas n'entreprennent aucune puissance sur ceux qui leur estoyent baillés pour compagnie par les Eglises : mais qu'ils les appellent compaignons : estans recors des paroles du Seigneur, que c'est tout autre chose du Ministre, que d'vn Prince qui se vest richement, qui veut auoir suite, & estre honnoré : & n'est non plus supportable que les Prestres cassés de leurs offices, les Euesques se feirét chacun vn vicaire, qu'ils nommerent Chorespiscopes, comme Euesques portatifs ou ruraux, duquel l'office estoit d'aller par le diocese, prescher par les villes, & villages, & faire la visite, quels ils appellent auiourd'huy les Euesques portatifs ou suffragans : lequels, si bien me souuient, furent inuentés du temps de Constance, & en est parlé aux Synodes Neocesariense en Cappadoce, d'Antioche, & d'Ancyre, qui furét tenus de ce temps là. Car, cóme i'ay declairé, les prestres n'en auoyent aucune puissance, si specialement elle ne leur estoit donnee. Tellement que toute la religion Chrestienne ne consistoit plus en la predication de la parole de Dieu, mais en contemplation des ceremonies, & desguisemés des misteres de nostre religion. Laquelle corruption a eu commenc

mencement plus toſt qu'elle ne deuoit, & par qui il n'appartenoit. Car le bon Eueſque Athanaſe ne ſçachant à qui ſe
fier de la predication, à raiſon du grand nombre des Ariens
qui eſtoyent en ſon Dioceſe, oſta à tous preſtres la puiſſance
de preſcher : pour parler apertement, il abollit l'inſtitution
du Seigneur, & ordonnance des Apoſtres : donnant ſeulement puiſſance aux preſtres d'adminiſtrer les ſacremens,
de lire l'eſcriture, & y adiouſter la priere : à l'exemple duquel les autres Eueſques ſe conformerent incontinēt apres,
parauenture par la nonchallance & ignorance des preſtres :
mais certes par la grand' faute des Eueſques, à qui il appartenoit d'y pouruoir autremēt, veu qu'ils auoyent toute puiſſance. Car iceux eſtans paruenus du depuis en plaine poſſeſſion & ſeigneurie de l'Egliſe du Seigneur, ils n'ont voulu ne preſtres plus doctes qu'eux, n'Egliſes mieux inſtruictes
que par ceremonies : qui furent tellement accreuës par ces
gens oiſeux, qu'il y en eut dés le commencemēt beaucoup
de ſuperſtitieuſes introduictes contre l'expres commandement de Dieu. Ce que demonſtre le faict de Marcel Eueſque Romain, lequel enuiron l'an c c x x v i i. du Seigneur, de
trente ſix Eueſques qu'il ordonne, il en depute quinze pour
enſeuelir les morts & pour baptizer, corrōpant le ſacrement
en ce qu'il le ſeparoit de la predication de la parole, & ceſt
ordre de preſtriſe qu'il relegue aux charongnes, & corps
morts auſſi ſuperſtitieuſement qu'impudemment : eux ce
pendant s'attribuans tout honneur & puiſſance de cōman-
der. De laquelle impudēce les bons preſtres & Eueſques s'ap-
perceuans par trop tard, commencerent par voix & par
eſcrits la deteſter, & predire le regne de l'Antechriſt prochain, comme ſainct Ambroiſe, ſainct Ieroſme, ſainct Auguſtin, ſainct Iean Chryſoſtome, ſainct Gregoire, & autres en
grand nombre. Mais, comme les hommes ſont ialoux de
leur puiſſance & de leurs inuentions, on ne peut gaigner autre choſe ſur les Eueſques, ſinon qu'il fut ordonné, que les
patriarches ne ſeroyēt point nommés Hierarches, ne Princes des preſtres : mais Eueſques du premier ſiege. Ce qui fut
decreté au Concile de Carthage : auquel ſe trouua ſainct Auguſtin. Mais que me chaut il du nom, ſi l'effect demeure?

Ains

Ains tant s'en faut que les choses ayent esté alors reduictes
en quelque condition tolerable, que les Euesques s'estans
faicts comme Seigneurs & Princes des Eglises, ils entreprindrent de la mesme authorité sur le gouuernemēt politique.
De faict ceste ambition est vn feu si ardent & vehemēt, qu'il
est trop plus aisé de l'esteindre en l'estouffant tout à coup,
que de le moderer. Car qui croiroit qu'Athanase aye esté ac-
cusé deuant Constantin d'auoir imposé tribut sur les robes
de fin lin, qu'ils appelloyent Byssines, lesquelles se faisoyent
en Egypte, qui estoit son Diocese? & qu'on ayt peu faire vray
semblable qu'vn tel personnage aye voulu mettre empesche
ment que le froment ne fust transporté d'Alexandrie, pour
mener à Constantinoble, siege, & cōme sanctuaire de l'Empire? Ce que bien qu'il fust faux, si faut il qu'il eust acquis vne
grand' puissance, pour donner coniecture apparente à tels
crimes, pour lesquels principalement il fut relegué à la ville
de Treues. Ce qui sera plus vray semblable, ce que les histoires racontent de l'aage subsequent, que Theophile Euesque
d'Alexandrie assembla compaignie de gens de guerre, lesquels il cōduisoit voire par les deserts d'Egypte, pour prendre & chasser moines, & autres qui estoyent contraires à sa
faction. Lequel chassa par la mesme violence Iean (dict
Chrysostome) bon & sainct Euesque de Constātinoble. Epiphanius Euesque de Cypre entreprint le semblable, sainct
Ierosme louant & approuuant ceste vehemence. Ce qui demonstre qu'il faloit que ceste puissance fust grande, & confermee par la coustume de tout ce tēps là, veu que les plus
sages & aduises ne trouuoyent plus la chose estrange. Et qui
croiroit que Fabian, ce bon Euesque d'Antioche, ayt armé
les moines par vne mesme outrecuidance? Or la reprehension du Seigneur leur deuoit venir en memoire : lequel reprent aigrement Pierre, de ce qu'il auoit frappé, & luy com-
manda de mettre son espee dans le fourreau. Le dict aussi
de l'Apostre se deuoit mettre deuant leurs yeux, que les armures de nostre gendarmerie ne sont charnelles, ains spirituelles. Mais l'ambition leur auoit clos tous les sens à toutes
remonstrances. De faict ils commēcerent (cōme i'ay dit) à se
mesler viuemēt des affaires politiques. Ce que entre autres
E pipha

Epiphanius fait affés dextrement , voire en la perfonne de
l'Empereur Archade, qu'il manie & gouuerne à fa volonté,
iufques à luy faire dechaffer & confiner le bon Euefque
fainct Iean Chryfoftome,& prefque tous (côme Ariftopha-
ne dit d'vn certain Cleon, qui entreprint tout maniemét de
guerre & de paix en la ville d'Athenes) commencerent
deffors à eftendre vn pied és affaires ciuils,ayans l'autre dans
l'Eglife. Car fous couleur que c'eftoit chofe indigne que les
iuges feculiers congnuffent des caufes du clergé,& faicts ecclefiaftiques, les Euefques auoyent auparauant obtenu de
Conftantin, vne exemption des iurifdictions ciuiles, & lors
la leur s'accrut de beaucoup, par ce qu'ils feirent vne plaidoyerie & chicanerie de la puiffance de l'Eglife , & des caufes qui concernoyent la difcipline.   Et ce fans appel deuant
aucun iuge, finon ecclefiaftique : comme de l'Euefque au
Metropolitain, ou Archeuefque : de l'Archeuefque, au Patriarche, & de là au Concile.

De la forme de l'election d'es Euefques & preftres, qui a efté depuis
Diocletian Empereur:des ordinations,& depofitions. CHAP. VIII.

O R voila l'authorité & puiffance des Euefques &
comment ils en ont vfé, il nous refte à voir l'ordre
qui eftoit gardé en leurs elections.   Ce que bien
que nous ayons touché en general , fi ne fera il
hors de propos d'en traicter plus à plain , à fin qu'on entende que les hommes foruoyés de l'ordonnance du Seigneur,
entrét en vne mer vafte fous ciel nubileux,fans aucune conduite : & font menés çà & là comme les vagues de leurs fan-
tafies les pouffent.   En premier lieu le fiege vacant on appella les Euefques prouinciaux & voifins : mais fur tout il
faloit pour le moins qu'il y euft trois Euefques:q n'y pouuoit
venir , il s'excufoit par lettres, & fi bon luy fembloit, il de-
claroit fon aduis & donnoit fa voix par efcrit. Ce qui n'eftoit
beaucoup à reprendre,pourueu que lon n'euft donné lieu à
l'abus & fuperftition q en font enfuiuis.Car on n'a penfé nulle election eftre legitime finon celle qui eftoit faicte par ces
Euefques , & cefte fuffragation d'abfens a rendu telle creation ambitieufe, entant que le plus fouuent on ne cognoif-
foit celuy à qui on donnoit la voix,& que beaucoup de plus

F

dignes

dignes eſtoyent reiettés: leſquels gens de bien euſſent eleus
s'ils euſſent eſté preſens, & euſſent entendu les merites des
lieux & des perſonnes. Quant à l'election depuis ceſt aage
d'or de l'Egliſe, il y a eu deux couſtumes : l'vne qu'on demandoit au peuple qui il vouloit auoir pour Eueſque, lors en vn
peuple confus ſans conduicte & conſeil , ſans reigle & ſans
ordre les vns diſoyent d'vn, les autres diſoyent d'autre: quelque fois tous d'vne voix demandoyent vn certain perſonnage. Ce faict les Eueſques & clergé conſultoyent entre
eux , & eliſoyent qui bon leur ſembloit. Laquelle election
on faiſoit ſouuent ſigner au Magiſtrat , & aux principaux de
la ville : puis l'ordination ſe faiſoit comme nous auons demonſtré. Quelquefois on ne demandoit l'aduis au peuple:
mais apres auoir procedé à l'election comme nous auons
demonſtré , on ſignifioit l'election au peuple qui la deuoit
approuuer : s'il ne l'approuuoit, il s'enſuyuoit quelque fois
ſedition : mais ſans aucun effect : par ce que la plebe eſtoit
contee preſque pour vn rien. De faict ce n'eſtoit qu'vn ac-
quiet , & vne petite marque de la premiere puiſſance & election de l'Egliſe : car il ſuffiſoit que ces myſteres ſe feiſſent
deuant l'Egliſe. Or , ie vous prie, qui conſiderera l'ordonnance du Seigneur auec la maniere de faire d'alors, qui penſera que ceſte plebe fuſt ce que les anciens auoyent appelé
Egliſe ? Et qui la pourra recognoiſtre ainſi deffiguree , ſe remettant en memoire le temps de la ieuneſſe , de la fleur, &
premiere vigueur d'icelle , la voyant en ſi miſerable ſeruitude, ſi orde, maigre, & deffiguree ? Car où Ieſus Chriſt ſon
eſpous l'auoir douee d'vne telle puiſſance, qu'il auoit ordonné des Miniſtres pour le ſeruice & conſeruation d'icelle,
n'eſtoit-ce choſe lamentable , qu'iceux ſe l'eſtoyent aſſubiettie , & n'en tenoyent autre conte , que tyrans font de leurs
ſubiets ? c'eſt à ſçauoir, nul : ſinon en tant qu'il leur eſtoit
expedient & vtile pour auoir ſur qui exercer leur ſuperbe
domination ? celle donc reiettee , les Eueſques vſerent du
commencement du conſeil de leur clergé. Mais nous auons
demonſtré, qu'ils ſont incontinēt aſſubiettis à leur ſeruitude.
Parquoy quelle liberté pouuoyér ils auoir en opinant? voire
quelle election y auroit-il, ſans promeſſe de Dieu , les Eueſques

ques principalement ayans declaire leur volonté, & le plus
souuent leur faueur? Dauantage nous auons veu que ce
clergé n'estoit en si grand nombre, que ces Prelats, enflés le
plus souuent de vanité & presumption, y peussent auoir grād
regard, ne que les vns animés,& enhardis par les autres, seu∫-
sent peu opposer à vne telle insolence par vne magnanimité & saincte conspiration, ceste societé estant leonine. Vray
est que on y appelloit le Magistrat : mais quand c'estoit faict.
Toutesfois si auons nous monstré qu'au gouuernement ordinaire, iceluy ne deuoit estre conté que pour vn des membres de l'Eglise. Touchant les principaux du peuple qu'on
appelloit à cest affaire par vne formalité, encores qu'il y eust
eu pleine & entiere liberté, n'estoit-ce pas vne espece de
Simonie, & prosopolipsie, qui est acception des personnes?
Or que eust dit sainct Iaques, s'il eust veu vn tel desordre   *Iaq. 2*
en l'Eglise, lequel ne pouuoit souffrir qu'on feist honneur
au riche, en l'assemblee pour l'esgard de ses richesses ? Mais
on auoit demandé, dira-on, du commencement le premier
aduis au peuple. Et ce est contre raison. Car les Ministres
& Senieurs doiuent proposer à l'Eglise les personnes les plus
suffisantes, à fin qu'elle elise ceux que bon luy semblera : &   *Actes 16,*
luy doiuēt iceux digerer toutes choses comme nous auons   *11, & 15*
veu auoir esté faict en l'Eglise de Ierusalem. Pareillement   *Actes 25*
l'approbation qu'on requeroit du peuple, n'estoit qu'vne pure moquerie, veu que l'election estoit ia faicte,& qu'il faloit
passer par là. Aussi ne vouloit-on que le peuple y eust dauantage de puissance. Car le Concile de Laodicee deffend
expressément, que l'election de l'Euesque ne se face par le
peuple : & y a vn canon qui en rend la raison : à sçauoir que
ceux ne soyent eleus par le peuple, qui doiuent seruir à l'autel. Comme si ceux là eussent esté prophanés, par la souil-
leure du peuple, qui eussent esté eleus par le peuple. Et ne
peut-on adoucir vne telle presomption, en passant qu'il est
là defendu que le peuple seul n'elise : car iamais cela ne fut
en controuerse, & de quoy on ne peut alleguer raison ne
exemples, sinon prins des Payens, qui vouloyent que les sacrificateurs ne fussent eleus par le peuple : mais fussent co-
optés par le mesme ordre des sacrificateurs. En quoy on

cognoit quelle certitude & asseurance tels pasteurs auoyent
de leur vocation , veu quils faisoyent si peu d'estime de l'E-
glise, laquelle ils deuoyēt seruir , & pour la conseruation de
laquelle ils deuoyent penser quils estoyēt appellés de Dieu,
& l'effect & espreuue ont demonstré que Dieu a maudit vne
telle presomption. Vray est quils alleguent la confusion
populaire , mais i'allegue au contraire , puis qu'ils ont fait si
peu de deuoir d'y pouruoir & restituer les choses en leur
premier estat , qu'ils ont esté tous aises de iouïr du profit
de ce desordre,& auoir occasion d'attirer de leur costé, sous
ceste couleur, toute la puissance de l'Eglise. Car ils deuoyēt
cercher tous moyens pour maintenir l'ordonnance du Seigneur en son entier, non pas l'abolir. S'ils m'alleguent quils
auoyent vne coustume que l'election faicte comme dessus,
ils aduertissoyent les Euesques des Prouinces voisines , à ce
que si aucun y sçauoit empeschement, qu'il en aduertist les
Euesques à qui l'affaire attouchoit, ie respō que si ainsi estoit,
il ne faloit attendre ny la soussignation du Magistrat & des
principaux, ny l'approbation du peuple : ains il faloit en
premier lieu auoir le tesmoignage de ceux qui estoyent dehors, desquels estoit la principale puissance en cecy. Mais
qui pensera que ces prelats ne tenans conte de l'Eglise , ne
requerans l'aduis de ceux qui estoyent presens & cognois-
soyent celuy dont il estoit question, se soyent beaucoup
souciés du tesmoignage des eschangers : Et à la verité ceste
belle raison n'estoit qu'vn fard. Car ils ne gardoyent ceste
ceremonie à autre fin , que pour mettre leur Euesque en
possession auec plus grande authorité & puissance. De faict
s'ensuiuoyent incontinent de tous costés applaudissemens
& congratulations des Euesques, & de leur clergé, ou des
simultés & schismes entre les Euesques. Mais ie reuien à
mon premier propos de ceste maniere d'elire entre les Euesques , laquelle a esté receuë plus tard en certains lieux , que
és autres , certaines Eglises defendantes plus constamment
leur droict, que les autres n'auoyent faict. Celle de Constantinoble s'est efforcee de maintenir Paul eleu par elle cōtre l'Empereur Constantin & Constance fils d'iceluy. Lesquels luy ont premierement baillé Eusebe , celuy qui estoit
Euesque

Euefque de Nicomedie de la fecte des Ariens : puis Macedonius confirmateur de la vieille herefie , & chef d'vne
nouuelle. Laquelle diffenfion vint iufques là qu'il mourut
par vne rencontre enuiron quatre mil hommes. L'Eglife
d'Antioche pour ce difcord a efté huit ans en fchifme : &
depuis que cefte maniere d'election fut introduite, oncques
le fiege Romain ne vaqua , qu'il n'y euft fedition dans Rome, & de merueilleux combats: ce qui aduint fpecialement
en l'election de Damafus , en laquelle ce fainct Euefque
vierge de l'Eglife vierge combatit fi virilement contre la
faction contraire de Vrfin preftre Romain , que les hifto-
riens racontent, que les faincts lieux eftoyent tous couuerts
de fang. D'autre cofté l'ambition des Euefques , & cupidité
qu'ils auoyent d'ordonner qui bon leur fembloit, pour fe
faire vn ami , il y a eu de grands fchifmes en l'Eglife : L'O-
rient pour cefte caufe a efté diuifé & feparé de l'Occident:
tous Euefques eftimans tant cefte caufe , qu'ils la iugeoyent
fuffifante pour mettre en danger de perdre & diffiper l'E-
glife du Seigneur. Par ce aufsi que Anthim Archeuefque de
Thyane , auoir par trop grande cupidité ordonné vn Euefque en Armenie , il aduint vn fchifme en ladicte Prouince
qui a efté caufe qu'onques depuis les Euefques Armenia-
nes n'ont eu vnion ne communion auec les Eglifes de l'Empire. Aufsi à Cefaree, à Cappadoce pour la mefme caufe il y
a eu grands tumultes. Ce qui donna occafion aux Empereurs d'interpofer leurs puiffances en tels troubles. Nous
auons veu comme Conftantin & Conftance s'en font fait
croire en la reiection de Paul de Conftantinoble, & inftitution d'Eufebe & Macedonius. Ce qui n'a efté feulement ob-
ferué en eux , mais en tous fieges principaux. Conftantin
inftitue Liberius à Rome, & conferme toutes les elections:
Conftance reproche à Iules qu'il l'a faict Euefque Romain.
Theodofe le grand à bon droit conferme fainct Ambroife:
mais par vn mauuais exemple. Car bien que les pafteurs
foyent fubiects aux Princes , fi eft-ce que leurs charges ne
font fubiectes qu'à Dieu & à l'Eglife. Bref fi les Empereurs
ne mettoyent au fiege qui bon leur fembloit, au moins ils
auoyent vfurpé cefte puiffance que l'election des Euefques,

F 3   prin

principalement des premiers sieges n'estoit valable, si elle
n'estoit confermee par eux. Ce qu'ils faisoyent, si bon leur
sembloit. Laquelle ouuerture estant faicte, les meschans
Empereurs ne pouuoyent souffrir aucun homme de bien &
de saine doctrine, ny aucune voix vn peu libre, ains ils les
confinoyent, ou ils les faisoyent mourir cruellement. Paul
eleu Euesque de Constantinoble fut estranglé par le commandement de Constance : vn certain Lucius orthodoxe
par le mesme commandement fut tué, & vn grand nombre confiné. Qui pourroit raconter les bons Euesques
meurtris cruellement par Valens Arian? sainct Iean Chrysostome fut aussi enuoyé en exil par deux fois, & harié çà & là:
à la fin il fut cruellement meurtri par la trop grand' facilité d'Archade, & par l'impieté de Eudoxia Imperatrice.
Mais quel besoin est-il d'insister sur ce poinct, veu que
sous Genseriech, cruel tyran de Vandales, tous les orthodoxes Euesques de l'Affrique ont esté mis à mort, ou cô-
traints par crainte de mort de signer la doctrine des Ariés?
Laquelle impieté Dieu vengea par le saccagement qui fut
depuis faict de ceste cruelle Barbarie. Le semblable est aduenu vniuersellement en Italie sous les Goths & Lombards de
ceste mal-heureuse coustume, par le iuste iugement que
Dieu en a pris. Lequel voyant que la structure de son Eglise estoit demolie par ceste ambition episcopale, que restoit
il sinon qu'il abimast ceste Hierarchie, qui estoit bastie sur
les fondemens d'icelle? Et n'estoit-ce pas vn iuste iugement
de Dieu, que les Empereurs entreprenoyent adonc sur les
Euesques, ce que ces Euesques auoyêt entreprins sur l'Eglise, voire sur leurs Empires? Car puis que par aucun remede doux on ne pouuoit remedier à ceste ambition ecclesiastique, n'estoit-ce raison que Dieu y pourueust par feux &
cauteres? Dauantage qui peut excuser que où les Rois &
Empereurs sont souuent controllés par les Senats & estats
de la Republique, les Euesques se soyent soustraicts du iugement des Eglises, & du Magistrat? Disans qu'ils n'auoyent
à rendre conte de leur gouuernement qu'à Dieu. Que s'ils
mesprisoyent l'Eglise, au moins deuoyent ils redoubler ce
glaiue, & obeü au Magistrat pour la conscience. Car en ce
qui

qui eſt eſcrit qu'il faut que toute ame ſoit ſubiette aux Princes, les Eueſques & paſteurs y ſont comprins. Car, comme
dit ſainct Iean Chryſoſtome, la religion n'abolit point la ſubiection. Puis donques qu'il n'eſtoit queſtion de leurs charges,
mais de crimes & delicts, que pouuoyent ils alleguer pourquoy il ne reſpõdiſſent d'iceux deuant le tribunal imperial?
Ce que ſainct Paul deſire, & auquel il appelle, ſans qu'on l'en
puiſſe deſtourner. A quoy il ſemble que ce dict temeraire
de Conſtãtin aye donné lieu, à ſçauoir que les Eueſques ont
Dieu pour iuge. Car quelque temps apres il eſt vſurpé au-
dacieuſement de Damaſus : qui ſe fait iuge en ſa cauſe en
plein Concile : Lequel eſtant accuſe d'adultere, il iure qu'il
ne l'eſt point. Autant en fait Sixte troiſieme Eueſque dudit
ſiege environ l'an CCCXLIII. Si eſt-ce toutesfois que du
temps meſmement des perſecutions il y auoit deſia quelque petit commencement de ceſte tyrannie. Car nous li-
ſons que quatre clercs Romains eſtans venus à Carthage
pour accuſer Corneille, Eueſque Romain, de quelques crimes deuãt l'Egliſe, ſainct Cyprian les reiette, & ne leur donne audience : mais non pas pour la cauſe qui le deuoit eſmouuoir. Car il dit qu'il ne faut donner audience en l'Egliſe à ceux qui chargent vn Eueſque elu, approuué, & ordonné. Ils eurent ainſi anciennement vne couſtume, laquelle en
bonne & ſaincte diſcipline ie ne pourrois perpetuelement
approuer : C'eſt que par degrés ils paruenoyent au ſouuerain
d'Eueſque & Patriarche. Ce que ordonne Caius Eueſque
Romain, environ l'an CCXC. du Seigneur. Mais nous n'a-
uons ceſt exemple en l'eſcriture, & qu'il faut laiſſer à l'Egliſe
ſon iugement libre. En outre que tel eſt propre pour vne
charge, qui ne l'eſt en vn autre. Comme auſſi nous ſommes
enſeignés de demourer en noſtre vocation : C'eſt à dire cõme Dieu nous a appelés par teſmoignage externe, & par
les graces qu'il nous donne pour exercer vne charge. Or les
Eueſques vſoyent de ceſte couſtume pour eſprouuer le futur Eueſque en diuers offices dés le ſubdiaconat, voire meſme dés l'eſtat de portier. Et y a pluſieurs ordonnances de ne
promouuoir point vn clerc par haut : c'eſt à dire en eniam-
bant pluſieurs degrés. Et veritablemẽt où il n'y a autre meilleure

Rom. 13
1. Pierre :

1. Corin. 7
Epheſ. 4

leure difcipline, il eft bon de s'affeurer par cefte experience.
Si eft-ce qu'il ne faut limiter la vocation de Dieu, ne l'election de l'Eglife. Mefmement que nous auons cy deffus declairé affés des preuues que l'Eglife peut auoir des perfonnes, fans l'affubiectir à ceft ordre. Et quant à l'ordre de ces
promotions, il me femble que le téps eft mal employé pour
la ieuneffe, de chaffer longuement les chiens du Temple,
efpier qu'aucun excommunié n'y entre, nettoyer iceluy, le
parer, s'y promener, fuiure l'Euefque, & le feruir en l'adminiftration des Sacremés. Et auons exemples affés frequens,
que ceft ordre n'a efté gardé, voire és principaux Euefques:
mefmement qu'aucuns ont efté appelés eftans feulement
lays, comme ils appeloyent, mefmement que certains ont
efté elus Euefques auant qu'ils fuffent baptizés : comme
Nectarius & comme Ambroyfe.

De la dignité & office des Miniftres.   CHAP.   IX.

N O v s auons cy deffus parlé de la dignité des Miniftres : de laquelle il ne fera hors de propos d'en
parler vn peu plus amplemét, puis que nous fommes fur l'argumét des diuers offices & Minifteres
de l'Eglife. Ce que toutesfois pour cefte mefme confideration nous ferons plus briefuement, & à moindre neceffi-
té:la dignité defquels nous ne pourriós remóftrer auec plus
Luc 10   grande energie q̃ par les paroles du Seigneur, Qui vous oit,
il m'oit : qui vous mefprife, il me mefprife. Laquelle lettre de
creance bien qu'elle ayt efté donnee premieremét aux Apoftres & difciples qui eftoyét alors, toutesfois elle appartient
egalement en femblable vocation à tous Miniftres de la parole : lefquels le Seigneur addreffe à fon Eglife pour le falut
d'icelle:lefquels il garnit de mefme authorité & dignité. Car
les pafteurs que le Seigneur enuoye à fon Eglife font pareillement fes ambaffadeurs enuers nous pour l'adminiftration
des myfteres de Dieu, & pour le miniftere de noftre reconci-
1.Corin.6   liation, laquelle le Seigneur pourchaffe de pareil zele &
2.Cor. 4   compaffion de nous. Et pourtât il les a voulu garnir amplemét de toute authorité & maiefté, pour auoir plus de poids
& efficace à nous induire à embraffer fa mifericorde. Il ne
les a

les a donques fournis de fatellice terrible, ne de grãde pom-
pe, ne de magnifique fuite, ne d'ornemens fomptueux, ne
d'vne fplendeur fuperbe: mais voicy ce qui les authorife: Le
fainct Efprit (dit le Seigneur Iefus) vous enfeignera toute   *Iean* 14
verité.   Ce ne ferez vous pas qui parlerez, mais l'Efprit de   *Matth.* 10
mon pere qui habitera en vous.   Voila donc vne fplendeur
& vne maiefté qui furpaffe toutes celles, ie ne diray des ambaffadeurs des Rois: mais celles des Monarques mefmes, en
ce qu'ils font non feulement ambaffadeurs de Dieu, & interpretes de fon bon plaifir, mais que Dieu mefme parle à
nous par leur bouche. En quoy, comme il faut recongnoi-
ftre la grãde bonté & mifericorde du Seigneur enuers nous,
qui fe daigne approcher de nous, & ouurir fa bouche facree
pour noftre inftruction à bien viure, pour noftre exhortation à perfeuerer, & confolation en nos aduerfités, pareillement il nous faut reuerer les inftrumẽs, defquels il luy plaift
fe feruir.   Lefquels aufsi par ce qu'ils portent ce facré myftere, ne fe doiuent enorgueillir pourtant, ains ils fe doiuent
contenir en tant plus grande modeftie, recognoiffans qu'ils
font vaiffeaux de terre, dans lefquels Dieu a mis & cacheté   *2.Corin.*4
fes vnguents precieux, à ce (dit fainct Paul) que la hauteffe
de la puiffance foit de Dieu, & non point des hommes : &
qu'il n'aduienne, qu'ayans prefché & Euangelizé aux autres,
ils fe trouuent eux mefmes reprouués. De laquelle humilité
& modeftie le Seigneur Iefus les admonnefte fouuent : difant que plufieurs feront qui allegueront : Seigneur nous
auons prophetizé en ton nom, nous auons chaffé les diables, & faict miracles.   Aufquels il refpondra : En verité
ie vous dy, ie ne fçay qui vous eftes. Mefmement le Seigneur Iefus ayant tenu longs propos de noftre conftance en
la croix, des peines de ceux qui le renieront, de la vertu de
l'Efprit de Dieu en noftre mortification, de la prouidence
de Dieu enuers nous pour toute noftre vie, de noftre confiance en Dieu, des œuures de noftre foy, & folicitude de
noftre felicité : comme fainct Pierre luy demãdoit s'il difoit
proprement ces chofes à tous ou à eux feulement, le Seigneur confermant que ces chofes eftoyent pour tous, voicy
ce qu'il adioufte de propre pour les Apoftres & pafteurs:

Mais qui eſt le deſpenſier fidele & prudent que le Maiſtre a
commis ſur ſa famille pour luy donner viande en temps par
meſure ? Bien-heureux eſt ce ſeruiteur là que ſon Seigneur
trouuera ainſi faiſant, quand il viendra. Veritablemét ie vous
dy quil le commettra ſur tout ce quil poſſede. Que ſi ce ſeruiteur là dit en ſon cœur : Mon Seigneur tarde à venir , &
quil ſe prenne à batre les ſeruiteurs , & ſeruantes, & à manger & boire & s'enyurer, le maiſtre de ce ſeruiteur là viendra au iour quil n'eſpere pas, & à l'heure quil ne ſçait pas , &
le ſeparera, & mettra ſa portion auec les hypocrites. Auſſi
à la verité le Seigneur enuoyát ſes ambaſſadeurs à ſon Egliſe pour le ſalut d'icelle, & mettant en leur bouche la parole
de ſa reconciliation & de la nouuelle alliance, il la contracte
en premier lieu auec eux, & leur fait viuement ſentir la vertu d'icelle, à fin quils en puiſſent eſtre tant meilleurs teſmoins
enuers les autres. Et à ce que de plus grand zele & affection,
Luc 12 eſtans bien perſuadés, ils puiſſent perſuader les autres. Pour-
Malach. 2 tant le Seigneur dit ainſi par Malachie, I'ay fait alliance auec
Leui de la vie & de la paix, laquelle ie luy ay donnee, à fin
quil me craigniſt, & s'eſpouantaſt à mon nom : il a eu donques la loy de verité en ſa bouche , & iniquité ne s'eſt point
trouuee en ſes leures: il s'eſt porté droictement & honneſte-
ment enuers moy , & a deſtourné pluſieurs de leur iniquité.
Car les leures du ſacrificateur garderont la ſcience, & recer-
chera-on la Loy de ſa bouche , veu quil eſt le heraut du
Apocal. 2 Seigneur des armees. Pour laquelle raiſon ſainct Iean les
appelle Anges du Seigneur : auſquels ceux qui ſont ſemblables à bon droict doiuent eſtre en honneur, & eſtime, com-
Galat. 4 me les Galates auoyent ſainct Paul : auſquels il rend teſmoignage quils l'auoyent receu comme vn Ange de Dieu. Et
pourtant que volontiers ils euſſent arraché leurs propres
yeux pour luy donner, nous ſommes auſſi admonneſtés d'o-
beïr à nos conducteurs & de nous ſumettre à eux. Car (dit
Heb. 13 l'Apoſtre) ils veillent pour vos ames, comme ceux qui ont à
rendre conte, à fin que ce quils ſont ils le facent ioyeuſemét,
& non point en regret. Car cela vous ſeroit inutile. Ce que
nous deuons faire d'autát plus allaigremét, que Dieu declaire quil eſt en eux honnoré: quil aduouë, quil tient pour ſien,
                                                    & nous

& nous impute l'honneur que nous leur rendons, & le bien Matth. 10
que nous leur faisons. Aussi que si nous n'escoutons & ne Iean 13
receuõs les Ambassadeurs de la bienueuillance de Dieu enuers nous, ne declairons nous pas la guerre à Dieu, ne plus
ne moins qu'ont de coustume de faire les Princes, lesquels
voulans rompre la paix, & ouurir la guerre, renuoyent les
Ambassadeurs, ou mesmement les reuoquent à eux? Nous
declairons donc la guerre au Dieu viuãt, poures, miserables
& chetiues creatures, si nous reiettons, & ne voulons escouter les Ambassadeurs de son alliance: ou, pour mieux dire,
Dieu la nous faict mortelle, quand il retire ces seruiteurs &
Ambassadeurs de sa grace & reconciliacion. Car qui nous
peut reconcilier à luy que Iesus Christ son fils? & qui nous
peut asseurer de sa paix & grace que luy mesme? & par quel
moyen la nous declaire-il, que par la predication de sa parole? Et qui nous la peut prescher que celuy qui est par luy
specialement enuoyé? De faict bien que comme le vent Rom. 10
souffle & qu'on le sente sans sçauoir d'où il vient: pareille Iean 3
ment Dieu puisse œuurer par la vertu de son sainct Esprit,
sans moyen humain, & par vne puissance immediatement
diuine, si est-ce qu'il a tellement condescendu à nostre infirmité, & voulu honnorer ce sainct Ministere, qu'il a voulu
par iceluy desployer ordinairement sa grande puissance, en
la predication de sa parole. Il auoit demonstré la maiesté de
son sainct Euangile en enuoyant son sainct Esprit à ses Apostres, mais il n'a voulu vser continuellement de ce miracle:
mais il s'est voulu seruir de ses ambassadeurs si dignement
authorizés pour nous exercer à plus grãde obeïssance. Cor- Actes 10
neille prie Dieu, & est renuoyé à sainct Pierre: comme aussi
Pierre luy est enuoyé: à qui Dieu donnant authorité, en la
personne d'iceluy, il authorise la predication de tous ses seruiteurs, qu'il deuoit à iamais enuoyer. Car en ce que par la
predication d'iceluy il donne son sainct Esprit aux escoutans
& croyans à sa parole, auec les mesmes signes, telle vertus, &
semblable efficace, qu'il auoit donné vn peu au parauant à
ses Apostres, il conferme à iamays les Ministres de sa parole, il asseure que leur ministere ne sera inutile: & que c'est le
moyen qu'il a ordonné pour le salut des hommes, & nous

demonſtre aſſés quelle reuerence nous deuons porter à ſa parole, qu'il nous annonce par ſes heraux, quand il declaire que d'icelle noſtre ſalut depend. Autant en fait le Seigneur Ieſus à Paul, enuoyant Ananias à luy pour le baptiſer, & illuminer de cecité & aueuglement. Philippes eſt pareillement tranſporté par l'Eſprit du Seigneur pour inſtruire l'Eunuche maiſtre d'hoſtel de la Royne Candace. Bref c'eſt la vraye ordonnance, & voye ordinaire que Dieu nous a laiſſee, pour paruenir au ciel: laquelle qui meſpriſe, il ſe foruoye de ſon gré à mort & perdition. Et pourtant le Seigneur cōmande à ſes Apoſtres de ſecouer la poudre de leurs ſouliers ſur telles gens, & de proteſter qu'ils ſont innocens de leur condamnation: aſſeurans que ceux de Sodome & Gomorrhe ſeront plus doucement traidés au iour du iugement. Voyla l'authorité, dignité, & neceſſité du Miniſtere de la parole: venons maintenant aux offices & deuoirs d'iceluy. La premiere charge eſt la predication de la parole, comme nous auons deduict: en ſecond lieu l'adminiſtration des Sacremens. Ce que le Seigneur Ieſus conioinct, diſant à ſes Apoſtres & Diſciples, Allez, endoctrinez toutes gens, les baptizans au nom du Pere, du Fils, & du ſainct Eſprit. A quoy il faut pareillement ioindre la priere: laquelle, comme ainſi ſoit qu'elle ſoit propre du Chreſtien, en laquelle la vertu & efficace du ſainct Eſprit ſe demonſtre principalement, elle doit eſtre frequente & ardente en l'Egliſe. De laquelle le Miniſtre doit eſtre non ſeulement ſeuere exacteur, mais auſſi l'organe, l'intelligence, & propre bouche de l'Egliſe, pour eſmouuoir ce zele & ardeur en nos cœurs, & pour l'entretenir. En quoy l'Egliſe ancienne nous a beaucoup auancé. Laquelle eſtoit perſeuerante, dit ſainct Luc, en priere & oraiſon, voire les nuicts meſmes, comme le demonſtre ce qui eſt dict que pluſieurs eſtoyent aſſemblés en la maiſon de Marie mere de Iean, ſurnommé Marc, faiſans oraiſons la nuict que Pierre fut deliuré de la main d'Herodes: Et ce qui eſt eſcrit que ſainct Paul en vn Sabat eſtant à Troas continua ſon propos iuſqu'à la minuict. Ce que toutesfois ie ne dy approuuât la couſtume des Latins qui ſe ſont aſſemblés hors les perſecutions, auant iour, ne des Grecs qui ſe ſont

d'autre

Marginal notes:
Matth. 10
Actes 9

Actes 8

Matth. 10
Actes 13
Actes 28

Matth. 28

Act. 20

Actes 12
Actes 20

d'autre cofté affemblés auant la minuict : car ie fçay que cecy eft procedé que l'Eglife ne fe pouuant affembler de iour pour le danger, s'eft affemblee la nuict ou quand elle a peu : ne gardant point autre circonftance, finon de l'affeurance plus grande que lon pouuoit auoir des ennemis:mais que ie loueroye vn tel ordre de cefte difcipline, qui nous emeuft, & nous folicitaft dauantage à l'imitation de l'Eglife ancienne : car à la verité ce que le Seigneur commande à fes *Luc 22.* Apoftres tant de fois qu'ils prient, ce qu'il les reueille en les tançant,il nous reprent & nous reueille,& fe propofe pour exemple. Et nous dit, Leuez vouz, & priez que vous n'entriez en tentation. Ce que mefme il veut que nous facions fans ceffe, ne nous laffans point. En quoy comme la fuperftition eft à euiter, auffi faut il par bon & fainct ordre, exciter nos cœurs, voire les contraindre à ce que l'ordre public ferue d'exemple en particulier. De quoy les pafteurs, comme i'ay dit, doiuent eftre comme organes de l'Eglife en l'affemblant & excitant fouuent, fpecialement és affaires de l'Eglife plus grans,& lors que l'ire de Dieu fe demonftre par herefie, ou par pefte,ou guerre,ou fureur de Prince. En tiers lieu la generale liaifon & deliaifon : c'eft à dire les clefs du Royaume des Cieux leur font commifes. Car c'eft à eux premierement que cefte adminiftration de l'Euangile eft addreffé : Qui croyra,& fera baptizé,il fera fauué : mais qui *Marc 16.* ne croyra point, il fera condamné. De laquelle puiffance ils ont charge en public, & en particulier : à quoy il faut conioindre l'execution de la puiffance & iurifdiction de l'Eglife. Ce que nous auons cy deffus amplement declairé: comme auffi en quels cas ils peuuent prendre és mains cefte puiffance de l'Eglife, & vfer de la iurifdiction d'icelle en reiettant les pecheurs, fans attendre la fentence de l'Eglife : ou en les admettant & receuant en ce corps & communication des fideles, fous toutesfois le nom & authorité d'icelle. En quatrieme lieu le deuoir du Pafteur eft d'enfeigner, exhorter, & confoler par les maifons particulieremét. Ce que demonftre fainct Paul parlant ainfi aux Anciens de l'Eglife d'Ephefe, Vous fçauez que ie n'ay rien obmis des *Actes 20* chofes qui vous eftoyent vtiles, que ie ne les vous aye en-

G 3 feign

seignees publiquement, & par les maisons. Ce que le Seigneur commande à tous pasteurs en la personne d'Ezechiel, Fils de l'homme ie t'ay mis pour guette en la maison d'Israël : Quand ie diray au meschant tu mourras de mort, & que tu ne l'auras point aduerti, & n'auras point parlé à luy pour le desenhorter de sa meschante voye, il mourra pour son infidelité : mais ie te redemanderay son sang de ta main.

Ezech. 3

Des gages, honneurs, & doubles honneurs des Anciens. CHAP. X.

OR ces charges estans si grandes & si necessaires pour nostre salut, c'est à bon droit que nous deuons honnorer ceux qui trauaillent tellement à ceste saincte œuure de l'edification de l'Eglise, lesquels Dieu a tant hõnorés entre les hommes. Mais il ne faut que cest honneur soit Pharisaïque, c'est à dire, que par signes externes nous demonstrions bien quelque reuerẽce & honneur, sans qu'il y aye aucun effect, ains, cõme le Seigneur requerant de nous, que nous hõnorions peres & meres, il veut que nous leur assistions, pareillement le Seigneur nous cõmande que les pasteurs qui sont comme les Peres des Eglises soyent par elles honnestement & liberallement traictés. Car, comme dit l'Apostre, il est bien raisonnable que celuy qui sert à l'autel viue de l'autel. Et, comme dit le Seigneur Iesus, chacun ouurier est digne de son sallaire. Que si le Seigneur veut que le bœuf qui foulle le grain, puisse manger d'iceluy, à plus forte raison faut il que le Ministre qui trauaille en la moisson & en l'aire du Seigneur, soit nourry & entretenu d'icelle. Parquoy l'opinion de sainct Ierosme & de sainct Ambroise me semble bien rude, que le clerc qui se peut enttretenir de son patrimoine, s'il est nourry du bien des poures, il cõmet sacrilege, & mange sa condamnation. Mais sainct Paul determine au cõtraire : que aucun ne suit la guerre à ses propres despens, & cousts : & n'est la raison pour espargner le bien des poures, de faire les enfans & femmes des pasteurs indigens, veu que sainct Paul dit, que celuy qui n'a soin de sa famille a renoncé la foy, & est pire qu'vn infidele : & que qui ne sçait bien gouuerner sa maison, ne pourra bien gouuerner celle de Dieu. Mais ces saincts personnages parlent

Exode 20

1. *Corin.* 10

Matth. 10
1. *Corin.* 9

1. *Corin.* 9

1. *Timo.* 5

lent des clercs & perſonnes non mariees & oyſeuſes,comme
eſtoyent alors preſque tous les clercs : leſquels tant s'en faut
qu'eſtans riches ils deuſſent manger le bien des poures, que
meſmement à limitation de ſainct Paul,ils deuoyët plus toſt   2. Theſſ.3
trauailler pour ſecourir & ſuruenir aux poures. Quant au
moyen & meſure qu'il faut garder en ces gaiges , il nous eſt
quaſi preſcrit par la parole du Seigneur : laquelle eſt bien
contraire à ce qui s'eſt faict en l'Egliſe il y a deſia pluſieurs
ſiecles.   Car les Eueſques ſous beaucoup de belles raiſons,
(comme il ſera declairé cy apres,Dieu aidant) ont cerché les
moyens premieremët d'enrichir les Egliſes : puis partie par
vne puiſſance violéte, qu'aucun ne leur oſoit côtredire,par-
tie pour l'opinion que lon auoit ordinairement de leur integrité, ils ſe ſont mis entre les mains ces biens & reuenus.
Vray eſt qu'ils ont declairé qu'ils ſe contenteroyent du quart
des biens de l'Egliſe , pour leur entretenement, & pour receuoir les eſtrangers. Et ne nie qu'aucuns n'en ayent faict
leur deuoir : comme ſainct Ambroiſe , ſainct Iean Chryſoſtome,ſainct Auguſtin , & autres le proteſtent ſouuent.Mais
il eſt mal aiſé de ſe contenir en ſi libre adminiſtration , où il
n'y a point de reddition de conte. Ce qu'a cognu la Loy
ciuile , qui veut , que celuy qui eſt laiſſé tuteur ſans rendre
conte,ſoit tenu toutesfois à le rendre. Et l'effect qui s'en eſt
incontinent enſuiui a aſſés demonſtré en quelle conſcience
les Eueſques pour la plus part ont manié ces biens,& combien c'eſt choſe dangereuſe de nourrir en toute opulence &
ſatieté ceux qui iour & nuict doyuent eſtre en la ſentinelle
& guette de l'Egliſe deuant Dieu.   Laquelle adminiſtration
de deniers publics ſi par les loix ciuiles eſt defenduë aux
Magiſtrats principaux, & ceux qui ont plus de puiſſance,
par ce qu'il leur eſt plus aiſé de ne rendre point conte, & de
ſe iouër des deniers publics, qu'il n'eſt aiſé de les contraindre de les tenir & rendre loyaument. Et auſſi par ce que aucun ne les manie que la couleur pour le moins ne luy en demeure és mains,& qu'elles n'en ſoyent ſouillees, côbien plus
deuons nous craindre que l'innocence & integrité qui doit
eſtre és Miniſtres, n'en ſoyent contaminees & polues ? Les
Apoſtres induicts par l'Eſprit de Dieu principalement pour   Actes 6
ceſt

ceſt eſgard entre autres cauſes reiettent ceſte charge pour

2.Corin.16 ſeruir d'exemple à iamais.Autant en fait ſainƈt Paul,qui veut que les Egliſes eliſent perſonnes pour manier leurs aumoſ-nes. Et ſemble que le Seigneur aye voulu pour ceſte conſi-

Iean 13 deration donner la charge des deniers à Iudas plus toſt qu'à aucun de ſes Apoſtres. Les Miniſtres donques tant pour leur ſoulagement & innocéce , & pour euiter les calomnies des hommes , que pour la conſeruation de la diſcipline de l'Egliſe,ſe doyuent contéter de ce dont les Apoſtres ſe ſont contentés, & reietter ce que les Apoſtres ont reietté, com-me choſe repugnante à leur vocation. De quoy eſt apparét combien ce canon eſt fauſſemét attribué aux Apoſtres qui argumente ainſi : que , ſi on cõmet aux Eueſques les Ames, à plus forte raiſon on leur doit commettre les biens: à quoy ie ne reſpon puis que ce canon eſt cõtraire à la doƈtrine des Apoſtres, & de leur propre faiƈt , qu'il leur eſt fauſſement at-tribué. Item qu'il ne faut aucunement commettre les biens aux bons Eueſques , par ce que leur vocation eſt ſepa-ree de celle des Diacres : & qu'il n'eſt dit que les Apoſtres

Aƈtes 4 ayent iamais diſpenſé ne manié les deniers de l'Egliſe ,mais ſeulement qu'on leur iettoit aux pieds: comme choſe dont ils ne faiſoyent ſi grand' eſtime & qu'ils n'eſtimoyét ſinon de

Aƈtes 6 la neceſsité de l'Egliſe. Car ils diſent qu'ils ne ſont point d'aduis qu'ils delaiſſent la parole de Dieu,& qu'ils ſeruent aux tables. Quant aux mauuais & infirmes Eueſques,ie reſpon que c'eſt choſe par trop dangereuſe. Parquoy ie ne peu non plus approuuer (ce qui a eſté toutesfois longuemét obſerué par les bons meſmemét :) que les Diacres diſtribuoyent ces deniers de l'aduis & ordonnance des Eueſques : car l'office du Diacre eſt ſeparé de celuy du Miniſtre & paſteur,&,vn & l'autre ſont miniſteres de l'Egliſe,& vocatiõs diſtinƈtes:& da-uantage l'Eueſque ou paſteur n'a en icelle adminiſtration du bien de l'Egliſe , non plus d'eſgard que le moindre des ſe-nieurs.Deſquels tous ceſte ſuperintendance,le contrerolle, & correƈtion ſont propres , ſous toutesfois l'authorité & puiſſance de l'Egliſe. Comme nous pouuons comprendre

Rom. 15
Gal. 2
3.Cor.16
2.Cor.n.7 de pluſieurs paſſages de l'eſcriture. Parquoy les Miniſtres ſe contenteront de leur charge & office,quels qu'ils ſoyent: en

quelque

quelque lieu, ou quelque charge que Dieu les appelle, ils se
contenteront de n'auoir faute de rien : qui est la mesure que
Iesus Christ leur a ordonnee, quand il dit : Quand ie vous   *Luc 22*
ay enuoyés sans sac & besace aucune chose vous a elle defailly? Et de faict sainct Paul se contente abondamment de
cela, & veut que les Ministres s'en contentent. Nous n'a-   *1.Tim. 6*
uons (dit-il) rien apporté en ce monde : & ne faut pas douter que nous en puissions rien emporter : mais nous ayans
la nourriture,& de quoy nous puissions estre couuerts,nous
serons contents de cela. Car ceux qui veulent estre riches
tombent en tentation, en lacs, & en plusieurs desirs fols &
nuisables,qui plongent les hommes en perdition,& destruction. Car la racine de tous maux est auarice. Ce que toutesfois ie ne pense qu'il fale prendre precisement & à la rigueur, veu que sainct Paul vn peu auparauant veut que le   *1.Timoth. 3*
pasteur soit bon pere de famille, & pouruoye diligemment
à icelle:qu'il aime les estragers,& les recueille:il ne faut donc
ordonner aux Ministres sages si petits qu'ils viuent sordide-
ment, & ne puissent entretenir leurs familles honnestemét,
ne faire instruire liberalemét leurs enfans,ne leur oster tout
moyen d'exercer quelque liberalité & charité enuers les
poures & estrangers : laquelle se demonstre aussi bien en
mediocrité, qu'en abondance. Desquelles vertus ils doyuent seruir d'exemples aux autres,comme aussi en leur faisant filer leurs gaiges bien prim, & raclant la mesure bien
au iuste, nous n'osterons l'auarice pour cela : laquelle consiste aussi bien en ce qu'on souhaitte pour neant,& apres quoy
on se deseiche, qu'en ce qu'on a en grand' abondance,& dequoy toutesfois on ne se sert point : & que iours & nuits on
s'esforce& trauaille d'accroistre par vne ardeur & aspreté ve-
hemente:laquelle misere de vie, comme aussi l'auarice,nous
euiterons , si nous proposons deux vertus, où nous deuons rendre, & qui doyuent reluire en toute nostre vie : à
sçauoir honnesteté,& temperance : lesquelles nous deuons
coniondre ensemble : par ce que honnesté seule decline aisement à splendeur & magnificence : comme aussi temperance sans honnesteté decline au contraire, qui est vne misere de vie & indigence : mais elles deux ioinctes ensemble

gardent vne mediocrité fort louable : laquelle est sur toutes
choses requise aux Ministres du Seigneur. Leurs gaiges dōc
seront accommodés à ce but. Ce qui ne se peut limiter &
specifier exactement, par ce qu'il faut auoir esgard à la maniere de viure des lieux, la difference, & cherté de viures:
comme aussi aux charges qui pourroyent estre plus en vn
lieu qu'en l'autre. En quoy ie n'aurois autre consideration,
que à ce que selon les circonstances des lieux, le Ministre
se puisse entretenir honnestemét & temperamment auec sa
femme, & quatre enfans : & à ce qu'il se puisse fournir de liures necessaires à sa vocation. S'il auoit plus grād' charge de
famille, ie seroye d'aduis qu'il iouïst du droict & priuilege ancien de trois enfans : à sçauoir qu'on luy augmentast bled &
quelques deniers, ainsi que lon iugeroit estre meilleur. Ce
que Auguste Cesar renouuela en la Republique Romaine,
& du depuis estant ceste loy effacee, fut restituee de rechef par la liberalité de l'Empereur Traian. Le benefice
de laquelle loy à meilleur droit, doit estre octroyé à tels personnages, veu qu'il est à presumer que des bons & craignans
Dieu, doit issir bonne & genereuse lignee. Et que le repos
de tels personnages appartient au bien de la Republique:
comme aussi la bonne & liberale nourriture & education
de leurs enfans. Ie ne dissimuleray point ma curiosité en
chose de telle consequence : c'est que bien que en quelque
lieu du Royaume, on trouueroit estrange d'ordonner certaine mesure de bled, si est-ce qu'ayant egard que les annees
ne sont toutes semblables, & que beaucoup d'icelles pourroyent apporter de grandes difficultés de viure aux Ministres, pour la grand' cherté, si leurs gages consistoyent en
deniers cōtents, ie seroye d'aduis qu'il leur fust ordonné certain bled iouxte la grandeur de la famille quelle nous auons
dict : comme aussi du vin, & certains deniers : le tout estant
reglé à ces vertus susdictes. Ce qui a eu lieu és Republiques
bien ordonnees : Et fut institué en l'Eglise par Constantin,
& est suiuy maintenant és Prouinces Chrestiennes reformees. Ie ne trouueroye aussi estre bon qu'on leur baillast
ne terre ne vignes, par ce que s'ils en sont soigneux, c'est
empeschement pour eux, qui le diuertit de leur vocation:

&

& fe font tort & à leurs fucceffeurs s'ils n'en tiennent conte.
En cefte forte les Pafteurs auroyent toufiours moyen d'eftre
en exemple de charité & honnefteté comme aufsi de temperance , qui doit reluire non feulemēt en eux, mais en toutes leurs familles : ne feulemēt en matiere d'accouftremens,
mais en la forte & efpece. En general cefte temperance a
continuellement duré en l'Eglife depuis le temps des Apoftres iufques à ce que les grands richeffes foyent venues,
& qu'on a voulu imiter la magnificence des grans preftres
Iudaïques. Ce qui n'eft venu que trop toft : par ce que ce
luxe eft entré incontinent en l'Eglife auec les richeffes , &
que par ce que és temps des perfecutions les martyrs donnoyent ordinairement aux poures leurs biens meubles &
immeubles les Eglifes deuindrent incontinent riches. Mais
apres le temps des Apoftres les gages furent bien eftroicts.
De quoy nous fait foy ce que i'ay cy deffus raconté de Nathalius : lequel fe feit Euefque de la fecte d'Arthemon fur-
nommé le Tanneur, eftant émorcé des gages de quinze ducats par mois, qui montent par an cent huictante ducats.
Car cela demonftre que les gages des orthodoxes ne mon-
toyent à plus grand' fomme és prouinces , veu que dedans
Rome mefmes, où eftoit ledit Nathalius, ils n'eftoyent plus
grans. Il y a vne chofe à confiderer dauantage , que Conftantin a fort bien entendue & à quoy il pourueut du commencement de fon empire. C'eft qu'il y a beaucoup de couruees & de charges extraordinaires , foit pour fe trouuer en
vn Concile national, ou general , foit par autres raifons que
nous deduirons cy apres . pour lequel egard il feroit inique
de mettre ces frais fus le dos des Miniftres : ains il faudroit
que les Prouinces y pourueuffent , comme on l'entendra
mieux par les liures de la Republique. De faict Conftantin
commande à vn fien threforier de deliurer à Cæcilius Euefque de Carthage, certains deniers pour diftribuer aux Euefques en recompenfe de telles couruees : et que fi cefte fomme ne fuffifoit, qu'il en demandaft audit threforier, tant qu'il
verroit eftre bon. Dauantage il enuoya mulets & 1 hedes ou
coches aux Euefques pour les amener commodément à
Nicee, & pour porter leurs liures & bagages : & à entretenir

les trois cens dixhuict Euefques, qui eftoyent venus au dict Concile de Nicee, & les a deffraiés liberalement tout le temps que ledit Concile a duré : auffi il les renuoya tous, leur ayant faict en particulier des prefens dignes de fon zele & liberalité. Mais ces chofes font bien quelques moyens pour retrancher en partie l'auarice, & mettre le Miniftre en quelque repos, à fin qu'il s'adône du tout à fa vocation : mais elles ne font fuffifantes affés pour defraciner toutes folicitudes de l'efprit d'iceluy, veu que naturellement tout homme a cefte affection naturelle, d'auoir folicitude de fa femme & enfans, & leur laiffer quelque commodité de vie apres fa mort. Et neantmoins nous n'auons parlé que de ce qui eft deuant les yeux, & ne confiderons point le foin de l'aduenir, qui peut induire le feruiteur de Dieu à cefte chicheté & à vne foif & defir d'efpargner fur fa miferable vie piece fur piece, en defraudant fa nature, pour achepter pour le moins (comme l'on dit) vne beface à fes enfans. A quoy l'Eglife doit pouruoir & pratiquer icy ce que l'Apoftre dit, que les Anciens qui prefident bien, font reputés dignes de double honneur. Ce qui ne s'entend d'vn feul honneur que l'on fait par geftes : mais d'vne recognoiffance & d'vn vray honneur qui fe fait en exerçant liberalité enuers eux & leurs enfans. Car telle eft aufsi la fignification du nom τιμὴ dont fainct Paul a vfé, qui vient de τίνω qui fignifie honnorer, payer, & fatisfaire. L'Eglife auroit pouruen aux viures des Miniftres, & de leurs familles durant la vie d'iceux : apres leur decés elle fe doit porter tutrice & mere des enfans de ceux, qui fe feroyent gouuernés vertueufement au feruice de Dieu, & au fien, à ce que leur bien leur fuft gardé : que les enfans fuffent liberalement nourris & entretenus du public, iufques à puberté, chacun felon l'efperance qu'il donneroit, & le deuoir qu'auroit fait le pere au feruice de l'Eglife : & fuffent inftitués és eftats efquels ils feroyent les plus propres. Laquelle recognoiffance fi a eu lieu en la ville d'Athenes, & à l'exemple d'icelle en toutes autres villes de Grece, où gens vertueux, & leurs enfans eftoyent honneftement entretenus, à plus forte raifon doit auoir lieu en l'Eglife de Dieu, fource de toutes vertus : En

laquelle

laquelle vne petite portion de tant de biens,dont on s'efforce de fouler tant de ventres, doit bien estre employee pour vne telle recognoissance,& en vn œuure tant salutaire à l'Eglise & agreable à Dieu. Ce qu'il demonstre manifestement par le miracle qu'il faict par Elisee,auquel comme vne vesue d'vn prophete se plaignoit que son creancier en faute de biens, vouloit prédre deux de ses enfans à seruitude,le Seigneur par ledict Prophete feit tellement multiplier vn peu d'huile qu'elle auoit , que le creancier fut payé, & elle peust viure du residu auec sa famille.L'Eglise donc côme vne bonne & vertueuse mere pouruoyra aux vesues des Ministres,& generalemét estédra son soin maternel sur toutes leurs familles,poures & riches qu'ils soyét,selon qu'elle iugera estre bon & vtile.Par ce moyen on desracinera toute seméce d'auarice du cœur des Ministres , & toute affection qui les pourroit troubler en leur vocation. Par ce moyen aduiendra ce que sainct Ambroise dit tres-religieusement, que poureté sera non seulement louable aux pasteurs:mais qu'ils se porteront en telle pieté , & charité qu'il semblera qu'ils la desireront: pour le moins ils demonstrerôt bien qu'ils ne la craindront point. Et dauantage il n'y aura aucun bon esprit,pour tenté d'ambition ou auarice qu'il soit, qui ne s'offre allaigremét au seruice de l'Eglise.Par ce moyen l'Eglise fera beaucoup pour sa conseruation , & pour son honneur. Ce que toutesfois luy seroit sans charge,si ceste discipline estoit gardee. Par ce moyen, dy-ie, elle eleuera vne belle ieunesse pour succeder à l'aduenir à la vertu & ministere de leurs peres. Car c'est vne chose qui aduient souuent, quand auec la bonté de nature , l'education liberale y est adioustee : Car c'est vn dict tres-ancien , que les bons naissent des bons , & les forts des forts. Polycrathees Euesque d'Ephese escrit, que sept de ses ancestres auoyent eu le gouuernement de l'Eglise , & que luy huitieme auoit succedé à la mesme vocation. Domnus fut eleu Euesque de l'Eglise d'Antioche en la place de Paulus Samosatenus : lequel Domnus estoit fils de Demetrian Euesque dudict lieu. Les anciens ont escrit que le pere de Gregoire de Nazianzene estoit Euesque , comme aussi estoit Basile pere de Basile le grand, de Gregoire Nissenien,

& de Pierre, qui ont esté Euesques renommés entre autres. Et Basile escrit qu'il a esté formé en la religion Chrestienne par sa mere Beate, & grand' mere Macrine. Et auons quelques exemples auiourd'huy au gouuernemēt de l'Eglise de pareille benediction de Dieu enuers les enfans d'aucuns de ses seruiteurs. Laquelle police si est obseruee cōme il appartient, outre que nous bannirions auarice de l'Eglise, nous en exilerions pareillement sa compagne, ambition. Car toutes pensions seront egales, & mesurees selon les mœurs & circonstances des lieux : & n'y aura aduantage quelconque, ne preeminence de sieges, ny d'authorité des personnes, sinon entant que les graces du Seigneur & humilité plus grande, les recommanderont. Dauantage les anciens permettoyent aux pasteurs & Euesques de pouuoir exercer la medicine en leur vocation. Ce qui n'est à reprēdre aucunement: mais bien ceste coustume & ordonnance, par laquelle pour euiter, disent ils, oisiueté, mere de tous maux, ils vouloyent que chacun prestre eust vn certain mestier & estat auquel il s'exerceast. Mais ç'a esté du temps que la predication de la parole a esté ostee aux prestres, & le breuiaire n'estant encores inuenté, pour les amuser, toute leur vocation ne consistoit qu'en obseruations de certaines ceremonies. Mais faute d'excercice Chrestien & vertueux ne peut aucunemēt aduenir à l'hōme fidele: mais beaucoup moins au Ministre de la parole. Ie n'obmettray pour clorre ce propos, que Constantin donne immunité & vacation de toutes charges publicques & personnelles, aux Euesques & clergé. Mais quant aux reeles, qui sont annexees au fond & heritage, il n'entend les descharger : ce qui est fort raisonnable. Sainct Cyprian aussi au Concile de Carthage, & escriuant à son Eglise dit, qu'il n'est licite de laisser par testament tuteur, vn pasteur qui doit seruir à l'Eglise & vaquer à prieres: ne au Magistrat de l'elire, veu qu'aucun souldat ne s'empesche des choses & affaires de ce monde.

Des senieurs & conseil d'iceux.   CHAP. XI.

V ENONS maintenant aux autres offices ecclesiastiques. Bien que nous n'ayons tesmoignage és Euangelistes que ce conseil des Senieurs soit ordonné

né par la voix du Seigneur Iesus : toutesfois en ce quil a
esté institué par les Apostres dés le commencement de
l'Eglise, il nous faut croyre quil a esté institué de son expresse volonté, pour le bien & necessité d'icelle.   Car comme ainsi soit que le Seigneur aye ordoné vne police & constitution externe en son Eglise fort admirable, ce côseil n'auroit peu estre obmis, estant si necessaire pour l'ordre & pour
euiter toute côfusion, & la perturbation qui pourroit autrement aduenir en vne cômune, non côseillee, ne retenue en
modestie. Ce conseil donc est principalement institué pour
deux fins.   Premierement pour veiller sur l'Eglise du Seigneur, & pour luy seruir de ce, que le timon sert au nauire,
pouruoir aussi à tout ce qui est vtile à ceste societé ecclesiastique pour l'auancer diligemment, & pour destourner aussi
prudemment ce qui luy est contraire. En second lieu ce conseil a esté institué, à ce qu'on euite en l'Eglise la côfusion qui
aduient ordinairement en vne commune & estat populaire, où chacun rapporte ce qui luy vient en la fantasie, sans
quil soit premieremen digeré & passé par le conseil & Senat.
Ce qui est l'extreme declination de la Republique populaire, que les Grecs nomment ὀχλαρχία, & a tousiours esté pro-
gnostique certain de la prochaine ruine d'icelle.   Pour laquelle raison vn peuple ainsi gouuerné sans cest ordre & discipline, qui luy peut seruir de bride & le peust guider, a esté
appelé des anciens Beste de plusieurs testes : pour lequel inconuenient euiter le Seigneur, son peuple estant encores
oppressé de la cruelle seruitude d'Egypte, auroit ordonné, &
maintenu miraculeusement ce conseil des anciens, comme
si assemblee aucune ne pouuoit estre legitime sans iceluy. Et
depuis la deliurance de son peuple, la necessité contraignit
Moyse de requerir Dieu de luy donner cest aide & soulage-   *Nomb.11*
ment en sa vocation. Ce que le Seigneur luy accorda, promettant de donner son sainct Esprit à ce conseil, comme il
l'auoit donné à Moyse.   Parquoy le Seigneur Dieu voulant
ce conseil estre moderateur à iamais de son Eglise, il voulut
quil fust elu par icelle du nôbre de tous les anciens d'Israel,
c'est à dire, il voulut que Moyse choisist la fleur des plus sages, craignans Dieu & vertueux entre tous les anciens, &
                                                        les

les nommaſt à l'Egliſe à ce quicelle en toute liberté les ac-
ceptaſt, ou reiectaſt en ſubſtituant d'autres plus capables:
comme nous l'auons verifié cy deſſus en deux paſſages. Et
n'y a doute que l'election de ce conſeil n'appartienne pareillement à l'Egliſe, à qui eſt la ſouueraineté. Car ſi elle eſt libre, il eſt neceſſaire qu'elle eliſe ſon cõſeil : autremẽt elle ſeroit aſſubiettie à iceluy, par ce que au lieu que ledit conſeil
gouuerneroit ſous l'authorité d'icelle & dependroit d'elle,
elle au contraire ſeroit gouuernee ſous l'authorité d'iceluy,
comme dependante de luy. De faict ceſt ordre a eſté gardé
en l'Egliſe Iſraelite dés la premiere inſtitution d'icelle. Bail-

Deut. 1lez moy (dit Moyſe) hommes ſages, bien entendus d'entre
vous ſelon vos lignees, & ie les conſtitueray pour vos chefs.
L'Egliſe Chreſtienne pareillement a eſté ſi ſtudieuſe dés le
cõmecemẽt de ſa liberté, qu'elle a vſé d'election iuſques aux
plus petites charges. Et ne ſuffit auoir premieremẽt ordonné vn tel conſeil pour preuoir & precõſulter les affaires de
l'Egliſe, mais il eſt neceſſaire tant pour la liberté d'icelle, que
pour la legitime vocation dudict conſeil, que les vns defail-
lans par mort, ou par autre raiſon, il ſoit reparé & refaict
par election continuelle de l'Egliſe. Car comme ainſi ſoit
que le gouuernement d'icelle ſoit libre, ce conſeil doit eſtre
eleu, repurgé, & corrigé par elle de fois à autre : autrement
ceſt eſtat, par lequel ce conſeil ſe referoit ſoy meſmes, ſeroit
oligarchique : qui eſt où peu dominent & tiennent la commune en leur puiſſance & ſubiection. A ce donques que ce
conſeil auec plus grande vertu & authorité puiſſe pouruoir
aux affaires de l'Egliſe, & preſider en icelle, il ſera eleu continuellement & deputé par elle pour ceſt effect. En quoy ie
louë grandement la couſtume anciẽe de l'Egliſe, qui eſtoit
qu'en lieux où l'aſſemblee ſe faiſoit, on eſcriuoit en tableaux
& lieux publics le moins de ceux que le conſeil des Senieurs
eſtimoit plus ſuffiſans & capables pour eſtre appelés à vne
telle charge, à ce qu'à plus grand loiſir & conſideration l'E-
gliſe s'informaſt de la ſuffiſance d'iceux, & peuſt aduiſer s'il
y auroit autres perſonnes plus capables. Ce qui ſe rapporte
à la forme du ſerment que feroit l'Egliſe, duquel nous auons
parlé. Quant aux conditions requiſes aux Senieurs & Preſtres,

ſtres, ſainɛ̃t Paul les recite au long : Si aucun eſt ſans crime, _Tite_ 1
mary d'vne femme, ayant enſans fideles, n'eſtans accuſés de
diſſolution, ne incorrigibles. Car ce qui s'enſuit, ie l'enten,
ſous correɛtion de meilleur aduis, eſtre diɛt des Preſtres à
qui l'adminiſtration de la parole eſt ſpecialement cõmiſe, &
des Eueſques, comme ſainɛ̃t Paul en parle nommément.
Par leſquelles paroles de ſainɛ̃t Paul nous auons à obſeruer,
entãt que le ſalut de l'Egliſe de Dieu nous doit eſtre recommandé, qu'en l'eleɛtion de ce conſeil nous n'ayons eſgard que
aux graces de l'Eſprit de Dieu. Ce que le Seigneur a ordonné à perpetuité parlant ainſi à Moyſe : Aſſemble mov ſe- _Nomb._ 11
ptante hommes des enfans d'Iſraël, leſquels tu cognois eſtre
les anciens du peuple, c'eſt à dire, les plus ſages, prudens,
craignans mon nom, & qui ſoyent irreprehenſibles. Car de
vray c'eſt choſe indigne non ſeulement de l'Egliſe, mais de
toute ſocieté humaine, d'auoir autre eſgard en aucune eleɛtion d'offices, que à la vertu & faculté de les biens adminiſtrer. Les richeſſes donques, nobleſſes, & toute apparence humaine n'entreront en aucune conſideration, où il n'eſt
queſtion que d'vn gouuernement ſpirituel : autrement nous
priuerons l'Egliſe de ſa liberté, & ce conſeil de ſa dignité : &
ferons vn eſtat oligarchique, contraire à toute liberté &
vertu. Quant à la maniere d'elire ce conſeil, le Seigneur l'a
declairé, diſant à Moyſe : Tu diras au peuple, Sanɛ̃tifiez vous _Nomb._ 11
demain : & en ce que Moyſe aſſembla ces anciens à l'entour
du Tabernacle, pour prier Dieu, comme il eſt à croire : à ce
qu'ils receuſſent apres la promeſſe du ſainɛ̃t Eſprit. Ce que _Aɛtes_ 14
font Paul & Barnabas, ordonnans des anciens par chacune
Egliſe, ayans prié auec ieunes. Touchant les lieux où tel
conſeil deuroit eſtre ordõné, nous auons cy deſſus declairé,
qu'il ſeroit neceſſaire aux ſieges de chacun bailliage, & Egliſe matrice, où tous les affaires des autres ſe vuideroyent :
toutesfois ſi deſireroye-ie qu'en chaque Egliſe, pour petite
qu'elle fuſt, il y euſt quelque forme de tel conſeil : pour le
moins qu'il y euſt certains iurés & gouuerneurs eleus des
lieux meſmes. Car ie ne voudrois qu'il y euſt aſſemblee quelconque, ſans conſeil & Magiſtrat. Ce que Moyſe iuge ſi neceſſaire, que ſur dix perſonnes, il donnoit vn diſenier qui _Exod._ 18
I fuſt

fuſt moderateur de la compagnie. Et ſainct Luc dit que Paul
& Barnabas ordonnoyent des anciens par chacune Egliſe.
Nous auons pareillement parlé à quoy on doit auoir eſgard
pour le nombre de ce conſeil: i'adiouſteray dauantage que
où ce conſeil s'aſſembleroit ſouuent, à ce que aucun ne re-
grettaſt le téps qu'il employeroit au ſeruice de l'Egliſe, & ne
fuſt guere plus que ſa puiſſance, il ſeroit vtile d'ordonner en
particulier quelque penſion mediocre. Principalement que
nous auons dit qu'il ne faut auoir eſgard, que aux dons de
l'Eſprit, non pas aux biens & richeſſes : or les poures ſeroyent forclos de ce conſeil pour leur poureté. Ce qui me
ſemble eſtre de l'aduis de ſainct Paul en ce qu'il eſcrit ainſi:
Les anciens qui preſident bien, ſoyent reputés dignes de
double honneur : principalement ceux qui labourent en la
doctrine & en la parole. Deſquelles paroles s'enſuit, que les
Senieurs qui trauaillét pour le gouuernemét de l'Egliſe, ſont
dignes de quelque honneur, voire de double honneur, s'ils
s'employent vertueuſement & fidelement. Mais il prefere à
bon droit les autres qui trauaillent en la parole. Or il n'y a
doute, comme auſſi nous l'auons verifié cy deſſus, que ce
mot τιμὴ, dont vſe ſainct Paul, ne ſignifie gaige & recognoiſſance. Quant à ce mot ANCIEN OU SENIEVR
bien qu'il ſignifie reueréce de l'aage, ſi eſt-ce que où les qualités que requierent ſainct Pau & Moyſe, ſe trouueroyent,
encores que l'aage ne fuſt ſi meur, ſi penſeroye-ie auoir trouué l'ancien : & prefererois vne ſageſſe en aage moins vieil, à
la vieilleſſe moins inſtruicte de prudence. Toutesfois tant
qu'il ſeroit poſſible, l'aage meur eſt à requerir. Si le nombre
d'iceux eſtoit ſi frequent, qu'il y euſt à choiſir, ie prefereroye ceux leſquels outre les graces d'Eſprit, auroyent la veneration de Peres. Ce qui eſt ſelon ce que nous auons cy
deſſus declairé de la legitime election des Senieurs d'Iſraël, & ce que le Seigneur commande qu'on eliſe les anciens des anciens.

*De l'office du Diacre & autres perſonnes deputees au ſeruice des
poures.* CHAP. XII.

Nous

Ovs auons touché cy deſſus de l'inſtitution des Diacres, qu'ils ont eſté premierement ordonnés pour la police & gouuernemet de l'Egliſe tant externe que ſpirituelle. Ce que demonſtrent les paroles des Apoſtres parlãs des qualités requiſes aux Diacres. Car bien qu'il ſoit là faict mention de ſeruir aux tables, ſi eſt-ce que les Apoſtres requerans que le Diacre aye bon teſmoignage, qu'il ſoit plein du ſainct Eſprit & de ſapience, ils demonſtrent que leur vocation & charge eſt de choſe bien plus haute & ſpirituelle. Car s'il n'eſtoit queſtion que de receuoir les aumoſnes, & les diſtribuer par l'ordonnance des anciens, ou de ſeruir aux tables, il ne ſeroit queſtion de grace plus grãde, que de fidelité & de diligence: mais en ce que l'Egliſe elit de ſon corps les plus ſages, vertueux, & mieux verſés en la parole pour Diacres, elle demonſtre que ceſt office eſt bien plus haut, & plus noble. L'eſtat donc de Diacres a deux fins : l'vne, qui concerne le miniſtere externe de la nourriture & ſoulagement des poures, & la recepte & diſtribution des deniers de l'Egliſe : l'autre eſt de viſiter les poures, les conſoler, les admoneſter, auoir l'œil ſur leur gouuernement. vſer de l'adminiſtration de la parole ou en particulier ou en general en leur endroict, ſelon que le cas peut eſcheoir & eſt à propos. Car ſi les Diacres ſont ordonnés pour le ſoulagement des poures, à plus forte raiſon ſont-ils deputés pour la conſolation & exhortation d'iceux. En ſecond lieu pour leur adminiſtrer ce qui eſt neceſſaire pour leur indigence. Le miniſtere donc du diacre eſt prochain de celuy du paſteur. Ce que nous demonſtre le faict de ſainct Eſtienne, lequel diſputoit & conuainquoit les Iuifs : & eſt dict de Philippes, qu'il a fait deuoir d'Apoſtre preſchant premierement l'Euangile en Samarie. Ce qu'ils n'euſſent aucunement fait contre leur vocation. Mais eſt à croire que puis que tant de graces ſont requiſes en eux par le ſainct Eſprit, que ce n'eſt pour leur ornement & dignité particuliere, ne pour eſtre oiſeuſes : mais pour le bien & vtilité de l'Egliſe, ſpecialemét des poures. Et n'y a doute que anciénement les Diacres ne ſe ſoyent employés en leur charge, principalemét en ce qui eſt conioinct auec l'adminiſtration

Actes 6
1 Timo. 3

Actes 6

de

de la parole, pour le falut des ames, felon qu'icelle le portoit.
Laquelle chofe celuy ne trouuera eftrange, qui confiderera
que l'adminiftration de la parole n'eft feulement propre des
pafteurs, mais des anciens aufsi : ce que demonftre le paffage cy deffus allegué de fainct Paul. Or les Diacres ayans les
conditions mefmes qui font requifes aux pafteurs, & eftans
la fleur de tous les anciens, qui doit trouuer eftrange fi
nous difons que l'adminiftration de la parole eft conioincte
auec le Diaconat ? Toutefois fi nous faut-il diftinguer ces
charges, & euiter les deux extremités que lon commet en
cecy : à fçauoir que l'adminiftration de la parole foit comme accidentale & feconde au Diacre, & que la nourriture
des poures ne foit leur charge vnique. Et que telle aye efté
la charge des Diacres en l'Eglife primitiue, le demonftre, ce
qui eft aduenu depuis la corruption de la difcipline. Car les
Euefques ayans mis la main fur la bourfe de l'Eglife, & ayans
priués les Diacres d'vne partie de leur charge, ils leur ont
toutesfois laiffé l'adminiftration des Sacremens. Il nous faut
donc penfer que l'office des Diacres eft d'auoir foin des
poures, non feulement pour leur adminiftrer ce qui eft neceffaire pour leur nourriture, & la guarifon des malades, ou
pour receuoir les aumofnes & reuenus de l'Eglife, pour aufsi
diftribuer les deniers : mais pour la confolation, exhortation, & inftruction des poures, pour cognoiftre ce de quoy
chacun a befoin : diftribuer iuftement les biens de l'Eglife,
ne donnant ne plus ne moins en tant qu'il eft pofsible, que
les côditions des poures, la necefité, & faculté de l'Eglife le
requierent : refufer à beaucoup, offrir à quelques vns, confoler, exhorter, reprendre, enfeigner particulierement les
poures & en public : non pour faire d'iceux vne feconde
Eglife : mais en tant que l'occafion s'offre, & que le cas le
requiert. Lefquelles chofes eftans fi diuerfes, fi difficiles &
laborieufes, ont efté departies du depuis en plufieurs offices.
A quoy ie péfe appartenir ce qu'efcrit S. Paul aux Romains,
Que celuy qui miniftre qu'il s'employe fidelement, & felon
les graces qu'il a receuës de Dieu en adminiftrant : que celuy qui diftribue, qu'il le face en fimplicité : qui fait mifericorde, qu'il la face en lieffe. Le Miniftere donc & feruice eft
vne

vne grace de Dieu diftincte de la diftribution,& l'vne & lautre font diftinctes de la charge de celuy qui penfe les malades , & fait mifericorde. Pour laquelle raifon ie penfe que les Diacres dés leur premiere election eurent la charge fouueraine de tout le gouuernement des poures , & de la diftribution des biens de l'Eglife : mais principalement que ce qui eft conioinct auec la parole & l'adminiftration fpirituelle , leur a efté commis , quant à ce qui appartient à la recepte & conferuation du bien de l'Eglife , comme aufsi ce' qui concerne le traictement des poures a efté commis à certaines perfonnes. Comme le demonftre ce qui eft efcrit , Que les Diacres n'eftans encores eleus, fi eft-ce que certaines femmes eftoyent deputees pour le feruice quotidian. Lefquelles depuis ont efté appelees Diaconiffes, & deputees pour le feruice des poures & malades. Defquelles chofes nous pouuons iuger combien ceft abus a depuis efté grand , que les Diacres n'ont efté employés prefque qu'à la recepte & diftribution de deniers. Ce qu'eftant exprès contre leur premiere inftitution, il eft apparent combien ce Canon eft fauffement attribué aux Apoftres, Que les preftres & Diacres ayent à diftribuer en crainte & folicitude les biens de l'Eglife fous l'authorité des Euefques : aufquels fi on donne charge des ames , qui font beaucoup plus precieufes que tout or : qu'à plus forte raifon on leur doit donner charge des biens de l'Eglife. Car il eft dit nommément que les Apoftres ont reietté cefte charge. Et dauantge quels biens auoyent les Eglifes du temps des Apoftres, qu'il faluft tant de threforiers : car fainct Paul ne faict metion que de poureté & indigence , pour laquelle luy mefme trauailloit de fes mains. En outre nous auons verifié que c'eft la moindre charge qu'aye le Diacre, & eft chofe toute notoire que les preftres (comme ils ont efté depuis appelés) n'ont eu aucune adminiftration des biens ecclefiaftiques que plus de deux cens ans apres la natiuité du Seigneur : mais feulement la fuperintendance pour voir les contes, & donner confeil , fans en auoir eu aucun maniment qu'apres que la predication de la parole leur a efté oftee. Ie feroye donc d'aduis, fous correction de meilleur iugement , que Diacres

I 3   fuffent

fuſſent eleus par les Egliſes auec prieres & ieuſnes, & que, iouxte l'admonition des Apoſtres, perſonnes pleines du ſainct Eſprit & de ſapience fuſſent eleus pour auoir eſgard ſur le gouuernement & ſolicitude du traictement & mœurs des poures. Mais que pour la recepte des biens de l'Egliſe, conſeruation des deniers, reddition des contes, entretenemens des lieux eccleſiaſtiques, certaines perſonnes fuſſent eleuës par l'Egliſe, & que le Conſiſtoire euſt l'œil & la ſuperintendance : toutefois ſous la ſouueraineté & puiſſance de l'Egliſe, pour la correction des fautes. Pareillemét que pour le ſeruice & miniſtere actuel des poures, certaines perſonnes propres fuſſent deputés : leſquelles où ſe ſeroyent vouees à l'Egliſe pour le miniſtere des poures, auroyent eſté ſpecialement eleuës pour ceſte cauſe. De quoy nous auons exemple

Actes 6

en la primitiue Egliſe : cóme en ce que les femmes des Grecs murmuroyent de ce qu'elles ſe voyent reiettees du ſeruice quotidian : en ce auſſi que ſainct Paul ordonne, ſuyuant la couſtume d'adonc, que la diaconiſſe qui ſe voüe audict ſeruice, ne ſoit receuë eſtant au deſſous de ſoixante ans. Sous lequel ſeruice nous pouuons pareillement comprendre toutes perſonnes qui peuuent apporter quelque ſeruice & commodité au traictement & ſoulagement des poures : comme medecins, chirurgiens, & autres ſemblables. Leſquels bien qu'ils puiſſent eſtre appelés diacres (ſelon l'etymologie du mot) touteſfois ſi ſeroynt-ils ſous la charge & authorité des Diacres principaux, dont nous auons parlé. Vne choſe ſeroit à conſiderer cy deſſus, à ce que nous ne retombions en la faute des anciens : leſquels ie ne ſçay ſur quelle raiſon, ont receu ſi grand nombre de perſonnes ſous ceſte couleur, qu'au lieu de ſoulager les poures, ils ont mangé & conſommé le bien des poures, ſans aucune vtilité. Touchant le nombre des principaux diacres, comme auſſi de ceux cy, ie n'auroye eſgard à autre choſe qu'à l'vſage & neceſſité : Si eſt-ce que les anciens bien qu'ils euſſent laiſſé la naturelle & vraye inſtitution de ceſt office, ſi ont ils ſuperſtitieuſement retenu le nombre des ſept, ſuyuant la premiere inſtitution : penſans, comme ie penſe, qu'il y euſt quelque ſecret & myſtere en iceluy. Mais, comme i'ay dit,

nous

rous n'aurons esgard qu'au besoin des poures, & à la necessité du seruice.

Des Diaconisses. CHAP. XIII.

'EGLISE ancienne a eu des Diaconisses, com̄e
nous auons dit, pour le traictement des poures &
malades : lesquelles se vouoyent en si grand nombre, pour ce seruice, que cela a donné occasion
à sainct Paul, & à toute l'Eglise de choisir les plus vertueu-
ses, & celles lesquelles n'ayans aucun destourbier n'empeschement d'ailleurs, pouuoyent en toute liberté seruir à nostre Seigneur en ce sainct office. En ce donc qu'il requiert
que la vefue aye soixante ans, qu'elle aye esté femme d'vn
mary, qu'elle aye nourry ses enfans, ne sont conditions necessaires pour tous temps en telle vocation : mais où le nōbre
d'icelles ne seroit si grand, qu'il n'y eust beaucoup à choisir, il
n'y a doute qu'il ne soit permis de faire election des plus ver-
tueuses & charitables, & qui seroyent en plus grāde liberté,
encores que toutes ces conditions ne s'y trouuassent. Car,
comme nous auons veu, les mariées estoyent du commencement employées en cest office. Et n'est parlé en la premiere institution, d'autre qualité, que du zele, & ardente volonté
de s'employer au seruice des poures. En cecy la coustume an-
ciēne de l'Eglise, qui a suiui le siecle des Apostres, est pareillement à reprouuer, que iaçoit que selon la doctrine literalle
de sainct Paul, laquelle l'Empereur Theodose conferme par
edict, il faloit que les Diaconisses eussent soixante ans, si ne
permettoit-on point, qu'elles pensassent les hommes malades : mais leur sexe seulement. Et depuis mesmement on
ne s'en est serui sinon en certains actes : cōme pour receuoir
les enfans, traitter les accouchées, faire des bains, & pour
seruir de parade en l'Eglise. Ce qui est directement contre
la premiere institution. Par laquelle elles auoyent la charge
du seruice quotidian. Sous lequel, bien qu'en premier lieu on
eust esgard au seruice de l'Eglise, qui viuoit alors presque en
commun, si faut-il necessairement & en premier lieu entendre aussi le traittement des malades : pour lequel ce sexe est
le plus propre. Lesquelles vefues estoyent eleuës en tel aage

Actes 6

qui

qui les deschargeoit assés de tout souspeçon. Pareillement il nous faut donner garde d'en faire vn ordre oiseux, comme de moinesses & nonnains. Ce que toutesfois est aduenu deux cens cinquante ans apres la natiuité du Seigneur: comme nous pouuons comprendre par le rolle de l'estat de l'Euesque, auquel Corneille Euesque Romain denombre mil cinq cens vesues, auec les personnes affligees. En quoy il y a vn erreur manifeste, en ce qu'il faut auoir esgard au seruice quotidian (comme porte l'escriture) & à la necessité, non pas en faire vne superstition, & vne monstre de vieilles inutiles : comme aussi que le nom de Diaconisse & seruante n'est point nom de parade, mais d'office & action. Lequel estat si estoit repurgé & restitué en l'Eglise en sa premiere institution, il seroit vn grand soulagement pour le ministere des poures, & appartiendroit grandement à l'ordre & dignité de l'Eglise. Toutesfois si est-il apparent des paroles de sainct Paul, qu'en cecy on auoit alors egard à deux choses, à sçauoir au traictement des poures, & poureté de ces vesues. Ce qu'il declaire quand il veut qu'vn chascun nourrisse ces vesues, & que l'Eglise n'en soit foulee. Et à la verité qui les choisira de cest aage, il chargera plus les Eglises de la vieillesse & poureté d'icelles, qu'il ne les soulagera de leur seruice.

De l'office de Docteur. CHAP. XIIII.

L'OFFICE de Docteur est pareillement bien necessaire en l'Eglise : lequel sainct Paul met le premier apres les pasteurs: & non sans cause. Car côme à ceux là la charge est donnee de la predication de la parole, de la conseruation de la discipline, & administration des Sacremés, pareillement la conseruation de la doctrine est commise à la fidelité du Docteur côme en depost: & comme les Ministres ont charge d'enseigner le peuple, ceux-cy sont ordonnés de Dieu pour la propagation du ministere, & comme pour la semence & cultiuage d'iceluy. L'vsage donques & necessité de ces Docteurs est grande en l'Eglise. De faict iamais icelle n'a esté sans ceste dignité, desquels lors il y a eu plus grand nombre, quãd il a pleu au Seigneur reparer son Eglise auec plus grande vertu. Ce que celuy

luy iugera mieux qui discourra tous les aages de l'Eglise , en montant voire iusques à la premiere naissance d'icelle & creation du monde : laquelle declaration nous reseruons pour vn autre passage. Pour maintenant ie me contenteray de declarer la differéce qu'il y a entre Prophetes & Docteus, & derechef entre Docteurs & Pasteurs. Car bien que ces offices soyent bien affins & de signification fort semblable, si sont-ce charges distinctes en l'Eglise. Ce que demonstre l'Apostre quand il dit, que Iesus Christ a donné à son Eglise *Ephes.4* les vns Apostres, les autres Prophetes, les autres Euãgelistes, les autres Pasteurs, les autres Docteurs à l'œuure du seruice d'icelle, pour l'edification du corps de Christ, Par lesquelles paroles il ne distingue pas seulemét la varieté des dõs que le Seigneur fait à son Eglise, pour l'ornemét & seruice d'icelle, mais la diuersité des offices. Ce qu'il interprete clairement quãd il dit q̃ ces dons sont elargis à vn chacun selon la mesure du don de Christ : & quãd il escrit aux Corinthiés, qu'à *1. Corin.12* l'vn la parole de science est donnee par le sainct Esprit , à l'autre le don des langues, à l'autre Prophetie , à l'autre la parole de sapience,& adiouste : Tous sont-ils Prophetes? tous sont-ils Apostres? tous sont-ils Docteurs? laquelle diuersité sainct Paul declaire encores plus ouuertement? quand il accompare ces dons excellens aux principaux sens du corps, & membres qui ont plus d'vsage & apportent plus d'vtilité au corps. Si tout le corps (dit-il) est œil , où sera l'ouye? si tout est l'ouye,où sera l'odorement? mais maintenãt Dieu a mis les membres, vn chacun d'eux au corps ainsi qu'il a voulu. Parquoy pour mieux distinguer ces offices Ecclesiastiques , ie diray ce qu'il m'en semble, sous correction de meilleur iugement, comme tousiours ay protesté : à sçauoir que ce mot de Prophetie (comme aussi l'expose Maistre Iean Caluin vn des plus excellens Apostres que le Seigneur a suscités en ce temps, non seulement pour la restauration de son Eglise, mais aussi pour l'illustration de la doctrine & cõseruation d'icelle à perpetuité) signifie interpretation claire & illustre de l'escriture saincte : de laquelle parle sainct Paul quand il nous exhorte d'estudier à Prophetie , & que tous, s'il est possible, nous efforcions d'estre Prophetes, par ce que *1.Corin.14*

K celuy

celuy qui prophetize il edifie l'Eglise, & que qui prophetize
il parle aux hommes à exhortation, edification, & consolation. Et me semble que celuy qui a don singulier de ceste
intelligence & a charge de l'exposer en l'Eglise, est celuy que
le mesme Apostre appelle Docteur, qui peut aussi estre dict
Prophete comme par vne excellence & antonomasie.   Car
il n'y a doute que ceux qui se sont addonnés à cest estude sacré, & y proffitent pour l'edification de l'Eglise, ne doiuent
aussi estre appelés Prophetes.   Ce que signifie sainct Paul
quand il veut que tous nous estudions à Prophetie.   Car il
s'ensuit, que celuy qui suit cest estude de Prophetie doit estre
appelé Prophete.   Dauantage tous ne peuuent estre Docteurs, or tous peuuent estre Prophetes.   Et n'y a doute que
l'escriture n'appelle aussi telles personnes proffitátes en l'estude de la parole, Prophetes, côme quand il est parlé d'vne cô-
1. Samu. 10 pagnie de Prophetes qui rencontrent Saul & prophetisent,
& ailleurs des Prophetes de Dieu que Iesabel a tués.   Car il
n'y a doute que ceste furie n'ait voulu esteindre la semêce du
1. Rois 18 seruice de la parole, pour esteindre la parole : ce qui aussi luy
2. Rois 22 aduient quasi comme elle l'auoit proiecté mal-heureusemêt.
2. Rois 2, Laquelle ieunesse l'escriture appelle fils des Prophetes, desi-
et 4, et 6 rant tellement cest honneur de Prophete à ces excellés personnages enseignans la ieunesse, qu'elle le cômunique à leurs
escholiers & disciples. Depuis la captiuité de Babylon il
semble que ceux qui ont eu charge d'instruire la ieunesse, &
ont eu l'œil sur la doctrine, ayent esté appelés Scribes : comme il appert par les liures d'Esdras & Nehemie : ce que de-
Matth. 13 claire aussi le Seigneur Iesus Christ quand il dit, que le Scri-
be sçauant en la doctrine celeste produit du thresor de son
cœur des ioyaux vieux & nouueaux. Specialement aussi ils
Luc 2 ont esté appelés docteurs, comme tesmoigne sainct Luc
escriuant que Iesus Christ aagé de douze ans, fut trouué de
son Pere & sa mere au Temple au milieu des docteurs les
escoutant & les interroguant. Auquel sens si nous prenons
le nom de Prophete, il signifiera proprement le Docteur, &
le distinguera du Pasteur, qui a particulierement & en propre office la charge des Ames, administration des Sacremês
& predication de la parole. Maintenant il nous reste voir
la diffe

la difference qu'il y a entre les Prophetes & Docteurs. Or il *Nomb. 12*
est hors de doute que ce nom de Prophete ne signifie celuy
qui a don particulier de reuelation des choses futures, soit
par songe, soit par vision : comme dit le Seigneur, qu'il se
manifeste à eux. Lesquels sont bien differens des Docteurs.
Car bien que ces reuelations s'addressassent ordinairemét à
ceux qui faisoyent profession de l'escriture saincte, si est-ce
que le Seigneur demonstre la diuersité, en ce qu'il appelle à
ceste vocation non seulement personnes indoctes, comme
Ieremie, Amos, & autres : mais aussi les infideles, comme *'erem. 1*
Amos 1
Cayphe. Finalement il semble que ce mot de Prophete *Iean 11*
signifie aussi celuy qui a don si excellent en l'intelligence de
l'escriture qu'il aye cognoissance des lieux obscurs qui appartiennent à l'aduenir, & se doyuent accomplir en leur
temps : lesquels Prophetes sont en ce differens des precedés,
que ceux là predisent les choses futures par inspiration de
l'Esprit, où ceux-cy ont par le mesme Esprit non reuelation
nouuelle, mais l'intelligence des reuelations precedentes.
Quel don a eu sainct Paul quand il accommode la Prophetie de Daniel à ces derniers temps sous l'Antechrist ? quel *Daniel 9*
aussi a eu sainct Iean quand il interprete & applique à tout *2. Thess. 2*
le temps de l'Eglise Chrestienne & au Royaume eternel du
Seigneur Iesus, ce qui a esté predict par Esaie & Ezechiel ?
Auquel sens si nous prenons le nom de Prophete, nous le
trouuerons differens de celuy de Docteur. Maintenant il
nous reste voir si ces Propheties sont dons perpetuels de
l'Eglise de Dieu. Ce qu'il semble, veu qu'il n'y a doute que
ces dons ne seruent à l'ornement, consolation, & confirmation de l'Eglise de Dieu, & sainct Paul dit que le Seigneur
n'auoit destitué l'Eglise des Corinthiens d'aucun don spiri- *1. Cor. 1*
tuel attendant la manifestation du Seigneur Iesus. Parquoy
ce qu'il escrit que le Seigneur Iesus a donné à son Eglise les vns
Apostres, les autres Prophetes, les autres Pasteurs, les autres *Ephe. 4*
Docteurs, ne me semble, sous correction, s'entendre d'vn
aage, mais de tous. Vray est que ces dons sont plus illustres en
vn temps qu'en l'autre, selon le besoin de l'Eglise & le bon
plaisir du Seigneur. Ie n'estime donc que l'Eglise soit destituee ne d'Apostres & Eleus, ne de Prophetes & Docteurs *Matth. 16*

K 2   Ce

Ce que ie declairerois plus clairement, si ie ne craignois senuie., & soupçon d'adulation, & ausi que cest argument est
plus ample qu'il puisse estre succinctement traitté. Parquoy
ie reuien à mon propos : les charges & offices de Docteur
& Pasteur ne doiuent seulement estre distincts en l'Eglise,
mais aussi diuers en personnes : car aussi contiennent-ils
tant de parties, que l'vn est assés pour employer tout esprit,
quelque excellent qu'il soit, & n'est possible de vaquer aux
principales parties de ces deux offices, qu'on ne delaisse vne
grande partie des moindres. Ce qui a esté cognu en l'Eglise dés le commencement. Car à fin que ie ne parle des
autres escholes en la theologie qui ont esté en Athenes,
Rome, & plusieurs autres endroicts, sainct Marc ayant faict
deuoir de Pasteur & de Docteur en l'Eglise d'Alexandrie, on
donna depuis charge de l'eschole à autres personnes separément. Le premier fut Panthenus : depuis luy Clement autheur du liure des stromates, Origene, Heraclus, Denys,
Athenodore, Malcion, & Didymus, qui atteignit le siecle de
sainct Ierosme, & paruint iusques à l'an du Seigneur c c c l.
lesquels Docteurs ont fait vn fruict admirable en l'Eglise,
pour le grand apport des gens doctes qui arriuoyent de tous
costés en ladicte ville pour puiser la doctrine de l'Euangile
de ces sources viues. laquelle ville estoit pour cela reputee
comme l'eschole commune de l'Eglise, & bouticle de tout
sçauoir : vray est que, comme i'ay touché en quelque lieu, la
Philosophie & curiosité a corrompu ceste noble eschole,
& par consequent l'Eglise du Seigneur. Ce qui seroit grandement à euiter : par ce que ces deux maux sont naturels de
personnes studieuses, lesquelles ne se contentent de la simplicité de l'Euangile, le voulant paser par ornemés humains
d'eloquéce & philosophie, & par vne rage d'apprendre veulent monter plus haut que leurs Docteurs mesmes. Dauantage par ce qu'il n'y a chose si naturelle que d'aimer & reuerer nos precepteurs, nous defendons plus courageusement
que sagement les propositions de nos maistres, ne pensans
nous estre licite d'en quitter aucune. Mais nous ne ferons de
l'Eglise du Seigneur vne secte Pythagoriane, & ferons tellement les disciples des hommes que nostre souuerain maistre
soit

soit l'Esprit de Dieu, & manierons tellement les liures humains, que nous recourions, & tenions à la leçon que Dieu nous donne. L'Eglise sur tout aura soin de choisir ses Docteurs entre les mains desquels elle met sa vie & son esperance pour s'aduenir, & veillera continuellement sur leur doctrine & maniere d'enseigner. Car l'erreur qui est semé entre gens doctes, parce qu'il nous gaigne par amour, & s'aigrit de plus en plus par contentions & piques, & authorité de ceux qui sont en plus grande estime, il est plus à craindre que celuy qui auroit esté mis en auant par la predication ordinaire : parce que où cestuy cy seroit incontinent estouffé en l'Eglise, l'autre se nourriroit par estudes & confermeroit par disputes subtiles. Et comme ainsi soit que l'eschole soit comme la propagation de la vigne du Seigneur, les prouins d'icelle empliroyent en peu de temps toute la Chrestienté, soit de bonne doctrine soit de fausse. Ce qui a esté cause de la dissipation de l'eschole Alexandrine, & par consequent que la lumiere de la doctrine a esté esteincte en l'Eglise vniuerselle, les Euesques preferans ceste calamité si grande, aux dissentions & schismes qui lors estoyent en l'Eglise : en quoy ils se monstrerent sans iugement : car il n'y a rien si contraire à erreur, que la verité de Dieu : ne moyen plus propre pour extirper iceluy, que la doctrine & enseignement d'icelle. Comme aussi il n'y a chose si propre pour la maintenir, que l'ignorance, mere de toutes les heresies, qui aduient par la suppression de la Prophetie & doctrine diuine. Parquoy d'autant que nous estimons la verité de Dieu, la Prophetie & estude des sainctes lettres nous doit estre recommandé, & si nous desirons la conseruation de l'Eglise, nous ferons si songneuse garde de l'eschole de la Prophetie, que nous ne souffrirons qu'elle perde aucunement son lustre ne s'obscurcisse par subtilités & contentions : ains l'Eglise luy rehaussera souuent sa couleur, & l'entretiendra en son vray naturel, conferant souuent ceste Prophetie auec l'escriture, à ce que ceste saincte parole estant laissee de pere à fils, comme de main en main demeure à perpetuité. Nous auons cy dessus dit que à ceste fin il seroit expedient qu'il y eust vne vniuersité en chacune prouince, & vne bonne eschole en

K 3 cha

chacun bailliage. Par ce que ce feroit chofe grandement
vtile aux prouinces que leur ieuneffe fuft en leur veuë inftituee és bonnes lettres & doctrine de l'Euangile. Ce qui la
retiendroit en toute modeftie. Et dauantage il eft neceffaire que chacune Prouince aye côme fa pepiniere propre
pour la conferuation de fon miniftere. Car ce feroit vn pre-
fage de maux aduenir, fi à tous befoins il faloit recourir ailleurs, & prendre ceux qui ou s'offriroyent de premiere rencontre, ou qui refteroyent du rebut des autres Eglifes. Parquoy les Prouinces ne feront moins fongneufes de leur falut,
que les Papiftes fe feignent eftre : lefquels ont fouuent ordonné en leurs Conciles, qu'en chacune Euefché il y auroit
vn docteur, & vn interprete de la langue Hebraïque.

Des lecteurs & chantres & huißiers de l'Eglife.   CHAP.   XV.

I L y a eu aufsi vne couftume fort louable en l'antiquité, laquelle eft ia receuë par les Eglifes de ce
royaume, que pour tenir l'auditoire en plus grand
filence & modeftie : pour euiter aufsi vne infinité
de propos vains & contentieux : pour rendre pareillement
la doctrine plus familiere, en attendant l'heure du prefche,
il y auoit certains perfonnages deputés pour la lecture de
l'efcriture fainte : à ce aufsi que les efprits fuffent rendus
plus dociles & preparés pour la predication.   Vray eft que
cefte tant vtile couftume a efté du depuis deftournee tout au
contraire de fon inftitution.   Car où elle deuoit preceder la
predication de la parole, icelle predication eftant oftee, on a
depuis mis cefte lecture en la place d'icelle, en l'adiouftant
à l'adminiftration du Sacremët de la Cene du Seigneur. Par
ainfi la lecture de l'efcriture eftant feulement referuee, les
Sacremens ne furent feulement rendus muets : mais comme morts, eftans deftitués de leur verité, qui eft leur Ame.
Car la predication de la parole leur eftant oftee (en laquelle
il plaift au Seigneur de monftrer & nous conferer fa grace,
comme il nous promet) que pouuoit-il refter finon vne parade & peruerfe imitation de l'ordonnance d'iceluy? Ce qui
a efté vne grande honte aux Chreftiens : veu que bien que
les Iuifs euffent la lecture de la Loy, fi n'auoyent iamais les

Phari

Pharisiens despouillé icelle de la prophetie & interpretation. Mesmement ce malheur ne fut là arresté en l'Eglise : mais proceda bien outre. Car de ceste lecture nuë & de l'administration telle quelle du Sacrement de la Cene, la messe print sa premiere origine, laquelle les prestres ont tellemēt nourrie, eleuee, & paree, qu'on ne peut auiourd'huy croire qu'elle aye prins sa naissance d'vn si petit commencement. Mais ie reuien à la premiere ordonnance de la lecture qui est si ancienne que les restes en demeurent auiourd'huy en la mesme langue qui estoit des l'Eglise primitiue. A quoy i'adiousteray ce mot que pour obuier à l'erreur qui pourroit suruenir, ie ne seroye d'aduis d'vser d'icelle, sinon où il y auroit quelque bon nombre d'auditeurs & temps conuenable pour en lire vn chapitre au moins, à ce que l'escriture ne soit demembree par lopins comme elle a esté. Et l'vtilité de la lecture n'est en ceste action de lire & ouïr, mais au proffit qui nous en reuiēt pour nostre instruction. Quant à la condition du lecteur ie desireroye qu'il fust de telle reuerence, qu'il respōdist à la maiesté de l'escriture, & tel que les autheurs mesmement prophanes veulent que soit celuy qui parle en l'assemblée publique : auquel ils requierent vne telle dignité, qu'il puisse appaiser voire vne sedition par sa seule representation. Les anciens toutesfois appelloyent à ceste charge les plus ieunes qui estoyent designés à la prestrise. Si vouloyent ils toutesfois que ce fussent lampes ardētes qui reluysissent sur la chaire de l'Eglise, cōme dit sainct Cyprian, pour estre en imitation de tous, & enseignassent autant par leur vie, que par leur lecture. Les anciens vsoyent aussi d'vne priere en icelle lecture, laquelle, à bon droit, doit preceder vne chose si saincte, principalement en l'Eglise. Dauantage ils accōmodoyēt les passages de l'escriture aux saisons & circonstances, comme lors qu'ils recommandoyent le ieusne & la priere, ils lisoyent le liure de Iob ou la prophetie de Ionas, & autres passages à propos pour l'occasion presente. Mais ordinairemēt ils lisoyent le nouueau Testament. Toutesfois au Concile Laodicene il fut ordōné qu'on ne liroit ne chanteroit chose en l'Eglise que l'escriture saincte. Ce qui demonstre l'abus qui estoit suruenu, duquel l'Eglise doit estre admon monneſtee. Il ne ſeroit auſſi hors de propos pour tenir l'auditoire qui s'aſſembleroit à gråd foule, en modeſtie, & pour recreer les eſprits auec vtilité, de chanter quelque Pſalme. Car ie deſireroye que la maiſon du Seigneur ne fuſt vne maiſon de crieries, ne de tumulte, mais de ſilence & d'oraiſon. Laquelle maniere de châter eſt deſcoulee de l'Egliſe Iudaïque, en l'Egliſe Chreſtienne dés le commencement par vn cours perpetuel, comme le demonſtre le dict de l'Apoſtre, que ſi aucun a quelque Pſalme, que ce ſoit à l'edification de l'egliſe: comme auſſi quand il veut que l'eſprit accorde auec le chant. Ie chanteray, dit-il, d'eſprit, ie châteray auſſi d'intelligéce. Toutesfois l'Egliſe Occidétale a receu ce chant bien tard, à ſçauoir enuiron le temps de ſainct Ambroiſe, lequel fuſt receu par ceſte occaſion que les Orthodoxes, tenås garniſons dans les Temples de paour que les Arriens ne les occupaſſent, pour oſter le dormir & l'ennuy commencerent à chanter dés Pſalmes. Or il eſt apparent des paroles de ſainct Paul que l'Egliſe ne s'eſt aſſubiettie à certains Pſalmes: mais qu'elle a chanté ceux qui luy eſtoyent apportés, & luy ſeruoyent de conſolation & exhortation: comme il eſt certain par l'hiſtoire qui eſcrit, que Paulus Samoſatenus ſe voyant côfuté par les Hymnes que l'Egliſe auoit de tout temps accouſtumé de chanter de Ieſus Chriſt, & auoit receus dés le ſiecle des Apoſtres, il les voulut abolir impudémment. Depuis l'Egliſe Latine a chanté les Hymnes de Prudence & Paulin: laquelle couſtume ie louë, mais qu'il y aye plus grand ſoin & diſcretion, que l'Egliſe n'a vſé anciennement. Elle s'aydera donques de ceſte couſtume bien à propos, en retenant encor cela, qu'on accommodaſt les Pſalmes aux circonſtances preſentes, ſoit pour prier, ſoit pour action de graces, ſoit pour autre conſideration. Ce qui a eu lieu en l'Egliſe ancienne, comme le demonſtrét encores quelques reſtes qui ſont demourés en la meſſe qu'ils appellent introïtes: par ce que l'Egliſe ſouloit chanter tels paſſages prins des prophetes & Apoſtres dés ſa premiere arriuee au Temple. Ie n'obmettray que Flauian Eueſque d'Antioche & Diodyme furent inuéteurs de la ſymphonie & accords de muſique pour chanter les Pſalmes: comme auſſi de châter par verſets vne

partie

1.Corin. 14
Coloſ. 3

partie refpondant à l'autre. Quant à la mufique qui fe fait par fymphonie ie ne la peux louer en l'Eglife, & fainct Auguftin fe repent de l'auoir ordonnee en fon Eglife, par ce qu'elle diuertit les efpris d'entendre au fens & intelligence de ce qui eft chanté. I'adioufteray ce poinct reprins de l'Eglife Iudaïque, & qui a efté emprunté d'icelle par l'Eglife Primitiue, que pour contenir l'auditoire en repos & modeftie, pour aduertir aufi vn chacun de fon deuoir, il feroit vtile qu'il y euft des portiers, & huifsiers, pres des portes des Temples, aux lieux commodes: qui fuffent de telle grauité que leur regard feruit d'aduertiffement à tous, & de crainte & reuerence aux ieunes enfans, lefquels troublent l'Eglife en tracaffant à tous propos par vn grand mefpris de la parole, & à leur endurciffement: lequel aage comme eftant la pepiniere de l'Eglife, il faut contenir & former à modeftie & à pieté. Dauâtage l'œil de tels perfonnages veilleroit fur les mœurs d'vn chacun, & fur les exces & fuperfluité des accouftremens, & obferueroit-on ceux qui font les plus diligens à venir à la predication: ils excluroyent aufi les excommuniés de l'affemblee auec plus grande authorité. Car de donner cefte charge à officiers des Magiftrats, c'eft chofe mal-feante, & peu digne de la dignité & douceur de l'Eglife. De la commettre pareillement à ieunes gens, comme faifoit l'Eglife ancienne, c'eft corrompre l'vfage & la fin de ceft office. Par quoy ie requerroye qu'on deputaft à iceluy aucuns des anciens de l'Eglife en tel nombre qui feruift de Maiefté plus grande: ayant toutesfois egard qu'on n'abufe de ceft eftat à parade, comme a efté faict fous la Loy, de quoy il y en a quelque refte en la papauté.

L

De la discipline & police Chrestienne,

QVATRIEME LIVRE

De l'equalité qui *dois estre entre les Pasteurs* *&* *ministres de la parole.* CHAPITRE I.

Y A N S cy dessus traité des choses qui appartiennent à la cognoissance de l'Eglise pour le gouuernement necessaire pour sa iurisdiction & souueraineté, & pour son seruice, il nous reste maintenant à declairer certaines choses qui sont côiointes auec l'administration d'icelle, desquelles vne bonne partie bien que ne soit expresse en l'Escriture saincte, mais soit politique, si est-ce que l'Eglise ne s'en pourroit commodement passer: par ce qu'elles appartiennent à son repos. & honnesteté, & à lier & vnir les Eglises par-ensemble d'vn lien visible pour les ioindre en vn corps, & vne ame. Parquoy il n'y a doute que ces choses ne soyent du côseil & volôté de Dieu, & ne soyêt ordonnees par vn sien benefice singulier: à ce que les Eglises mutuellement se soulageassent & secouurussent l'indigéce les vnes des autres de l'abondance des dons lesquels Dieu leur donne comme à comble pour ceste occasion. Nous commencerons par la presidence & primatie de l'Eglise, laquel-le il ne nous faut imaginer terrestre ne ambitieuse (veu que l'Eglise est spirituelle) n'imitans pas en cela les disciples du Seigneur, lesquels s'estans imaginé le royaume d'iceluy mondain, selon la commune opinion des Iuifs, n'ont cessé chacun en particulier de desirer d'estre des premiers en ce royaume, & y auoir le plus de puissance, pour estre en plus grand honneur, & commander aux autres. Comme aussi au

Matth. 20
Marc 10

con

contraire ils ont toufiours murmuré contre qui fe vouloit
eleuer par deffus eux.Et ne le pouuoyent fouffrir:de laquelle ambition le Seigneur Iefus les a fouuent deftournés , & l'a
voulu efteindre en leur efprit dés la premiere côception &
fantafie , fans vouloir qu'elle print aucune racine , leur donnant à entêdre que fon royaume n'eft terreftre, mais celefte:
qu'il ne confifte en apparence humaine , mais qu'il eft inuifi-
ble : qu'il ne le faut cercher, ne des mains ne des pieds, mais   *Luc 17*
par foy & en efprit : & qu'il n'eft hors nous,mais dedãs nous.
Que ceux qui veulent le plus pouuoir en iceluy,ils y doyuêt
afpirer par moyens tous contraires aux côfeils & entreprin-
fes de ceux qui afpirent à puiffance humaine : c'eft à fçauoir
qu'ils ne doyuent apporter prefumption quelconque , ne
merite de leurs vertus,mais vne humilité,vne recognoiffance de leur indignité,&,comme dit le Prophete,n'efleuer non   *Pfal.131*
plus leur cœur,qu'vn enfant de nouueau fevré. Mefmement
pour leur donner à entendre l'excellence de fon royaume,
& par quels moyens il y faut paruenir , il leur propofe bien
des honneurs excellens, vne couronne immortelle,vn roy-   *1. Corin.2*
aume,vne ioye en iceluy & felicité telle que l'œil n'a onques
veuë,ny qu'aureilles ont entêdue, & n'entra iamais en l'efprit
de l'homme : mais que ces biens nous aduienent par le
moyen d'vne victoire. Or que la victoire ne fe peut obtenir
que par le combat,lequel nous eft liuré toute noftre vie par
le Diable,le monde,& les monftres horribles renaiffans fans
ceffe de noftre nature : entre lefquels le plus felon & cruel
eft orgueil & prefumption de nous.Aufquelles remonftran-   *Matth.18*
ces les Apoftres auoyent ce neantmoins les aureilles telle-   *Marc 9*
ment bouchees, qu'ils ont eu des altercations entre eux de   *Matth.20*
fois à autre touchant cefte preeminence & les principaux
honneurs d'vn royaume terreftre,lequel ils auoyent conceu
en leur efprit : eftans abufés par l'opinion cômune des iuifs,
des conditions du regne du Meffias,& eftans charmés d'ambition & orgueil (vices enracinés aux cœurs humains) mais
ils auoyêt encor alors peu proffité en l'efchole du Seigneur,
le royaume duquel ils deuoyent imaginer bien autre &
femblable à leur Roy, c'eft à fçauoir contemptible en apparence , plein de labeur & danger : auquel il n'y euft rien ad-

mirable que la vertu diuine d'iceluy.   Car côme le Seigneur
Philip.2 Iesus s'est aneanty soy mesmes en prenant la forme de seruiteur, & n'a eu lieu propre où il peust reposer son chef, comme il a esté en moquerie , & execration des hommes iusques à souffrir la mort ignominieuse de la croix, pareillemét
il a eleu ses Apostres & disciples aussi côtemptibles & miserables en apparence , que l'on eust peu choisir : lesquels aussi
2.Corint.10 ont esté côme le piacle & execration du monde: mais en la
misere desquels le Seigneur a demonstré sa vertu diuine à la
confusion de la terre & des enfers. Lequel ordre & gouuernement a esté perpetuel en toute l'Eglise , & de laquelle au-
Matth.10 cun n'a esté exempt. Qui veut, dit-il, estre mon disciple, qu'il
2.Timo.3 porte sa croix & me suiue : & ce est le conseil eternel de
Luc 14 Dieu, qu'à l'exemple de Iesus Christ nostre Roy , il faut que
par la croix nous entrions au royaume de Dieu. Si est-ce
toutesfois que les Apostres tout au contraire n'imaginans
point ce royaume de Dieu spirituel & diuin, (côme il estoit)
ils cercheoyent vne felicité caduque & corruptible. Ce qui
Matth.20 se monstre principallement és enfans de Zebedee : mais
Marc 10 Iesus Christ les rameine à sa croix, & leur propose vne felicité non telle qu'ils esperoyent, ne qu'ils pouuoyent attendre de luy en apparence , mais telle qu'ils deuoyent esperer
Marc 10 de sa diuinité.   De vray (dit il) vous beurez mon hanap , &
serez baptizés du baptesme dont ie suis baptizé : mais seoir
à ma dextre ou à ma senestre il n'est à moy de le dôner, mais
il sera donné par mon pere à ceux ausquels il l'a preparé. Or
côme nous auons és Apostres, n'ayans encore receu l'Esprit
de Dieu qu'à bien petite mesure, vn exemple à euiter de l'insatiable ambition de l'homme, pareillement nous auons en
leur regeneration vn exemple à imiter de leur modestie &
humilité. De quoy nous auons vng exemple admirable
Matth. 16 en sainct Pierre, lequel comme ainsi soit qu'il eust particulierement receu la promesse des clefs du Royaume des
cieux, & peust sembler auoir receu quelque faueur & dignité plus grande que ses compagnons, d'autant que le Seigneur le loüe, qu'il l'appelle bien heureux, si n'est-il si arrogant de penser que ceste promesse luy soit faicte, & ne pense estre la pierre sur laquelle l'Eglise soit fondee : il ne s'eleue
pour

pour cela , & ne pretend aucune preeminence ne domina-
tion : ains plus toſt il defend à tous paſteurs d'en vſurper au- *1.Pierre 5*
cune. Qu'ainſi ne ſoit-il appelle tous paſteurs & anciens ſes
compagnons , & ne ſe dit eſtre ceſte Pierre fondamentale *1.Pierre 2.*
de l'Egliſe de Dieu,mais il appelle Ieſus Chriſt la pierre viue,
reprouuee des hommes , mais precieuſe : & eleuë de Dieu:
ſur laquelle nous tous (dit-il) ſommes edifiés pour eſtre
maiſons ſpirituelles. Meſmement eſtant accuſé d'auoir ad- *Actes 11*
miniſtré le Sacrement du Bapteſme aux Gentils , ſans leur
auoir impoſé neceſité de garder la loy de Moyſe , ſuyuant
en ce le commandement de ſon maiſtre,eſtant auſſi confer- *Actes 11*
mé par expreſſe reuelation & miracle , il ne s'en indigne
point, & ne reiette ſuperbement telles calomnies , mais en
toute humilité il ſe purge deuant les Apoſtres, Senieurs , &
l'Egliſe de Ieruſalem. Dauantage au ſynode & aſſemblee de *Actes 15.*
l'Egliſe,il ne s'vſurpe la principale authorité de preſider, reſoudre, & determiner : mais ayant dit ſon aduis il ſe tait , &
en toute modeſtie il eſcoute le iugement de l'Egliſe.Sainct
Paul pareillement eſtoit vn precieux vaſe d'election, lequel *Actes 9.*
ayant meſmement entendu de Dieu choſes,qu'il n'eſtoit licite à l'homme de ſçauoir,il dit toutesfois que s'il ſe veut glorifier , il ſe glorifiera en ſes infirmités, à fin que la gloire en *2.Corin.10.*
demeure ſolide & entiere à Dieu. De faict il ne s'eſt onques
eleué par deſſus aucun diſciple : mais il les appelle tous ſes
compagnons & freres.Meſmement il communique ce titre *Rom. 16.*
& honneur excellent d'Apoſtre à Barnabas , Syluain, Epaphras, Iunie,& Andronique. Apres auoir planté les Egliſes
par tout le monde, il ſe rend docile & obeïſſant au conſeil *Actes 21.*
de l'Egliſe. Mais ces excellens Apoſtres ne s'eſtimoyent en
rien plus grands ne plus eleués,ſi les dons & graces de Dieu
ſe demonſtroyent en eux admirables & pleines de maieſté,
leſquels reſplädiſſans au milieu des tenebres de ce monde,
ſi eſt-ce toutesfois qu'ils recognoiſſoyent que ceſte lumiere
ne leur eſtoit ne propre , ne naturelle : mais qu'elle eſtoit
propre de Dieu, auquel ils en deuoyent rendre la gloire,
non pas par ſacrilege ſe payer & aorner de ceſte gloire : à
l'exemple deſquels tous fideles ſeruiteurs du Seigneur ſe
ſont touſiours conformés, & plus ils ont receu de dons de

Dieu, plus ils ſe ſont humiliés, & mieux ont cogneu que ce n'eſtoit pour leur aornemēt particulier, ne pour leur eſgard: mais qu'ayans receu ces richeſſes de Dieu, ils les deuoyent fidelement diſpenſer à l'inſtruction de l'Egliſe de Dieu, & pour l'ornement d'icelle. Ce que demonſtre ſainct Paul di-

Ephe. 4 ſant que Dieu a donné à ſon Egliſe des Apoſtres, Prophetes, Euangeliſtes, Paſteurs & Docteurs. Et à fin qu'ils entendiſſent leur charge & en quoy ils doiuent employer les talens

1. Corin. 9 de Dieu, Mal heur(dit-il) ſur moy, ſi ie n'euangelize. Il n'y a donc preeminence ne ſuperiorité quelconque en l'Egliſe du Seigneur qui puiſſe eſtre propre d'aucun, & ceux qui la gouuernent ne ſe doiuent propoſer dignité ne honneur au-

Luc 22 cun principal. Car les Rois des nations (dit le Sauueur Ieſus Chriſt) exercent domination ſur icelle, & les grands ont la principale authorité, & ſont appellés bienfacteurs : mais il ne ſera pas ainſi de vous. Comme s'il nous vouloit dire: Mon Egliſe ſe gouuerne tout au contraire des Royaumes: eſquels vn chacun aſpire par ambition aux plus grands honneurs, & ſi porte ſuperbement, voulans eſtre veus, flatés, & honnorés : mais vous ferez tout le contraire, vous ne vous eleuerez par preſomption, vous n'entreprendrez rien arrogamment, & cercherez ma gloire en voſtre aneantiſſement. Ce que le Seigneur nous chante haut & clair. Car puis qu'il n'y a en nous choſe quelconque qui nous doiue enfler, ne faire eleuer par deſſus les autres : mais plutoſt nous abattre, de quoy nous pouuons nous glorifier que de ce qui n'eſt point noſtre? Et puis que Ieſus Chriſt eſt Roy eternelle-ment regnāt au milieu de ſon Egliſe, celuy ne ſe demōſtre-il pas Antechriſt, qui ſe veut mettre au ſiege d'iceluy, & vſur-per puiſſance par deſſus l'Egliſe d'iceluy, employant contre luy les graces qu'il luy auoit donnees pour ſon ſeruice? Par-quoy les Diſciples de Ieſus Chriſt ne doiuent ça bas en terre attendre ny eſperer les honneurs & recompenſe de leurs

2. Timo. 4 ſeruices : mais ils doiuent attendre la couronne de Iuſtice, auec ſainct Paul au iour du Seigneur: leſquels ſe demonſtre-ront bien abrutis, ſi ne voulans attendre le iour prochain du

1. Corin. 9 Seigneur, ils auancent la main par vaine gloire pour pren-dre vne couronne de fumee, & veulent icy marchander

leur

leur falaire fe demonftrans mercenaires. Ils imiteront donc
la modeftie de leur maiftre, lequel ne cerche icy de royaume. *Iean 18*
Car il protefte que fon royaume n'eft point de ce monde.
Mefmement il s'eft retiré quand on l'a voulu faire Roy : &
eftant folicité d'eftre arbitre entre deux freres pour departir
entre eux la fucoefsion paternelle, Qui m'a (dit-il) ordon- *Luc 12*
né iuge entre vous ? Parquoy à plus forte raifon le feruiteur du Seigneur reiettera de fon efprit toute imagination
d'honneurs & dignités terriénes:& pefera que le moyen feul
de paruenir aux honneurs eternels, & à la ioye & felicité de *Matth.25*
fon maiftre, eft humilité, laquelle fainct Auguftin dit que s'il
eftoit interrogué qui feroit la premiere, la feconde, & troif-
iefme vertu Chreftienne, il refpondroit toufiours que ce
feroit humilité. Car le feruiteur du Seigneur fe demonftre en ce principalement fidele, s'il n'eft contumelieux ne *Luc 12*
prefomptueux en la maifon de fon Maiftre, s'il n'enfouït *Matth.15*
fon talent en terre, mais s'il veille iour & nuict pour n'eftre
furprins du larron & cerche le profit de fon maiftre non pas
le fien. Par ce moyen plus il fera grand, tant moins il vfur-
pera de dignité & fuperiorité en l'Eglife de Dieu. Mefme- *1.Cor.9*
ment à l'exemple de fainct Paul il s'eftimera feruiteur de tous,
non point de parole, & de leures feulement, mais d'vne
vraye abiection de foy mefmes, & par vn zele de la gloire de
Dieu & du falut de l'Eglife d'iceluy. Ce que fait ce glorieux
Apoftre fe confeffant eftre le moindre de tous les Apoftres. *1.Timo.1*
Toutesfois où il voit que les hommes cerchent vne vaine
apparence, & qu'ils deferent volontiers cefte fuperiorité à
autruy, & s'affubiettiffent par vne trop grande fimplicité, ou
que les hômes reçoiuét affés facilemét ces honneurs, ou les *2.Corint.11*
pourchaffent trop impudément, il ne peut fouffrir vne telle
femence d'ambition en l'Eglife de Dieu : & dit que ne Apollo- *1.Cor.1.&3*
lo, ne Cephas, ne Paul font aucune chofe: mais que c'eft
Dieu qui fait tout enuers tous. Mefmement il maintient
fon degré, difant qu'il n'eft en rien moindre que les plus ex- *Gal.2*
cellens Apoftres:& non fans caufe : car quelques grands que
foyent Pierre, Apollo, & Paul, fi font-ils moindres que l'Eglife. Car vn membre eft moindre en dignité que tout le corps:
& ne font membres de Iefus Chrift, finon entant qu'ils font
                                                    mem

membres de l'Eglife. Te veus-tu eleuer par deffus icelle?
Premierement tu te demonftres enflé de l'orgueil de celuy
lequel au lieu de paruenir où il afpiroit, eft tresbuché à peine & ignominie eternelle. Dauantage tu te retranches toy
mefmes du corps du Seigneur, puis que non content du lieu
où il t'a ordonné, tu te transportes où bon te femble. Les focietés vifibles ont befoin de chef vifible, & de gouuerneurs
Ephef.4 femblables aux hommes : mais le Seigneur Iefus eft le chef
de fon Eglife, qui fait tout en tous les fiens, pour le feruice
& confirmation de fon corps, iufques à ce que nous foyons
tous paruenus en l'aage parfaict de Iefus Chrift : de la vertu
duquel tout le corps lié enfemble & conioinct par tous mébres & articles, felon la mefure & proportion de chacune
partie, préd accroiffemét du corps à l'edification de foymef-
mes par charité. Or comme ainfi foit que ce feroit chofe
monftrueufe, qu'au corps humain, aucun membre fe voulut
eleuer par deffus les autres : mais au contraire comme tous
fe rendent dociles & s'affubiettiffent de leur bon gré à la volonté, raifon, & gouuernement du chef : pareillement au
corps de l'Eglife du Seigneur nous deuons reputer ceftuy
eftre monftre horrible, qui s'eleue par deffus icelle, & entre-
prend l'office du chef.

De la primatie & principale dignité en l'Eglife.   CHAP. II.

E T pour clorre la bouche à toute fapience humaine qui defire vne magnificence exterieure, & certain ordre pour la contenter, le Seigneur Iefus ordonne vne finguliere & admirable prefidence &
Marc 9 dignité. Car il dit à fes Apoftres que celuy fera le plus grand
au royaume des cieux, qui fera le plus petit : & que celuy fera le premier, qui fera le dernier, c'eft à dire, le moins ambitieux, le plus modefte, & le plus humble. Par lefquelles paroles il donne clairement à entendre que celuy qui a plus
receu de graces, moins il fe doit eleuer, ains fe porter le plus
humble, & fe reputer feruiteur de toute l'Eglife, voire d'vn
chacun des membres d'icelle. Laquelle leçon le Seigneur
chante fouuent à tous fes Apoftres & difciples, d'autant qu'il
cognoit mieux que cefte ambition eft comme fatale en fon
Eglife:

Eglife : & que les hommes pour quelque peu de graces qu'ils ayent receu de luy, ils fe veulent eleuer par deffus l'equalité des autres, & fouueraineté de l'Eglife. Vous m'appelez (dit il) Maiftre & Seigneur : & ie le fuis. Ce neantmoins fi eftant voftre Seigneur & maiftre i'ay laué vos pieds, vous deuez ainfi lauer les pieds l'vn de l'autre. Car ie vous ay dóné exéple, à fin que vous faciez comme ie vous ay faiét. Si vous fçauez ces chofes, vous eftes bien heureux, fi vous les faites. Et ailleurs il leur dóne à entédre qu'ils faut qu'ils fe defpouillent de toute prefumptió. Ie vous dy en verité que fi vous ne vous cóuertiffez, & n'eftes faiéts femblables à ce petit enfant, vous ne pouuez entrer au royaume des cieux. Si vous ne vous conuertiffez (dit-il,) comme s'il vouloit dire : fi vous ne reiettez loin de vous toute ambitió, & n'eftes regenerés par l'Efprit de Dieu en toute humilité & fimplicité, qu'elle eft en ce petit enfant : donnant par cela à entendre que tout ce defir de fuperiorité & de preeminence, a fa racine en noftre chair, & ǵ c'eft vn fouët du Diable, par lequel il nous chaffe hors l'Eglife, & fait precipiter les hommes en fa códemnation : pour laquelle euiter il nous admonnefte fongneufement qu'aucun ne s'eleue par deffus l'equalité des autres, ne qu'aucune chofe foit eminente par deffus ces dons & graces pour les offufquer. L'humilité donques eft la marque & refmoignage certain du feruiteur du Seigneur. Lequel plus il eft grand, plus cefte vertu eft apparente, & illuftre en luy, & croit à la hauteur des dons de Dieu, cóme vn lierre alentour d'vn bel arbre, & croit & fe cóferme auecques ces vertus. Et le plus grand (dit-il) eft celuy qui fert à tous, & cóme le moindre vallet : & celuy qui gouuerne, eft comme celuy qui fert. Voila certes vn moyen eftrange de paruenir à authorité & preeminence en l'Eglife du Seigneur. C'eft de feruir icelle, & de s'eftimer moindre que les autres, & plus redeuable d'eftre aneanti pour la gloire de Dieu, & falut de fon Eglife. La preeminence donques & dignité en l'Eglife eft cóme vn Crocodile : elle fuit celuy qui la pourchaffe, & pourchaffe celuy qui la fuit. Par cefte humilité faiét Pierre ne penfant rien moins qu'à cecy a efté le premier entre les Apoftres. Sainét Paul, fainét Iean, fainét Iacques, ont efté co-

Iean 13

Marc 9

Matth. 10
Aétes 1
Gal. 2

M   lom

lomnes precieuses en l'Eglise du Seigneur. Veux-tu estre
eleué de Dieu, & assis au premier lieu? mets toy le dernier,
foulles toute ambition aux pieds, recognois que tu n'as rien
de propre que misere, infirmité, ignorance, peché, mort &
damnation eternelle. Que ce qui est de bon en toy, il t'est
donné de Iesus Christ non pour ton ornement particulier,
mais pour l'vsage & seruice de son Eglise : car ce n'est assés
que nous ayons conserué fidelement le talent du Seigneur,
mais il le faut employer industrieusement, veu que nostre
Maistre est aspre & desire vehementement le salut des siens.
Que sera-ce donques de l'auoir enfoüi, auoir employé ceste
puissance à ton ambition, à l'oppression & contumelie de la
maison de ton Seigneur qui est son Eglise? Que reste-il, sinon
que tu sois ietté en tenebres profondes de l'eternelle damnation? Parquoy oste de ton Esprit toute ambition, & ne cerche estre grand en l'Eglise de Dieu : mais le seruiteur le plus
abiect, & le plus prompt de chacun: au contraire n'y pensant
rien moins, voire maugré toy Dieu te constituera sur sa maison. Ainsi Dauid desirant estre seulement portier du Temple du Seigneur, a esté faict Roy du peuple d'iceluy. Et n'y a
doute que si les bestes brutes ont bien ce naturel de cognoistre celles d'entre elles, qui ont plus de cœur, & les suyuent,
l'Eglise du Seigneur n'aye ce don de discretion & iugement
pour suiure ceux que Dieu aura principalement suscités
pour la conseruation & edification d'icelle, & qu'il ne marque ceux qu'il aura appelés d'vn signe certain de l'honneur
dont il les honnore, comme de son anneau, & d'vn tesmoignage de sa vocation : car ce qu'il est dict que les brebis du
Seigneur oyent sa voix & la recognoissent, est propre aussi
de ceux en la bouche desquels il met sa parole. Ainsi les
Prophetes se viennent rendre de leur bon gré à l'Eschole
d'Elisee apres l'enleuement d'Helie : aussi le peuple s'assubiettit à Debora, & escoute Olda Prophetesses, & leur obeït
volontiers. Ainsi l'Eglise s'appaise à l'opinion de Pierre & de
Iacques, recognoissant la parole du Seigneur par leur bouche. Nous tiendrons donc ce poinct pour tout resolu, que
le Seigneur veut seul dominer, & regner en son Eglise : ainsi
qu'il est escrit, Et aduiendra en ces iours là, que les eauës viues
descou

Matth. 24
Luc 12

Psal 84

Iean 10

2. Rois 2
Iuge 4
2. Rois 22
Actes 11
& 15

Zach. 14

defcouleront de Ierufalem : à fçauoir la moitié d'icelles vers la mer du Leuant , & l'autre moitié vers la mer de Ponant: Elles ne deffeicheront ne efté ne hyuer : & fera le Seigneur Roy fur toute la terre. En ce iour là il n'y aura qu'vn Seigneur. Ainfi tous Pafteurs eftans appelés de Dieu par l'election legitime de l'Eglife , laifferont prefider le feul Iefus Chrift par deffus icelle comme Roy , fe contentans d'vne egale puif-fance,& d'vne mefme dignité quelque part qu'ils foyent, en quelque garde & fentinelle qu'ils foyent pofés de par Dieu. Celuy qui labourera le plus , celuy qui plus fidelement employera les talēts du Seigneur à plus grād proffit & intereft, n'en demandera icy fa recompenfe : mais attendra en pa- *Matth. 24* :ience qu'il entre en la ioye de fon maiftre. Ceftes-vous (dit le Seigneur)qui auez perfeueré auec moy en mes tentatiōs. *Luc 22* Et pour leur monftrer quelle recompenfe,& où ils la doiuēt efperer,il adioufte : Pourtant i'ordonne ainfi que mon Pere me la ordonné,que vous buuiez,& mangiez en ma table en mon Royaume : & que foyez affis fur les Thrones iugeās les lignees d'Ifraël. Ce n'eft donc icy que les Pafteurs & Euefques doiuent eftre affis en throfnes pour iuger l'Eglife , ne pour iouïr du fruit de leurs longs trauaux & feruices, s'ils ne fe veulent monftrer impudens & vils mercenaires , en ce qu'ils ne voudroyent rien faire que pour prix contant , & miferables en corrompant le fruit de leurs labeurs. Ils ne feront donc inferieurs en modeftie aux Apoftres du Seigneur , lors que leur Maiftre conuerfoit auec eux , & qu'ils eftoyent encores bien charnels : lefquels deuant que auoir entendu la nature & cōdition du Royaume de leur Maiftre, bien qu'ils afpiraffent à cefte primatie & preeminence , fi eft-ce toutesfois qu'ils en auoyent honte. Car ayans eu pro- *Marc 9* pos de ces chofes, & eftans interrogués du Seigneur , quels propos ils auoyent eus fur le chemin , ils fe teurent & ne luy oferent refpondre.

Des raifons qui ont efmeu les anciens d'inftituer aucune fupe-
riorité en l'Eglife, & confutation d'icelle.

C H A P.   I I I.

POVRTANT ie m'esmerueille de ce qu'escrit sainct Cyprian, contraire à l'ordonnance expresse du Seigneur, voire à luy mesme, & à tout iugement & experience cōmune : sinon qu'en la simplicité de son temps, on n'auoit encores esprouué le mal qui aduiēt à l'Eglise du Seigneur par ceste importune ambition : & aussi que ce chef visible a belle apparence de loin en l'obiect de la raison humaine : & en aduient comme de pierreries fausses, lesquelles de loin ont le lustre fort beau, & semblent vrayes & orientales : mais qui les cōsidere de prés, il se treuue fort trōpé, & cognoit à la verité que ce n'est que alchemie ou verre. Les heresies (dit sainct Cyprian) & les schismes ne viennēt d'ailleurs que de ce qu'on n'obeïst point à vn prestre, pour vn tēps, & à vn iuge pour vn temps, en la place de Christ. Auquel si tous les freres obeïssoyent selon qu'il est licite, aucun n'attenteroit aucune chose cōtre l'estat des prestres : aucun apres la voix du peuple, apres le iugemēt de la parole de Dieu, apres le cōsentemēt des Euesques ne se feroit, ie ne diray iuge d'vn Euesque mais de Dieu, aucun par le discord de verité ne deschireroit l'Eglise de Dieu. Mais, ô excellēt martir, là il est besoin de vicaire où la puissance ordinaire & legitime n'assiste. Or Iesus Christ est au milieu de son Eglise iusques à la consommation du monde, il est chef d'icelle, il donne vertu & influence à tous ses membres, c'est la sagesse eternelle de Dieu, qui instruit son Eglise par sa parole, qui procure le bien d'icelle par sa benignité, & destourne d'elle tous maux par sa puissance, c'est luy qui la gouuerne par son sceptre & vertu incroyable. Quel besoin donques a-il de vicaire ? I equel Roy eternel si les heretiques & schismatiques ne redoutent, comme redouteront-ils vn homme, lequel mesmes tu n'ordonnes que pour vn temps ? Car quant à ce que tu veux que les pasteurs luy obeïssent, comment t'est eschappé le mandemēt de Christ ? Comment as-tu oublié les aduertissemens des Apostres, & ne te contentes de leur exēple, qui nous enseigne qu'il ne faut qu'aucun entreprenne ne souueraine puissance, ne authorité, ne domination sur l'Eglise ? Que si, comme tu dis, il faut en toutes controuerses deferer le iugement à la parole de Dieu, &

Matth. 28
Iuc 2
Matth. 1
Ephe. 4

Psal. 2
Psal. 110

Marc 9
2. Corin. 10,
& 13
1. Pierre 5

Isaïe 8

pour

pour la difcipline tu veux eleuer vn homme par deffus
l'Eglife de Dieu, regarde qu'en delaiffant le Seigneur Iefus,
voire en tant qu'en toy eft, en le iettant de fon throfne, tu n'y
mettes l'Antechrift. Mais combien plus fagement proteftes *2. Theff. 2.*
tu ailleurs : que la fource de toute l'vnion de l'Eglife, eft en
cela que Iefus Chrift foit feul Euefque, quand tu l'accompa-
res au Soleil qui efpand fes rayons par toute la terre ? Mais
pour refuter l'authorité de ce fainct Martyr, il ne faudroit
que luy mefmes, comme beaucoup de fes efcrits en font
pleins. Mais qui veut iuger du dire de ce fainct Martyr
oculairement, il ne faut que comparer le repos, la faincteté,
& felicité du temps precedent, celuy de fainct Cyprian, auec
les fiecles qui font enfuiuis, ce chef vifible eftant eleué en
l'Eglife de Dieu : lequel auffi toft qu'il a efté vne fois affis en
throfne au milieu de l'Eglife, il a incontinent leué les cor-
nes contre le ciel, & s'eft manifefté eftre le Filz de perdition, *2. Theff. 2.*
homme de peché, ennemy de Chrift & de fa verité. Quant
à ce qu'efcrit fainct Ierofme que pour euiter les fchifmes qui
trauailloyēt l'Eglife à raifon de l'equalité qui eftoit entre les
Pafteurs, les vns fe difans eftre de Cephas, les autres d'Apol- *1. Cor. 1, et 3*
lo, les autres de Paul : il fut aduifé qu'vn certain Pafteur feroit
fuperieur en dignité. Ie refpon que ce remede a efté le venin & la pefte de l'Eglife. Car par les chofes que nous auons
cy deffus defduites, il eft tout apparent que cefte inuention
eft du tout contraire à l'ordonnance du Seigneur. Et qu'ainfi
foit, fainct Paul remonftrant à l'Eglife Corinthienne cōbien
cefte ambition derogoit à l'Eglife du Seigneur, pour euiter
ceft inconueniét & fchifme qui lors eftoit en cefte Eglife là,
& pouuoit preuoir qu'il pourroit aduenir és autres Eglifes, il
n'efleue aucun Pafteur deffus l'equalité des autres, il ne recognoit ne Pierre, ne Apollo fuperieurs de l'Eglife : ains tout
au contraire il veut abattre toute la gloire & reputation des
hommes, à ce que celle de Dieu foit feule apparête. I'ay, dit
il, planté, Apollo a arroufé, mais Dieu a donné l'accroiffe- *1. Corin. 3,*
ment. Parquoy celuy qui plante n'eft rien, ne celuy qui arroufe, mais Dieu qui donne l'accroiffemét: & celuy qui plante, & celuy qui arroufe font vn : c'eft à dire d'vne mefme vo-
catiō, ils n'ont non plus de puiffance l'vn que l'autre. Et quāt

aux contentions qu'on allegue estre ordinairement entre
gens d'vne mesme equalité, nous auons cy deuant monstré
combien ceste equalité qui doit estre en l'Eglise, est inegal-
le,&, comme disent les Philosophes, que ce n'est vne equalité
Arithmetique, mais Geometrique : c'est à dire qu'on mesure la proportion & le merite d'vn chacun. Car entant que
celuy qui plus a receu des graces de Dieu, plus s'humilie, &
sert dauantage à l'edification du Temple de Dieu, il a d'autant plus d'authorité & de dignité par vn commun consentement de toute l'Eglise, estant iceluy si bien marqué, &
tellemēt authorisé de Dieu. Et est chose pitoyable que paix
& concorde ne puisse estre entre les Pasteurs de l'Eglise de
Dieu, laquelle se retreuue entre les plus ambitieux és choses
Politiques, voire entre les mechaniques & artisans, & entre
gens de guerre. Par quoy il est à croire que ce sainct personnage n'ayāt encores de quoy se repentir grandemēt de ceste
humaine inuention, il ne la reiette autrement, combien
qu'en beaucoup de passages il la tient suspecte pour l'aduenir, & qu'il s'en plainct à bon escient. Mais, comme nous
auons cy dessus declairé, il est à croire qu'en chacune Eglise
matrice on s'efforçoit d'auoir quelque Pasteur qui fust de
quelque doctrine plus excellente que n'estoyent ordinairement les autres Pasteurs & anciens. Comme il n'est expedient, principalement en rarité de Pasteurs excellens (côme
il y a eu de ce tēps là) que tāt de lumieres fussent en vn lieu,
les autres Eglises estantes comme en tenebres: mais il estoit
necessaire qu'elles fussent commodément dispersees en diuers lieux : & comme les muscles sont departis par tout le
corps pour le mouuoir & luy donner vertu & action, ainsi
faloit il que ceste vertu & puissance de Dieu fust espandue
par le corps de l'Eglise. Or les autres Pasteurs & anciens de
chacune Eglise, comme il aduient tousiours, voulans honnorer & recongnoistre les graces de Dieu qui estoyent en
tels personnages, n'ont en cecy tenu mesure aucune, & ont
esté peu songneux de la liberté future. Car il est aduenu
par succession de temps, qu'ils n'ont si volontiers eleus tels
Euesques d'vne plus grande simplicité que prudēce, que les
autres se sont tousieues d'eux mesmes, & parforcés de s'eleuer

uer par ambition par deſſus l'Egliſe. Et qui voudra conſiderer le tout, il trouuera que ce poinct n'a eſté reſolu generalement par les Egliſes. Car vn peu deuant ſainct Cyprian, les
Eueſques s'efforcerent qu'ils fuſſent ſeuls de ceſte dignité en
chacune Egliſe. Et au Concile de Nicee fut arreſté que
pour l'aduenir il n'y auroit qu'vn Eueſque en chacune cité.
Et quand on aura pallié & recerché toutes les raiſons du
monde, tous les inconueniens qui pouuoyent aduenir de
ceſte equalité, ſi ne trouuera-on raiſon ſuffiſante qui merite que l'ordre du Seigneur Ieſus fuſt aboli. Parquoy nous
arreſterons ſeulement à l'ordonnance d'iceluy, & reietterons
toutes ſpeculations & conſiderations humaines, n'ayans
moins de zele & affection à maintenir la liberté de l'Egliſe
ſous le regne du Seigneur, qu'auoyent les Apoſtres & diſciples deuant la paſſion du Seigneur Ieſus, pour maintenir la   *Matth.20*
leur propre contre l'ambition de leurs compagnons, à laquelle tous s'oppoſoyent d'vn meſme conſentement: nous
ne deuons, dy-ie, auoir moins d'affection pour reietter ceſte
ambition, qu'a eu ſainct Iean de s'oppoſer à la primatie que
Diotrephes affectoit en vne Egliſe, & qu'a eu l'Egliſe Affri-   *3.Iean*
cane à repouſſer la Primatie que pretendoit ſur toute l'Egliſe Boniface Eueſque Romain. De faict ce ſont choſes toutes
ſemblables, & qui s'enſuyuent l'vne de l'autre: que s'il eſt neceſſaire qu'vn Eueſque domine par deſſus pluſieurs paſteurs,
il eſt conſequent que deſſus pluſieurs Eueſques, il y faut vn
Patriarche: & deſſus pluſieurs Patriarches vn chef ſouuerain. Ce que ſi nous ne pouuons ſouffrir ſans blaſpheme   *Pſal.110*
par ce que nous deſpouillons Ieſus Chriſt de ſa ſouueraine   *Hebr.7, et 8*
ſacrificature, & la donnons à l'Antechriſt, il s'enſuit de là qu'il   *2.Theſſ.2*
n'eſt plus de beſoin, qu'il y aye vn Eueſque qui domine par
deſſus pluſieurs Paſteurs. Car ſi le Seigneur Ieſus par ſa vertu diuine gouuerne, inſpire, & donne vertu à ſon corps vniuerſel, s'il donne volonté & faculté à tous ſes membres en
particulier, comme ne gouuernera-il vne Egliſe ſeule? &
ne demonſtrera-il pareillement ſa vertu en l'adminiſtration
des Egliſes viſibles & locales, qu'il l'a demonſtré en l'vniuerſelle? Car n'eſt-ce pas ſemblable impieté que de confeſſer la
prouidence de Dieu vniuerſelle: mais douter ſi particulie-
                                                    rement

rement nous sommes sous la protection du Seigneur? Parquoy estans sages de tant de maux precedens, qui ont finalement accablé l'Eglise ancienne, & trauaillent miserablement les Eglises voisines qui se disent reformees, tenons nous à l'ordonnance du Seigneur Iesus: & si nous aspirons à la felicité du siecle d'or de l'Eglise, efforçons nous de remettre sus le gouuernement d'icelle. Que si aucun pour quelque grand qu'il soit veut apparoir par dessus l'equalité des autres, à bon droit nous deuons imiter la liberté des Argonautes, lesquels voyans que Hercules ne pouuoit souffrir d'estre egalé à la mesure de ses compagnons, & eux ne le pouuans souffrir superieur, ils le mirent hors leur nauire, & l'exposerent en terre deserte comme incompatible. Autrement si nous deferons la principalle puissance & authorité à quel qu'il soit, nous faisons comme si nous rebellions de l'obeïssance de Iesus Christ: & comme si nous disions: Nous ne voulons point que cestuy-cy regne sur nous.

Luc 19

1.Sam.8 Car comme Dieu declaire qu'il est reietté de son peuple entant qu'iceluy veut auoir vn Roy, il nous faut penser le semblable, que si nous demandons des Euesques en chef, nous reiettons Iesus Christ de sa dignité Sacerdotale, & nions son regne eternel.

Des assemblees petites des Pasteurs, & de l'ordre qu'il y faut tenir.

CHAP. IIII.

ESQVELLES choses bien qu'elles deuroyent abondammét suffire pour le gouuernement spirituel & externe de l'Eglise du Seigneur, toutesfois pour euiter toute confusion à l'aduenir, & desraciner toute ambition dés ceste premiere origine, il est besoin que nous traictions cy apres de l'ordre qu'il faut tenir és assemblees ecclesiastiques. Ce neantmoins si nous faut-il confesser que ce n'est chose necessaire, sinon entát que l'ambition humaine ne se peut assubiettir à l'ordonnance dudit Seigneur. Nos mœurs donques, nos fautes, nostre facilité, & l'ambition d'autruy font cest ordre necessaire. Car ce que sainct Pierre parle premier és assemblees de l'Eglise, ce n'est de puissance principale qu'il vsurpe, mais de zele qu'il

qu'il a : & n'est escouté pour degré qu'il vsurpe par dessus les
autres Apostres , mais pour ce que les graces de Dieu luy
donnent principale authorité : tellement que le poinct de
la discipline qui trauaille au iourd'huy autant l'Eglise du Seigneur que autre qui soit pour crainte de l'aduenir , n'estoit
d'aucune consideration du temps des Apostres , n'a esté du
depuis en toute la primitiue Eglise. Et qu'ainsi soit , sainct
Paul escriuant à Tite ne fait aucune mention de ceste primatie , ne de l'ordre qu'il faut garder en l'assemblee des Pasteurs. Car ils se contentoyent que Iesus Christ presidast entre eux. La cause, dit-il, pourquoy ie t'ay laissé en Crete, c'est ***Tite 1***
à fin que tu acheues de corriger les choses qui y defaillent,
& que tu y côstitues des prestres par les villes , comme ie te
l'auoye ordonné. Et pour monstrer ce qu'il luy auoit ordonné, Si aucun, dit-il, est sans crime, & ce qui suit. Et toutesfois
si faloit-il que ceste multitude de prestres fust vnie en vn
corps , auec les Eglises. Dauantage sainct Luc parlant de
l'assemblee des prestres & anciens, il ne fait aucune mention
de l'ordre des sieges , ne de la Primatie : ce qu'il eust fait sans
doute, s'il y eust eu ou contention ou honneur principal en
l'assemblee, ou si cela eust aucunement appartenu à l'ordre &
necessité de l'Eglise : mais il dit seulement que Pierre se leua ***Actes 1***
d'entre les freres. Or puis q̃ ceste chose est politique, & n'est ***11 , et 15***
ordõnee de Dieu , mais qu'elle nous doit estre recõmandee
pour l'ordre & paix, de laquelle Dieu est autheur, il nous faut
regarder à ce qui est le plus côuenable à la parole d'iceluy,
& est le plus seur pour l'Eglise. Nous auons cy dessus monstré que c'est chose dangereuse & de pernicieux exẽple , que
les Ministres ayent vn conseil à part pour beaucoup de raisons : mais que celuy à qui la charge est specialement donnee par l'Eglise peut , si bon luy semble,& que l'affaire le re-
quiere, communiquer ce qu'il faut rapporter au conseil des
anciens, premieremẽt auec aucuns des ses collegues & compaignons , ou tous , ou auec qui bon luy semblera sans exclurre les anciens s'il luy plait : & en quel nombre bon luy
semblera, ayant seulement cest esgard de esclarcir & des-
brouiller les affaires, pour les proposer puis apres au conseil
tout au net. Entre eux donques puis qu'il n'y a certain con-

N   seil

seil eſtabli , il n'eſt beſoin dé Primatie ne preeminence de
certaine perſonne:ains,comme dit ſainét Paul,tous ſont vn,
tous ſont d'vne meſme authorité, ou que leur vocation ſoit
à Rome,ou à Eugubio.Car encores que l'Egliſe dóne charge ſpeciale à quelqu'vn d'entre eux , ſi eſt-ce que ceſte authorité n'emporte aucune ſuperiorité enuers ſes compaignons,ne Primatie : mais appartient pour dreſſer & ordonner les affaires du conſeil & de l'Egliſe. Dauantage les Apoſtres en choſe qui concernoit proprement l'Egliſe de Ieruſalem ont ordinairement tenu leur conſeil auec les Senieurs
de ladiéte Egliſe. Et ſainét Paul parlant des Senieurs & du
conſeil de l'Egliſe , il n'en attribue aucun ſeparement pour
ceux qui trauaillent en la doétrine. Les Paſteurs donc &
les Senieurs feront vn ſeul conſeil , auquel aura la principale
charge de rapporter & tenir ordre vn des Paſteurs , à qui
l'Egliſe donnera l'authorité & charge ſpeciale de ce faire. Or
qui la voudroit donner au plus ancien,ou à celuy qui auroit
eſté le premier ordonné, il feroit à craindre qu'il n'aduinſt le
plus ſouuent que ceux là feroyent les moins propres : car il
eſt requis en ceſte charge vn zele ardent , humilité grande,
iugement,prudence , & eloquence propre pour perſuader
& parler à propos. Leſquelles vertus ſe demonſtrét en ſainét
Pierre. Et feroit choſe iniuſte d'attribuer plus ou moins en
l'Egliſe de Dieu à aucun qu'il ne faut. Parquoy il eſt neceſſaire que l'Egliſe eliſe celuy qui ſera le plus ſuffiſant,& le plus
propre pour ceſt affaire,entát que les loix faiétes pour la có-
ſeruation de l'Egliſe & de la diſcipline le porteroyét.Or l'adminiſtration perpetuelle corrompt voire les meilleurs , &
relaſche beaucoup de la crainte & ſolicitude qui doit eſtre
touſiours en vn Magiſtrat quel qu'il ſoit. Et ne peut autrement aduenir, que celuy qui eſt en perpetuel office , ne ſe
depraue à la longue par flateries des hommes: & que par licence il ne ſe permette beaucoup de choſes en haine ou
faueur d'autruy. Parquoy il eſt neceſſaire que ceſte preeminence ne ſoit perpetuelle,à ce que celuy qui y ſera appelé ſe
porte en toute crainte & modeſtie, comme ayant à rendre
bien toſt apres cóte à l'Egliſe de ſon adminiſtration. Et faut
que dés ſa creation il penſe de ſon ſucceſſeur. Que ſi ce
temps

1.Corin. 3

1.Tymoth.5
Tite 1

temps eſtoit long, nous n'euiterions pas l'ambition, & tomberiõs de bref aux meſmes incõueniés precedés. Mais ſi ceſt office ſe finit au bout de deux ans, nous remedierons à l'ambition, & negligence des Paſteurs, & l'Egliſe ſera mieux gouuernee, & auec plus grand ſoin & ſolicitude, principalement s'il eſt permis pour certaines conſiderations de proroger ceſte charge pour deux autres annees, à ceux qui auront tant de graces de Dieu, qu'elles apparoiſtront entre tous les autres. Mais ie ne voudroys qu'il fuſt permis de refaire vn meſme par plus de deux fois, s'il n'y auoit interualles de quelques annees entre deux. Toutesfois où aucun apparoiſtroit tant par deſſus les autres qu'il n'y euſt comparaiſon quelconque : ce qui ne ſauroit gueres aduenir, veu que le Seigneur ne deſtitue ſon Egliſe d'aucun don ſpirituel, & les diſperſe en pluſieurs, à fin que ſon Egliſe ſoit mieux ſecouruë : ſi toutesfois autrement aduenoit, ce ſeroit iniuſtice de fuſtrer l'Egliſe du gouuernement d'vn tel perſonnage. Mais il nous faut premierement noter que la principale vertu qui eſt à conſiderer en vn tel perſonnage eſt humilité & modeſtie. Dauantage que quel qu'il ſoit, ſi faudroit-il qu'il fuſt eleu de nouueau de deux ans en deux ans. Et quãd quelqu'vn approcheroit des vertus d'iceluy, bien qu'elles ne fuſſent ſemblables, ſi le faudroit-il changer, à ce que l'Egliſe ne ſe trouuaſt deſtituee, iceluy venant à mourir, & les colleges d'iceluy eſtans neufs & inexercés en telles charges. Parquoy d'autant que ceſte choſe eſt dangereuſe & qu'il peut plus aduenir de mal à l'Egliſe par la perpetuelle prorogation d'vn quel qui ſoit, que l'iniuſtice n'eſt grande de deferer moins en vn tel perſonnage que ſa vertu ne merite, l'Egliſe toutesfois & quantes elle prorogera ceſte charge, aura ſouuenance de ſa liberté, & que les puiſſances diuturnes & longues deuiennent facilement tyranniques. Les raiſons deſquelles choſes nous deduirons cy apres aux liures de là Republique. Ie trouue donques eſtre le meilleur d'elire en ceſte ſorte en chaſque ſiege de bailliage vn tel perſonnage pour preſider en toute l'Egliſe d'iceluy, & pour auoir l'œil ſur tous les membres & parties de l'Egliſe, lequel rapportaſt au conſeil des Senieurs & Conſiſtoire, voire les choſes de bien petite

impor

importance. Car vne curieuſe & craintiue modeſtie eſt
plus à louër au Paſteur , qu'vne hardieſſe trop entreprenan-
te. Mais par ce que, comme ſainct Paul dit de ſoy, les charges
2. Corint. 11 de toutes les Egliſes du bailliage repoſeroyent quaſi ſus les
eſpaules d'iceluy , pour ſon ſoulagement ie deſireroye que,
ſelon l'eſtenduë du bailliage, il y euſt certain nombre de Miniſtres deputés pour veiller ſur la doctrine , ſur les mœurs,
& ſcandales, tant des autres Miniſtres que du peuple : à ce
qu'eſtans iceux bien informés des choſes, ils rapportaſſent le
tout ou aux Conſiſtoires particuliers des lieux meſmes , ou
à celuy de l'Egliſe matrice du bailliage ſi le cas le requeroit.
Pour leſquelles raiſons ie deſireroye que l'ordre des Egliſes
de par deça fuſt obſerué : c'eſt à ſçauoir que les Egliſes de
chacun bailliage fuſſent departies en certaines congregations , aſſembleés ou colloques , tant pour l'interpretation
de l'eſcriture , que nous auons dit deuoir eſtre faicte en public, que pour leur communiquer des affaires des Egliſes de
leurs corps : leſquels ſe vuideroyent, ou par les Egliſes, s'ils
appartenoyent à la cognoiſſance d'icelles , ou entre les Paſteurs. En quoy on auroit eſgard que les lieux ne fuſſent
trop diſtans , à ce que les Miniſtres ſe peuſſent commodement aſſembler vne fois la ſepmaine, & peuſſent aller & venir en vn iour, & deſpeſcher leurs petits affaires domeſtiques. Si ſeroit-il à ſouhaiter (ſi le païs le pouuoit ſouffrir)
qu'il y euſt en chacune telle aſſemblee enuiron vingt paſteurs : car par ce moyen il y auroit plus de conſeil , & de
grauité , & pour l'aduenir moins de menees. En chacune
telle aſſemblee vn de ces Miniſtres que nous pouuons appeler ſurueillans, preſideroit, (iceux ſont communement
appelés par deça Doyens) outre leſquels pour leur ſoulagement, & à ce que l'Egliſe ne ſoit iamais ſans perſonne
graue & propre pour preſider, & pour beaucoup d'autres affaires, on a couſtume d'elire des Iurés, ce que ie louë grāde-
ment, & eſt choſe digne d'imitation. Le lieu de telle aſſemblee doit eſtre choiſi le plus commode, comme auſſi le iour.
Iceux ſeroyent eleus en l'Egliſe matrice du bailliage, qui eſt
la mere commune des autres par le moyen que nous auons
demonſtré. Ceſt office finiroit au bout de deux ans. Toutesfois

tesfois si est-il à souhaiter, que d'an à autre, la moitié de ces officiers se change, de telle sorte que en deux ans le tout soit changé. Ce qui est vtile pour ce que toute nouueauté est rude & inexperte, & est bon qu'il en demeure pour guider les nouueaux. Si est-ce qu'on ne pourroit estre prorogé sinon pour les considerations susdites. Si ces changemens engardoyent que ceux qui auroyent plus de graces ne fussent continuellement en ceste charge & sentinelle, il nous faut considerer que les maux & inconueniens qui aduiennent de ceste primatie continuelle sont plus à craindre que ne sont à souhaiter les biens qui aduiennent par le continuel gouuernement de certains personnages quelques grands qu'ils soyent. Dauantage rien ne descherroit de leurs dons & graces, & n'auroyent moins d'authorité en l'Eglise hors ces charges, que s'ils les administroyent. Car ne plus ne moins que l'or & les pierres precieuses ne diminuent en rien de leurs prix pour n'estre en vsage continuel, mais plustost elles en sont plus prisees, pareillemét ces excellens personnages euiteroyent le desgouttement qui aduient par vsage continuel, & seroyent en plus grande admiration. Dauantage, l'authorité & dignité ne s'empruntent des offices: mais l'honneur est celuy qui vient de la faueur & recommandation de Dieu, par le moyen des graces qu'il donne à ses seruiteurs. Que si aucun murmuroit contre ceste ordonnance, & ne pouuoit souffrir d'estre mis au reng des Pasteurs, iceluy se demonstreroit indigne du plus petit gouuernement. Car nous auons declairé que la principale vertu qui est à requerir en cecy est humilité: & meriteroit bien que l'Eglise se donnast de garde de luy, comme sainct Iean descouure l'ambition de Diotrephes. Vne chose doit estre icy entendue, que suyuant ce que nous auons dit cy dessus, que les Ministres seuls ne doiuent tenir conseil separé, il le faut entendre depuis les colloques particulieres iusques aux congregations generales de tous les Pasteurs du bailliage en quelque Eglise qu'elles se facét: c'est à sçauoir que les Senieurs du lieu & gouuerneurs s'y doiuét tousiours trouuer. Mesmement que les anciens de l'Eglise matrice se peuuent trouuer en toutes moindres assemblees des Egli-

ses

ses inferieures, cõme auſſi tous les Miniſtres de la Prouince
qui y ſuruiendroyent, & s'y voudroyent trouuer, quand il
ne ſeroit queſtion que de la doctrine, & des mœurs : pour
autres conſiderations ils ne s'ingereroyent s'ils n'eſtoyent
appelés. Voila ce qui appartient à la preeminence des
aſſemblees ordinaires, & les plus frequentes en l'Egliſe.

Des Synodes prouinciaux, pour quelles choſes ils doiuent eſtre tenus, & quel ordre il y faut garder.   CHAP.   V.

CE qui doit eſtre appliqué au Synode prouincial,
que ie trouueroye bon, ſuyuãt la couſtume anciẽ-
ne, confermee par vn Concile de Carthage, qu'il
ſe tinſt tous les ans vne fois, ou, ſelon l'ordonnãce
du Concile de Nicee, pour moins qu'il fuſt tenu de deux ans
en deux ans, & toutes & quantes fois il s'eleueroit quelque
hereſie, laquelle l'Egliſe du lieu, où elle auroit eſté eſmeuë,
n'auroit peu aſſopir, ou qu'il y auroit grande contention en
danger de mettre ſchiſme en l'Egliſe. Auquel cas il ne faudroit attẽdre le temps ordinaire dudit Synode, mais le faudroit preuenir pour eſtouſer les ſcandales dés qu'ils ſe leueroyent, ſans attendre qu'ils fuſſent confermés dauantage.
Les cauſes ordinaires d'iceluy ſeroyent telles : pour entretenir l'vnion des Egliſes par enſemble, pour conſulter des
affaires qui cõcerneroyent la doctrine, la diſcipline, & ceremonies : pour oſter les ſcandales, pour raporter ſouuent les
meſures de la doctrine & de la diſcipline eccleſiaſtique,
auec la reigle de la parole de Dieu. Il y a pareillement vne
cauſe, laquelle bien qu'en premier lieu n'appartienne à la cognoiſſance de ceſte aſſemblee, toutesfois ſi n'eſt-elle elon-
gnee de la conſideration d'icelle, ſinon pour y pouruoir (ce
qu'il ne faudroit aucunement : i'entends pour y appliquer
remede à propos & exprés) au moins pour aduiſer aux
moyens d'en faire remonſtrance auec plus grande vtilité.
Car comme ainſi ſoit que tout vne Republique doiue eſtre
vne Egliſe, ce qui appartient au bien & conſeruation de la
Republique, ne peut eſtre hors quelque conſideration de
ceſte aſſemblee de Paſteurs. Non pas pour eniamber par
deſſus le Magiſtrat, ou pour mettre vne confuſion entre les
                                                            deux

deux gouuernemés, mais que s'il y auoit quelque grand deordre en la Republique, quelque fureur & violence intollerable, à bon droit vne telle assemblee deuroit vser de graue & serieuse remonstrance:comme souuent est aduenu enuers les premiers Empereurs Chrestiens, lors que la discipline receuoit encores quelque vigeur, côme enuers Constance, qui fut reprins d'iniustice, Valens de son impieté, Archade pour auoir banni Iean (dict Chrysostome) Theodose le ieune pour ses fureurs. Lesquelles choses ne pourroyent estre ne plus viuement descouuertes, ne considerees plus grauement, ne commises plus fidelement, ne remonstrees auec plus grãde authorité, ne au plus grand bien & repos public, que par tels personnages. Car puis que le deuoir d'vn chacun Pasteur est d'annoncer la parole de Dieu en general, & en particulier, admonnester vn chacun de son deuoir & office, de nous reprédre & redarguer publiquement pour nos fautes publiques, où il y auroit faute notable és grands Seigneurs & gouuerneurs, comme Dieu les a ordonnes pour veiller sur le salut commun (duquel la conseruation de toutes les Eglises ne peut estre separee) pareillemét le deuoir d'vn chacun Ministre, & de tous en commun, est de les admonnester de leur deuoir. De quoy s'ensuit que où les loix sur lesquelles la Republique seroit fondee seroyent renuersees par violence, ou se relascheroyent par indulgéce, que les Ministres ne pourroyent en cecy estre negligés sans leur grand' faute. Ce que en ce cas, ceste assemblee à qui principalement ceste charge seroit commise, pourroit arrester, & aduiser par qui, & comment ceste reprehension deuroit estre faicte, sans auoir autre communication auec les Eglises. Car ie ne fay doute que si ceste charge est du deuoir d'vn chacun Pasteur, elle n'appartienne à tous. Or il est tout certain que ce deuoir est propre de chacun Pasteur : ainsi Samuel enseigne Saül comment il doit gouuerner son peuple, il est enuoyé vers luy pour le reprendre de sa rebellion & luy denoncer le iugement de Dieu. Ainsi Esaïe console, admonneste, & reprend Ezechias : tant que Ioiada grand Sacrificateur vescut, Ioas, suyuãt son conseil, prospera grandement:depuis mesprisant toutes les admonitions des Prophetes

I.Tim.5

phetes

phetes & Sacrificateurs, il fuſt accablé de maux & tué de ſes
propres ſeruiteurs. De quoy s'enſuit que à plus forte raiſon
ceſte conſideration appartient aux Paſteurs en general. Mais
quãt aux poincts qui cõcerneroyent la diſcipline ou les ceremonies, ie ne ſuis d'aduis pour les raiſons ſuſdites & que
deſduirons cy apres, qu'on arreſtaſt aucune choſe ne deter-
minaſt en ces Synodes:mais que le tout fuſt rapporté en ſon
entier au iugement des Egliſes. Toutesfois,ſuiuãt ce q̃ nous
auons cy deſſus dit, le Conſiſtoire du lieu où telle aſſemblee
ſe tiendroit,ne doit eſtre exclus. Dauantage les Egliſes matrices deputeroyent auec les Paſteurs tels perſonnages que
bon leur ſembleroit du conſeil des anciens ou d'autres s'il y
auoit quelque raiſon particuliere & en tel nombre qu'il ſeroit aduiſé par les Egliſes en commun, pour aſſiſter en tels
Synodes: non pas pour eſtre ſpectateurs ſeulement de ce
qui ſe feroit:mais pour opiner & donner leur aduis en ce qui
concerneroit le faict des Egliſes, pour ce que ce qui appartient à tous doit eſtre entendu de tous : & eſt vne inuention
pire que Phariſaïque de reietter ceux qui ne ſeroyẽt de l'ordre des Paſteurs à leſquart, comme s'ils eſtoyent ethniques
& prophanes, veu qu'en pareille vocation cecy appartient
aux Senieurs, & meſmement l'Egliſe de Ieruſalem n'enuoye

Actes 15 vn Apoſtre, ou Diacre és Egliſes d'Antioche, de Syrie, &
Cilice : mais qui bon luy ſemble.   Nous auons eſté d'aduis
(eſcrit elle) eſtans aſſemblés d'vn accord, de vous enuoyer
des hommes qu'auons eleus auec nos treſchers Barnabas,&
Paul, hommes qui ont abandõné leurs vies pour l'honneur
de Ieſus Chriſt : nous auons auſſi enuoyé Iudas & Silas. Parquoy ceux qui ſeroyent deputés des Senieurs ſeroyẽt aſſés
prés leurs Miniſtres, & diroyent leur aduis en leur reng des
choſes qui appartiẽdroyent à la cognoiſſance de leurs Egliſes , & ſeroyent ſpectateurs des autres affaires dont nous
auons parlé. Les Egliſes anciennes auoyent ceſte couſtume
d'enuoyer és aſſemblees Prouinciales les plus vertueux &
ceux qui auoyent ſouffert pour Ieſus Chriſt de quelque qualité qu'ils fuſſent, pourueu qu'ils euſſent les conditions requiſes en telles charges , comme les confeſſeurs & martyrs:
ce que demonſtre ce paſſage cy deſſus allegué de Paul &
Barn

Barnabas que l'Eglise enuoye : hommes qui ont abandonné leurs vies pour l'honneur de Iesus Christ. Vray est que cy dessus il faudroit auoir egard que le grand nombre n'engendrast confusion & desordre. Pourtant ie seroye d'auis que les Eglises matrices des bailliages, esquelles nous auons dit qu'il seroit permis à vn chacun dudit bailliage de s'y trouuer, pourueu qu'il eust voix & tesmoignage, determinassent certain nombre tant des Ministres que d'autres anciens, toutes d'vn commun accord, lequel nombre fust tel qu'elles iugeroyent suffisant pour assister audit Synode. Nous auons cy dessus monstré que toutes assemblees des Ministres qui se font pour la doctrine, se doiuent faire deuant l'Eglise qui est en trauail, s'il est possible : & ce publiquement, à fin qu'elle soit pacifiee par les remonstrances & sapience de tels personnages, comme il a esté obserué par plusieurs fois en l'Eglise de Ierusalem : comme aussi de l'aduis d'icelle, il a esté gardé en l'Eglise d'Antioche, & en celles de Cilice & Syrie, comme nous auons dit. Car l'Eglise de Ierusalem declaire son aduis à icelles, & depute certains personnages pour y assister, & pour remonstrer (dit sainct Luc) les mesmes choses par paroles. Auquel cas ie ne pense qu'aucun trouuast mauuais que les Pasteurs n'eussent nō plus de puissance que les Apostres & les Disciples du Seigneur ont voulu auoir en telles congregations : c'est à sçauoir qu'apres les remonstrances, reprehensions, & exhortations faictes par eux, & à qui Dieu auroit fait la grace de le pouuoir faire à edification, l'affaire fust commis entre les mains de la prouidence de Dieu, & qu'on en laissast iuger l'Eglise en toute liberté. De laquelle modestie les Apostres ont vsé encores que les Eglises desirassent specialement auoir leur aduis, sans faire mention de l'Eglise de Ierusalem. Quant aux autres cas nous auons cy dessus dit, que ces Synodes n'auroyent puissance de determiner, ne de decreter aucune chose qui despendist de la puissance de l'Eglise : mais de communiquer par ensemble des causes susdictes, esplucher les passages de l'escriture, puis remettre le tout en son entier au iugement des Eglises : en apportant à icelles vn seul preiudice, non pas vn iugement. Mais quand la difficulté le requerroit, & qu'on

Actes 15

O ne

ne pourroit là resoudre aucune chose, voire mesmement
s'il y auoit quelque obscurité, & estoit chose qui concernast
l'estat des autres Eglises, ie seroye d'auis que ce Synode sus-
pendit l'affaire iusques à ce qu'il eust l'aduis des autres Eglises, de peur que s'il s'arrestoit quelque chose legerement
entre eux, ce fust preiudice aux autres Eglises, & occasion
de Schisme : comme il est aduenu au Concile de Carthage,
où trop temerairement on determina que ceux seroyent
rebaptizés qui auroyent esté baptizés par les heretiques, sans
specifier aucune heresie. Car il ne nous faut en chose de
consequence suiure nostre iugement à l'estourdie, mais le
suspendre en donnant audience à la parole de Dieu, par
quiconque elle nous soit addressee : mais sur tout deferer
beaucoup au iugement des Eglises. Ce que nous auons veu
auoir esté anciēnemēt obserué & ordonné par exprés en vn
autre Concile de Carthage, tenu touchant ceux qui auoyēt
bronché en persecution : & ce de l'authorité de sainct Cyprian, & est exprés au passage des Actes que nous auons
allegué. Vray est qu'en ce Royaume vne chose seroit à euiter, qui a aussi troublé grandement les Eglises anciennement : c'est que ie ne puis approuuer qu'en vn mesme temps
plusieurs Prouinces tinssent leurs Synodes : principalement
si c'estoit pour vne mesme difficulté. Car ia soit que nous
deuions asseurer que Iesus Christ presideroit au milieu de
telles assemblees, qui n'entreprendroyent rien par dessus
les Eglises, & ne determineroyent temerairement : si est-ce
que où il y auroit de la legereté, il est à desirer que les vns
soyent enseignés ou redressés par les autres. En quoy faillit
lourdement Victor Euesque Romain. Car de six Synodes
qui furent tenus en son pourchas en vn mesme temps touchant la celebration du iour de Pasques, celuy de l'Asie
mineur se trouua differēt des autres. Lequel s'il eust esté infor-
mé & guidé par les autres, ceste difficulté eust esté estouffee
d'vn cōmun cōsentement de toutes les Eglises, laquelle dura encore plus de cent ans aprés. Ceste mesme faute troubla
grandemēt aussi l'Eglise durant l'Empire de Constance : lequel feit assembler tous les Euesques de son Empire, touchāt
l'heresie d'Arius en deux Synodes, desquels l'vn fut tenu en

Antio

Antioche, l'autre à Rimini. Et ne faudroit craindre que pareille faute aduinst à nos Synodes, par l'enuie que les vns pourroyét porter aux autres, qu'elle est anciénemét aduenue en l'Eglise : les vns en despit des autres faisans assemblees, & Synodes, cödamnans ce que les autres auoyent approuué, approuuans ce que les autres auoyent cödamné. Car il y auroit bien vne autre modestie, entant que où les Synodes anciens determinoyent hardiment en souueraineté, & que les Euesques y presidoyent comme Princes des Eglises, ceux cy communiqueroyent par ensemble en toute crainte de Dieu & modestie, & ne cercheroyent qu'à conseiller les Eglises fidelement, ayans à rendre conte à leurs Eglises de leur gouuernement. Touchant celuy qui presideroit, il seroit à souhaiter, qu'il n'y eust non plus de regard qu'il y auoit entre tous les Apostres & Pasteurs de tout ce temps là, comme nous auons remonstré cy dessus. Toutesfois pour euiter la confusion que l'ambition pourroit causer, ie trouueroye bon que ceste saincte assemblee eleust de fois à autre certains Pasteurs pour cest affaire, à ce que l'vn peust presider au defaut de l'autre. Combien que ie sçay que les anciens depuis le temps de Cöstantin, ont eu diuerses coustumes en cecy. Mais lors qu'il y auoit moins d'ambition & plus de religion, on elisoit les personnes les plus propres: comme mesmes au Cöcile de Nicee presida Eustace Euesque d'Anthioche, Osius Euesque de Cordouá au Concile de Sardica, sainct Ambroise au Cöcile d'Aquilee, Cyrille Euesque d'Alexandrie au Cöcile d'Ephese. Mais il y auoit ce retardemét en ceste coustume, qu'on perdoit beaucoup de temps en l'election de celuy qui deuoit presider, où mesmemét les Empereurs ordonnoyét celuy qui bon leur sembloit. Ce qui donna depuis ouuerture à ceste coustume pour obuier à ces inconueniens, que celuy presideroit en l'Eglise duquel ceste assemblee se tiendroit. Pour ceste raison Flauian fut eleu par le Concile d'Antioche Euesque dudit lieu, à fin qu'il presidast. Nectarius estant eleu par le Concile de Constantinoble Euesque du lieu presidat audit Concile : Aureille presida aussi en celuy de Carthage dont il estoit Euesque, Damasus Euesque de Rome au Concile Romain. Ce qui estoit le

plus expedient pour lors. Mais ceste couſtume a ce vice en
ſoy que la prerogatiue qui deuoit eſtre deferee aux graces de
Dieu, ſe deferoit aux lieux & ſieges : choſe lourde, & laquelle on deuroit euiter aux aſſemblees meſmement ciuiles, s'il
eſtoit poſſible. D'aſſembler en ces Synodes tous les Miniſtres
de la prouince, ce ne ſeroit que trouble : outre lequel deſordre, ce mal prouiendroit que toutes les Egliſes ſeroyent deſ-
tituees pour vn temps de leurs Paſteurs, comme aduint du
temps du Cõcile de Nicee qui dura pluſieurs ans, & depuis
eſt ſouuent aduenu au grand preiudice des Egliſes: pourtant
cõme nous auõs cy deſſus dit, les Egliſes matrices des bailliages eliroyẽt les plus ſages & prudens d'entre les Miniſtres:
comme auſſi des autres anciens qu'elles voudroyẽt enuoyer
pour ceſt effeƈt. En quoy elles auroyent ceſte cõſideration,
qu'il demeuraſt vn bon nõbre d'iceux pour paiſtre les troupeaux, & veiller ſur eux. C'eſt choſe ſuperflue en ceſte ſainƈte
diſcipline de parler de l'ordre des ſieges: toutesfois pour euiter confuſion, ie ne trouueroye mauuais qu'on ſuiuiſt l'ordre
des bailliages, & en chacun bailliage l'ordre de la vocation
des Miniſtres. Quant au lieu où ce Synode prouincial ſe
tiendroit, hors ce cas du ſecours des Egliſes, & remedes des
hereſies & ſcandales (de quoy nous auons traitté) ie ne m'en
donneroye grand' peine. Toutesfois ſi y auroit-il plus d'apparence, que ce fuſt en l'Egliſe Metropolitaine de toute la
prouince, en laquelle ſeroit l'vniuerſité : & y auroit grand
nombre de gens de ſcience & vertu, là où il eſt à preſumer
que ſeroit vn Conſiſtoire fort notable pour donner plus de
conſeil & d'authorité.

Des Synodes en general, & ſpecialement des nationaux, & de leur
puiſſance. CHAP. VI.

MAIS ces choſes ſuffiront touchant les Synodes
prouinciaux: venons aux nationaux, & vniuerſels,
deſquels les anciens ont eu diuerſes opinions:
Euſebe les appelle le lien de concorde & de paix:
& Baſile la voye de ſecours des Egliſes qui ſont en trauail.
Mais en autre paſſage il eſcrit qu'il ne veit oncques bonne
iſſue d'aucun Cõcile. De ma part i'eſtime toutes ces ſenten-
ces

ces eſtre vrayes : car comme d'vne choſe bonne & bien ordonnee mille biens & vtilités s'enſuyuét, pareillemét du deſordre, voire en choſes bonnes, mille maux & inconueniens
en procedent. Que toutes aſſemblees de gens craignans
Dieu, ſe contenans en leur vocation, & ſuiuans la reigle qui
nous eſt preſcrite par la parole, ne ſoyent à ſouhaitter, il ne
ſeroit homme qui le nieroit : mais où il y a des menees &
partialités entre tous par enuie & ambition, où on delaiſſe
l'hereſie pour s'attacher aigrement à l'heretique : meſmemét
où on le laiſſe pour s'entremordre & manger l'vn l'autre, où
le Concile eſt comme bandé en diſcord en toutes autres
choſes, mais d'vn bon accord pour entreprendre la puiſſance de l'Egliſe, & ſe l'vſurper, & où les Princes s'efforcent leur
rendre la pareille, & ſemblablement ils entreprennét ſur le
Concile, qui eſpereroit aucun bien de telles aſſemblees ? Il
eſt donc ordinairement aduenu que ce qui deuoit eſtre le
lien de paix & de concorde, a eſté le feu qui a allumé les
inimitiés, les diſcords, & ſchiſmes en l'Egliſe. Et que ce qui
deuoit eſtre la voye du ſecours des Egliſes, a eſté le moyen
de leur ruïne : de faict qui voudra conſiderer diligemment ia
ſource des Conciles vniuerſels, il ne trouuera que ce ſoit
choſe diuine, ny eſtablie de par Dieu, mais de droit po-
ſitif, qu'ils appellent, & inuentee par les hommes. Car les
exemples qui ſont comprins en l'eſcriture ſainĉte, leſquels
on raporte à vne telle aſſemblee, ne ſont aucunemét à propos. Car il n'eſt parlé que de l'aſſemblee de toute vne Egliſe
auec les Apoſtres, & Senieurs, ou de certaines perſonnes
deputés par vne Egliſe enuers les autres Egliſes, pour les
conſeiller, non pas pour leur commander & apporter des
canons & determinations. Et ne péſe qu'il ſe trouue paſſage
en l'eſcriture que lon puiſſe tirer à ce propos des Prophetes
de Dieu, qui ſe ſoyent aſſemblés, ie ne diray auec toute authorité & puiſſance de definir & determiner, mais ſeulement qui ſe ſoyent aſſemblés pour pouruoir aux affaires
de l'Egliſe. Mais au contraire il eſt ſouuent parlé des faux
prophetes qui s'aſſembloyent de tous coſtés auec vne audace & preſomption merueilleuſe : comme beaucoup de paſ-   1. Roïs 22
ſages de l'eſcriture le teſmoignent, & ce non pour ſe laiſſer   2. Chron. 18.

O 3   gouuer

gouuerner par la parole de Dieu, mais pour inuenter des superstitions & les maintenir auec plus grande authorité. Si est ce toutesfois que depuis que ces Conciles ont esté mis sus en l'Eglise du Seigneur, on leur a attribué vne telle puissance, que les determinations d'iceux ont esté receuës sans iugement, comme si elles fussent procedees de la bouche de Dieu : Et tant plus a-on estimé les personnes religieuses, lesquelles ont par plus grande simplicité receu tels canons, & n'en ont fait aucun doute. Car il n'y a eu aucun qui aye fait grande difficulté qu'iceux Côciles ne representassent l'Eglise vniuerselle, voire mesmement que ce ne fust l'Eglise : Mais, ie vous prie, sous quel fondement ? Car l'Eglise a les Sacremens ioincts auec la doctrine, pour sa marque & tesmoignage : or ces assemblees ne se font ne pour la predication ordinaire de la parole, ne pour l'administration des Sacremens : il s'ensuit donques que ce soyent seulement Eglises representatiues. Mais nous auons monstré que l'Eglise ne peut ceder son droict. Car il luy est specialement donné : ny en estre despouillee : car l'Esprit de Dieu ne les dons d'iceluy ne se peuuent forcer. Il s'ensuit donques que ce soit vne seule apparence d'Eglise, & vn terme d'Eglise imaginatif. Mais on m'alleguera au contraire la promesse

Matth. 18   du Seigneur Iesus, que où deux ou trois seront assemblés en son nom, il sera au milieu d'eux. Or s'il est, diront-ils, au milieu de deux ou de trois, par plus forte raison il presidera en vne telle compagnie de tels personnages assemblés en son nom, pour les inspirer par son sainct Esprit, à ce qu'ils ordonnent choses qui soyent glorieuses à son sainct Nom, & salutaires à son Eglise. Ce que pour mieux entendre il nous faut considerer le propos & intention du Seigneur en ce passage : car ayant premierement donné toute souueraineté & toute puissance à son Eglise de lier & deslier, de clorre & ouurir le Royaume des Cieux, pour monstrer quelle est ceste si grande vertu & comment il l'accomplit mesmement où l'Eglise est bien petite, il adiouste derechef, Ie vous dy, que si deux d'entre vous sont consentans en la terre, de toutes choses qu'ils demanderont il leur sera faict de mon Pere qui est és Cieux : car où deux ou trois seront

assem

aſſemblés en mon Nom, ie ſuis là au milieu d'eux. Par leſquelles paroles il eſt tout euident que le Seigneur conferme
& ratifie tout ce qui ſe faict en ſon Egliſe en ſon Nom. Et
qu'il ne faut auoir eſgard à la multitude ny apparence d'icelle : Car il accomplira ſa promeſſe encores qu'icelle ne ſoit
ne de grand nombre ne de perſonnes apparentes : & qu'ainſi
ſoit il nous aſſeure qu'il eſt meſmement au milieu de deux
ou de trois aſſemblés en ſon Nom. Or il ne nous faut ſeparer la promeſſe de Dieu d'auec ſa volonté expreſſe par ſon
commandement. Car pour eſtre aſſeurés de la promeſſe de
Dieu, il le nous faut inuoquer comme il veut, & attendre
l'accompliſſement de ce qu'il nous promet, & en la meſme
ſorte. Or il declaire en ce paſſage qu'il preſidera au milieu de
ſon Egliſe, qu'il demonſtrera ſa preſence en elle, en tous les
affaires d'icelle, & qu'il la gouuernera par ſa parole. Mais ie
nie que ceſte promeſſe d'aduouer & ratifier les choſes dont
il donne la puiſſance à ſon Egliſe, appartienne à autre aſſemblee quelconque que de l'Egliſe, ſi on ne me fait foy de la
meſme volonté du Seigneur expreſſe par ſa parole & promeſſe. Ce que n'ayant fondement en l'eſcriture, ie nie que
telle promeſſe appartienne à autre aſſemblee. il eſt vray que
Ieſus Chriſt eſt au milieu de ceux qui l'inuoquent, & qui
ſont aſſemblés en ſon Nom : mais pour eſtre aſſemblees au
nom de Ieſus Chriſt, il faut regarder ce qu'il promet & veut
accorder à chacune telle compagnie qui s'aſſemble. Comme donques il eſt au milieu de ſon Egliſe pour luy aſſiſter
par ſon Eſprit en tout ſon gouuernement, il eſt au milieu
de deux ou de trois pour les exaucer, en choſes qu'il leur a
promis de leur accorder : mais s'ils vouloyent entreprendre temerairement outre la parole, qui diroit qu'ils deuſſent
obtenir ce qu'ils demanderoyent, quelque bon zele qu'ils
ayent ? Iean, & Iaques demandent les premiers honneurs
au Royaume du Seigneur, l'obtiennent-ils pourtant ? Et eſt
ce que dit ſainct Iaques, Vous demādez & ne receuez point,
par ce que vous demandez mal. Bien confeſſeray-ie que où
bon nombre de perſonnes craignantes Dieu, remplies du
ſainct Eſprit & de ſapience, ſera aſſemblé pour communiquer par enſemble des affaires de l'Egliſe, auec intention

d'adui

d'aduiſer aux moyens plus côuenables pour extirper les hereſies, qui s'eleueroyent, & retrencher les ſcandales, non pas
pour en ordonner à leur fantaſie, mais pour conſeiller fidelement les Egliſes : ie confeſſe, dy-ie, que le Seigneur Ieſus
Chriſt ſe trouuera entre eux : comme il fut trouué au Temple aſſis au milieu des Docteurs, les eſcoutant & les interrogant. Mais ie nie que ſi telle aſſemblee vouloit vſurper la puiſſance que Ieſus donne en ce paſſage à ſon
Egliſe, en determinant des poincts obſcurs de l'Eſcriture ſaincte à ſa volonté, en retranchant du corps de l'E-
gliſe, receuant en icelle, qui bon leur ſembleroit, qu'il y aye
promeſſe qui les aſſeure que Ieſus Chriſt ſoit au milieu
de telle compagnie. Car pour auoir Ieſus Chriſt au milieu de nous, il faut que nous ſoyons aſſemblés en ſon
nom : & pour eſtre aſſemblés en ſon nom, il faut que nous
ſoyôs aſſeurés en nos eſprits des choſes dont il eſt queſtion
qu'elles plaiſent à Dieu, qu'il nous commande de ce faire, &
promette de nous exaucer en cela : parquoy, qu'il le faut
laiſſer gouuerner par ſa parole pour la ſuiure en tout & par
tout, & que ſoyons reſolus en cela. Ce que le Seigneur ſignifie par ces mots, De quelque choſe que vous ſerez conſen-
tans : car le conſentemêt doit proceder d'vn iugement certain fondé ſur raiſon & promeſſe de Dieu, non ſur opinion :
& noſtre phantaſie ſur la parole de Dieu, ou ſur demonſtra-
tion certaine, non ſur l'aduis humain & noſtre ſageſſe : car
elle eſt folie enuers Dieu quant au gouuernement de l'Egliſe & des choſes celeſtes. Or puis que le Seigneur faict ceſte
promeſſe à ſon Egliſe pour aſſeurance de la puiſſance qu'il
luy donne, c'eſt pour neant que nous l'eſtendrions à autre
aſſemblee de laquelle l'eſcriture ne fait aucune mention &
n'authoriſe en cecy. Autremêt il s'enſuyuroit que ſi les Conciles eſtoyent Egliſes, ils ſeroyent les troupeaux de Dieu : &
ſeroit conſequent qu'ils n'orroyêt que la ſeule voix de Dieu :
parquoy qu'ils ne pourroyent aucunement errer. Or ie ne
ſçay ſi apres auoir tout bien diſcouru par tous Conciles &
tous aages, il ſe trouuera aucun Concile, qui n'aye donné ou
commencement d'erreur, ou qui n'en aye conſermé vn vieil.
Et qu'ainſi ſoit nous auons cy deſſus declairé ſe peu d'aduis
& conſi

Luc 2
Iean 10

& confideration qui a efté aux bons peres du Concile de Nicee, lefquels vrayement on peut dire auoir dreffé & preparé le lieu de la hierarchie & du throfne de l'Antechrift. Malleguera-on le premier Concile de Conftantinoble? Paul Euefque dudit lieu, hôme innocent & orthodoxe y fuft depofé, & Eufebe de Nicomedie Arien, mis en fa place. M'obiectera-on celuy de Cypre, tenu par Epiphanius, par les menees de Theophile Euefque d'Alexãdrie? Il fut là arrefté que Dieu auoit figure d'homme. Par les menees du mefme Theophile, Iean Chryfoftome fut depofé en vn des Conciles de Calcedone & condamné, pour ce qu'il n'approuuoit cefte anthropomorphie en Dieu, & fut habandonné à la cruauté d'Eudoxie Imperatrice : & en l'autre qui confuta Eutyches le veu de virginité fut impofé aux nõnains. Au fecond Concile d'Ephefe l'herefie d'Eutyches fut approuuee & le bon Euefque de Conftantinoble Flauian, pouffé en exil. Et, ie vous prie, qui pourra accorder le Concile fecond de Nicee tenu par l'ordonnãce d'Irene Imperatrice (laquelle commãde que les idoles foyent mis aux Temples) auec celuy de Conftantinoble tenu fous l'Empereur Leon, dict Ifaurique, & auec celuy que tint Charles le grand, qui defendent & condamnent la veneration des idoles? ou qui pourra, dy-ie, accorder le Concile Elibertin feparant les preftres & Diacres mariés de leurs femmes? auec le Concile Gangrenfe excommuniant ceux qui obeïroyent audit canon? Or en telle contrarieté lequel fuiurons nous? Car il n'y a doute qu'vn chacun de nous ne fe conferme par celuy qui vient le plus à propos à fa fantafie. Or s'il faut, comme lon dit, examiner és Conciles les temps, les perfonnes, les occafions, & autres circonftãces, pour difcerner les faux, & adulterins des vrays & legitimes, n'eft-ce pas vn efblouiffement & nuage qu'on nous met deuant les yeux, pour nous empefcher de regarder viuement en la parole de Dieu? En outre puis qu'ainfi eft que nul Concile n'a onques efté pur, n'eft-ce pas vn grãd preiudice à la verité de Dieu, de vouloir adioufter foy & receuoir aucun Cõcile cõme chofe fainĉe & facree, veu qu'ils ont tous bien lourdemẽt erré? Et, s'il me faut difcerner prudemment par la parole ce qui eft mal ordonné

P   par

par les Conciles de ce qui est bon, ne suis-ie pas en plus
grand' peine & danger, que si tels Conciles n'auoyēt onques
esté faicts, ou s'ils n'auoyent tant d'authorité? Si est-ce toutesfois que lon trouuera que ces circonstances & formalités
qu'ils disent estre la vraye pierre de touche des Cōciles, sont
choses bien peu certaines, & qui se retrouuent le plus souuent aux Conciles les plus pernicieux que és autres bons.
Dauantage qui ne veoit que c'est chose trop dangereuse
pour l'Eglise de Dieu de suiure ce qui aura esté ordōné par
la pluralité de certains personnages, n'aduoués ny authori-
sés de Dieu? Car c'est vn dict commun des anciens, que de
suiure és Conciles la pluralité des voix & les nombrer, non
pas les poiser. C'est le propre des Ariens, par ce que ordinairement la plus grand part surmonte la meilleure. Or qui
ne voit que ceste sentence & raison adiouste encores plus
d'authorité à la secte des Ariens, laquelle outre qu'elle se
couuroit du nom de verité, auoit dauātage la pluralité pour
soy? Mais on alleguera qu'il faut que és Conciles tous Pasteurs facent vne mesme resolution, & qu'ils soyent consentans. Ce que si est vray, il n'y eut onques plus legitime Cōcile
que ceux d'Antioche le premier & de Tyr tenus sous Cōstā-
tin : lesquels toutesfois sont les plus mal-heureux & pestife-
res de tous. Car en iceux l'heresie Arienne fut approuuee:
specialement en celuy de Tyr Athanase fut condāné sous
euidentes calomnies par vn commun consentement de
tous les Euesques & assistans, excepté du bon pere Paphnutius martyr, & de Maxime Euesque de Ierusalem. Or comme ainsi soit qu'il nous fale recourir à la Loy & aux Prophetes, & qu'il soit necessaire que soyons fermes par nostre propre Foy, laquelle a son seul fondement en la parole, de quoy
sert la determination des Conciles, puis qu'il nous faut
tenir à la seule parole de Dieu? Qu'on mette donc bas ces
fatras de l'authorité & ordonnance des hommes, veu qu'elle
est si dangereuse, & nous fouruoye plus qu'elle ne nous re-
dresse en la voye de la verité. Ce que recognoit sainct Augustin lequel escrit ainsi contre Maximin. Tu ne me dois
point, dit-il, apporter preiudice à ma cause par le Concile
de Rimini, ny moy à la tienne par celuy de Nicee : Ie ne suis
esmeu

Isaïe 8
Rom. 1
Rom. 10

efmeu ne de l'authorité de ceſtuy là , ny toy de ceſtuy cy. Il
nous faut combatre par authorité des eſcritures qui ne ſont
propres d'aucun, mais communes à tous. Conferons Matiere auec matiere, Cauſe auec cauſe, Raiſon auec raiſon. Meſmement Conſtantin qu'on peut appeler Pere & nourriſſier
des Conciles, en eſt ſi ennuyé à la parfin , qu'il n'en fait plus
aucune eſtime , & meſmement il ne fait difficulté de iuger
par deſſus iceux : ains les Eueſques meſmes s'en ennuyent
deſia ſous ceſt Empereur. Qu'on ne nous rompe plus la
teſte, diſent ils, de ces occaſions affectees & recherchees des
Conciles : mais nous ſages par tant de maux qui ſont par
iceux aduenus en l'Egliſe , nous les deuons tous tenir pour
ſuſpects. Car puis que nous ſommes aduertis que l'Ante-   Daniel 9
chriſt doit eſtre aſſis au Temple de Dieu, & que nous ſom-   Matth. 24
mes admonneſtés par ſainct Paul que d'entre les paſteurs &   2. Theſſ. 2
Senieurs doiuent ſortir des loups, qui ne doiuent eſpargner   Actes 20
le troupeau du Seigneur : & dauantage puis que tous les
Prophetes nous aduertiſſent que toute la corruption de
l'Egliſe vient des faux Prophetes , Que les guettes & Eueſ-   Iere. 6. et 14
ques ſont rets & lacs de l'oiſeleur, & qu'ils ſont cauſe de l'ini-
mitié de Dieu : puis, dy-ie, que la verité a eſté preſque touſ-   Oſee 9
iours condamnee par ceux qui ont eu la puiſſance & authorité ordinaire en l'Egliſe, premierement en Ieſus Chriſt, puis
en ſes diſciples , l'aſſemblee & Conciles d'iceux ne luy doi-   Iean 18
uent-ils pas eſtre en crainte , & ne doit-elle pas eſtre pour   Matth. 10
l'aduenir plus ſongneuſe de ſon ſalut , delaiſſer ces ciſternes   Act. 4, et 5
creuacees & recourir aux eaues viues de la verité de Dieu?   Ieremie 2
Parquoy tenons nous au ſeul moyen que ſainct Paul nous
enſeigne pour nous aſſeurer de la verité : c'eſt à ſçauoir à la   2. Corin. 14
diſquiſition qui ſe fait en l'Egliſe auec prieres & oraiſons.
Lequel ſeul moyen le Seigneur a ordonné par ſes Apoſtres.   Act. 11, et 13
Laquelle voye qui delaiſſera, il n'y a doute qu'il ne ſuiue celle
d'erreur , & ne ſe precipite finalement en ſa perdition. Car
qui ſera ſi impudent d'obiecter le ſemblable de la voye que
le Seigneur Ieſus nous a tracee, & monſtree , veu que Ieſus
Chriſt nous aſſeure qu'il n'eſt ſeulement la verité, mais la   Iean 14
voye pour y paruenir ? Que ſi quelque fois l'Egliſe trebu-
choit en ceſte voye, ſi ne ſe pourroit-elle foruoyer : ains ſou-

dain feroit releuee & fouftenue par le bafton de la parole du
Seigneur , & mefmement qu'il mettroit fa main au deffous.
Ce que nous conferment les exemples contenus en l'Efcriture faincte tant du Vieil que du Nouueau Teftament,& les
hiftoires ecclefiaftiques : efquelles on ne trouuera que la
verité aye onques efté condamnee par les Eglifes deuëment informees felon l'ordre des Apoftres , ne que le menfonge aye efté approuué par elles. De faict quant & combien pernicieufes herefies ont efté efmeuës depuis le temps
des Apoftres iufques à l'aage de fainct Cyprian? Et toutef-
fois fi ont-elles efté condamnees par les Eglifes & efteintes
par l'anatheme d'icelles , fans qu'elles ayent efté fecourues
de Concile quelconque. Car le premier Concile que ie
penfe auoir efté tenu vniuerfel fut de LXVI. Euefques du
temps de Corneille & fainct Cyprian : enuiron l'an deux
cent cinquante cinq de noftre Seigneur Iefus Chrift. Ou au
contraire qui comparera les fiecles fuyuants , efquels il y a
vne infinité de Conciles? Qui ne penfera que Dieu aye condamné & maudit ce moyen inuenté par la fapience humaine , en delaiffant fon ordonnance?

Pour quelles chofes les Synodes & Conciles nationnaux doiuent eftre
affemblés,& de l'ordre d'iceux.   CHAP.   VII.

S I eft-ce toutesfois que ie n'enten reietter tous Côciles. Car nous auons demonftré qu'ils font neceffaires : mais i'ay voulu remonftrer le moyen qui a
toufiours efté tenu depuis le Côcile de Nicee iufques icy eftre à reietter. Ce que fi i'ay traicté vn peu odieu-
fement & aigrement,ie fupplie le lecteur Chreftien de m'excufer , & penfer que maux inueterés , qui font extremes , &
toutesfois incognus,ne fe peuuët guarir par remedes doux:
& que ce n'eft vn petit commencement de guarifon d'auoir
donné à cognoiftre la grandeur du mal & du danger.Ce que
i'ay faict à la verité, bien que ie fçay ne deuoir eftre chofe
guere fauorable à beaucoup , mais il m'a conuenu le faire
ainfi pour faire retirer le pied de ceux qui eftoyent ia entrés
en ce pas plus hardiment que confiderement.Les Conciles
donc & Synodes Chreftiens n'vfurperont cefte licence de
                                                    faire

faire canons ne des determinations d'aucune chose quelle quelle soit : mais les Ministres & les deputés par les Eglises s'assembleront pour cómuniquer des affaires d'icelles, pour prendre conseil des autres Eglises en leurs affaires, ou pour le donner aux autres, si elles le requierent, & pour leur remonstrer leurs fautes & les instruire auec plus gráde authorité, de ce qui est selon la parole de Dieu, aussi pour l'vnion & consociation de tous les membres du Seigneur en vn corps, & en vne Eglise : dauantage à ce qu'il n'y aye en toutes, s'il estoit possible, que mesmes ceremonies : & que en la maison du Seigneur il n'y eust qu'vne mesme discipline, & vne mesme parure de tous les enfans. Ie louerois aussi que puis que tout le corps du royaume seroit vne Eglise, & que la police est cóme le toict & couuerte du Temple de Dieu, les Ministres visitassent icelle songneusemét & prinsent garde à la police, à ce que s'il y auoit quelque chose relaschee par vne impunité & indulgence, ou rompue par violence, ou corrompuë par vn long temps, ils eussent à le remóstrer au Prince, comme nous auons cy dessus monstré auoir esté faict enuers tous les Princes de Iuda & Chrestiens, & auoir esté bien prins d'eux. De quoy Theodose le grand donne authorité & pouuoir aux Conciles, remonstrant que comme son office est d'admonnester les Euesques de leur deuoir, & les reprédre s'ils faillent, qu'il ne prendra en la malle part, s'il est par eux admonnesté : ce que Valentinian premier ne permet seulement à l'assemblee de plusieurs Euesques, mais aussi à vn d'entre eux. Ce que nous auons cy dessus dit de l'ordre qu'il faut tenir és Synodes prouinciaux, se doit aussi entendre & rapporter aux nationaux : comme aussi ce qui a esté dict de la presidence. Quant au temps du Concile, ie desiroye qu'il fut certain & ordóné par Loy. Par ce qu'il vaut trop mieux que la Loy domine & commande qu'vn homme, en choses principalement qui sont tousiours d'vn mesme estat, & ont vne raison perpetuelle. Les anciens l'ont tenu du cómencement par chacun an, quelquefois de deux a. s en deux ans. Toutesfois s'il suruenoit aucun affaire qui requist iceluy, les Eglises deuroyent supplier le Prince de le faire tenir extraordinairement. En quoy ie desireroye qu'on

euſt ceſt eſgard que l'interualle deſdits Synodes nationaux
ne fuſt ſi long que les vices ſe peuſſent confermer, ne auſſi
qu'il fuſt ſi brief & ſe tinſe ſi ſouuent, que les Paſteurs en fuſſent trauaillés, & leur authorité en fuſt diminuee. Vne choſe
ſeroit à reprendre particulierement de l'antiquité dés l'an
c c l x x x. du Seigneur, c'eſt que chacun Paſteur en ces Synodes feiſſent les vns apres les autres ſerment de ſuiure en
tout & par tout l'eſcriture ſainɛte, mettre toutes affections
de haine ou d'amour, ou de profit, ou de crainte dehors. Ce
qu'on rapporte à Eutichian Eueſque, lequel ſerment ie deſireroye eſtre gardé en toutes aſſemblees.

Des Conciles vniuerſels & conſociation des Egliſes.

CHAP. VIII.

QVANT aux Côciles aſſemblés de toutes les Prouinces & nations Chreſtiennes, leſquels nous appelons œcumeniques ou vniuerſels, ils ſont veritablement à ſouhaiter pour les cauſes & raiſons
ſuſdites. Toutesfois ſous la meſme conſideration. Car comme ainſi ſoit que l'Egliſe ſoit la cômunion des ſainɛts, comme il y a vne vnion de toutes au corps myſtique de Ieſus
Chriſt, icelle vnion ſe doit monſtrer de toutes aſſemblees
pour pouruoir en commun aux affaires communs, & en
particulier à celles qui en auroyent le plus de beſoin. Car
la conſeruation de chacun membre appartient au ſoin &
ſolicitude de tous les autres. Voila le ſeul moyen que nous
auons pour repreſenter ceſte vnion, que ſainɛt Luc teſmoigne auoir eſté en l'Egliſe primitiue, qu'il n'y auoit qu'vn cœur
& vne Ame en la multitude des croyans. Ainſi nous ſerons
vn corps & vn Eſprit, comme nous ſommes appelés en vne
meſme eſperance. En quoy il ſeroit à ſouhaiter que tous les
enfans de Dieu s'aſſuiettiſſent à la diſcipline d'iceluy, à ce
que comme Ieſus Chriſt eſt le Legiſlateur, à qui Dieu commande par Moyſe que nous obeïſſions, & noſtre Roy vnique, que les loix & ordonnances d'iceluy fuſſent receuës
vniuerſellement par tout ſon Royaume : mais ſi autrement
eſtoit par vn iuſte iugement de Dieu pour la malice & du-
reté du cœur des hommes, il ſeroit requis que eſdiɛts Conci-
ciles

Actes 2
& 4

1. Corint. 10

Deute. 18
Actes 3

ciles les Pasteurs & deputés par les Eglises Gallicanes de-
clairassent & protestassent en tout leur aduis, ne vouloir
porter preiudice à la liberté des autres Eglises, mais seulement leur donner conseil pour estre suiui d'elles, si ainsi leur
sembloit : comme aussi qu'en ce qu'ils demanderoyent conseil, ils n'entendroyent y asseruir ne assubiettir leurs propres
Eglises, mais pour leur rapporter fidelement quel il leur seroit donné. Les anciens auoyent cela de louable en toutes
telles assemblees, que s'il y auoit quelque bon, sainct, & ancien personnage qui eust tesmoignage d'auoir longuement
gouuerné l'Eglise du Seigneur en integrité, ou qui eust souffert pour le nom de Dieu, ou eust confessé son nom sans
crainte és persecutions, ils l'appeloyent nommément pour
auoir son aduis: ce que nous auons verifié par l'escriture saincte. Paphnutius martyr ayant vn œil creué, & les nerfs d'vn
iaret incisés, est appelé par honneur au Concile de Nicee
& de Tyr entre les Euesques : & aussi qu'il estoit bien digne
de se trouuer en telle assemblee, comme il l'a tousiours bien
monstré. Et au Concile de Carthage premier, il y a vn grand
denombrement des confesseurs & martyrs qui s'y trouuerent & dirent leurs aduis : & entre les raisons dont le Concile Romain sous Damasus, veut inualider celuy de Rimini,
est que Vincent qui auoit sainctement & longuement presidé en l'Eglise du Seigneur, ne s'y estoit point trouué. Quant
à celuy qui presideroit, ie seroye d'aduis qu'il fust eleu du
Concile, comme nous auons demonstré auoir esté faict en
celuy de Nicee, Sardica, Aquilee, & Ephese. Mais que ce fust
de Concile à autre. Les anciens aussi souloyent elire vn
qui feist la remontrance & exhortation à tout le Concile:
comme Theophile Euesque Cyprian fut ordonné à Nicee:
comme aussi s'il y auoit quelque heresie à confuter, ils souloyent elire vn, lequel au nom de toute l'assemblee, disputast
& conuainquist l'heretique, pour euiter tout trouble qui
aduiendroit en vne multitude, où vn chacun parleroit.
Comme Malcion docteur & interprete des escriptures en
l'Eglise d'Alexandrie fut eleu en vn Concile d'Anthioche,
pour conuaincre Paulus Samosatenus. Ils souloyent aussi
anciennement soufsigner aux actes des Conciles. Ce qui
est

est à louer, & à imiter pour la memoire future : en quoy ils
ne gardoyent gueres l'ordre des Prouinces, mais vn chacun
deferoit cest honneur à la vertu & aux graces de Dieu, où
elles apparoissoyent le plus. Cecile Euesque de Carthage
sousigne audit Concile deuant Donatian Euesque du premier siege, sainct Augustin sousigne au troisieme lieu qui
estoit Euesque de Hippo.   Combien qu'il ny auoit long
temps qu'il auoit esté ordonné. Ce qui appartient à ceste
fin, que nous donnions garde de hurter pour la deuxieme
fois contre le rocher où les anciens ont fait naufrage : c'est à
sçauoir que nous ne deferions la presidence ne aucune Primatie, ne à certaines villes ne sieges : mais aux graces de
l'Esprit du Seigneur : Ainsi nous honnorerons ceux que le
Seigneur aura honnorés, & fuirons la tyrannie qui semble
estre en partie procedee de là en l'Eglise du Seigneur. Il ne
sera aussi hors de propos, puis que nous traictons de l'vnion
des Eglises, d'adiouster ce mot pour l'entretenement d'i-
celles, qu'elles doiuent receuoir benignement les estrangers
ayans bon tesmoignage venans des autres Eglises, & les traicter comme freres & domestiques.   A quoy ie pense appartenir ce que sainct Paul escrit, qu'il veut que le Pasteur heberge volontiers les estrangers. Ce que demonstrent les re-
commandations affectionnees d'iceluy. Laquelle charité
sainct Iean louë en Caius, & escrit que ceux qu'iceluy receuoit, rendoyent tesmoignage aux Eglises de sa charité. Dauantage si quelque Pasteur suruenoit d'ailleurs, les Euesques
du lieu luy deferoyent l'honneur de la chaire & l'administration des Sacremens. Anicet Euesque Romain defere l'administration de la Cene à Polycarpe, qui estoit venu pour
l'vnion des Eglises : lequel aussi, à ce que racontent les
histoires Ecclesiastiques, gaigna à nostre Seigneur, & re-
cõcilia à l'Eglise beaucoup de schismatiques. Gregoire Nys-
senien retournant du Concile d'Arabie se destourna de son
chemin pour visiter l'Eglise de Ierusalem : & s'efforça d'appaiser le trouble qui y estoit.   Tous Euesques pareillement
pensoyent les aduersités des autres Eglises estre les leurs
propres, & les consoloyent ou par leur presence ou par
epistres, comme Polycarpe, Ignace, Cyprian, Clemens,
                                                        Basile,

2. Timo. 3

3. Iean

Bafile, & autres en grand nombre : pour la mefme caufe vn
des Conciles de Carthage ne veut qu'il s'otdonne aucune
chofe en l'Eglife, qui foit de confequence, fans auoir confeil & aduis des autres Eglifes.

De quelle charité l'Eglife doit embraffer les poures.   CHAP. IX.

'E s t aufsi chofe fort aucienne d'auoir foin des
poures en l'Eglife du Seigneur. Car icelle comme vne bonne & indulgente mere a eu toufiours
foin de tous fes enfans, & n'a onques permis, tant
qu'elle a eu le gouuernement & libre adminiftration de fes
biens, qu'aucun d'iceux fuft oppreffé de necefsité. De faire
tous egalement d'vne condition, il ne luy eftoit ne pofsible
ne expedient: mais elle a fi diligemment pourueu à leur befoin, que ne la faim, ne la necefsité ne les ont onques op-
preffés.   Car comme ainfi foit que le deuoir d'vne bonne
mere foit de pouruoir de longuemain qu'aucune chofe ne
defaille à fa famille, & d'adminiftrer fes prouifiõs felon la necefsité d'vn chacun, l'Eglife ne deuoit auoir moins de folicitude qu'aucune chofe defaillift à fes enfans,& que tous fuf
fent fuffifamment alimentés.   Ce qui luy a efté toufiours en
telle recommandation, qu'on a de tout temps tenu, qu'en ce
confiftoit vne principalle partie de la difcipline de l'Eglife.
Car comme par vne compafsion & inclination naturelle
les meres portent ordinairement d'autant plus grande affection à leurs enfans,qu'iceux font plus foibles & impotents,
femblablement l'Eglife du Seigneur a toufiours demonftré
vne plus grande charité enuers les poures & necefsiteux : &
les a embraffés de plus grande commiferation. Confiderant
icelle outre cefte raifon, & aufsi qu'ils eftoyent membres de
fon corps & portion de fon fang comme les autres, qu'ils
luy eftoyent fi cherement recommãdés par Iefus Chrift fon
efpoux, qu'il prend fur foy, & fe charge de l'obligation des
biés que lon fait à fes poures enfans, voire iufques à vn verre d'eauë froide. Car il dit qu'il ne fera point fans fallaire,   *Matth.*
Entant (dit-il) que vous auez vifité l'vn de ces poures eftans   *Matth.*
malades,ou en prifon,ou que vous les auez reueftus,ou que
vous leur auez donné à manger, ou à boire, vous me l'auez

Q   fait.

fait. Laquelle recommādation faicte par l'autheur de noſtre
ſalut, la benignité duquel nous cōble iournellement de tous
biens & benedictions, nous deuroit entrer bien auant dans
le cœur. Conſiderans puis qu'il n'a que faire de noſtre ſeruiçe, veu que toute felicité eſt en luy : ne de nos biés, veu que
luy meſmes eſt le ſouuerain bien & ſource viue de toute miſericorde, que c'eſt biē la raiſon que nous nous employōs de
tout noſtre pouuoir, à ſecourir & aſſiſter à ceux qu'il ne dit
ſeulement eſtre ſiens, mais ſes propres membres : c'eſt à dire
luy meſmes, & biē que nous, le noſtre, noſtre puiſſance, & ſa
culté de le vouloir & pouuoir viénēt de la bonté gratuite de
Dieu, & qu'à bon droict il puiſſe exiger de nous, cōme choſe
ſienne, ce qu'il nous recommande, & de quoy il nous prie,
toutesfois ſi adiouſte-il des promeſſes deſquelles tous les
biens du monde ſont indignes : mais qui ſont conuenables à
la maieſté & bonté d'iceluy qui promet. Car voicy la liberalité dont il nous recōpenſe. Venez (dit noſtre Seigneur Ieſus
Chriſt) les benis de mon Pere, & poſſedez le royaume qui
vous eſt preparé dés la cōſtitution du mōde. Outre leſquelles choſes qui nous deuroyēt aſſés d'elles meſmes induire &
forcer d'exercer charité enuers les poures, le Seigneur adiouſte vne obligation mutuelle : car comme ainſi ſoit que la
propre marque de l'Euangile eſt que iceluy eſt premierement adreſſé, & receu des poures, par ce qu'il leur eſt reuelé
par le Pere, il s'enſuit que les riches ne le reçoyuent qu'apres
eux & par leur moyen : qui eſt la raiſon pour laquelle le Seigneur veut que les poures pour recompenſe des biens receus en ceſte vie, ſoyent comme les hoſtes des riches en ſon
royaume eternel. Ie vous dy (dit le Seigneur) faictes vous
des amis des richeſſes d'iniquité, à fin que quand vous defaudrez, ils vous reçoyuent aux tabernacles eternels. Aux
poures donc appartient proprement le royaume des cieux :
auſquels ſi les riches veulent auoir part, il faut qu'il les obligent en ceſte vie, non pour choſe qui le vaille, ne qui puiſſe
venir en cōparaiſon de telle recompenſe, mais des richeſſes
(dit-il) d'iniquité. Laquelle charité a eu tant de poix en
l'Egliſe Primitiue, que le Seigneur Ieſus voulant tenir toute
l'Egliſe de Ieruſalem comme en ſon eſchole, ſous la diſcipline

ne

Pſal. 16

Matth. 25

Matth. 11
Luc 10

Luc 16

Actes 2,
et 4, et 8

ne des Apoftres, à fin qu'eftant inftruite , il efpandit puis-
aprés les prouins & plantes de cefte Eglife, pour couurir
& ombrager toute la face de la terre, il voulut, dy-ie, que
l'Eglife vefcuft comme en commune focieté & college. Les
riches conferoyent leurs biens comme bons enfans font
leur pecule pour furuenir à la necefsité de la maifon paternelle,& pour entrenir leurs freres en l'efchole,& vendoyent
mefmes iufques à leurs poffefsions & heritages. Et les Egli-   *Actes 4*
fes des Gentils recognoiffantes , comme bonnes filles, les
grands biens qu'elles auoyent receus de l'Eglife de Ierufalem, leur mere cōmune, & qu'elles receuoyēt par fon adminiftration, l'ont nourrie & entrenue en famine , & fecourue
en fa necefsité. Car, comme dit fain& Paul, il eft plus que
raifonnable que ceux qui femēt les biens fpirituels, recueil-
lent quelques biens temporels , pour furuenir à leur indigence.   Ce que toutesfois celuy eftimera dauantage , qui
confiderera les charges particulieres que les Eglifes des Gen
tils auoyent , & la famine cruelle qui auoit fai& degaft par le
monde. Dauantage quelle pouuoit eftre la multitude des
croyans en Iudee, où eftoit la principalle fureur de la famine. Car fi l'Eglife de Ierufalē à la predication fain& Pierre fe   *Actes 3*
multiplia de fix vingts à trois mil,quelle, ie vous prie,deuoit
eftre en cefte Eglife la multitude des croyans , dix fept ans
apres?Or la contribution que feirēt les Eglifes pour luy fubuenir, de laquelle parle fain& Paul aux deux Epiftres aux
Corinthiens , & en celle aux Romains : fut fai&e en ce tēps
mefmes : c'eft à fçauoir au temps de la famine predite par
Agabus : laquelle cōtribution ie ne fçay fi onques puis apres   *Actes 11*
a efté fai&e ny enuers l'Eglife de Ierufalem , ny des vnes enuers les autres, quelque famine & calamité qui ayt efté.
Toutesfois fi eftoit-ce chofe,laquelle,comme fe deuoit rai-
fonnablement faire , ainfi fe faifoit elle aifement en l'Eglife
ancienne, veu que les richeffes de la plus grand' part des
Eglifes eftoyent fi grandes, que le quart pouuoit abondamment fuffire à tous les poures : lequel foin des autres Eglifes
fi feroit il toutesfois bien digne d'imiter en noftre temps,
d'autant que les Eglifes du royaume comme toutes ioin-
&es par enfemble en vn mefme corps qu'elles font,doyuent   *Gal.6*

sentir les miseres & calamités les vnes des autres, si elles ont
aucune communication au corps de Iesus Christ, & ne sont
comme membres perdus : & ne doyuent seulemēt communiquer en prieres & compassion, mais aussi, cōme dit sainct
Paul, au mutuel office de donner & de receuoir : car le mesme Apostre trouue chose estrange en l'Eglise, que les vns
soyent souls & yures, & les autres ayent faim : & ailleurs il
dit, Ce n'est point, qu'il fale que les autres soyent soullagés,
& que vous soyez foulés : mais à ce que par equalité au tēps
present, vostre abondance suruienne à leur indigence.

2. Corin. 8

Des biens de l'Eglise ancienne, dont ils sont venus.　　CHAP. X.

I L y auoit alors vne telle solicitude d'assister aux
poures, & vne telle charité que chacune Eglise
suffisoit abondamment pour soy, & n'auoyent seulement pour subuenir aux domestiques de la foy,
mais laissoyent couller les ruisseaux de leur charité enuers
les infideles mesmes & Gētils. Ce qui a duré tāt que l'Eglise
(cōme i'ay dit) est demeuree en sa liberté. Laquelle chose Iulian Empereur surnommé Apostat, mortel ennemy de Iesus
Christ, tesmogine escriuāt ainsi à Arsatius grād Sacrificateur
de Cappadoce. Que ce q̄ les Chrestiēs estoyēt multipliés en
infinité estoit aduenu par leur charité & hospitalité. Laquelle
ils exerçoyent cōmunement enuers tous, sans aucune difference : & par laquelle ils rendoyent leur religion fauorable
enuers tous. Ce qui ne se pouuoit faire qu'auec frais admirables. Mais la plus grand' part de ces grands biens des
Eglises estoyent prouenus principallement pour ceste occasion, que les persecutions ayans duré enuiron deux cens
cinquāte ans (sinon entāt que le Seigneur suscitoit quelques
Empereurs de fois à autre, moins sanguinaires, sous lesquels il donnoit à son Eglise quelque espace pour respirer
& reprendre nouuelles forces) les fideles donnoyent leurs
biens aux Eglises, & deposoyēt leurs deniers entre les mains
des Prestres & Diacres, au cas que Dieu les appellast à la
confession de son nom, & qu'ils soustinssent martyre pour
Iesus Christ. Laquelle donation de biēs tant meubles qu'immeubles, leur estoit permise par la loy & coustume d'adonc,

qui

qui n'admettoit aucune confiscation que pour le crime de lese maiesté. Depuis, comme nous auons demonstré, Constantin augmenta sans fin & sans mesure les biens de l'Eglise, luy faisant premierement restituer tout ce qui luy auoit esté donné ou laissé par testament, & qui leur auoit esté tolu par iniure des Empereurs precedens. Dauantage il donna particulierement grand' quantité de bleds, & deniers aux Eglises, fondant des hospitaux pour les poures estrangers, puppilles, & vesues. Outre lesquelles choses les Euesques fondés sur l'authorité d'Origene, & se disans estre auec le clergé la lignee eleuë, la royale sacrificature, la gét saincte, le peuple acquis, les vrays Leuites, commencerent à faire mention des premices desquels on dit que Eutychianus Euesque de Rome feit premierement mention enuiron l'an c c l x x x. du Seigneur. Depuis ils passerét outre, & vindrent iusques aux decimes de tous les fruits de la terre : desquelles estans saisis, depuis ils passerent encores outre, & vsurperent les dismes de toutes choses, imitans en cela plus tost les sacrificateurs Pharisiens, que les vrays Leuites. Ce qui accreut grandemét leur puissance & authorité. Depuis la pureté de l'Euangile estant mal-heureusement corrompue par les Pellagiens, on a fait merite des aumosnes & biens qu'on donnoit aux Eglises. Finalement on est venu iusques là, de marchander impudemment le royaume de Dieu auec les Prestres & Moynes qui prenoyent à toutes mains, sous couleur & pretexte de la redemption des Ames, par leur œuures & prieres faisans estat & trafiques des Ames & Royaume des cieux. Lesquels appliquans leur iustice & merité pour la satisfaction de tous larcins & pechés, voulans tirer à eux tout le bien du monde, ils ont tiré à eux toute l'abomination du monde, inuentans à ce moyen les messes, obits, & autres bagatelles qu'ils appellent seruice de Dieu.

Que la trop grande abondance des biens a nuy à l'Eglise.   CHAP. XL.

MAIS nous delaisserons ceste lourde & grosse impieté, & retournerons aux premiers biens de l'Eglise qui estoyent les fruits de la iustice Chrestienne, donnés pour l'entretenement des poures, des

Pasteurs , & Senieurs : & pour supporter les autres charges
de l'Eglise, qui est chose fort louable , bien agreable à Dieu,
& necessaire à l'Eglise. Car comme le Seigneur a creé toutes choses pour le bien & la conservation des hommes, ce
seroit vne honte , si les enfans d'iceluy, pour lesquels singu-
lierement il les cree iournellement , en estoyent destitués.
Pour laquelle raison il defend expressemēt qu'il n'y ayt point
de poures ne de necessiteux entre son peuple. De quoy l'E-
glise ancienne, comme il aduient à meres de familles, qui
n'amassent iamais assés à leur gré pour leurs enfans, desquels
elles ne veulent seulement destourner toute poureté , mais
qui s'estudient par vne continuelle solicitude de les faire
tous riches , s'il est possible , a eu tel soin , qu'elle a amassé
plus quatre fois qu'il ne faloit pour tout l'entretenement
des poures. Ce qui a esté cause qu'icelle donnant à pleines
mains , a fait beaucoup de riches deuenir belistres , en lieu
d'enrichir les poures. Laquelle aspreté insatiable d'acquerir
a esté depuis cause que ces richesses ont esté en proye voire
à ceux qui en auoyent l'administration , ou aux ennemis de
l'Eglise. De faict qui considerera ce qui est aduenu à l'Eglise dés ceste multiplication de richesses , il trouuera qu'elles
ont esté en grande oppression en l'Eglise, non pas en aucun
soulagement. Car à raison d'icelles des persecutions horribles ont esté souuent esmuës par les Empereurs partie auares, partie prodigues, voulans ceux-cy remplir leurs fisques,
& lacunes vuides en y iettant les biens des Eglises. Comme
il est aduenu souz Septime Seuere, Caracalla, Heliogabale,
Valerian , Dece , Diocletian, & les Maximins. Mais le plus
souuent les Proconsuls espioyent ces thresors d'vn œil
auare , pour laquelle cause ils ont suscité souuent persecution en l'Eglise. Iulian commença de s'affriander du sang
Chrestien, en faisant enquestes par gehennes & tortures des
biens ecclesiastiques. Que diray-ie des Empereurs Chrestiens, lesquels mesmement ont eu les yeux iettés sur ces
thresors, & ne les en pouuoyent destourner, iusques à per-
secuter les Euesques qui estoyent gardes d'iceux? Saint Ambroise, à ce qu'escruent les histoires fut banni par Valentinian deuxieme, par ce qu'il ne luy vouloit deliurer les thresors

fors de son Eglise. Que raconteray-ie des tourmens & cruelles morts dont les Euesques & Diacres ont esté lentement
mis à mort, par les Herules, les Gots, Vandales, & telle Barbarie, pour ceste cause, bien qu'elle feist semblant de fauo-
riser l'Euangile? Que diray-ie de Fabian, Estienne Prestre
Romain, Laurens, Felix, Corneille, Sixte, & grand nombre
d'autres qui ont esté cruellement occis & persecutés par les
ennemis profanes de la religion, principalement pour ceste
occasion? Si est-ce toutesfois que la coseruation de tels personnages deuoit estre si chere à l'Eglise, qu'vne goutte de
leur sang luy deuoit estre plus precieuse que tous les thresors du monde. Mais, ie vous prie, ces bons & saincts personnages à quelle fin gardoyent-ils cest or Tholozain & ca-
lamiteux à l'Eglise, quasi comme formis Indianes, auec vne
vigilance & aspreté si extreme? Ie sçay qu'on me respondra
ce que dit sainct Ierosme, que l'Eglise a de l'or pour subuenir aux necessités des poures: mais quel besoin est-il de
l'amasser si asprement, & le garder auec vne telle anxieté?
Car si l'or est pour l'vsage, de quoy sert-il gardé en si grande quantité? non plus (comme ie croy) qu'estant au cof-
fre de l'auare: Car ne demonstre-on pas en cela vn feu
d'auarice, plus tost que de charité? Car qui seroit le pere de
famille lequel en la necessité domestique, & au cry de ses
enfans demandans du pain, n'en voudroit donner qu'à demy
leur suffisance, de peur de descroistre son bled, ou degarnir
sa bourse, sous crainte de plus grand' necessité pour l'aduc-
nir, sans qu'il y eust aucune apparence? Que si ces thresors
& richesses estoyent superabondantes du secours & soulagement des poures, que ces bons peres n'imitoyent-ils plus
tost en ceste chose inutile, le Castor d'Esope? lequel sçachant qu'on le pourchasse pour ses genitoires, quand il se
voit pressé & en danger, il les taille de ses dens pour sauuer sa
vie? Pareillemēt ces bōs Euesques & Diacres ne deuoyet ils
par ietter ces thresors en la gueulle de ces mōstres pour destourner la fureur d'iceux des Eglises & de leurs personnes,
ou plus tost imiter Mythridates qui empescha les Romains
à recueillir ses thresors ce pendant qu'il fuyoit & eschappoit?
Et de ma part, tant s'en faut que ie trouue bon d'amasser ces
thre

threfors en l'Eglife, que ie tien mefmement l'abondance fuf-
pecte en icelle : & prefereroye à elle vne poureté fans necefité : car de cefte abondance le luxe, auarice, & ambition
ayans prins leur origines, ont occupé l'Eglife du Seigneur,
& peruertie miferablement.   Car les Euefques, lefquels au
parauant fuiuoyent l'exemple & le zele des Apoftres, va-
quans au miniftere de la parole & predication, fe faifirent
de ces biens, & s'en feirent croire par vne impudence mer-
ueilleufe, en delaiffant la parole de Dieu.   Car eux pour entretenir cefte magnificence & titres qu'ils auoyët vfurpés au
Concile de Nicee, eftans depuis affemblés au Cöcile d'Antioche, ils fe feirent iuges en leurs propres caufes, & s'adiu-
gerent hardiment l'adminiftration & gouuernement des
biens de l'Eglife par vn beau canon.   En quoy bien que par
fimplicité quelques vns de ces peres ayent peu eftre deceus,
fi ne peut-on fauuer qu'il n'y ayt eu de la faute bien lourde
en la plus part. Car ils auoyent exemple en noftre Seigneur
Iefus Chrift, de s'abftenir de tels maniemens, & pareillemët
en fainct Pierre & fainct Iean qui difent qu'ils n'ont ne or ne
argent, & en tous les Apoftres aux pieds defquels on iette
ces deniers comme chofe dont ils ne tenoyent autre conte :
lefquels aufsi declairent qu'il ne leur plait point en auoir le
gouuernement.   Que s'il y auoit quelque defordre & mal-
uerfation aux Diacres, il y faloit remedier felon la parole de
Dieu, & reprendre les premiers fondemens de l'inftitution
des Apoftres, qui font eternels : non pas abolir cefte fainte
& facree ordonnance de Dieu, en faifant leur proufit des
fautes d'autruy, & des maux de l'Eglife.

De la moderation des biens de l'Eglife, de l'vfage d'iceux, & en quoy
ils doiuent eftre employés.   CHAP.   XII.

LESQVELS nous euiterons fi pour l'aduenir les
biês font mefurés à la proportiö de la necefsité &
befoin de l'Eglife, non pas demefurés felö noftre
auarice. Car en cecy faut-il qu'il y aye mediocrité,
& doiuent les Pafteurs preferer icelle à cefte affluence, à
l'exemple de Moyfe : lequel comme le peuple, quafi à l'enuie,
donnoit pour l'ornement du tabernacle & pour les chofes
fainctes

fainces , arreste le peuple & dit que cest assés, defendant de plus contribuer. Premierement donques la simplicité est à requerir en tout l'appareil tant des lieux saincts qu'en tout le seruice de l'Eglise : car pour neant nous desirerons és particuliers vne modestie & attrempance , si en l'Eglise nous admirons l'or & l'argent . & choses superflues. Ce qui a esté anciennement gardé en l'Eglise Primitiue. En laquelle le Sacrement du sang du Seigneur estoit administré vulgairemēt en verre. depuis en vaisseaux de bois. Ce qui a duré iusques en l'an c c x x vi. de nostre Seigneur, cōme aussi ils tenoyēt le Sacremēt du corps du Seigneur , en vaisseaux communs, quelquefois és paniers d'ozier. Ce que sainct Ierosme louë en Exupere Euesque de Toloze, qui florissoit de son temps: c'est à dire, enuiron l'an c c c l x. Et depuis que ce luxe a ennahy l'Eglise du Seigneur, beaucoup de bons Euesques preferans la simplicité premiere ont vendu les ornemens du Temple , les vases precieux, & autres vtensilles sumptueux: comme on raconte de Cyrille, Paulin, & assés d'autres. Et est vn dict fort notable de Boniface Euesque de Mayence , que lors que les vaisseaux de l'Eglise estoyent de bois, les Euesques estoyent d'or : mais depuis que les vaisseaux ont esté d'or & d'argent , les Euesques au contraire ont esté de bois. Dauantage nous auons cy dessus parlé des gaiges des Pasteurs, anciens, & autres personnes deputees pour le seruice de l'Eglise : lesquels nous auons dit deuoir estre compassés à la reigle de temperance & d'honnesteté. Car la maniere ancienne est grandement à reprouuer laquelle adiugeoit aux Euesques & clergé, qu'ils appelloyent, la quatrieme partie des biens de l'Eglise. Car qui pourroit supporter que peu de ventres engloutissent autant qu'il est expedient pour l'entretenement de tous les poures ensemble? à qui ils assignoyent pareillement vn quart desdits biens. Laquelle coustume ie sçay n'auoir esté perpetuelle depuis que ceste superfluité & auarice sont entrees en l'Eglise de Dieu. Mais ceste coustume qui a succedé à ladicte n'est non plus louable: par laquelle l'Euesque s'attribuoit pour son plat & pour les suruenans, la quatriesme partie des reuenus de l'Eglise. Car qui pourroit excuser vne telle effusion de biens en chose si inutile,

R   voire

voire pernicieufe à l'Eglife, veu que l'Euefque fous couleur de ie ne fçay quelle charité, vfurpoit à luy feul autant que tous les poures enfemble defpendoyent? Car il receuoit tant & tels furuenans que bon luy fembloit,& non plus. Dauantage c'eftoit chofe côtraire à tout ordre politique,& indigne de Pafteur de l'Eglife, d'accueiller chés foy toutes fortes de gens : mais,dira-on,ils recueilloyêt feulemêt les bons & qui auoyent tefmoignage. Que fi ainfi eftoit, quel befoin y auoit-il de fi grands reuenus? dauantage quelle charité y auoit-il de nourrir les riches? s'ils eftoyêt poures, ils n'auoyêt que faire de courir le monde : car c'eft chofe pernicieufe de donner matiere à telles gens de tracaffer çà & là. Car il faut,

1. Timoth. 5

comme nous commande fainct Paul, que chacune Eglife exerce fa charité enuers fes domeftiques. En outre qui n'apperçoit que ce n'eftoit qu'vne pure fimulation, & n'entend affés que la nourriture des poures appartient aux Diacres & hofpitaliers,& que les Euefques euffent mal faict s'ils euffent entreprins cefte charge contre leur vocation? Il s'enfuit donques qu'il n'y auoit que ceux qui venoyent pour les affaires des Eglifes : c'eft à dire les clers eftrangers, qui deuffent eftre receus au plat de l'Euefque : ce qui n'eftoit trop mal pouruoir à leurs affaires. Mais qui pourroit excufer que la cuifine de ceft Euefque, fous cefte couleur, engloutift tant de biens des poures? Toutesfois cefte faute eft encores moins tolerable, en ce qu'on a impudemment detorqué &

1. Timo. 3

corrompu le mandemêt du Seigneur, qui eft que l'Euefque heberge volontiers les eftrangers : requerant en luy vn exemple & miroir de charité. Les Euefques donques pour exercer cefte charité ont enleué fous ce pretexte vne grand' part des biens de l'Eglife, taillans (comme l'on dit) large courroye du cuir d'autruy : & ont voulu eftre non feulement charitables, mais auffi liberaux & magnifiques aux defpens des Eglifes. Les anciés auffi afsignoyent vne quarte partie des biens de l'Eglife pour la reparation des lieux faincts : mais ie defireroye comme iceux font publics, qu'ils fuffent laiffés pareillement au foin & charge publique des Magiftrats, & communes : defquels lieux faincts il fera parlé cy aprés plus amplement. Toutesfois fi excepte-ie les

lieux

lieux deputés pour les poures & autres perſonnes qui appartiennent à la ſolicitude & gouuernement de l'Egliſe: par ce que autres ne peuuent mieux entēdre ce qui appartient à la commodité des poures, que ceux qui en ont la charge ſpecialle, & en voyent iournellement l'vſage & neceſſité. Quant aux poures malades ſuruenans, orphelins, pupilles, & poures veſues, il eſt à requerir que ce qui a eſté de tout temps donné & deputé pour telles charges, fuſt fidelement reſtitué & conſerué. Leſquels biens s'ils ne ſuffiſoyent, cōme auſſi s'ils abondoyent par trop, ie voudroye qu'ils fuſſent meſurés & reiglés à l'vſage & neceſſité : à ceſte condition toutesfois qu'on enclinaſt plus toſt vers le peu que le trop : car ie ne puis approuuer qu'il y aye vne telle redondance qu'on face grand reſerue de deniers, ou grans amas des biens de la terre : & moins louë ie ce grand meſnage d'Athanaſe, lequel ſe plaint que Lucius Arrien Eueſque de Lyce, auoit pillé les grandes prouiſions & reſerues qu'il auoit faicts pour la neceſſité, des bleds, huiles, & autres monitions. Non que ie trouue mauuais qu'en la fertilité on ne penſe de la ſterilité, mais qu'vne prouiſion moderee d'annee à autre, nous doit ſuffire ſans ceſte anxieté ſi grande, comme ſi ciel & terre nous deuoyent defaillir. Car c'eſt choſe certaine que la grande abondance nous fait oublier noſtre deuoir & nous meſmes : & vaut mieux que nous aſſurions noſtre vie de la prouidence de Dieu, que de noſtre abondance. Laquelle nous voyons eſblouïr tellement les yeux des riches, & de ceux qui ſont aſſeurés pour l'aduenir, que s'ils ne ſont bien inſtitués en la crainte de Dieu, & n'ont vne ſpeciale grace de luy, ils prient bien laſchement, *Donne* *nous noſtre pain quotidien* : Et ne diſent ſi ardemment, Le Seigneur eſt la part de mon heritage, & de mon hanap tu tiés ferme mon bien. Ce que le Seigneur nous figure par le riche qui auoit ſes greniers & caues pleines, ſe plaiſant & repoſant à ſon aiſe ſans ſoucy de l'aduenir, & ſans penſ ment de Dieu. Et à la verité il conuient que l'Egliſe en geneial ſoit telle en ſon gouuernement, quels nous deuons eſtre au noſtre particulier. Et ſeroit contre raiſon ſi la maiſon de Dieu n'eſtoit auſſi bien gouuernee, que les familles d'vn cha-

Matth

Pſal. 1(

Luc 12

cun de nous. Or ces delices & pompes font les excremens
de noftre abondance : lefquelles aucun bon pere de famille
ne doit fouffrir. Car ils engendrent fierté, oyfiueté, & info-
lence entre fes domeftiques. Et n'en faut moins penfer de
l'Eglife du Seigneur. Ce que les autheurs mefmement prophanes difent, à fçauoir que nous apportons nos mœurs aux
temples:& tefmoignent par ces richeffes noftre auarice non
pas noftre pieté. Parquoy bien que tous biens viennent de
Dieu, & que nous les deuions receuoir de la main paternelle d'iceluy, foit qu'il nous les donne en toute largeffe, en
les puifant d'vne grande abondance, foit que nous les receuions de iour à autre, comme de la main d'vn bon pere de famille felon noftre befoin & fuffifance, fi eft-ce que
les biens que nous receuons en noftre necefsité nous ef-
meuuent dauantage à recognoiffance & pieté, que ceux qui
nous font offerts plutoft, qu'ils ne font defirés. Parquoy
i'aymeroye mieux qu'au gouuernement des biens de l'Eglife
lon excitaft plus toft vne charité au riche, & la foy & confiance enuers Dieu és poures, qu'on obfcurcift ces deux
vertus propres du Chreftien. Ce qui aduiendroit fans doute qui voudroit reftituer à l'Eglife toutes les richeffes & reuenus anciens, & cefte folicitude de faire ces amas. Le poure dõques fera tellemēt foulagé par l'Eglife en fa necefsité,
qu'il ne fera engraiffé, ne faoulé pour le prefent; ne hors de
crainte pour l'aduenir : mais il aura matiere de louer Dieu
du paffé, & pourquoy il doiue attendre la mifericorde &
benignité de Dieu en patience en l'inuoquant & repofant
és promeffes d'iceluy. Car voila la forte de laquelle le Seigneur nous cõmande de furuenir à fes poures. Vous aurez,
Matth. 12 dit-il, toufiours les poures auec vous. Par lefquelles paroles
il exclut & reiette non feulement cefte communion, ou plus
toft confufion de biens qu'on appelle, mais aufsi il declaire
qu'il y aye en fon Eglife des poures & des riches. Et pour
monftrer ce qu'il entend par ce mot de poures, & qu'il n'entend ceux qui ne font pas riches, & ont quelque difficulté
en leur vie, il nous faut conioindre ce qui nous eft commandé ailleurs, qu'il n'y aura entre nous aucun poure. Ce que le
Deute. 15 Seigneur interprete, difant, qu'il y aura toufiours quelque
indig

indigent au milieu de la terre. Et pour demonstrer à quelle fin, il s'ensuit : Pourtant ie te commande, disant, que tu ouures ta main à ton frere, à ton affligé, & à ton souffreteux en ta terre. De quoy nous auons a recueillir que le Seigneur nousr ecommande specialemēt ceux qui sont en necessité: lesquels il reserue tellemēt à sa prouidence, qu'il veut par ce moyen exercer la foy des siens par charité. Ce que faisant il honore tellement les riches qu'il leur communique quasi sa puissance, en ce qu'il remet les souffreteux cōme à leur prouidence & benignité. Le Seigneur donc veut qu'il y ait des poures, c'est à dire, des necessiteux en son Eglise, mais il defend aux riches & aisés qu'ils ne souffrent iceux auoir aucune necessité. Parquoy il dit, Ta main sera ouuerte à ton frere ton affligé, & à ton poure en terre : cōme s'il vouloit dire qu'il commet les indigens à leur speciale charge & protection. Et pour ceste cause qu'il leur donne terres & possessions. Lequel conseil de Dieu celuy abolira qui restituera aux Eglises les richesses & reuenus anciens. Car par ce moyen il y aura vne negligence aux riches, & satieté és poures, entant qu'il y aura beaucoup plus de biens que pour saouler & engraisser vn chacun en toute oysiueté. Or voila le conseil du Seigneur auquel il faut rapporter ceste ordonnance : c'est que le poure soit tellement subiect à necessité, qu'icelle excite la foy, & patience en luy, & que les entrailles des siens en soyent esmeuës. Il y aura donques telle necessité, qui sera toutesfois sans necessité : car la felicité des enfans de Dieu ne consiste en ce qu'ils sont hors de tous dangers, mais en ce qu'il est escrit, qu'il les deliure & les met hors des dangers, & pourtant qu'ils cognoissent son Nom. Parquoy pour n'esteindre charité, que sainct Paul dit estre vertu plus excellente que ne la foy, ne l'esperāce, il faut tellement moderer le patrimoine des poures, q̃ les riches & aisés ayent en quoy s'exercer, & les poures de quoy inuoquer Dieu : les lier & adioindre en vn mesme cœur & consentement auec les riches & aisés, à ce que ce ne soyent comme deux corps en vne Eglise, mais vn cœur & vn Ame. Dauantage il ne faut legeremēt passer ceste raison, que si on distribue ainsi largement & espand les biens de l'Eglise en telle affluence, on au-

Psal. 91

1. Corin. 13

Act. 4, et

R 3   roit

roit peu d'esgard à iustice, laquelle distribue à vn chacun
selon qu'il luy appartient, ainsi qu'il est escrit qu'on departoit en l'Eglise les deniers, qui estoyent mis au pieds des
Apostres, à chacun selon qu'il en auoit de besoin. Or en vne
telle redondance de tous biens il ne se pourroit faire qu'on
ne nourrist & entretinst beaucoup de personnes en oysiueté, & plus de mauuais que de bons, veu que le nombre d'i-
ceux est plus grãd. Si est-ce toutesfois que ceux qui ne sont
domestiques de la foy, & comme enfans bastards, n'appartiennent à la consideration & solicitude speciale de l'Eglise,
mais du Magistrat, sinon en cas de necessité: autrement les
maux dont les deux vieillards se plaignēt au Comicque aduiendront en l'Eglise: à sçauoir que par la trop grande facilité des bons, il seroit expedient d'estre meschant. Car ceste
liberalité feroit deuenir beaucoup de aisés, faineans & poures, & enrichiroit bien peu.　Par ce que gens poures mal
institués, & qui font du iour la iournee, ne songēt que du viure quotidian sans soucy du lendemain, lequel mal qui comparera auec le bien qui peut aduenir en ce que lon sustante-
roit aucuns vrayement poures, ie croy qu'il trouuera qu'il
peut aduenir plus de mal de ceste prodigalité à la Republique, que de bien aux bõs. De faict qui demãderoit meilleur
pain ne plus sauoureux que celuy que nous n'acheterions à
nostre sueur? Car quelle chose a tant fait de poures & sedi-
tieux en la Republique Romaine, que les largitions des
Magistrats & l'appast des loix Agraires? Et en la Republique
Athenienne qui a esté cause de tant de tumultes, sinon que
les poures estoyent affriandés des deniers publics, & de la
distribution qu'on faisoit des amendes, esquelles les poures
condamnoyent les riches expressement pour ceste fin? Or
en l'Eglise ces corruptions & largitions sont à euiter. Car il
faut que nous mangions nostre pain en la sueur de nostre
corps: Voire les riches mesmes sont contre le deuoir de la
societé humaine & commandement de Dieu, s'ils ne s'employent en choses vtiles & profitables au prochain. Et
quant aux poures, ceste parole demeure ferme, Qui ne
trauaille point, qu'il ne mange point.

Genese 3
*2.Thess.*3

De

De l'œconomie & charité qu'on doit exercer en l'Eglise, & des collectes. CHAP. XIII.

POVRTANT l'Eglise du Seigneur donnera plus toft courage à ses poures de s'esuertuer en leur distribuant escartemêt, qu'elle ne fera de faineans en leur distribuant à plaine mesure : Elle excitera les vns à trauailler & gaigner leur vie en leur donnant le moyen de ce faire (comme certain pecule) par arts & mestiers profitables à la Republique, qu'elle leur fera apprendre pour se descharger d'iceux en les mettant hors de sa maison : Elle retiendra ceux qu'elle iugera les plus propres pour son seruice,& pour le ministere des poures : & nourrira les autres en labeur & trauail domestique, voire en œuure publique, si besoin est : mais elle sustentera bènignement les orphelins & pupilles poures, & les instruira és choses, esquelles vn chacun s'accommodera le plus par son instinct naturel, pour se seruir d'iceux vn iour aduenir, ou pour s'en descharger : Elle les eleuera à la Republique : sur tout elle embrassera de toute compassion (comme de ces deux bras) les malades, poures personnes vieilles & caduques, & celles que nous auons cy dessus dit luy deuoir estre specialement recommandées : mais toutefois en vsant de sa benignité en iugement,& faisant difference des vns aux autres selon leurs merites. Sur tous les poures, l'Eglise ancienne honnoroit & ouuroit les entrailles de sa misericorde à ceux qui estoyent tombés en poureté par les persecutions, & auoyent esté renduz perclus de leur membres, par les tourmens des ennemis de la foy. Principalement il se faut donner garde de nourrir & entretenir des frelons & ventres paresseux qui deuorent la substance & nourriture des poures enfans de l'Eglise. Car, comme le Seigneur dit, il ne faut donner le pain des enfans aux chiens. Entre autres choses *Matth. 15* i'auroye esgard que les Diacres cognussent tous les poures de leurs Eglises, s'informans soigneusement de la vie & condition d'vn chacun, ne deferas rien à leurs souspeçons, affections,& faux rapports. Mais ils s'efforceront d'estre spectateurs & tesmoins oculaires de la vie d'vn chacun : en laquelle diligence consiste vne grand' part de la iustice Ecclesiasti

siastique, & en la negligence de telles choses, vne grand' iniustice, & dauantage ceste consideration contient ie ne diray vne portion de l'Eglise, mais presque la moitié de la Republique. Sur tout il faut auoir esgard aux poures vergongneux en refusant à beaucoup qui demandent, & donnant largement à ceux qui ne demandent point : l'administration desquelles choses requiert de grandes vertus, & vn soin paternel : pour laquelle raison les Apostres requierent és Diacres vne sapience, integrité, & graces de Dieu excellentes. Car il est requis vne telle œconomie qui represente en ceste part & distribue iustement entre les hommes, ce qu'il semble que le Seigneur aye remis à la prouidéce de son Eglise. Mais ces choses soyent dictes principallement des poures domestiques de l'Eglise. Quant aux indignes & incorrigibles, ils n'appartiennent à la solicitude maternelle de l'Eglise : mais à la correction du Magistrat, qui se doit seruir d'iceux comme d'esclaues publics, pour employer aux œuures publiques. Lesquels doiuent estre toutesfois tellement traictés, s'ils ne sont du tout desesperés, que nous pensions qu'ils sont hommes : & les faut gouuerner doueement, comme aussi punir leurs fautes aigrement, en les employant en œuures laborieuses & sordides, selon qu'ils le meriteroyent. Ie ne me donneroye non plus grand' peine des vagabonds & coureurs : car ceste discipline estant generallement receuë par toutes les Eglises, vne chacune nourriroit ses domestiques, & ne voudroye souffrir qu'aucun allast par païs qu'il n'eust tesmoignage frais de son Eglise, contenant la raison de son voyage : lequel qui auroit, en cas de necessité, pour la consociation qui doit estre entre les Eglises, il le faudroit receuoir comme domestique. Quant aux autres vagabonds, ils appartiédroyent à la consideration du Magistrat, & les laisseroye à la prouidence generale de Dieu. Ce q̃ si estoit receu en toutes personnes, qui iroyết par païs, quelles qu'elles fussent, & qu'elles ne fussent receuës en aucune part sans ce tesmoignage, on euiteroit les larcins, meurtres, & voleries qui se cõmettent iournellement. Touchant l'œconomie ecclesiastique, qui concerne la sorte des biens qui deuroyent estre asignés à l'Eglise, la qualité, & quantité
d'iceux,

d'iceux, ce feroit chofe d'infinie confideration : par ce qu'il faudroit auoir efgard aux lieux, aux perfonnes, & charges. Pour ceft effect il faudroit que gens prudés & fages fuffent deputés par les Prouinces pour ceft efgard, lefquels ne confideraffent feulement l'eftat des chofes prefentes, mais qui preueuffent des yeux de leur efprit les chofes futures. Seulement i'adioufteray que s'il a falu que ces biens ecclefiaftiques ayent fuffi à faouler tant de milliers de ventres pareffeux, à entrenir tant de putains, baftards, maquereaux, & telle brigate, vne bône partie d'iceux ne doit eftre ennuyee à vne fi bonne caufe, fi recommandee de Dieu, fi vtile à la Republique, & à tout le genre humain. Lefquels biens doiuent eftre mefurés auec les aumofnes ordinaires de l'Eglife, quelles elles pourroyét eftre, pour pouuoir fuffire à la neceffité & temperáce de l'Eglife de Dieu. Touchant les aumofnes ordinaires des fideles en particulier, l'aduis de maiftre Martin Bucer homme de pieté, iugemét, fçauoir, & d'exterité admirables, me femble digne d'eftre enfuiuy : lequel il efcrit en fon liure du regne de Iefus Chrift : à fçauoir que és affemblees folennelles qui fe font quelques iours la fepmaine, fpecialement le iour du repos, nous fommes tenus d'apporter au Seigneur noftre prefent : & ce à bô droit. Car puis que le Seigneur nous recommande les poures fur tout, & defend que nous n'apparoiffions deuant luy ayans les mains vuides, maintenant que tous facrifices & autres offrandes font abolies, celle demeure que le Seigneur nous recômande à iamais : c'eft à fçauoir celle qui fe fait à Dieu pour fes poures, laquelle le mefme autheur veut que les Miniftres prefchent & exigét par frequentes admonitions. Ce qui eft conforme à ce que fainct Paul ordonne en l'Eglife Corinthienne, fuiuant ce qu'il auoit ordonné aux Eglifes de Gallatie, c'eft que vn chacun mette à part vers foy par chacun Dimanche (car ainfi enten-ie μίαν σαββάτων) de ce qu'il aura profperé, pour la collecte des fainct indigens. Ie mettray fin à cefte partie ayant dit, que puis qu'il n'y a chofe fi neceffaire à l'Eglife de Dieu, ne fi fauorable que la nourriture des poures, il faut en premier lieu au commencement de la reformation prédre en main cefte côfideration, & dedier

Deule. 13
Iean 12

Matth. 27
Hebr. 7, et 9
Iean 12

1. Corin. 16

S au

au Seigneur vne partie de ceſt Harem & malediction de ces
richeſſes papiſtiques, pour ceſt affaire. Car ce ſeroit grande
ſimplicité auoir tel eſgard d'entretenir ces ventres en ceſte
ſacieté, qu'on ne tinſe conte de l'entretenemẽt de l'Egliſe du
Seigneur, ne des poures de Dieu. Car d'alleguer qu'ils en ont
longuemẽt iouï, qu'eſt-ce autre choſe dire ſinon que par ce
qu'ils ont eſté longuement larrons, iouïſſans des biens d'autruy, il les faut laiſſer viure à leur aiſe en la poſſeſſion de leur
larrecin? Et quelle eſt ceſte ſiniſtre charité de laiſſer mourir
de faim les poures du Seigneur, pour entretenir telles gens
graſſement & en leur aiſe ? Si eſt-ce toutesfois que ie ne nie
qu'il ne ſale auoir eſgard à ce que merite vn chacun d'eux, &
ce qui eſt neceſſaire pour l'entretenement du repos public
& des meilleurs d'entre eux : car il n'y a aucune apparence
de nourrir & ſalarier les ennemis de l'Egliſe de ſes biens &
propre ſubſtance pour luy liurer la guerre.

De l'vtilité & neceßité des eſcholes, & ſpecialement de la theologie,
& parole de Dieu.   C H A P.   X I I I I.

LEs biens ſinguliers & grãdes vtilités que les Republiques reçoiuent de l'inſtitution de la ieuneſſe és
arts & ſcièces liberales, ont eſté cauſe que où icelles Republics ont eſté mieux policees & plus ſa-
gemẽt gouuernees, elles ont d'autant eu les eſcholes en plus
grande recommandation, & les ont entretenues d'vn plus
grand ſoin. Ce qui me pouuoit bien eſmouuoir de reſeruer
la cõſideration d'icelles, aux liures que nous auons en main
de la Republique Chreſtienne. Toutesfois conſiderant en
moy meſme qu'il n'aduient pas moins de bien à l'Egliſe de
noſtre Seigneur, pour ſon propre eſgard, de la bonne inſtitution des eſcholes qu'il fait és Republiques pour l'eſgard de
la police & gouuernement ciuil, il m'a ſemblé que ce ne ſeroit que bien à propos de toucher ce qui appartiẽt à l'Egliſe pour la conſideration d'icelle : reſeruant la diſcipline des
eſcholes, & ce qui appartient à leur entretenement au Magiſtrat ciuil: de quoy nous traitterons cy après. Car puis que
le corps de l'Egliſe comprend toute la Republique, & qu'il
n'y a autre diſtinction ne difference, ſinon des charges &
offices

offices de l'administration d'icelles, & au reste que ce n'est qu'vne mesme societé & vn mesme corps, ce qui est neces-saire au gouuernement spirituel, ne peut qu'il ne soit vtile & n'appartienne au gouuernement externe. Les Eglises meritent bien estre appelees escholes du Seigneur : car en icelles il nous enseigne pleinement les choses qui ne sont seulement vtiles à nostre salut, mais aussi qui appartiennēt à honnestement, cōmodément, & heureusement viure. Car il nous instruit par sa parole quelle est la fin de l'homme, pour quoy il nous a assemblés en Republiques & societés ciuiles, quel est nostre deuoir enuers sa maiesté ¸quel enuers nostre prochain : comme aussi ce que nous deuons au Magistrat, & au contraire, ce que iceluy nous doit : dauantage quels sont les moyens pour tenir les Republiques en force, en paix,& concorde. Esquelles choses cōsiste tout nostre bien, & felicité. Ce que le Seigneur nous enseigne en ceste eschole par moyen bien autre, que les docteurs prophanes n'en-seignent les sciences humaines. Car les Philosophes qui en-seignent ces choses, aprés auoir auec toute eloquence & persuasion instruit leurs disciples trente ou quarante ans, ils n'ont beaucoup auancé, par ce qu'ils les ont rendus plus doctes, que vertueux,ou commodes au seruice de la Repu-blique. Car, comme mesmement ils confessent, la vertu ne pieté tant enuers Dieu que la Republique, ne sont choses qui s'apprennent, ne qui nous soyent naturelles : mais sont dons speciaux de Dieu, & ne consistent en seule cognois-sance & speculation, ains sont impressions viues de Dieu, qui se demonstrent en toutes les parties & actions de nostre vie. Parquoy où ces sciences ne font que battre les oreilles des escoutans, sans laisser aucun esguillon en l'esprit, le Sei-gneur en son eschole ouure nos entendemens pour com-prendre ce qui est bon & salutaire pour nous,& le genre des hommes : il touche nos cœurs pour les rendre propres & volontaires, & conduit nos sens pour le parfaire dextre-ment. La Loy donc du Seigneur est saincte, elle conuertit nos Ames, & instruit les petis. Ce qui pouuoit bien suffire: mais la bonté du Seigneur se demonstre encores plus gran-de, en ce qu'il a voulu condescendre à nostre rudesse, con- *Psal. 18*

tenter la curiofité des hommes, & les inſtruire amplement
& parfaitement en tous ces arts & ſciences : comme auſſi
par ce que nous ſommes ſi enfans en choſes bonnes, que ſi
nous n'eſtions aſſiduellement & longuement enſeignés en
ces ſciences , nous ne les pourrions bien comprendre pour
les rapporter à leur fin , & les appliquer à l'vtilité cõmune.
Parquoy il a pleu à ce grand Dieu ouurir tant à propos vne
eſchole excellente de ces ſciences que nous appelons liberales : en laquelle il nous enſeigne amplement des cauſes
& effeſts de tout ce qui eſt comprins en nature , & ſpecialement de ce qui appartient à bien & heureuſement viure,
ſoit en particulier ſoit en public , & aux moyens de comprendre toutes choſes par raiſon & ſcience , & les pouuoir
expliquer bien à propos. Leſquelles ſciences ſont dons de
Dieu : car,cõme dit Anne, le Seigneur eſt le Dieu des ſciences. Or biẽ qu'il ſemble que le Seigneur ſoit maiſtre cõmun
des fideles , & infideles , nous inſtruiſant tous egalement
en ceſte eſchole, ſi faut-il confeſſer que iaçoit que les infideles le plus ſouuent excellent en la cognoiſſance de ces
arts, ſi y a-il grand' difference quant à la pratique, en l'vſage
& vtilité qui prouient aux Republiques de ces ſciences.
Car de toute la memoire des hommes combien nombrera
on des Payens qui ayent rapporté ceſte ſciẽce à la gloire de
Dieu par vne iuſte recognoiſſance,& l'ayent communiquee
aux hõmes par vraye charité? Auſsi on a preſque touſiours
veu que ces dons de Dieu n'ont ſerui que d'oſtentation , &
n'ont apporté telle vtilité aux hommes qu'ils deuoyent:mais
les enfans de Dieu ne recognoiſſent pas ſeullement ces
ſciences pour don de Dieu pour leur ornement,ains ils at-
tendẽt de luy intelligẽce pour les cõprendre , ayde pour les
exercer , & heureux ſuccés pour les rapporter au bien des
Republiques. Dauid eſtoit Prince de magnanimité excellente, ayant grand' experience de tout le faiſt de guerre,
grande prudence és affaires ciuils,mais il rend graces à Dieu
de ce qu'il a enſeigné ſes mains à manier les armes,& adreſſé
ſes doigts à la bataille : & que c'eſt luy qui luy rend les peuples obeïſſans. Daniel & ſes compagnons eſtoyent inſtruits
dés leur ieuneſſe en toute ſapience & intelligence par vn
singu

1. Samu. 2.

Pſal. 144,
 & 18

Daniel 1

singulier benefice de Dieu : si est-ce qu'ils ne peuuent seruir à la gloire de Dieu, & salut de leur peuple, s'ils ne sont specialement inspirés de Dieu. De quoy nous auons infinis exemples en l'escriture Saincte iusques aux arts mechaniques. Bezeleel & Ooliab ne sont propres pour seruir au Tabernacle, sinon quand ils ont receu l'Esprit de Dieu. Parquoy puis que ces sciences liberales sont dons de Dieu si excellens, & si necessaires en la Republique & Eglise de Dieu, desquelles le Seigneur comme il en est autheur, pareillement il se declaire estre nostre Maistre & precepteur, l'Eglise se demonstreroit indigne de ses benefices, si elle ne les estimoit selon leur valeur : & ingrate, si elle ne les employoit à la gloire d'iceluy & son propre salut. De faict elle a tousiours eu soin singulier d'instituer des escholes, & de les entretenir : mais par ce que le commencement de toute sagesse est la crainte de Dieu, & qu'icelle est la fin & perfection de tout : dauätage par ce que les autres sciëces nous sont aydes pour bien & commodemét passer le voyage de ceste vie, nostre Seigneur nous a addressé specialement sa parole, pour nous rendre ceste vie heureuse & nous côduire à immortalité. Laquelle parole l'Eglise du Seigneur, qui est son eschole, escoute tres-volontiers, & s'assemble soigneusement pour y profiter : principalemét elle a soin de faire instituer la ieunesse en ceste diuine science, comme estant la source de toutes autres, & qui seule parfait les autres & peut suffire. En quoy l'Eglise a beaucoup d'exercices. Mais veritablement qui considerera les fruits & vtilités qui prouiennent tant de la predication ordinaire de la parole de Dieu, que de la prophetie & interpretation scholastique d'icelle, & les conferera, il viendra en ceste conclusion : que comme nostre vocation, regeneration, & confirmation ordinaires viennent par la predication qui se fait par la voix du Ministre, pareillement que la conseruation de la doctrine, la perpetuité du ministere, & la propagation de l'Eglise viennent de Dieu par le benefice des escholes particulieres en la parole. Car comme ainsi soit que Dieu vse de moyens humains & ordinaires pour demonstrer sa puissance au salut de tous croyans, s'il ne luy plaist d'instruire ses seruiteurs par miracles & reuelations

Exode 31

Psal. 111
Psal. 119

S 3   cele

celestes, comme il feit ses Apostres, & disciples apres son ascension, & comme depuis il a enseigné sainct Paul : mais il luy plaist d'instruire les hommes par le moyen des hommes, leur ouurant l'entendement pour comprédre ce que l'homme charnel & sensuel ne comprendroit iamais cõme il appartient. Par ce moyen bien qu'il vueille se seruir des hommes enuers les hommes, & nous renuoye à leurs escholes, si veut-il toutesfois estre nostre Maistre & nous fait estre les escholiers & disciples de son sainct Esprit. Ce qui nous est demonstré par le baptesme de Corneille, & de la famille d'iceluy : lesquels sont remis au soin de Pierre pour estre apprins & enseignés de luy : cõme aussi Pierre leur est enuoyé pour precepteur pour apprendre, dit l'Ange, ce qu'il leur conuenoit faire. Ce que Pierre fait & les enseigne songneusement. Mais voicy leur principale instruction : comme ils oyoyent Pierre attentiuement, l'Esprit de Dieu descent sur eux : à fin que nous entendions que le ministere & cathechisme sont necessaires à l'Eglise : mais toutesfois que nous ne pouuons rien apprendre ainsi qu'il appartiêt à nostre salut, pour estre touchés & viuement persuadés, sinon par la vertu de l'Esprit de Dieu. Pour laquelle raison Iesus Christ enuoyant ses Apostres & disciples, il leur commande d'enseigner, leur promettant d'estre auec eux iusques à la consommation du monde : c'est à dire, qu'il donnera vertu & efficace à leur predication, & doctrine par son Esprit. Par lequel mot [d'enseigner] il n'entend seulement concions populaires, mais vne instruction familliere appliquee à vn chacun, par interrogations & response, cõme Philippe instruit l'Eunuche de la Royne Candace : à quoy aussi appartient, selon l'aduis de beaucoup de doctes personnes, ce qu'escrit sainct Pierre, que nous sommes sauués par le baptesme, & interrogation de bonne conscience enuers Dieu : comme si sainct Pierre vouloit demonstrer le moyen duquel le Seigneur se sert à nostre salut : à ce que nostre foy soit plus certaine & illustre, nous estans mieux resolus de tous les poincts qui appartiennent à nostre foy & esperance, & que l'Eglise en soit mieux asseuree. Iesus Christ donc par ceste Loy & ordonnance perpetuelle d'enseigner & μαθητεύειν, nous cõmáde qu'il y ait leçons

famil

Actes 1
Gal. 1
1.Cor. 2
Actes 10
Matth. 28
Actes 8

familieres en son Eglise, & escholes à iamais pour l'instruction & propagation de la doctrine de l'Euangile : promettant estre continuellement en icelle comme son precepteur
iusques en la consommation du monde. En quoy la gloire
& puissance de Dieu ne se demonstrent moins, que s'il
nous instruisoit miraculeusement & sans ce moyen, veu
que ce que nous auons des escholes, ce que nous y prof-
fitons sous les autres, & que rendans la pareille les autres proffitent sous nous, est chose de singulier benefice,
& non moindre que si sans aucun moyen humain il nous
instruisoit tout à vn instant. Dauantage il a pleu à Dieu
de tellement honnorer le genre humain, qu'il a appelé
les hommes comme en societé d'vn si grand honneur, &
par ce labeur nous dompter tous à son seruice. Ce que l'E-
glise ayant consideré de tout temps, a pareillemét tousiours
institué & entretenu les escholes pour cest effect : & n'est à
croire que les saincts Patriarches ayent retenu ceste lumiere
& cognoissance de la bonté, sagesse, & puissance de Dieu ca-
chee entre les hommes : mais plustost qu'ils ont resplendy
côme lampes ardentes pour illustrer la gloire de Dieu entre
les hommes, & illuminer iceux pour contempler Dieu en
ses œuures, & sa prouidence en la conseruation de toutes
choses. Et est à croire, dy-ie, qu'ils ont esté non seulement
Apostres enuers les hommes, mais docteurs en leurs familles, & escholes domestiques pour la conseruation de la doctrine celeste & propagation de l'Eglise du Seigneur. Ce que
demonstre leur inuocation tant solénelle & frequéte, les tes-
moignages qu'ils dressent par tout, non seulement pour vne
memoire perpetuelle de leur foy, mais pour instruction à
tous hommes à venir : & sur tout la doctrine de la creation
du monde, l'histoire des choses passees, le tesmoignage du
Messias, les sacremés des sacrifices & de la circoncision qu'ils
delaissent non seulement à leurs enfans, comme discipline
domestique, mais qu'ils espandent par tout, demonstrans
bien par ceste solicitude qu'ils ont diligemment instruit les
hommes. Les Iuifs affermét le semblable de Moyse, fondans
leur caballe sur ceste raison.   Mais ie m'assure que le sainct
Prophete n'a eu moins de soin d'instruire par sa predication

&

& viue voix l'Eglife de fon temps, des chofes paffees & qui
fe deuoyent accomplir puis aprés, qu'il a, dy-ie, eu foin d'inftruire l'Eglife à iamais par fes liures & efcrits. Car il demon-

Nomb. 11 ftre bien és paroles qu'il tiët à Iofué fils de Num, qu'il ne defire que cefte cognoiffance de Dieu expire auec luy : A la
mienne volonté, (dit-il), que tout le peuple du Seigneur fuft
Prophete, & que le Seigneur donnaft fon Efprit fur eux.
Quant au temps qui eft enfuiui quelques fiecles aprés, c'eft
chofe toute expreffe en l'Efcriture, que les Prophetes ont
tenu efchole, & ont eu grand nombre d'auditeurs, lefquels
ils inftruifoyent fi diligemmët en la loy, & de telle affection,

2. Sam. 10 que les efcritures les appellët filz des Prophetes : exprimant
2. Rois 2 l'affection paternelle des Prophetes enuers les efcholiers, &
l'obeïffance & reuerance d'iceux enuers les Prophetes : defquels le nombre croiffoit merueilleufement, lors que Dieu
enuoyoit quelque Prophete & Docteur plus excellët, comme il eft efcrit d'Helie & fpecialement d'Elifee, que les fils
des Prophetes qui eftoyent en Hierico, viennent au deuant
de luy, & fe rengët à fa difcipline : defquels le nombre eftant
grandement accreu, il eft dict qu'ils furët contraints d'edifier

2. Rois 6 vne autre maifon : du viure defquels Elifee a vn foin pater-
2. Rois 4 nel & les nourrit en temps de famine. De quoy nous auons
à noter que Dieu eft le fondateur des colleges & efcholes:
& qu'il iette les yeux de fa prouidence fur cefte ieuneffe, laquelle il entretient fi liberalement, qu'il a daigné la nourrir
par miracle exprés en temps de famine par fon Prophete
Elifee : par lequel le Seigneur a voulu à iamais rendre tefmoignage & affeurance qu'il veut que les efcholes foyent
dreffees en fon Eglife, & entretenues de tout ce qui appartient à viure temperamment & honneftement. De faict en
la ville de Ierufalem nous pouuons iuger qu'il y auoit vniuerfité bien ordönee, veu qu'vne partie de la ville eftoit de-
putee pour les efcholes & leur commodité, & eft dict que

2. Rois 22 Iofias enuoya en cefte partie de la ville qui eftoit l'vniuerfité pour s'informer de Olda propheteffe des paroles du liure
qui auoit efté trouué. Et pouuons iuger quelle eftoit l'ardeur
d'apprëdre les lettres fainctes en l'Eglife de Dieu, par la com-
paraifon des faux prophetes de Baal qui eftoyent quatre
cens

cens cinquante, & les faux prophetes des bois qui eſtoyent
quatre cens : leſquels Helie ayant tous faiſ mourir, vingt   1. Roi 18
ou trente ans aprés ceſte vermine ſe multiplia en bien plus
grand nombre que iamais,& fut derechef deffaiſte par Iehu
au commencement du regne d'iceluy. Et n'eſt à preſumer,
qu'en l'Egliſe de Dieu il y ayt eu moindre affeſtion & de zele
d'apprendre l'eſcriture ſainſte, veu que le Diable ne fait que
imiter les œuures de Dieu : meſmement au retour de la captiuité de Babylone, l'Egliſe eſtoit aornee d'un grand nombre de Prophetes,comme d'Aggee,Zacharie,Malachie, Eſdras,Nehemie, & autres en vn bien grand nombre. Ce qui   Nehem.8
demoſtre que ce ſainſt eſtude n'a point eſté interrompu par
ladite captiuité : lequel fut remis ſus auec plus grand' ardeur
aprés le retour de ce peuple de Dieu : car alors ils enſeigne-
rent la ieuneſſe plus ſtudieuſement qu'ils n'auoyent fait : &
furent appelés Scribes ceux qui auoyent ceſte charge : & finalement la doſtrine eſtant deſtournee en ſuperſtition : ces
eſcholes ſe ſont departies en ſeſtes & religions diuerſes de
Phariſiens; Saduceens, & Eſſeniens : entre leſquels les Phariſiens ont eſté de principale authorité, à raiſon de la dilige-
ce,dont ils vſoyent à catechizer & inſtruire la ieuneſſe.Et eſt
diſt de noſtre Seigneur Ieſus Chriſt,que ſon pere & ſa mere   Luc 2
le trouuerent au Temple aſſis au milieu des Doſteurs,les eſcoutant & les interrogant, & que tous ceux qui l'oyoyent
s'eſbahiſſoyent de ſon intelligece & de ſes reſponſes.Et meſmement il eſt eſcrit de ſainſt Eſtienne qu'il diſputoit contre   Aſtes 6
aucuns des Synagogues des Libertins , Egyptiens , Aſiati-
ques,& Ciliciens : leſquels ne pouuoyent reſpondre à ſa ſageſſe, & à l'Eſprit par qui il parloit, & eſtoyent conuaincus.
Par leſquels mots nous pouuons iuger que les Iuifs des nations eſtranges auoyent leurs colleges & eſcholes propres
en Ieruſalem , où ils enuoyoyent leurs enfans pour eſtre inſtruits. Quant à l'Egliſe Chreſtienne de Ieruſalem , nous
auons cy deſſus declairé, que c'eſtoit l'eſchole commune de
toutes les autres : & ſainſt Paul inſtituant la prophetie en
l'Egliſe,veut que toutes ſoyent pareillement comme eſcholes : car comment pourrions-nous auoir eſcholes mieux
ordonnees que ſeroit l'Egliſe où la parole de Dieu ſeroit di-

1. Corin. 14 ligemment traittee par le Pasteur à edification & exhortation? où deux ou trois des Prophetes l'esplucheroyent diligemment, amendans ce qui auroit esté autrement interpreté, adioustans ce qui appartiendroit à l'intelligence & instruction, & où il seroit permis à ceux qui auroyët don de Dieu, de parler à edification? Outre lequel ordre ce appartient grandemët à la perfection de ceste eschole, que le Seigneur luy suscite continuellement des Prophetes & docteurs à qui ceste charge est specialement donnee. Et ne me pourrois autrement persuader que sainct Paul n'aye particulierement tenu eschole à Corinthe, Antioche, Ephese, Rome, & autres lieux où il a seiourné particulierement pour enseigner ceux qu'il voyoit plus capables pour le ministere de la predication: comme Tite, Timothee, Onesime, Luc, & autres. Car en quoy ce fidele seruiteur du Seigneur eust-il peu mieux employer ses talents qu'en les faisant proffiter auec telle vsure? & s'il trauailloit de son art pour euiter oisiueté, n'est-il plus tost à croire que où il a eu le moyen, il n'ayt plus tost trauaillé de l'Esprit en vne œuure si excellente? Ie ne doute non plus des autres Apostres: car les anciens tesmoignent de Marc qu'il a esté disciple de Pierre. Par laquelle histoire il ne faut penser que Marc aye esté disciple vnique de Pierre, mais vn entre plusieurs. Ce que nous deuons pareillement iuger de Marc, à sçauoir que rendant le mesme deuoir à l'Eglise, outre la charge de la predication ordinaire, il a tenu particulierement eschole en Alexandrie: veu que depuis luy continuellement iusques à l'Empereur Archade par pres de quatre cens ans, il y a eu des docteurs excellens en Alexandrie. Duquel benefice les autres Eglises ne se sont priuees, comme il est à croire, veu que l'estat de docteur est ordonné de Dieu en son Eglise à perpetuité & que, comme dit l'Apostre, nulle Eglise est destituee d'aucun don spirituel. Ce qu'il faut que les Eglises reprennent auiourd'huy, & que pour le moins, comme il a esté dit cy dessus, il y aye vn Docteur & vn Interprete en chaque siege de bailliage. Car ce seroit honte que cela defaillist à l'Eglise du Seigneur, attendu mesmement qu'il a esté ainsi ordonné par les antechrists au Concile de Lyon & de Trente.

Des

Des escholes des sciences & arts liberaux, dont elles doiuent estre entre-
prinses, & de l'education de la ieunesse. CHAP. XV.

DAVANTAGE puis que les arts & sciences sont dons de Dieu qui seruent à l'intelligence & predication de la parole de Dieu : & sont necessaires pour le bien d'vn chacun, & pour la conseruation des Republiques, il faut qu'il y aye aussi escholes d'icelles sciences en chacun siege de bailliage : mais principalement en chacune ville Metropolitaine des Prouinces, il est necessaire qu'il y aye vne eschole generalle, où l'vniuersité de ces scièces soit enseignee. Car par ce moyen on sauuera les frais qui destournent beaucoup de peres de faire instruire leurs enfans és vniuersités loingtaines : & la ieunesse estant instruite, comme à la veuë de leurs peres, de leurs superieurs, & Eglise, se desbauchera moins. Mais sur tout il est necessaire pour la conseruation de l'Eglise, que chacune aye comme sa propre pepiniere, où la ieunesse soit instruite & excolee diligemment, où les esprits soyent esprouués de longue main, tant par le ministere de l'Eglise, que pour l'administration de la Republique. Autrement il faut attendre vne pareille infelicité de l'instruction de la ieunesse, qu'on voit auiourd'huy. Dauantage que s'il faut recercher les Ministres d'vn certain lieu, il ne peut faillir qu'il n'aduienne que les Eglises ne soyent piteusement pourueuës, que l'election, que le Seigneur a ordonnee à son Eglise, ne soit abolie : & que de bref vne nouuelle tyrannie ne s'esleue en l'Eglise. Toutesfois si est il expedient que pour certaines sciences, il y ait quelques escholes & vniuersités communes en ce Royaume : esquelles il y aura moins de debauchement, si la ieunesse est premierement instruite & confermee en bonnes mœurs en ces escholes domestiques. Sur tout il faut auoir specialement l'œil sur ceux, desquels l'esprit, vertu, & inclination naturelle donnent plus d'esperance de pouuoir seruir à l'Eglise de Dieu. Et faut pareillement persuader aux peres & meres qu'ils ne doiuent penser que les enfans soyent à eux en proprieté, pour en disposer à leur volonté, mais à Dieu : lequel les ayant premierement creés par eux, les a depuis regenerés pour

S 2 son

son Eglise, & pour la Republique. Il faudroit aussi choisir
entre les poures ou qui seroyent nourris des biens de l'Eglise, ou qui n'auroyent le moyen d'estre entretenus en l'estude
des lettres, les plus gentils esprits qui donneroyét meilleure
esperance pour l'aduenir : lesquels l'Eglise eleueroit, & in-
struiroit pour son ministere & seruice. Il seroit aussi expedient qu'en chacun bourg & parroisse il y aye eschole à ce
que les enfans soyent plus songneusement instruits en la religion Chrestienne : aussi que la lecture n'est vne petite ayde
pour la cognoissance de l'escriture, pour nous contenir &
nostre famille en la crainte de Dieu, & deuoir enuers nostre
prochain. Et qu'il est expediét qu'on esprouue par ce moyen
les meilleurs esprits & plus capables de meilleure discipline,
que de la rustique, pour seruir à l'Eglise & à la Republique : ne plus ne moins que Dieu choisit & appelle He-
lisee de la charrue, & les Apostres de la nasselle, Dauid
des troupeaux de moutons : lesquelles escholes ne seroyent
en grand' charge, veu qu'il n'y a gueres ville où il n'y aye quelque commencement d'eschole, ou quelque fondation. D'a-
uantage qui recerchera les choses dés leur premier origine,
il trouuera que les chanomeries, qu'ils appellent, ont esté anciennement colleges pour la plus part : comme aussi elles
retiennent le nom : & ont esté pensions anciennes pour entretenir les ieunes gens destinés au ministere : comme le demonstrent encores leurs leçons, qu'ils ont retenues en leurs
matines, la lecture du Psaultier, & d'une partie de la Bible
qui s'y fait, les offices aussi conuenables pour celà : comme
sont ceux qu'ils appellent scholastiques ou chancelliers des
escholes, & les chanoineries Theologales, qu'ils disent estre
les prebendes des Docteurs. Ce que quand ainsi ne seroit, &
qu'on ne voudroit restituer ces reuenus à leur vray & naturel
vsage, si est-ce qu'il n'y a chose si pretieuse, si vtile, & necess-
saire à l'Eglise de Dieu, que la bône institution de la ieunesse. Car nous esprouuons qu'il n'y a chose qui tienne si fermement à nostre memoire, que ce que nous auôs aprins à nostre ieunesse, soit bien, soit mal. Quelle coustume, quel ply,
tu luy donneras, il se tournera en nature. Laisse vne ieune
plante se ployer, quelque apuy tu luy donnes puis aprés, de
quel

quelque force & violence dont tu vſes , elle ne ſe redreſſera
iamais. Et, comme dit Salomon, l'homme ne ſe retirera ia- *Prouerb.* 26.
mais de la voye en laquelle il ſera entré dés ſa ieuneſſe.Pour-
tant puis que noſtre Seigneur Ieſus Chriſt appelle à ſoy les
petis enfans, comme plus dociles à ſon obeïſſance, puis il les
benit, & les embraſſe, comme nous luy auons voués les no-
ſtres dés leur conception, amenons les luy : cóme Elcana &
Anne amenent leur petit Samuel au Temple , & le conſá- *1. Samuel* 3
crent au ſeruice de Dieu: ainſi ils ſeróc benis de luy. Et comme nous voyons qu'on addoucit la ferocité des ieunes poullains en leur mettant vn petit fillet en la bouche, & vne ſelle
legere ſur le dos, pour les accouſtumer petit à petit à noſtre
ſeruice, pareillement qui veut dompter ceſte fiere & eſgaree
nature des hommes , il les faut encommencer de bonne
heure à la diſcipline de Ieſus Chriſt , les luy amener en leur *Matth.* 11
enfance, à fin qu'il les accouſtume à ſon ioug, à ce que, comme il eſt au vray , il leur ſemble auſſi puis aprés doux & gracieux. Ce qui ſera veritablement beaucoup : mais ce n'eſt le
tout : car, cóme lon dit, il n'y a choſe qui plus nous eſmeuue
que les exemples domeſtiques , parquoy ſi nous voulons
que nos enfans proffitét en l'eſchole du Seigneur, il faut que
les peres & meres compoſent tellement leurs mœurs , &
dreſſent vne ſi bóne diſcipline en leurs familles, qu'il n'y aye
rien qui peruertiſſe la diſcipline du Seigneur. Car en ceſte
noſtre corruptió naturelle, il n'y a ne ſoin des maiſtres, ne di-
ligéce à corriger les vices de ceſte enfance, ny inſtructió publique qui vaille tant enuers vn eſprit, quelque bien né qu'il
ſoit, que ces exemples depraués & educations mauuaiſes ne
corrompent. Car où le iugement n'eſt certain , il n'y a là diſtinction de vertu, ne de vice. Ec ce que nous faiſons par
exemple , il nous ſemble que le facions iuſtement. Il vaudroit donc mieux , que ceux qui offenſent ſi mal-heureuſe-
ment leurs enfans, euſſent vne meule pendue au col , & ſuſ- *Matth.*18
ſent precipités au profond de la mer. Les peres donc & meres d'autár que le naturel des enfans ſe deſcouure mieux deuant eux, & qu'ils les peuuent obſeruer dés leur enfance,
applaudiront à ce qui eſt de bon , & ſuſciteront en eux la
vertu par tous moyens, en retrenchant les vices auec ſeue-

T 3 rité

rité, & se gouuerneront tellement que les exemples domestiques, leurs soyent aydes à vertu, & comme miroirs, où ils
conformeront leur vie. Car vn yurongne, vn blasphemateur, vn homme dissolu de quel front admonnestera-il son
enfant de sobrieté,& reuerance de Dieu, & de temperance?
Aquoy les Senieurs des Eglises & Magistrats doiuent auoir
l'œil pour trencher lès vices dés leurs racines, & n'attendre
pas qu'ils soyent enracinés, creus, & confermés par aage, &
par coustume : mais punira les fautes des peres & meres
doublement : tant par ce qu'ils pechent,& le meritent pour
leur seul regard, que aussi ils peschent en exemple mauuais
de leurs enfans : laquelle charge doit estre commune tant
à l'Eglise, qu'au Magistrat : à l'Eglise, dy-ie, par ce qu'elle doit
enter & consolider en son corps les enfans, ce pendant qu'ils
sont tendres, & n'ont prins mauuaise nourriture, & ne sont
tortus ne corrompus d'aucun mauuais exemple ne coustume : au Magistrat aussi appartient ceste consideration, par
ce qu'il doit penser qu'vne Republique n'est vne chose imaginaire, mais que c'est veritablement vne societé des hommes viuans de mesmes loix & coustumes: par le moyen desquelles ils puissent bien & heureusemēt viure. Or par ce que
les hommes se renouuellent d'aage à autres, qui veut iouïr
d'vne bône police, il doit auoir soin principalemēt de ceste
nouuelle plante, l'eleuer & cultiuer diligemment, l'apuyer
d'vne bonne coustume, à ce qu'elle ne vienne à se fleschir,
& la former tout à propos pour la forme du gouuernement,
à fin qu'estant paruenue à iuste grandeur, elle puisse rendre
fruit heureux à la Republique.

Qu'il faut catechiser les enfans, & de la confirmation.   CHAP. XVI.

R comme l'Eglise reçoit les hommes estans creés
de Dieu & appelés, pareillement c'est le deuoir d'i-
celle de les instruire & rendre dociles à la Republique. Pourtant l'Eglise doit auoir grand soin de
la premiere institution des enfans en la religion, & comme
elle a voulu consacrer à Dieu les enfans dés leur premiere
naissance, & les mettre dés lors en la possession qui leur est
dōnee par Iesus Christ de l'heritage du Seigneur, elle doit pa
reille

reillement les inftruire & eleuer en toute diligence comme
enfans que Dieu luy a engendrés : mais lors qu'ils viennent
en aage de iugemét, ie defireroye qu'ils feiffent confeffion &
proteftation folennelle de viure & mourir en l'obeïffance de
Dieu, quelque danger de vie, quelques tormens leur fuffent
propofés : car fi anciennemét il faloit que ceux qui eftoyent
naturels bourgeois & citoyés des villes bien ordónees eftâs
paruenus à l'aage de pleine puberté feiffent ferment folénel
de conferuer l'eftat & puiffance de leur Republique, ne permettre qu'elle vinft en decadéce, abandonner leur vie pour
la cóferuation des loix, fi befoin eftoit, & prendre les armes
pour icelles, encore qu'ils fuffent feuls, s'ils iuroyent de ne
fe retirer du combat finon par commandement, ou pour
prendre nouuelles armes, ou fauuer la vie à vn de leurs có-
paignons, à plus forte raifon les enfans ayans efté confacrés
à Dieu & au feruice de fon Eglife, eftâs venus en aage de bon
& certain iugement, & eftans deuëment inftruiéts en la religion, doiuent folennellement feeller & confermer par vne
proteftation & obteftation publique, le premier fermét qui
auroit efté faiét pour eux. Ce que pour faire auec plus grande maiefté, ie defireroye que deuant que les enfans feuffent
receus au Sacremét de la Cene, ayás attainét l'aage de quinze
ans, en certain iour dedié à cela, en l'affemblee publique,
feiffent confeffion de leur foy, & iuraffent deuant Dieu &
fon Eglife, garder le contenu de la formule qui feroit faiéte
exprés & recitee par le Pafteur : laquelle ie voudroye qu'elle
continft & feift mention fpecialement des impietés, fuperftitions Papiftiques, & de quelques herefies : fpecialement
de celles qui feroyent les plus à craindre, & auroyent efté
condamnees de noftre temps, comme nous auons dit. Laquelle couftume eft ancienne de la premiere Eglife, iouxte
laquelle aucun n'eftoit receu à ce fermét folennel du Baptefme, qu'il ne fuft bien & duëment inftruit en la religion, &
n'euft iugement certain pour l'approuuer, & ne monftraft en
fa vie vne grand' crainte de Dieu. Et depuis que les petis
enfans ont efté baptifés, la confirmation a efté iugee neceffaire, & fe faifoit folennement. Ce qui a efté caufe que depuis on a corrompu le tout par inuentions fuperftitieufes.

Il fut ordôné au Concile de Rome fous Leon premier, qu'il
y auroit vn parrain pour chacun. Vrbain premier y adiouta
de l'huile, depuis on a ofté la confeffion de foy, & retint-on
l'impofition des mains , côme fi de foy-mefme elle pouuoit
donner le fainct Efprit : ce qui a fait que le tout a efté rendu
fuperftitieux. On modera aufi l'aage, & voulut-on que
cefte ceremonie fe feift à l'aage de douze ans: mais lors le iugement n'eft certain, ne le fermêt peut auoir tel pris & grauité que la chofe le merite. Mefmement par ce que le Seigneur renouuelle fon alliance auec nous , ie defireroye que
non feulement la couftume ancienne fut remife fus , par la-
2. Rois 22 quelle tout le peuple d'Ifrael eftant affemblé, & le liure du
Deuteronome leu & interpreté , le peuple vniuerfel faifoit
ferment de fuiure & obeïr à tous les cômandemés de Dieu,
& ne fe foruoyer d'iceux (ce qui a efté faict quelques fois
fous les bons Rois de Iuda : mais fpecialement fous Iofias,
lors que le liure de la Loy fut trouué , & depuis le retour de
Nehem. 8 la captiuité fous Neemie & Efdras) mais aufi defireroye-ie,
dy-ie, qu'en ce commencement de la reformation de l'Eglife, outre cefte proteftation publique, que chacun en particulier fe prefentaft aux Miniftres en l'Eglife, deuant qu'eftre
admis au Sacremêt de la Cene & gouuernemêt de l'Eglife,
pour faire côfefsion particulier de fa foy , s'il eftoit pofsible.
Matth. 3 Ce que les Iuifs faifoyent fe prefentâs au Baptefme de fainct
Iean. Et eft à croire que les Apoftres ont enfuiui cefte
exemple, eftans enfeignés du Seigneur de conioindre la doctrine & inftruction auec le Baptefme : Allez (dit-il) enfei-
gnez & baptizez. Que fi aucun n'eft admis en aucune affemblee ne compagnie fans faire ferment de fidelité, deuons
nous eftre moins fongneux en l'Eglife du Seigneur, pour
n'admettre en fa table gens prophanes , veu qu'à cefte fin
principale & pour cefte confefsion folennelle le Seigneur a
ordonné ce fainct facrement ? Laquelle confefsion le Sci-
gneur commande en fa Loy d'eftre fouuent renouuellee par
vne recognoiffance de noftre poureté naturelle , & de fes
Deute. 26 graces. Quand tu feras en la terre que Dieu a iuré à tes Peres de te dôner, tu prendras des primices de tous tes fruits,
& iras au lieu que le Seigneur ton Dieu t'aura eleu , à fin que
son

son Nom soit là inuoqué : & diras ainsi au Sacrificateur, qui
sera en ces iours là , Ie confesse auiourd'huy deuant le Seigneur ton Dieu, que ie suis entré en la terre qu'il auoit iuré à
nos peres de nous donner : & diras en la presence du Seigneur ton Dieu. Le Syrien persecutoit mon pere qui de-
scendit en Egypte , & a là voyagé en bien petit nombre , &
creust en vne gent grande, robuste, & d'vne multitude infinie : mais les Egyptiens nous feirent de grands maux , &
nous persecuterent en nous oppressant de grades charges.
Lors nous cryasmes apres le Seigneur Dieu de nos peres,
qui nous exauça & eut compassion de nostre oppression,
trauail, & angoisse : & nous retira hors d'Egypte en main
forte, en bras deployé, auec grands estonnemens, en signes
& prodiges : & nous conduisit en ce lieu , & nous meit en
possession de ceste terre , de laquelle le miel & le laict coul-
lent : & pourtant i'offre maintenant les premices de tous les
fruits que le Seigneur m'a donnés.

Des degrés pour promouuoir, & auancer la ieunesse és arts & sciences,
& de l'examen. CHAP. XVII.

AYANT cy dessus parlé de l'institution de la ieunesse tant és bonnes lettres, que és sainctes Escritures , il ne sera hors de propos de parler des de-
grés par lesquels la ieunesse montât selon son sçauoir & auancement puisse paruenir en degré & puissance
de pouuoir enseigner les autres , & seruir à la Republique.
Que si en aucune ville bien ordonnee, il n'est permis d'exercer estat quelconque mechanique, si on n'est premierement
approuué (esquels estats il n'y a danger quelconque, ne de
la vie, ne du salut, ne de l'honneur d'autruy) à plus forte raison où il est question d'instruire la ieunesse és bonnes mœurs
& sciences , on ne doit temerairement se fier à vn chacun.
Car si nous ne voudrions commettre les ieunes poullains
pour les dresser, qu'à personnes les plus adroictes, ny mettre
les moutons , vasches, & autres bestail qu'à personnes fideles , & qui ayent faculté de les biens conduire & gouuerner, à plus forte raison la ieunesse (esperance de la Republique & de l'Eglise) ne doit estre commise sinon à personnes

V   dont

dont la vie, les mœurs, la science, & prudence foyent bien
approuuées. Dauantage ceſte approbation eſtant vn teſmoignage de l'Egliſe, & de la Republique, donnera plus de
courage à vn chacun de ſe porter vertueuſement, & proffiter és ſciences liberales, & cognoiſſance de Dieu. Et d'autant qu'il y aura plus de degrés, ſemblablement il y aura plus
d'honneſte emulation en la ieuneſſe, pour s'eſuertuer. Car,
comme l'on dit, les honneurs nourriſſent les arts. Ce qui
meſmemēt eſt receu en aucunes Egliſes reformees. Ie deſireroye donc que les eſcholes eſtãs bien dreſſeés, on excitaſt
par ces degrés la ieuneſſe à proffiter en toutes ſciences vtiles
& proffitables à l'Egliſe de Dieu. & à la Republique. Touteſfois auec vne telle conſideration qu'on n'employaſt non plus
de temps en chacune ſcience, qu'il eſt neceſſaire. Car il y a
aucuns arts dont l'exacte & parfaicte cognoiſſance eſt vtile,
d'autres dont les commencemens & principes ſont neceſſaires, pour former le iugement, pour les demonſtrations, &
pour la cognoiſſance des œuures de Dieu : Mais deſquels la
parfaicte ſcience eſt de labeur, & de temps bien long., & le
plus ſouuent inutile, & d'autres dont la ſcience eſt infinie,
leſquelles ſciences peuuent eſtre à bon droict comparees
au tonneau des Danaïdes, ou à la pierre de Sizyphus, par ce
que ceſte parfaicte cognoiſſance d'icelles eſt vaine & d'vn
labeur infini. Mais c'eſt vn grand bien & felicité pour vne
Republique, que la ieuneſſe n'employe non plus de temps à
l'eſtude en chacune choſe, que la ſcience le merite. Et nous
faut ainſi penſer, que puis que l'homme eſt creé pour bien
& heureuſement viure, il faut dreſſer la ieuneſſe és choſes
eſquelles conſiſte ceſte felicité. Les ſciences donc doiuent
eſtre aydes pour nous conduire à la congnoiſſance de Dieu,
& enſeigner les moyens de iouïr en ceſte vie de quelque repos & contentement, non pas pour nous detenir touſiours
en ces moyens, comme en noſtre premier alphabet. Ce que
qui feroit, il ſe monſtreroit ſemblable aux amoureux de Pe-
nelopé : leſquels aſpirans au mariage d'icelle, s'amuſoyent à
paillarder auecques ſes ſeruantes. Pourtant ie voudroye que
pour eſtre approuué apte pour enſeigner ces ſciences &
proffiter en icelles, on regardaſt iuſques à quelle meſure la
cogno

cognoiſſance d'icelles ſeroit vtile : mais il faudroit auſſi pour auoir ceſte approbation de pouuoir enſeigner, qu'on regardaſt à la faculté qu'vn chacun auroit pour ce faire : mais principalement aux mœurs : car comment celuy peut-il bien enſeigner, qui eſt meſchant & vicieux ? & comment pourroit aucun rapporter ſon ſçauoir à bien & heureuſement viure, duquel la vie eſt meſchante & mal-heureuſe ? Leſquelles choſes i'enten eſtre dites des ſciences humaines. Car quant à la cognoiſſance de Dieu & de ſa parole, quelque bon eſprit que nous ayons, quelque diligence nous apportions, quelque bon zele nous incite, quelques Docteurs nous ayons, ſi ne pouuons nous iamais auoir ſi bien proffité, que nous ne ſoyons bien petis eſcholiers. Et le plus que nous pouuons apprendre, eſt le moins de ce que nous deuons ſçauoir. Dauantage ie deſireroye que toute ambition, quelque apparence de bien dont elle fuſt couuerte, pour peu ſuſpecte qu'elle ſeroit de vice, fut plus toſt reiettee de l'Egliſe, que receuë auec vne conſequence d'aucun mal pour l'aduenir. Et dauantage nous auons demonſtré qu'il n'y a rien ſi contraire en la ſimplicité, qui doit eſtre à l'Egliſe, que ambition : ne choſe ſi repugnante à la modeſtie Chreſtienne, que gloire & preſomption. Ce que nous voyons eſtre aduenu en l'Egliſe par les degrés qu'on a inuétés en la ſcience de Theologie, laquelle a eſté du tout deſguiſee & faicte queſtionnaire : & a eſté du tout corrompue d'orgueil & oſtentation. Auſſi ſainct Paul requerant vne approbation & eſpreuue és miniſtres & Docteurs, il n'entéd pas vn examen ſcholaſtique de queſtions ſubtiles faict entre gens lettrés : mais vne approbation de bonne mœurs, d'vne crainte de Dieu, charité, zele, vn ſçauoir & dexterité d'enſeigner, leſquelles choſes ſe monſtrent en l'Egliſe : de quoy elle iuge, & en la vertu & puiſſance de Dieu auec priere & inuocation du Nom d'iceluy, ordonne & conſtitue tels perſonnages pour ſes Docteurs & Miniſtres.

1. Timo.3

Des lieux ſaincts & ſanctification des iours. CHAP. XVIII.

I L y a certaines autres choſes leſquelles n'appartiennent ne à la iuriſdiction de l'Egliſe, ne à ſon adminiſtration, leſquelles toutesfois appartiennent comme aux mœurs & honnesteté de l'Eglise, & sans lesquelles les Eglises ne peuuent estre bien ordonnees, ne legitimement administrees. Car premierement il est necessaire qu'il y ayt lieu deputé pour la congregation de l'Eglise, où Dieu soit inuoqué, les Sacremens administrés, & qui soit commode pour exercer les choses qui appartiennent à la puissance & iurisdiction de l'Eglise. Quant à la qualité de la structure, & du bastiment, ie desireroye qu'il fust plus commode, que sompteux. Si est-ce toutesfois que telle magnificence n'est à reietter qui est sans superstition, & faut auoir esgard qu'il soit conuenable à la puissance & dignité des lieux & Prouinces, à ce qu'il serue de quelque ornement, & ne soit indigne de la saincte assemblee. Sur tout par ce q̃ és villes Metropolitaines és sieges des Balliages, il seroit necessaire que le lieu fust spatieux, pour estre capable de l'Eglise, & des suruenãs des autres Eglises, qui viendroyẽt pour les causes que nous auõs declairees: il faudroit qu'il fust tellemẽt composé, que la voix de quelque costé que ce fust, fust entendue de tous autres intelligiblement pour les Comices & assemblees pour le gouuernement d'icelles. Pourtant il seroit à desirer que la maniere ancienne de bastir les Temples fust renouuellee, la commodité de laquelle se demonstre en ce que sainct Iean Chrysostome dit en vne homelie que son auditoire estoit de tout le peuple de Constãtinoble. Quant à l'appareil & aornemens desdits Temples, nous auons cy dessus dit qu'il ne nous faut apporter nos mœurs aux Temples, ne monstrer nostre luxe & delices és reparemens d'iceux. Car comme l'Euangile & religion Chrestienne est simple & nue, il ne faut que le lieu face honte à l'Eglise, & luy reproche la doctrine, mais qu'il soit pareillement simple, & qu'il n'y aye chose qui destourne nos sens.

2. Corin. 6
1. Pierre 2
Or puis que ces lieux sont receptacles de l'Eglise qui est le Temple de Dieu viuant, ce n'est de merueille si iceux sont appelés saincts, veu qu'ils contiennent chose saincte, & sont sanctifiés par la predication de la parole, l'administration des Sacremens, & vsage de l'Eglise, & sont dediés & consacrés au seruice de Dieu. C'est donc iustement qu'ils sont appelés de Iesus Christ maisons & Temples de Dieu, veu qu'ils conꞇꞇen

tiennent la maison & Temple de Dieu. Parquoy la mai- Iean 2
son du Seigneur sera la maison de priere : laquelle ceux qui
prophanent en choses meschantes & vsage impur, ils deuroyent estre punis comme sacrileges. Car nous ne leur deuons moins d'honneur, qu'aux parlemens & cours ciuiles :
esquels les crimes commis sont irremissibles. Car il ne nous
faut faire de la maison du Seigneur vne maison du Diable,
ne du Temple du Dieu viuant, vn prestibule & fornice de
Venus. Toutesfois si ne nous faut-il iudaïser en cecy, veu
que l'Eglise est le vray Temple de Dieu, en qui la saincteté
est accomplie, ny estre superstitieux iusques là qu'il ne soit
permis d'y prendre quelque plaisir, en se promenant & de-
uisant des choses non mauuaises : toutesfois si nous faut-il
entendre, que Iesus Christ chassant gens prophanes du
Temple, il veut que tous soyent consacrés au seruice de
Dieu & de son Eglises, non point profanés par vsage impur.
Quant à l'entretenement & reparation de ces lieux, il est,
comme i'ay dit, expedient qu'iceux estans publics, leur conseruation appartienne au Magistrat, & à la charge publique.
Car aussi anciennement le Temple de Ierusalem estoit entretenu & reparé par l'authorité des Rois & Magistrats. Vray
est que depuis qu'il fut basty par Salomon iusques au Roy
Ioas, il auoit esté entretenu par les Sacrificateurs & Leuites : mais ceste deuotion refroidie & iceux y besongnāt bien
laschemēt, il fut aduisé que le peuple feroit offrāde par teste
selon la coustume, & la Loy ordonnee par Moyse : lesquelles offrandes, comme aussi celles qu'vn chacun offriroit de
bon cœur, seroyēt employees par les Sacrificateurs & Leuites à la reparation du Temple. Mais cest argent ayant esté 2. Rois
departy & mangé par les Sacrificateurs, ledict Roy Ioas
considerant la malice d'iceux, voulut qu'ils reparassent le
Temple à leurs propres despens. Mais iceux en faisant impudemment refus à la coustume ordinaire, il feit ordonnance qu'ils ne manieroyent plus les deniers, que l'Eglise con-
tribueroit à ceste fin : mais qu'ils seroyent mis en certains
troncs és entrees du Temple, dont on prēdroit ce qu'il faudroit pour les reparations, en la presence d'vn secretaire du
Roy laquelle coustume a esté gardee iusques au regne de

2. Rois 22 Iosias , lequel enuoya Saphan son chancelier vers Helcia le grand Sacrificateur pour luy deliurer l'argét desdits thresors. Et n'a iamais esté que les Sacrificateurs & prestres, sous ceste couleur , n'ayent pillé les deniers sacrés & deputés à celle charge. Car qui peut excuser qu'en l'Eglise Chrestiéne on ayt autant assigné de reuenu pour l'entretenement de ces lieux, qu'à la nourriture de tous les poures? & qui peut rendre conte en quoy ces deniers ayent onques esté employés par les anciens ? Vne chose n'ometray-ie que comme les reparations se faisoyent du consentement des Sacrificateurs, il seroit aussi vtile que les pasteurs aduisassent qu'il n'y eust superstition aucune en ces structures. Quant aux iours qui doyuent estre consacrés & dediés au seruice de Dieu , nous auons le iour du Dimanche qui est le sabbat Chrestien , le-

1. Corint. 16
Exode 20
Deute. 5 quel le Seigneur se reserue pour son seruice, nous relachant & concedant les autres pour nostre vsage. Parquoy ie desireroye qu'iceluy fust totalement sanctifié pour s'assembler à ouïr la parole de Dieu , à l'inuoquer , exercer specialement les bonnes œuures, lesquelles nous obmettós és autres iours

Luc 13
Nomb. 15 pour nos occupations domestiques. En quoy comme la superstition pharisaïque est à euiter , aussi l'impieté de celuy qui cueilloit du boys au Sabbat est à fuir, & ne voudroye estre permis de faire iceluy iour œuure quelconque corporelle, sinon qu'il fust necessaire. Parquoy tous ieux, pris, berlans, & autres exercices doyuent estre defendus , mais plus encores les tauernes & toutes côpotations. Et si nous nous deuós abstenir de toute œuure prophane , bien plus tost de ceux qui sont nuisibles & vitieux. Et ne suffit de ne rien faire, mais plus tost il faut s'esuertuer en choses qui soyent en la gloire de Dieu, au bien & gouuernement de son Eglise , à la consolation & instruction & soulagement de nostre prochain. Ie sçay qu'il est vtile és Republiques qu'il y aye certains iours pour la relache des œuures, pour se recreer, & pour l'exercice aux armes : mais il vaut trop mieux par vne bonne coustume & ordonnance louable establir autres iournees pour ceste cause. De quoy nous traitterons cy apres aux liures de la Republique Chrestienne. Ie ne nye toutesfois que l'Eglise pour certaines autres bonnes considera

derations ne puisse ordonner certains iours pour vacation
des œuures, pour employer specialemét au seruice de Dieu.
Ce qui a esté licite de tout temps en l'Eglise : comme en ce
qui est escrit que Dauid assemble tout Israel pour ramener
l'arche du Seigneur, & comme aussi Salomon assemble tout
le peuple pour la consecration du Temple, Iosias pareillement assemble le peuple & commande de faire feste huit
iours durant pour renouueller l'alliance auec le Seigneur
son Dieu, & luy rendre graces. Ce qu'imita le peuple estant
retourné de la captiuité, & le Temple restauré. Car il dedia ledit Temple, & feit feste par sept iours en liesse, par ce
(dit Esdras) que le Seigneur les auoit reiouis : & auoit faict
tourner le cœur du Roy d'Assyrie vers eux à fin de fortifier
leurs mains en l'œuure de Dieu, le Dieu d'Israël. Ce que l'E-
glise doit ensuyure lors qu'elle a occasion de louer Dieu ou
de le prier ardemment, & bien que ces choses se puissent
faire vn iour de Dimanche, si ne faut-il oster ceste liberté à
l'Eglise d'ordonner quelque iour particulierement pour
nous esmouuoir dauantage, comme nous auons veu qu'il a
esté tousiours faict en l'Eglise Iudaïque, & a esté faict par le
Roy de Ninine en publique calamité. Mais il nous faut donner garde de faire la faute qui fut faicte par le peuple sous
les Machabees : lequel dedia à perpetuité tous les ans huict
iours pour rendre graces à Dieu de l'expiation, & restitution
du Temple ; en quoy il s'est laissé transporter hors son denoir, estant rauy d'vne ioye incroyable pour se voir remis en
liberté, & le Temple repurgé. Car il ne deuoit prescrire loy
à la posterité, mais à soy seulement, & d'an en an renouueler ceste feste, si bon luy sembloit. Car qui sommes nous
qui voulons ordonner des festes à perpetuité, entreprenans
l'office de Dieu, à qui il appartient seulement de prescrire
comment & quand nous le deuons seruir à tousiours ? Car
quelle temerité est-ce qu'vn aage ordonne loy à toute posterité ? il faloit donc laisser ceste charge à la volonté & discretion de l'Eglise. Ce qui est grandement à noter : comme aussi que ie pense, sous correction de meilleur iugement, qu'il y a difference entre le iour du Sabbat ordonné de Dieu, & les iours consacrés par les hommes, en
ce

2. Samu. 2
1. Cron. 13
1. Rois 8
2. Rois 23

ce qu'au Sabbat il ne nous est licite de faire autres œuures sinon spirituelles pour le seruice de Dieu, ou necessaires pour le corps. Mais és autres festes les œuures
diuines nous sont tellement recommandees, que quelques
humaines ne nous sont defendues, sinon entant que nostre
prochain y seroit offensé, comme si on vouloit expressement despiter l'Eglise & faire au contraire de son ordonnance. En telles festes donques es heures deputees pour le
seruice de Dieu, il ne seroit permis de faire œuure, sinon en
cas de necessité : hors d'icelles la charité Chrestienne mo-
derera les œuures, & les executera. Ce que ie n'ay voulu
omettre : à ce que si l'Eglise trouuoit quelque fois vtile de
representer en certains iours les principaux mysteres &
actions de nostre redemption, comme la natiuité du Seigneur Iesus, le Baptesme d'iceluy, sa mort & passion, la resurrection, ascension, l'illumination admirable des Apostres
par le S. Esprit, que l'Eglise sache qu'il y a grand' difference
des ordonnances humaines, & des diuines. Toutesfois si
aimeroye-ie mieux que ceste memoire fust plus tost remise
és iours de Dimanche pour euiter les inconueniens qui en
sont aduenus de tout temps, & aages de l'Eglise, & pour
l'endurcissement qui est pour ceste occasion en beaucoup
de lieux. Ie obmetz tout à propos ce qui appartient aux
ieusnes, indiction, d'iceux, & maniere de les obseruer, par
ce que c'est chose qui est confronte auec la doctrine, & qui
ne peut estre d'vne mesme sorte pour tous lieux, ne continuelle pour tous aages.

Des bibliotheques & histoires Ecclesiastiques.   CHAP.   XIX.

E mettray fin à ce traitté ayant parlé encores de
deux choses fort vtiles à l'Eglise, desquelles l'vne
est des bibliotheques qui doyuent estre communes comme vn thresor inestimable, à la foy, & garde des Eglises matrices de chacun bailliage. Icelles doyuent
estre de tous bons liures non seulement qui appartiennent
à l'intelligence des lettres sainctes, mais aussi des autres arts
& sciences vtiles à la Republique : à ce que ce soit vn sub-
side pour gens doctes qui n'auroyent le moyen d'achepter
tous

tous les liures qui leur seroyent necessaires, à ce ausi que si par vn iuste iugement de Dieu il aduenoit par la fureur des guerres vne telle barbarie qui est aduenue incontinent apres l'Empire de Theodose le grand, ou pareille impieté à celle d'Antiochus, ou de Diocletian, qui se sont esforcés d'abolir la religion, en abolissant l'Escriture saincte, l'Eglise puisse estre reparee par le moyen de ces bibliotheques, puis que c'est le Conseil que Dieu a de tout temps determiné pour la reparation de sa doctrine. Et que l'Eglise puisse estre secourue en ces extremités comme il est aduenu sous Iosias, Antiochus, Diocletian & dessous l'Antechrist. Aussi nous faut-il donner garde que comme les grans frais & consts des liures ont anciennement esté cause que les bons ont esté moins diuulgués, au contraire la grand' quantité & le nombre des liures ne soyent cause que les bons soyent supprimés : & le vil pris ne soit cause du mespris. Dauantage en cecy on doit euiter la faute des anciens qui n'auoyent tant d'esgard à la bonté des liures qu'à l'abondance & multitude : comme on raconte que la bibliotheque Alexádrine auoit deux cent mille liures : autant en auoit la Pergamene que dresserent Attalus & Eumenes Rois d'Asie. Or en l'Eglise on doit vser de iugement, & consacrer à perpetuité ce qui le merite, & qui appartient pour l'instruction sempiternelle de l'Eglise : comme aussi condamner les meschans liures & la memoire de leurs autheurs : & ne souffrir que les inutiles destournent les personnes studieuses de la lecture de meilleurs autheurs, à ce qu'il n'aduienne qu'on puisse iustement dire de beaucoup, Pourquoy occupe-il place ? Dequoy les Eglises en ceste grande abondance & facilité de recouurer des liures ne doyuent estre moins songneuses qu'ont esté les Princes du temps passé, ne pensans faire chose plus vtile au genre humain, ne en quoy ils peussent celebrer dauantage la memoire de leur nom : ou qu'ont dy-ie esté anciennement les Eglises en vne grande difficulté & cherté merueilleuse : car nous lisons qu'Alexandre Euesque de Ierusalem & Eusebe Euesque de Cesaree fournirent leurs Eglises de belles & excellentes librairies qu'ils auoyent recueillies auec merueilleux frais. L'Eglise Romaine auoit aussi vne Bibliotheque fort bien fournie,

X   laquelle

laquelle fut brulee fous l'Empereur Commodus, mais depuis fut reparee par Honore Euefque dudit lieu. Pour ceft affaire les Euefques qui ont efté quelques aages apres, ayans demis les Diacres de leur charge, feirent des efcriuains, & nourriffoyent dauantage grand nombre de telles gens, à cefte fin. L'autre poinct qui concerne auffi la difcipline de l'Eglife eft, que nous deuons fouhaiter qu'il y aye en chacune Prouince vn graue, fage, & docte perfonnage, à qui on donne la charge d'efcrire l'hiftoire Ecclefiaftique: mais principalement ce qui appartient au gouuernement des Eglifes de la Prouince, lequel efcriue diligemment pour memoire eternelle les caufes des efmeutes, herefies & fchifmes qui auroyent efté: qui note quel fuccés & auancement elles auroyent eus, par quel moyen, & fous quel nom elles auroyent efté defendues, comme on auroit procedé à la condamnation, ce qui s'en feroit enfuiuy. Item vne ample deduction de tout ce qui appartient au propre gouuernement des Eglifes, ce qui y eft conioint, & à la fin, les iugemens & demonftrations de la volonté de Dieu és exemples notables. Car il n'eft raifonnable que l'Eglife foit moins fongneufe de la propagation de la doctrine, difcipline, & de fon gouuernement, que les Princes ont efté de leur propre gloire: lefquels anciennement efcriuoyent des commentaires & memoriaux de tous leurs faits, & de l'adminiftration de la Republique, partie pour memoire de leur nom, partie pour inftruction de la pofterité. Ce que ne faut douter que ne foit de la volonté de Dieu: lequel comme dés la creation du monde a voulu que la memoire d'icelle, les effects de fa bonté, iuftice, mifericorde, & fapience fuft cogneue à perpetuité. Pareillement il veut que le gouuernement de fon Eglife, (en laquelle la fplendeur de fa gloire reluit) les exemples des iugemens qu'il demonftre iournellement, foyent en eternelle recommandation. Ce qu'il declaire apertement quand il parle ainfi à Abraham, Celeray-ie à Abraham ce que ie fay, veu que de luy doit venir vn peuple grand & fort, & qu'en luy feront benites toutes les familles de la terre? Car ie fçay qu'il commandera à fes enfans, & à fa maifon apres foy, qu'ils gardent la voye du Seigneur. Laquelle hiftoire ie voudroye

Gene.16

qu'elle

qu'elle fuit simple nuë, pure sans fard d'Eloquence humaine:
par ce moyen elle auroit authorité & dignité approchante
(bien que ce seroit de loing) à la maiesté du canon Ecclesiastique. Mesmement ie desireroye que les histoires faictes de
ce temps touchant la reparation de l'Eglise, fussent reluës diligemment, & seuerement espluchees, & les passages notés
d'obelisques qui feroyent suspects. Principalement en la
partie qui concerne les persecutions, & iugemens de Dieu
enuers ses ennemis, qui se sont opposés à la restauration de
la saincte cité de Dieu. Car c'est chose du tout indigne,
que les titres des gestes de Dieu en son Eglise,
qui est la colomne de sa verité, soyent
effacés par mensonges, ou obscur-
cis par le fard d'eloquence humaine.

*

AV ROY DES SIECLES IMMORTEL, IN-
VISIBLE, A DIEV SEVL SAGE SOIT
HONNEVR ET GLOIRE A TOVSIOVRS-
MAIS. AMEN.

Redime me à calumniis hominum.